Knaur

Von Michael Böckler ist bereits erschienen:

Sturm über Mallorca

Verdi hören und sterben

Über den Autor:

Michael Böckler ist Journalist und Mitinhaber einer Gesellschaft für Kommunikationsberatung in München. Sein Konzept, touristische Informationen in einen spannenden Roman zu integrieren, hat er bereits erfolgreich in *Sturm über Mallorca* umgesetzt.

Michael Böckler

Wer stirbt schon gerne in Italien?

Ein Toskana-Roman

Knaur

Besuchen Sie uns im Internet:
www.droemer-weltbild.de

Vollständige Taschenbuchausgabe 2001
Droemersche Verlagsanstalt Th. Knaur Nachf., München
Copyright © 1999 bei Droemersche Verlagsanstalt
Th. Knaur Nachf., München
Alle Rechte vorbehalten. Das Werk darf – auch teilweise –
nur mit Genehmigung des Verlags wiedergegeben werden.
Umschlaggestaltung: ZERO Werbeagentur, München
Umschlagabbildung: Tony Stone/Sylvain Grandadam, München
Druck und Bindung: Clausen & Bosse, Leck
Printed in Germany
ISBN 3-426-61835-4

Or tutto si coprì
di lugubre mister
ed io non ho nel cor
che tristezza e terror.

Nun bedeckt sich alles
mit einem trauervollen Geheimnis
und ich fühle nichts im Herzen
als Traurigkeit und Schrecken.

Arie aus Giacomo Puccinis Oper Le Villi

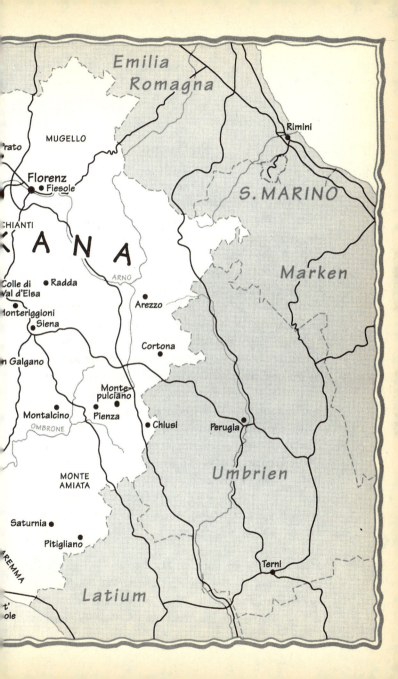

Prefazione

Das hatte sich der Münchner Herzchirurg Prof. Dr. med. Maximilian Mauritz so schön ausgemalt: Dem beruflichen Druck nicht mehr gewachsen, erhoffte er sich von einem Ausstieg auf Zeit Erholung und Entspannung. Und welche Region wäre dafür besser geeignet als die Toskana? Das Land der Zypressen und Pinien, der Hügel, die sich im Dunst verlieren, der alten Weingüter und Olivenhaine. Städte wie Florenz, Pisa, Siena und Lucca mit ihrer Stein gewordenen Geschichte. Die Wiege der Renaissance im Herzen Italiens. Die Verlockungen der toskanischen Küche. Die Sehnsucht nach Schönheit und Frieden. Kurzum, die ganze Palette der kulinarischen und kulturellen Genüsse von Bruschetta und Brunello bis Brunelleschi und Boccaccio. Dazu ein eigenes Häuschen mit Blick aufs ferne Meer. Herz, was willst du mehr? Die Seele baumeln lassen. Das innere Gleichgewicht wiederherstellen. All diese Träume, sie schienen für Max in Erfüllung zu gehen. Die Toskana zeigte sich von ihrer schönsten Seite. Und gänzlich unerwartet kam sogar die Liebe ins Spiel. Doch dann fielen erste Schatten auf sein Paradies. Die Schatten, sie wurden immer länger, dunkler, bedrohlicher. Und schließlich mußte Max um sein Leben fürchten ...

Mehr soll in diesem Vorwort nicht verraten werden. Warum hat dieser Roman überhaupt ein Vorwort? Weil dem Buch ein besonderes Konzept zugrunde liegt, das zur Einstimmung kurz erläutert werden soll. Die Abenteuer des Maximilian Mauritz verfolgen nämlich neben der hoffentlich spannenden Unterhaltung noch ein zweites Ziel. Das Buch will gleichzeitig eine Art touristischer Begleiter sein, denn in den Roman ist systematisch eine Fülle von Informationen über die Toskana eingearbeitet. Die Erzählung führt durch die Geschichte der Toskana (von den Etruskern bis zu den Medici). Sie stellt die großen Genies vor, die in der Toskana gelebt und gewirkt haben (von Botticelli bis Michelangelo). Städte wie Florenz, Pisa, Siena und Lucca bilden den Rahmen für die oft turbulenten Ereignisse. Die großen Weine der Toskana werden kredenzt (vom Chianti bis zum Sassicaia). Und wenn gegessen oder genächtigt wird, dann in konkreten Restaurants und Hotels – zur Nachahmung empfohlen.

In Ergänzung der Informationen, die in den Roman integriert sind, gibt es mit dem *Registro turistico* einen umfangreichen Anhang. Hier lassen sich alle Namen, Restaurants, Hotels etc. nachschlagen, die in der Außenspalte des Romans aufgeführt werden. Der Anhang liefert kompakte Informationen – bis hin zu Telefonnummern und Adressen.

Zum Zwecke der besseren Orientierung sind alle Begriffe sowohl in der Außenspalte des Romans als auch im Registro turistico mit einem Piktogramm versehen, das auf den betreffenden Bereich verweist.

- Kultur und Geschichte (mit Personen)
- Land und Leute
- Städte, Orte
- Restaurants
- Hotels
- Wein
- Essen
- Golf

Natürlich hat das Buch hinsichtlich der touristischen Informationen keinen Ehrgeiz, in irgendeiner Weise komplett zu sein. Diesem hehren Anspruch können im Falle der Toskana selbst traditionelle Reise- oder Restaurantführer nicht gerecht werden. Aber vielleicht erleichtern die Erlebnisse mit und um Maximilian Mauritz ein klein wenig die Orientierung zwischen Apennin und dem Tyrrhenischen Meer, von Carrara im Norden bis Pitigliano im Süden. Darüber hinaus appelliert der Autor an den Entdeckungsdrang jedes einzelnen. In diesem Sinne:

Buon viaggio e buon divertimento!

1

Der Oberkörper war weit aufgerissen und der Brustkorb aufgesägt. Wie mittelalterliche Folterwerkzeuge preßten vier große Klammern das Gewebe zur Seite. Vor ihm war das freigelegte Herz. Ohne zu schlagen und blutleer. Die Herz-Lungen-Maschine hatte die lebenswichtigen Funktionen übernommen. Die Pumpen, die im Hintergrund zu hören waren, hielten den Kreislauf aufrecht und sorgten für einen gleichmäßigen Transport des heparinisierten Blutes. Ein Oxygenator reicherte das Blut mit Sauerstoff an und entzog ihm das Kohlendioxid.
Durch seine Latex-Handschuhe massierte sich Prof. Dr. med. Maximilian Mauritz die Finger. Gleich würde er das Skalpell zum ersten Schnitt ansetzen. Für den erfahrenen Herzchirurgen eigentlich nichts Besonderes. Tägliche Routine. Und doch war Prof. Mauritz beunruhigt. Sogar etwas nervös. Früher hatte es das bei ihm nicht gegeben. »Dr. Eiskalt« wurde er von seinen Kollegen nicht ohne Respekt genannt. Aber in den letzten Wochen und Monaten hatte er immer häufiger diese innere Unruhe verspürt. Er war jetzt Ende Vierzig. Wirklich kein Alter. Doch die ungezählten Herzoperationen hatten ihre Spuren hinterlassen. Und wie so oft in den letzten Tagen ging ihm wieder einmal durch den Kopf, daß er eigentlich auch aufhören könnte. Der ewige Kreislauf aus Herzklappen, Schrittmacher, Bypass und Transplantationen. Dieser Kreislauf würde auch ohne ihn weitergehen. Seinen Beitrag hatte er längst geleistet. Jeder war ersetzbar.

Prof. Mauritz betrachtete den Herzmuskel. Von außen war ihm nicht anzusehen, daß er einen tödlichen Defekt hatte. Vor einigen Wochen hatten sie der Patientin einen Herzkatheter eingeführt. Etwas über dreißig Jahre war sie alt. Eine hübsche Frau, die als Dolmetscherin arbeitete. Von früher Kindheit an hatte sie unter heftigen Herzrhythmusstörungen gelitten. Immer wieder und ohne Vorwarnung war das Herz losgaloppiert. Von sechzig auf zweihundert Schläge in wenigen Sekunden. Supraventrikuläre Tachyarrhythmie heißt dieses Phänomen. Die Herzkatheteruntersuchung offenbarte einen angeborenen Herzfehler. »Vorhofseptumdefekt«, murmelte Prof. Mauritz in seinen Mundschutz. Ein kleines häßliches Loch zwischen den beiden Vorhöfen des Herzens. Durch dieses Loch gelangte bei jedem Herzschlag Blut vom linken in den rechten Vorhof. Der Vorhofseptumdefekt war überraschend groß. Ohne Operation würde die Patientin nicht mehr lange leben. Die Lücke in der Wand mußte geschlossen werden.

Prof. Mauritz atmete noch einmal tief durch. Um ihn herum stand das Operationsteam und wartete auf sein Signal.

»Fangen wir an«, sagte Prof. Mauritz und beugte sich nach vorne.

Zwanzig Minuten später war die Hauptarbeit getan und das Herz wieder geschlossen. Jetzt mußte die Patientin nur noch von der Herz-Lungen-Maschine getrennt, das Herz reanimiert und der aufgesägte Brustkorb mit Draht verklammert und der Schnitt vernäht werden.

Eine großflächige Spezialelektrode wurde angesetzt und ein erster kurzer Gleichstromstoß auf das Herz abgegeben. Ohne Ergebnis. Prof. Mauritz spürte wieder dieses nervöse Kribbeln im Magen, an das er sich nicht gewöhnen konnte. Ein zweiter Stromstoß. Die ersten Schweißperlen traten auf seine Stirn.

Nach vierzig Minuten waren sämtliche Bemühungen der Reanimation gescheitert. Sie hatten alles, aber auch wirklich alles versucht. Prof. Mauritz zog seine Handschuhe aus. Vor ihm lag der tote Körper der jungen Patientin. Barbara war ihr Name gewesen, schoß dem Chirurgen durch den Kopf. Barbara Hombach. Gestorben bei einer Operation mit keiner allzu großen Sterbewahrscheinlichkeit. Die Statistik half hier nicht weiter. In Gedanken ging er die Operation noch einmal durch. Alles war nach Plan gelaufen. Keine Probleme oder zusätzlichen Risikofaktoren. Auch kein operativer Fehler, da war er sich absolut sicher. Die junge Frau hatte Pech gehabt. So einfach war das. Es gab eben eine höhere Instanz, die über Leben und Tod entschied. Früher hätte er sich damit relativ rasch abfinden können. Ein Herzchirurg, der mit dem Tod nicht klarkommt, hat seinen Beruf verfehlt. Prof. Mauritz hatte den Mundschutz abgenommen und wischte sich mit dem zusammengeknüllten Stoff den Schweiß von der Stirn. Dr. Eiskalt? Das war einmal! Barbara Hombach – er sah sie noch vor sich. Wenige Stunden war das erst her. Gelächelt hatte sie. Etwas verängstigt zwar und verkrampft, aber gelächelt. Das frische Lächeln einer Frau, die das Leben noch vor sich haben sollte.

Erst vor drei Tagen war auf der Intensivstation ein Bypass-Patient gestorben, ein Vater von zwei kleinen Kindern. Und vor wenigen Wochen war eine Transplantation schiefgegangen.

Prof. Mauritz richtete den Blick nach oben in das helle Licht der großen Operationslampe. Sein Entschluß stand fest. Er würde aufhören. So schnell wie möglich.

2

Mit geschlossenen Augen saß Max im Sessel, bequem zurückgelehnt und die Hände im Schoß gefaltet. Max, so wurde Maximilian Mauritz von seinen Freunden genannt. Wieder war er mit seinen Gedanken bei dieser Operation, die nunmehr bereits ein gutes halbes Jahr zurücklag. Er hatte ernst gemacht. Der Vertrag mit seiner Klinik war bereits gekündigt. Natürlich konnte er nicht von heute auf morgen aufhören. Einige Monate würde er noch seiner Arbeit nachgehen müssen. Die Aufregung war ohnehin groß genug und ein Nachfolger nicht so schnell gefunden. Seine ordentliche Professur an der medizinischen Fakultät der Uni München würde er im nächsten Semester ruhen lassen. Wie nicht anders zu erwarten, war seine Entscheidung auf großes Unverständnis gestoßen. Seine Kollegen hielten ihn offenbar für verrückt. Wie konnte ein glänzender Herzchirurg auf dem Höhepunkt seiner Karriere und Leistungsfähigkeit einfach aussteigen? Das wollte niemand verstehen.

Auf dem Höhepunkt seiner Leistungsfähigkeit? Max schüttelte langsam den Kopf. Von wegen, das war ja gerade das Problem. Burnout-Syndrom wurde dieses Phänomen genannt. Max hatte schon früher darüber gelesen. Das Gefühl des Ausgebranntseins, der völligen Leere, das komme zwar in vielen Berufen vor, sei aber gerade bei Ärzten stark verbreitet. Die permanente Anspannung fordert plötzlich ihren Tribut. Er hatte sich nie vorgestellt, daß er selbst einmal Opfer dieses Burnout sein könnte. So konnte man sich täuschen. Schon seit langem plagten ihn Schlafstörungen. Die Operationen machten ihn physisch und psychisch fertig. Vor einigen Tagen erst hatte er sich nach einem Bypass auf der Toilette übergeben müssen. Die Schicksale der Patienten gingen ihm an die Nieren. Und jedesmal hatte er Angst, daß seine Hände zittern. Soweit durfte er es nicht kommen lassen. Die verbleibende Zeit würde er noch durchhalten. Und dann wollte er erst mal ausspannen, sich mit anderen Dingen beschäftigen und wieder zu sich selbst finden. Er würde schon sehen, wieviel Zeit das in Anspruch nimmt. Egal, er war unabhängig. Finanziell sowieso. Daran hatte auch seine kostspielige Scheidung vor drei Jahren nichts geändert. Und privat? Privat war er frei wie ein Vogel.

Seine Tochter studierte in Amerika, und seine Exfrau verbrachte die meiste Zeit auf dem Golfplatz und hatte sicherlich genug Verehrer.

Eine Lautsprecherstimme riß Max aus seinen Gedanken. »Noch fünfzehn Minuten bis zur Landung. Sie können sich freuen, das Wetter in Pisa ist schön. Ein wolkenloser Himmel bei einer Temperatur von einundzwanzig Grad Celsius. Wir hoffen, der kurze Flug hat Ihnen gefallen. Signore e signori, mancano quindici minuti all'atterraggio ...«

Max machte die Augen auf und schaute aus dem Fenster. Wie weggewischt waren die Alpträume. Unter ihm glitt der Schatten des Flugzeugs über grüne Hügel. Die Berge da vorne rechts, das mußten bereits die Apuanischen Alpen sein. Max erinnerte sich an eine alte Legende. Danach gehen diese Berge auf den Liebeskummer einer schönen Hirtentochter zurück. In der Nacht weinten mit ihr die Sterne Tränen, die schließlich zu Stein erstarrten. Zu einem Stein der ganz besonderen Art, aus dem später ein Genie wie Michelangelo seinen David meißeln sollte. Was im Dunst weiß schimmerte, das war kein Schnee, sondern der Marmor von Massa und Carrara.

MICHELANGELO
Michelangelo
Buonarroti
(1475–1564)

CARRARA
Stadt des
Marmors

Die Maschine setzte zu einer leichten Kurve an. Im Gang blieb die Stewardeß stehen, beugte sich über die alte Dame, die neben ihm saß, und lächelte ihn auffordernd an. Max nahm irritiert zur Kenntnis, daß sie ausgesprochen hübsch aussah. Ach so, sie wollte nur sein leeres Cognacglas einsammeln. Was hatte er vermutet? Das kommt davon, wenn man mit seinen Gedanken ganz woanders ist.

Max klappte das Tischchen hoch und stellte die Lehne seines Sitzes senkrecht. Sein Blick fiel wie von selbst erneut auf die Stewardeß, die nun auf der anderen Seite des Gangs einen männlichen Fluggast mit ihrem Anblick erfreute. Keine Frage, ein schöner Rücken kann auch entzücken. Und erst recht ein wohlproportionierter Hintern. Unwillkürlich beugte sich Max leicht nach vorn, um mit schräg gestelltem Kopf auch die

Beine in Augenschein zu nehmen. In der Tat, sehr ansprechend. Jedenfalls konnte er einem befreundeten Kollegen nicht zustimmen, der jüngst resignierend festgestellt hatte, daß nicht nur die Krankenschwestern, sondern auch die Flugbegleiterinnen immer häßlicher würden.

Die alte Dame auf dem Nebensitz schaute ihn vorwurfsvoll von der Seite an. Was dachte die jetzt wohl von ihm? Bestimmt nichts Gutes. Max räusperte sich und wandte sich wieder dem Fenster zu. Er hatte es den ganzen Flug über beharrlich vermieden, sich auf ein Gespräch einzulassen. Diesen Erfolg wollte er in den letzten Minuten nicht aufs Spiel setzen. Bei ihrem mißlaunigen Gesichtsausdruck konnte sie gewiß wenig zu seiner Erheiterung beitragen. Und er hatte in seiner momentanen Gemütsverfassung nun mal keine Lust, sich auch noch die Probleme anderer Menschen anzuhören.

PUCCINI
Giacomo Puccini
(1858–1924)

Die hochstehende Sonne spiegelte sich in einem See. Das könnte der Lago di Massaciuccoli sein, überlegte Max. Ihm fiel der große Opernkomponist Giacomo Puccini ein, der lange an diesem See südlich von Viareggio gelebt hatte. Allzugern würde er einmal zum Puccini-Festival nach Torre del Lago fahren. *La Bohème* auf der großen Freilichtbühne am Seeufer, das wäre was.

PISA
Glanzvolle
Epoche
zwischen
1063 und 1284

Schon tauchten die Häuser von Pisa auf. Kaum vorstellbar, daß die Stadt im Altertum noch direkt am Meer gelegen war. Durch die Ablagerungen des Arno ist die Flußmündung heute Kilometer entfernt. Wie ein kleines Kind preßte Max seine Stirn gegen die Scheibe. Irgendwo mußte er doch sein, der berühmte Platz der Wunder, die Piazza dei Miracoli. Max kniff die Augen zusammen. Wer sagt's denn, da war er auch schon. Deutlich sah er den Dom, das Baptisterium und vor allem den Turm, den schiefen Campanile. Recht putzig wirkte der Torre Pendente von hier oben, ganz ähnlich wie die kleinen Modelle, die in den Souvenirläden verkauft werden.

Das Betonband der Autostrada, ein Pinienwald; das Ufer

huschte vorbei, jetzt waren sie über dem Meer. Max spürte, wie er an die Schulter gestupst wurde. »Entschuldigen Sie, könnten Sie mal etwas zur Seite rücken, damit auch ich rausgucken kann.« Die alte Dame drängte ihren Kopf in Richtung Fenster. Max lehnte sich zurück und hob in sanfter Verzweiflung die Augenbrauen. Er fing den Blick der Stewardeß auf, die ihm mitfühlend zulächelte, dann aber bedauerlicherweise hinter den Lehnen verschwand, wahrscheinlich, weil sie sich zur Landung setzen und festschnallen mußte. Warum war der Platz neben ihm nicht frei?

Das Flugzeug machte eine scharfe Linkskurve und verlor rasch an Höhe. Der graue Kopf vor seiner Nase wollte den Platz am Fenster nicht mehr preisgeben. Dabei gab es doch außer Wasser ohnehin nichts zu sehen. Max kämpfte mit einem immer stärker werdenden Niesreiz. Ein bemerkenswertes Haarspray hatte die alte Dame! Zuerst war es ihm vorgekommen, als ob sie ihn damit narkotisieren wollte. Und jetzt dieser überaus belebende Nasenreflex!

»Mir scheint, wir landen jeden Augenblick«, sagte Max mit zugehaltener Nase in die dauergewellten Haare. »Jedenfalls wäre mir wohler, wenn Sie sich wieder gerade hinsetzen könnten.«

Leise protestierend folgte die Dame seiner Aufforderung. Gerade noch rechtzeitig. Nach einem eruptiven Niesanfall atmete Max befreit durch. Schon war die Küste wieder zu sehen. Wenig später setzten sie auf, und die Maschine rollte zu ihrem Standplatz. Max schaute auf die Uhr. Fast pünktlich. Sehr schön, schließlich wurde er abgeholt. Dieser Kurzurlaub in der Toskana war schon so etwas wie eine erste kleine Flucht. Immer wieder hatte er die Einladung von Fausto abgelehnt. Fünf Jahre war es her, da hatte er Fausto eine künstliche Herzklappe eingesetzt. Fausto hieß mit Nachnamen Brunetta und war Rechtsanwalt. Offenbar war er recht vermögend, denn der Avvocato war extra nach München gekommen, um sich

TOSKANA
22 992 km²
3,6 Mio.
Einwohner

von ihm operieren zu lassen. »Cerco sempre i migliori«, hatte Fausto gesagt, »deshalb lasse ich mich nur vom Besten operieren!«

Die Operation war tatsächlich nicht so einfach gewesen. Jedenfalls glaubte Fausto seitdem, daß er Max sein Leben verdankte. Und immer, wenn Fausto in München zu tun hatte, wurde Max von ihm zum Abendessen, in die Oper oder ins Konzert eingeladen. Normalerweise hielt er bei Patienten auf Distanz, aber Fausto hatte ein ausgesprochen einnehmendes Wesen, war sehr gebildet, sprach hervorragend Deutsch – und er war ein Genießer von hohen Graden. Jedenfalls konnte sich Max Faustos Charme nicht entziehen. Oft waren sie in München zusammengewesen, und im Laufe der Zeit hatte sich so etwas wie eine Freundschaft entwickelt.

Jetzt, da Max mit der Abnabelung von seinem Job Ernst machen wollte, war ihm wieder Faustos Einladung eingefallen. Ein kurzer Anruf, Fausto hatte sich fast überschlagen vor Freude, und nun war er da. Mal sehen, welche Überraschungen sein caro amico für ihn bereithielt.

»Junger Mann, könnten Sie mir bitte meine Tasche herunterheben?«

Max mußte lächeln, als ihm klar wurde, daß er mit dem »jungen Mann« gemeint war. Die alte Dame war ja eigentlich doch recht nett.

3

Das Fenster war einen Spalt geöffnet, ein leichter Windzug bewegte den weißen Vorhang. Im Hof gurrten Tauben. Im etwas antiquiert, aber durchaus freundlich eingerichteten Zimmer saß eine junge Frau im Lehnstuhl und las, neben ihr ein kleiner Tisch mit Spitzendecke und einer Karaffe Wasser und einem Glas. Die blonde Frau hatte einen schwarzen Kimono an. Das Haar war hochgesteckt und wurde von einem

Kamm zusammengehalten. Ihr ungeschminktes Gesicht hatte klassische Züge und war von fast makelloser Schönheit. Nur zwei steile Falten auf der Stirn störten die Harmonie und zeugten von einer inneren Anspannung. Die Frau legte ihr Buch zur Seite und begann sich mit den Zeigefingern die Schläfen zu massieren, ganz langsam und immer im Kreis. Abgesehen von diesen leichten Kopfschmerzen ging es ihr gut. Der Aufenthalt in der psychosomatischen Privatklinik hatte ihr geholfen. Sie fühlte sich entspannt. Und sie hatte sich völlig unter Kontrolle.

Es klopfte an der Tür, eine Ärztin kam herein und setzte sich zu der Patientin.

»Na, Eva, wie geht es Ihnen heute? Haben Sie immer noch diese Kopfschmerzen?« In der Klinik wurden aus Gründen der Diskretion alle Patienten mit dem Vornamen angeredet.

Eva lächelte: »Nur ganz leicht, kein Problem. Aber sonst geht es mir gut, wirklich gut. Ich komme mir vor, als ob ich zur Kur gewesen wäre.«

»Das waren Sie doch auch. Ihr Aufenthalt bei uns war so etwas wie eine Kur. Eine Kur für Ihre Seele.« Die Ärztin schwieg und musterte Eva. Nach einer längeren Pause fragte sie: »Fühlen Sie sich befreit?«

»Befreit?«

»Ja, befreit. Befreit von dieser Stimme, von der Sie uns erzählt haben.«

»So sehr befreit, daß ich schon fast nicht mehr weiß, wovon Sie sprechen.«

»Das freut mich, Eva. Ich will auch gar nicht länger darüber reden. Die Stimme wird nicht mehr zurückkehren. Nie mehr! Haben Sie mich verstanden!«

»Klar habe ich das.« Eva schaute zum Fenster. »Ich hoffe bloß, Sie haben recht.«

»Sie müssen nur genauso fest davon überzeugt sein wie ich. Dann habe ich recht. Sie geben einfach der Stimme keine

Chance mehr. Unter keinen Umständen. Jeden Versuch dieser Stimme, von Ihnen Besitz zu ergreifen, ersticken Sie im Keim. Eva, Sie haben eine starke Persönlichkeit, Sie schlagen einfach die Tür zu.«
»Am besten, ich mach die Tür gar nicht erst auf.«
»Gut, Eva, so gefallen Sie mir.«
»Und was ist mit den Tabletten? Muß ich die weiternehmen?«
»Das sollten Sie, ja, unbedingt, wenigstens vorläufig. Sie wissen ja, diese Pillen wirken beruhigend und dämpfen die Entstehung bestimmter Nervenimpulse, die für Ihre Halluzinationen mitverantwortlich sind. Nehmen Sie die Tabletten weiter. Ich schlage vor, daß Sie ungefähr in einem halben Jahr wiederkommen. Nur für einige Tage. Wir werden uns ein bißchen unterhalten. Und vielleicht können wir die Tabletten dann absetzen. Einverstanden?«
»Ja, einverstanden. Ich bin wirklich froh, daß ich den Weg in Ihre Klinik gefunden habe. Sie und Professor Runleger haben mir sehr geholfen.«
»Das ist doch schön, auf diese Weise haben wir beide Grund zur Freude.« Die Ärztin war aufgestanden und gab Eva kurz die Hand. »Wir sehen uns dann noch morgen vormittag. Bis dann, tschüs.«
Als die Tür ins Schloß fiel und die Schritte der Ärztin im Flur immer leiser wurden, machte Eva die Augen zu. Im Hof gurrten wieder die Tauben. Keine Stimme, nur die Tauben. Keine Stimme. Evas Gesicht wirkte entspannt. Auch die beiden Falten auf der Stirn schienen weniger tief.
Um achtzehn Uhr kam der Pfleger Karl vorbei.
»Hallo, Eva, ich hab gehört, Sie gehen morgen nach Hause. Haben Sie denn überhaupt kein Herz? Sie können doch nicht Ihren größten Verehrer einsam in der Wüste zurücklassen.«
Eva lachte. »Man will mich hier nicht mehr haben. Ich werde einfach weggeschickt. Da kann ich leider nichts machen. Aber ich denke, Sie werden es überleben.«

»Im schlimmsten Fall werde ich wahnsinnig«, erwiderte Karl mit einem freundlichen Grinsen, »doch das merkt hier sowieso keiner.«
»Sie haben einen seltsamen Humor.«
Karl stellte ein bauchiges Gefäß ins angrenzende Badezimmer.
»Verehren Sie uns zum Abschied noch eine Urinprobe?«
»Mit dem größten Vergnügen. Ich werde diese netten Abwechslungen vermissen.«
»Das glaube ich Ihnen aufs Wort.« Karl schaute auf die Uhr. »Gleich gibt's Essen.«
Die Stunden vergingen. Es war abends um zehn Uhr. Eva lag im Kimono auf dem Bett. Sie hatte kein Licht eingeschaltet. Nur der laufende Fernseher sorgte für eine flackernde Beleuchtung. Der Kopfhörer lag neben dem Bett auf dem Fußboden. Eva starrte an die Decke. Ihre Hände hatte sie zu Fäusten geballt. Die Knöchel traten weiß hervor. Auf ihrer schweißnassen Stirn waren die Falten tief eingegraben.
Ihre Lippen bewegten sich. »Nein, bitte nicht, nein!«
Eva nahm die Hände hoch und hielt sich die Ohren zu.
»Nein, ich will dich nicht hören. Laß mich in Ruhe!«
»Eva!«
»Nein, ich bin nicht da«, flüsterte Eva.
»Eeeeva!«
Eva trampelte mit den Füßen auf den Bettbezug.
»Laß mich in Ruhe! Bitte, bitte, laß mich in Ruhe!«
»Du weißt doch, das geht nicht.«
»Nein, nein.« Über Evas Gesicht lief eine Träne. »Nein.«
Ihre Bewegungen wurden langsamer. Die Verkrampfung schien sich zu lösen. Evas angespannte Gesichtszüge glätteten sich. Nur ihre Augen wirkten seltsam starr. Sie faltete die Hände über der Brust. So blieb sie einige Minuten liegen.
»Braves Mädchen. Jetzt bist du wieder meine kleine Marionette. Richtig?«
Ganz langsam nickte Eva mit dem Kopf. Die Stimme hatte er-

neut von ihr Besitz genommen. Sie fühlte sich willenlos. Vergessen waren alle Vorsätze. Der Widerstand gebrochen. Fast war sie erleichtert. Es bedurfte keiner großen Anstrengung mehr. Sie würde auf die Stimme hören, jene Stimme, die ihr so vertraut war.

»Eva, warum hast du versucht, mich loszuwerden? Diese Behandlung in der Klinik. Das war nicht lieb. Du brauchst mich doch.«

»Ich weiß, ich brauch dich. Ich hab dich immer gebraucht«, murmelte sie.

»Ich vergebe dir. Aber mach so etwas nie wieder. Und die Tabletten, du weißt, das ist Teufelszeug. Du wirst abhängig werden und bist nicht mehr du selbst. Keine Tabletten. Du schmeißt sie jetzt sofort in die Toilette! Steh auf!«

Eva erhob sich vom Bett, ging wie in Trance zu dem kleinen Tisch, nahm die Plastikdose, lief ins Bad und schüttete die Tabletten ins Klo. Schon nach dem ersten Ziehen der Spülung waren sie alle verschwunden. Die leere Dose steckte sie in ihre Handtasche.

»Gut gemacht, Eva. Eva? Hörst du mich? Ja, du hörst mich. Eva, ich brauch noch einen richtigen Beweis, daß du wieder mein braves Mädchen bist. Du mußt etwas tun. Bist du bereit?«

Wieder nickte Eva mit dem Kopf. »Ja, ich bin bereit.«

»Dein Pfleger Karl ist ein Schwein!«

»Nein, er ist nett«, flüsterte Eva, die mitten im Raum stand und auf die leere Wand neben der Tür starrte.

»Kein Widerspruch, Eva. Er ist ein Schwein. Hast du das nicht gemerkt. Die Tabletten haben dich blind gemacht. Dieser lüsterne Blick, wie ihm das Wasser im Mund zusammenläuft. Die geile Sau zieht dich mit den Augen aus. Nackt stehst du vor ihm, völlig nackt. Und er stiert dir ständig auf die Titten. Ein perverser Spanner ist dein Pfleger. Am liebsten würde er dich flachlegen, im Bad, auf dem Kachelboden neben der

Wanne. Die Kleider möchte er dir vom Leib reißen und es dir besorgen. Er ist ein perverses, feiges Schwein.«

»Das glaube ich nicht«, erwiderte Eva, den Blick weiter auf die weiße Wand gerichtet.

»Doch, du glaubst es. Weil ich es dir sage. Und weil du mein braves Mädchen bist. Ich habe dir wieder einmal die Augen geöffnet. In dieser Welt gibt es soviel Niedertracht, soviel Abschaum. Ach, was bist du naiv und schutzlos. Aber ich passe auf dich auf. Hab keine Angst. Du weißt, was du jetzt tun mußt? Du verpaßt diesem geilen Bock einen Denkzettel. Das verlange ich von dir. Das mußt du tun, nicht für mich, sondern für dich.«

Eva atmete tief durch. Sie würde der Stimme gehorchen. Sie wußte es. Der Stimme gehorchen, wie sie es immer getan hatte. Eva machte einige Schritte zur Tür hin, drückte leise die Klinke hinunter und sah durch den schmalen Spalt. Sie hatte das Zimmer am Kopfende. Vor ihr lag der lange, verlassene Flur, rechts und links die Türen zu den Zimmern der Patienten. Ganz vorne am anderen Ende des erleuchteten Gangs war das Zimmer für das Pflegepersonal. Und gleich dahinter ging es an der Treppe vorbei zum Lift.

Ohne den Flur aus den Augen zu lassen, zog Eva den seidenen Gürtel ihres Kimonos stramm. Dann schlich sie sich barfuß aus dem Zimmer. Auf den Zehenspitzen eilte sie über den alten Parkettfußboden, vorbei an den vielen Türen, vor zum Zimmer des Pflegers. Dort angekommen, spähte sie um die Ecke.

Karl stand vor einem weißen Tisch und ordnete auf einem großen Tablett eine Vielzahl kleiner Flaschen, die er vorher alle akkurat beschriftet hatte. Es handelte sich um die Urinproben der gesamten Etage. Hinzu kamen einige Blutentnahmen. Karl warf einen kurzen Blick auf die Leiste mit den Lämpchen. Alle waren ausgeschaltet, die meisten Patientinnen und Patienten schliefen wahrscheinlich schon. Keiner brauchte Hilfe. Später würde er einen Kontrollgang durch die

einzelnen Zimmer machen, die Fenster kippen, Fernseher ausschalten und Bettdecken hochziehen. Aber vorher wollte er noch die Proben runter ins Labor bringen. Er nahm das Tablett an den beiden Griffen und hob es hoch. Mit all den Gläsern darauf eine etwas kipplige Angelegenheit, aber er hatte ruhige Hände. Er hielt es nicht für nötig, den Rollwagen zu holen, den er im Erdgeschoß vergessen hatte.
Seit zwanzig Jahren schon arbeitete er in dieser Klinik. Er verdiente nicht viel, doch er lebte bescheiden, da machte das nichts. Und er fühlte sich wohl bei seiner Arbeit. Karl liebte den Kontakt zu den Menschen, die für einige Tage, Wochen oder gar Monate blieben. Er hatte ein gutes Gespür für die meisten. Fast immer gelang es ihm, einen Zugang zu finden. Er hatte das Gefühl zu helfen, auf seine ganz persönliche Art und Weise. So, wie es die Doktoren niemals konnten. Karl drehte sich mit dem Tablett in den Händen um. Er verließ das Zimmer und ging zum Lift. Eva hatte sich hinter einem Mauervorsprung versteckt. Als Karl an der steilen Treppe vorbeikam, die hinunter ins Erdgeschoß führte, hörte er hinter sich ein Geräusch. Langsam drehte er sich um, vorsichtig das Tablett mit den Gläsern balancierend. Nur zwei Meter vor ihm stand Eva.
»Eva, was machen Sie denn hier so spät abends auf dem Gang?« fragte Karl mit besorgter Stimme. »Haben Sie ein Problem? Sie hätten doch auf den Knopf am Bett drücken können, ich wäre sofort gekommen.«
Eva sah Karl in die Augen. Dann löste sie den Gürtel und öffnete ihren Kimono. Sie hatte nichts darunter an. Eva atmete schwer, und ihre Brüste hoben und senkten sich.
»Ist es das, was du sehen willst?« Ihre Stimme klang unnatürlich heiser.
Karl schaute völlig irritiert auf Evas Körper, dann wieder in ihr Gesicht. Seine Hände zitterten, die Gläser mit den Urin- und Blutproben begannen zu klirren.

»Wie kommen Sie denn darauf? Bitte bedecken Sie sich wieder und gehen schnell in Ihr Zimmer zurück.« So etwas war ihm in seiner ganzen Zeit als Pfleger noch nicht passiert.
»Schau mich nur an. Macht dich das heiß? Gib's zu, das macht dich heiß. Du bist geil auf mich.«
»Ich, ich ...«, stotterte Karl.
»Wie fühlt man sich als perverses Schwein? Du solltest dich schämen!« Eva ließ den Kimono zu Boden gleiten, stützte die Hände herausfordernd in die Hüften und schob sich näher. Karl machte einen Schritt rückwärts zur Treppe. Die Glasgefäße auf dem Tablett tanzten immer stärker.
Um Gottes willen, dachte Karl, was will dieses Weib? Die ist ja völlig irre geworden. Eva war nur noch wenige Zentimeter vom Tablett entfernt. Da hatte er sich zu allem Überfluß noch in eine ungünstige Lage manövriert. Hinter ihm die steile Treppe, in den Händen diese blöden Gläser und vor ihm diese Wahnsinnige.
»Jetzt hast du Schiß, stimmt's?« hörte Karl Evas heisere Stimme. Was ist denn mit ihren Pupillen los? Die sind so groß und starr.
»Willst du abhauen, du Schlappschwanz? Dann hau ab, hinter dir ist die Treppe.«
Natürlich will ich abhauen, dachte sich Karl. Nur schnell weg von hier. Und dann sofort den diensthabenden Arzt alarmieren. Karl drehte sich um. Hoffentlich fallen mir auf dieser steilen Treppe nicht die Gläser vom Tablett. Er machte einen vorsichtigen Schritt nach vorne. In diesem Moment bekam er einen mächtigen Schlag in den Rücken. Eva war ihm mit beiden Füßen ins Kreuz gesprungen. Während sie schon wieder wie eine Katze auf die Beine geschnellt war, stürzte Karl die Treppe hinunter. Am Ende der Stufen krachte er kopfüber in die Mauer des Treppenhauses. Um ihn herum splitterten die Gläser. Urin und Blut spritzte gegen die Wände.
Eva warf von oben einen verächtlichen Blick auf die regungs-

lose Gestalt. Der Kopf des Pflegers war unnatürlich zur Seite gedreht.

»Gute Nacht«, krächzte Eva. Dann machte sie kehrt und spurtete los. Im Vorbeirennen bückte sie sich nach dem Kimono. Nackt und mit fliegenden Haaren eilte sie den Gang hinunter. Trotz der Hast glitten ihre bloßen Füße fast lautlos über den Boden. Nur noch wenige Meter, jetzt hatte sie ihr Zimmer erreicht. Leise zog sie die Tür hinter sich ins Schloß.

4

Mit ausgebreiteten Armen kam Fausto auf Max zugeschritten. »Benvenuto in Italia«, schallte es durch die Ankunftshalle des Flughafens Galileo Galilei in Pisa. »Amico mio, come sono contento di rivederti, ich freue mich so sehr.« Und ehe es sich Max versah, drückte ihn Fausto an seine mächtige Brust. »Wie war der Flug? Tutto bene?«

»Ja, tutto bene«, antwortete Max lachend und befreite sich aus der Umarmung. »Der Flug war herrlich, die Sonne scheint, der Himmel ist blau.«

»Azzurro, il pomeriggio è troppo azzurro e lungo per me«, fing Fausto unversehens das Singen an, um sich dann selbst mit einem Räuspern zu unterbrechen. »Habe ich es dir doch gesagt, die Toskana ist herrlich. Und der blaue Himmel ist erst der Anfang.«

Golfplätze
Von Ugolino
bei Florenz
bis Punta Ala
im Süden

Mit einer ausholenden Handbewegung stellte Fausto seinen Begleiter vor. »Das ist Enzio, er kümmert sich um dein Gepäck. Ich sehe, du hast dein Golfbag mitgebracht. Buona idea, da können wir einige Runden zusammen spielen. Es gibt viele schöne Golfplätze in dieser Gegend, du wirst sehen.«

Fausto hatte Max untergehakt und schlenderte mit ihm zum Ausgang. »Wie lange bleibst du? Hoffentlich hast du etwas Zeit.«

»Eine gute Woche. So viel Urlaub habe ich schon lange nicht mehr am Stück genommen.«

»Da machst du aber irgend etwas entschieden falsch«, kommentierte Fausto. »Der Mensch braucht Urlaub und Abwechslung. Il riposo è importante. Verstehst du? Immer nur lavoro, das ist nicht gesund. Paß nur auf, am Ende bekommst du noch einen Herzfehler.« Fausto boxte Max feixend in die Rippen. »Und du kannst dich doch nicht selbst operieren.«

Vor der Ankunftshalle stand ein alter schwarzer Lancia, ein rechtsgesteuertes Modell aus den frühen fünfziger Jahren.

»Scusa, kein BMW oder Mercedes. Ich liebe alte italienische Autos. Ah, i vecchi tempi, als ein Enzo Ferrari noch selbst Rennen gefahren ist. Ein Ettore Bugatti oder Vincenzo Lancia. Das waren Zeiten. Der große Tazio Nuvolari hat als Privatwagen einen Lancia Augusta chauffiert. Felice Bonetto ist 1953 mit einem ganz ähnlichen Lancia Dritter bei der Mille Miglia geworden. Damals haben wir noch Autos mit großem Charakter gebaut, capisci?« Mit einer theatralischen Geste öffnete Fausto den linken Wagenschlag. »Prego.« Und als er den kurzen Blick von Max zu Enzio und seinem Gepäck bemerkte, meinte er: »Non preoccuparti, Enzio kommt mit dem Gepäck nach.«

Fausto startete den Motor, und als der alte Sechszylinder zuverlässig zu röhren begann, lehnte er sich mit einem zufriedenen Lächeln zurück und ließ die Kupplung kommen.

Max verlor schnell die Orientierung. Gerade war da noch ein Schild Pisa zu sehen, dann Viareggio und jetzt Lucca. Er hatte keine Ahnung, wo Fausto genau wohnte. In einer Stadtwohnung oder auf dem Land? Er wollte sich überraschen lassen. Jedenfalls hatte Fausto am Telefon gesagt, daß Max bei ihm wohnen könne. Er habe noch eine Ecke frei. Fausto steuerte den Lancia zügig über die Landstraßen. Die linke Hand ständig am Schaltknüppel, fuhr er nach Möglichkeit Ideallinie und unbekümmert über alle durchgehenden Mittel-

Viareggio
Seebad an der Riviera der Versilia

Lucca
Mittelalterlicher Ortskern, mächtige Stadtmauer

streifen. »Azzurro, il pomeriggio è troppo azzurro ...«, sang er fröhlich vor sich hin. Max spürte, wie das positive Lebensgefühl langsam auf ihn überging. Der alte Lancia roch nach Benzin und Leder. Der Motor ließ ein kräftiges Gurgeln hören. Faustos rauhe Stimme schwankte zwischen Paolo Conte und Adriano Celentano. Am Straßenrand zogen Platanen vorbei. Als er bei einem kleinen Obststand kurz hupte, winkte ihnen eine alte Frau zu. Max kurbelte das Fenster herunter und ließ sich den Fahrtwind ins Gesicht wehen. Jetzt roch es nach Oleander. Oder war das der Geruch von Flieder? Warum war er nicht schon viel früher Faustos Einladung gefolgt?

Nach einer knappen halben Stunde Fahrt schaltete Fausto herunter, der Lancia antwortete mit einer Fehlzündung, und mit quietschenden Reifen bog er rechts ab in eine kleine Straße.

»Es ist nicht mehr weit, wir sind gleich da.«

Sie fuhren durch ein offenstehendes schmiedeeisernes Tor. Weiter ging es durch eine Zypressenallee, die leicht bergan führte. Sieht nicht gerade bescheiden aus, dachte Max.

»Du lebst auf dem Land?«

»Sì, sì, in campagna«, antwortete Fausto lachend. »Aber ich bin kein contadino, kein Bauer, leider, ich bin nur ein avvocato.«

Die Zypressenallee hörte auf. Vor ihnen lag eine große Wiese. Und dahinter ...

»Da wohnst du?« staunte Max.

»So ist es, Max. Ich hoffe, es gefällt dir.«

»Ob es mir gefällt? Ich bin sprachlos.«

Max blickte auf einen kleinen Barockpalast, davor antike Statuen und eine große Freitreppe. Der Kies knirschte unter den Rädern, als Fausto den alten Lancia vor einem Portal mit zwei großen steinernen Löwen ausrollen ließ.

»Allora, das ist meine – wie sagt man bei euch in Deutschland? – meine bescheidene Hütte.«

»Du bist vielleicht ein Spaßvogel. Du lebst ja hier wie ein Renaissancefürst.«

»Il Rinascimento, ja, das wäre schön«, erwiderte Fausto und schnalzte mit der Zunge. »Dann hätte ich eine Kutsche mit prächtigen Pferden, eine Schar von Dienern, ja, und vor allem Kurtisanen, wunderschöne, blonde Frauen, die sich mir in Liebe hingeben.« Fausto stöhnte. »Aber wir leben im 20. Jahrhundert. Das Leben ist hart und ungerecht.«

»Entsetzlich, mir kommen die Tränen.«

RINASCIMENTO
Renaissance
(15. und 16. Jh.)

5

Es war im vorigen Jahr, als am 14. August, kurz nach Sonnenuntergang, auf der Fähre von Livorno nach Cagliari auf dem Parkdeck Feuer ausbrach. In einem Wohnmobil hatten Urlauber versehentlich einen Campingkocher angelassen. Zunächst brannte das Feuer im Küchenneck des verlassenen Wohnmobils harmlos vor sich hin. Mit etwas Glück wäre irgendwann das Propangas ausgegangen. Aber die Passagiere der Fähre, sie hatten kein Glück an diesem Vorabend des Mariä-Himmelfahrts-Festes. Die meisten Fahrgäste hielten sich im Hauptrestaurant auf und freuten sich auf die bevorstehenden Urlaubstage auf Sardinien. Es waren an diesem Abend sehr viele Italiener an Bord, denn zu Ferragosto macht fast ganz Italien Urlaub. Im Wohnmobil auf dem verlassenen Parkdeck, wo ein Auto dicht neben dem anderen stand, brannte das Propangasfeuer munter vor sich hin. Das kleine Schiebefenster über dem Kocher stand offen. Die Fähre war bereits an Elba vorbei, rechts lag die Insel Korsika. Der Wind über dem Mare Tirreno frischte auf, zerstob den Schaum auf den brechenden Wellen. Er fuhr in die Haare von Carlotta Manzini, die an der Reling auf dem Vordeck stand und zu den Lichtern von Porto Vecchio hinübersah. Ihr Mann Paolo würde gleich wieder-

LIVORNO
Zweitgrößte Stadt der Toskana (Hafen)

ELBA
Größte Insel des toskanischen Archipels

kommen, er war ins Parkdeck hinuntergelaufen, um für Carlotta aus dem Alfa Romeo einen Pulli zu holen. Carlotta legte den Kopf in den Nacken und schloß die Augen. Sie genoß den frischen Wind, der ihre Wangen kühlte. Carlotta lebte in einem kleinen Dorf in der Nähe von Cecina. Ihr Mann Paolo war Arzt am Hospital von Cecina, sie Lehrerin für Sport. Nicht nur Paolo fand, daß Carlotta eine bemerkenswert schöne Frau war. Carlotta stammte aus Rom. Ihre Augen waren fast so schwarz wie ihr Haar. Ihre Haut hatte auch im Winter einen angenehmen braunen Teint. Durch den Sportunterricht war Carlotta trotz ihrer Eßleidenschaft schlank und geschmeidig. Die vierzig Jahre sah man ihr nie und nimmer an.

CECINA
Ort an der Mündung des gleichnamigen Flusses

Carlottas Gedanken eilten dem Schiff voraus. Paolo hatte ihr zum Geburtstag eine Woche im Süden Sardiniens geschenkt, in jenem kleinen Hotel am Strand von Santa Margarita, versteckt in den Pinienwäldern, das türkisfarbene Meer direkt vor der Terrasse – ganz so wie vor Jahren auf ihrer Hochzeitsreise. Sie würde die Tage mit ihm alleine verbringen. Die siebenjährige Tochter Gianna hatten sie bei der nonna, der Mutter von Paolo, in Livorno gelassen, nicht ganz ohne Trennungsschmerz. Und doch freute sie sich darauf, wieder einmal mit Paolo ganz intensiv zusammensein zu können, ohne die quirlige Gianna, die sonst immer im Mittelpunkt ihrer kleinen Familie stand.

Der auffrischende Wind, er wirbelte nicht nur Carlottas Haare durcheinander, er blies auch immer heftiger über das mächtige Heckluk der Fähre. Und er pfiff durch das kleine Schiebefenster über dem einsamen Propanfeuer. Der geblümte Vorhang blähte sich auf, rutschte immer mehr in die Mitte, vollführte einen wilden Tanz über dem kleinen, aber kräftigen Feuer. Erst verkokelten die Fransen der Borte, dann fing der Vorhang Feuer. Dieses griff rasch auf das Inventar über. Kissen und Sitzbezüge gingen in Flammen auf. Das Bettzeug fing zu lodern an.

Schließlich explodierte die Propangasflasche. Das weggesprengte Dach des Wohnmobils rotierte durch das Parkdeck. Unglückseligerweise stand direkt daneben ein Lkw mit leichtentzündlicher Ladung. Später sollte in der Öffentlichkeit, in den Medien und vor den Gerichten heftig über die Sicherheitsbestimmungen an Bord der Fähre diskutiert werden. Jedenfalls fand das Feuer rasend schnell neue Nahrung. Die ersten Fahrzeugtanks explodierten. Als die Rauchmelder reagierten, auf der Kommandobrücke Warnlampen aufblinkten und die automatische Sprenkleranlage auf dem Parkdeck in Aktion trat, da war es schon zu spät. Das Feuer wurde von der frischen Brise des Meeres nach vorne gepeitscht. Paolo hatte keine Chance. Carlottas Mann, der mit dem Pulli über dem Arm gerade seinen Alfa absperren wollte, sah die Feuerwalze auf sich zukommen. Er ließ den Pulli fallen und rannte zwischen den Autos davon. Aber das Feuer war schneller.

Paolo war das erste Todesopfer. In den nächsten Minuten sollten weitere folgen. Der Kampf gegen das Feuer hatte noch gar nicht begonnen und war doch schon entschieden. Eine große Rettungsaktion lief an. Schwimmwesten wurden ausgegeben, Passagiere drängten sich in die Rettungsboote, andere sprangen über Bord. Aus den Häfen von Bastia, Olbia und Civitavecchia liefen Seenot- und Löschschiffe aus. Helikopter starteten. Ein Kreuzfahrtschiff änderte den Kurs und hielt auf die Fähre zu.

»Paolo, Paolo!« schrie Carlotta immer wieder. Auf der Suche nach ihrem Mann stemmte sie sich gegen die auf sie zuströmenden Menschen und den beißenden Rauch, ein ebenso unvernünftiges wie aussichtsloses Unterfangen. Ein Mitglied der Schiffsbesatzung zwang Carlotta zur Umkehr. Ihr Mann sei bestimmt schon längst in Sicherheit, schrie er ihr ins Ohr. Jetzt müsse sie sich verdammt noch mal selbst retten. Er schob Carlotta in ein Rettungsboot, das Sekunden später zu Wasser gelassen wurde.

Vierundfünfzig Tote gab es in jener Nacht vor Mariä Himmelfahrt. Sechshundertvierundzwanzig Passagiere konnten gerettet werden. Unter ihnen Carlotta. Die ausgebrannte Fähre sank in Sichtweite von Korsika und Sardinien auf der Höhe von Bonifacio.

Es sollte Monate dauern, bis Carlotta wirklich begriff, daß sie jetzt Witwe war. Daß Paolo nicht mehr lebte. Daß Gianna keinen Vater mehr hatte. Daß sie mit ihrem gemeinsamen Leben fortan alleine fertig werden mußte. Gott sei Dank hatte sie ihre Arbeit als Lehrerin. Oft war sie mit ihrer Schwiegermutter in Livorno zusammen. Ihre eigenen Eltern sah sie seltener, denn sie lebten in Rom. Den vielen Freunden, die ihr helfen wollten, über Paolos Tod hinwegzukommen, gab sie häufig einen Korb, nicht, weil sie deren Bemühungen nicht zu schätzen wußte, aber Carlotta war lieber alleine. Alleine mit Gianna, die zwar auch unter dem Tod ihres Vaters litt, aber mit ihrem kindlichen Gemüt und fröhlichen Temperament für täglichen Sonnenschein sorgte. Alleine mit der Schwiegermutter, in deren Gesicht sie Züge von Paolo wiederzufinden glaubte. Und alleine mit ihrer geliebten Tante Isabella. Eigentlich war die Contessa keine richtige zia von ihr, aber sie war die beste Freundin ihrer Mutter, und seit sich Carlotta erinnern konnte, war Isabella ein festes Mitglied ihrer Familie gewesen. Die Contessa Isabella di Balduccio gehörte einem uralten toskanischen Adelsgeschlecht an, hatte aus unerfindlichen Gründen nie geheiratet und lebte die meiste Zeit des Jahres auf ihrem Landsitz in den Colline hinter Bolgheri. Hier war Carlotta am liebsten. Bis tief in die Nacht unterhielt sie sich mit ihrer Tante. Dabei konnte die Contessa bemerkenswerte Mengen von Rotwein konsumieren, der von ihrem eigenen Gut stammte. Und wenn sie dann endlich schlafen gingen, schauten sie bei Gianna vorbei, die friedlich in ihrem Bettchen lag. Da war die Welt dann fast, aber eben nur leider nur fast in Ordnung.

BOLGHERI
Mittelalterlicher Ort mit berühmter Zypressenallee

Auch ihre Tante Isabella meinte, daß sie wieder etwas unter Leute kommen sollte – mal eine Einladung zu einem Essen annehmen, das Konzert in der Kirche Santa Maria Assunta. Warum sie nicht gekommen sei? Die Vernissage am letzten Mittwoch in Montescudaio. Da hatte sie doch schon zugesagt. Carlotta versprach, sich zu bessern. Und wußte doch, daß sie noch nicht soweit war.

6

Als Max am Abend die Treppe in der großen Halle hinunterging, blieb er auf halber Höhe stehen, um die Atmosphäre auf sich wirken zu lassen. Die Stimme von Enrico Caruso hallte durch den Raum. Offenbar hatte Fausto eine Schallplatte mit einer alten Aufnahme von Puccinis Oper *La Bohème* aufgelegt. Im offenen Kamin knisterte das Feuer. Zwei riesige Kandelaber sorgten für üppigen Kerzenschein.

»Ma quando vien lo sgelo il primo sole è mio«, hörte Max einen Sopran. »Doch fängt es an zu tauen, ist die erste Sonne mein.«

Max zündete sich versonnen ein Zigarillo an. Er dachte an Giacomo Puccini, der nicht weit von hier in Lucca das Licht der Welt erblickt hatte. Sein Vater war Domkapellmeister gewesen, wie bereits sein Großvater und Urgroßvater. Schon in jungen Jahren hatte sich Giacomo als Organist betätigt. Noch viel lieber spielte er aber in Tavernen und bei Volksfesten auf dem Klavier. Später schaffte er dann die Aufnahmeprüfung am berühmten Mailänder Konservatorium, eine gefürchtete Klippe, an der einst sogar der junge Verdi gescheitert war. Nach seinem Studienabschluß beteiligte sich Puccini an einem Preisausschreiben einer Theaterzeitschrift. Unter Zeitnot komponierte er eine kurze Oper. Die Enttäuschung war groß, als er keinen Preis gewann. Angeblich war seine Notenschrift

PUCCINI
La Bohème,
Toska,
Madame
Butterfly ...

zu unleserlich, ein Makel, der ihm sein ganzes Leben lang anhaften sollte. Um so größer der Triumph, als *Le Willis* kurz darauf zur Aufführung kam und ein riesiger Erfolg wurde. Eilig schrieb Puccini eine Neufassung. Die Oper *Le Villi* hatte 1884 im Turiner Teatro Regio Premiere. Es folgten Aufführungen an der Mailänder Scala, in Buenos Aires und Hamburg. Aus jener Zeit stammen die ersten Fotos, auf denen Puccini mit frechem Grinsen, die obligatorische Zigarette im Mundwinkel und den Hut keck auf dem Kopf, die Opernwelt herauszufordern schien. Und rasch lagen ihm nicht nur die Opernfreunde, sondern auch die Frauen zu Füßen. In Mailand gab er einer gewissen Elvira Gemignani Gesangsunterricht. Bald hatten sie eine stürmische Liebesbeziehung. Das wäre weiter nicht schlimm gewesen, aber Elvira war verheiratet und hatte zwei Kinder. Als sie ihren Mann verließ und zu Giacomo Puccini zog, war der Skandal perfekt. Zu allem Überfluß war der betrogene Ehemann ein alter Schulfreund Puccinis aus Lucca. Die Wogen schlugen so hoch, daß Puccini allen Ernstes erwog, nach Südamerika auszuwandern. Auch war seine nächste Oper, *Edgar*, ein ziemlicher Mißerfolg. Aber Puccini gab nicht auf. Er ließ sich von der schmachtenden Leidenschaft in einem französischen Roman fesseln und komponierte allen Widrigkeiten zum Trotz *Manon Lescaut*. Die letzten Takte entstanden in Torre del Lago, dort, wo Puccini fortan hauptsächlich leben sollte. *Manon Lescaut* wurde 1893 in Mailand uraufgeführt. Der Erfolg war überwältigend und der endgültige Durchbruch geschafft. 1896 folgte *La Bohème*, im Jahre 1900 *Tosca*. Puccini konnte weite Reisen unternehmen. Er ging auf die Jagd – auf Wasservögel, aber auch auf Frauen. Und mit großer Leidenschaft fuhr er Motorboot, auf ebenjenem Lago di Massaciuccoli, den Max aus dem Flugzeug beim Landeanflug auf Pisa gesehen hatte. Puccini schrieb *Madame Butterfly*. Nach dem Premierenfiasko eroberte schließlich auch diese Oper die Bühnen der Welt. Mit zunehmendem Alter entwickelte Puccini einen depressiven Wesenszug. Was in seinen jungen Jahren Melancholie war, mündete in eine ausgesprochene Schwermut. Obwohl er immer noch mit Elvira zusammenlebte, begann er ein Verhältnis mit einer verheirateten Engländerin, Sybil Seligman. Das dürfte für Elvira nicht überraschend gewesen sein, denn Puccini hatte immer seine Amouren. Aber unglückseligerweise war Elvira in hohem Maße eifersüchtig. Einmal trieb sie eine Hausangestellte in den Selbstmord, nur weil sie glaubte, daß diese ein Liebesverhältnis mit Giacomo Puccini hatte. Elvira wurde dafür zu einer Zuchthausstrafe verurteilt, die sie allerdings nicht antreten mußte, da Puccini den Verwandten der Hausangestellten eine Entschädigung zahlte. Jedenfalls blieb Puccini der Engländerin Sybil bis zu seinem Tod verbunden. Noch während seiner Arbeit an *Turandot* erkrankte Puccini an Kehlkopfkrebs. Er starb 1924. Bei der Trauerfeier im Mailänder Dom dirigierte Toscanini das Requim aus *Edgar*.

Max hatte sich bei einem Treppenabsatz an das Geländer gelehnt und lauschte der Musik von Puccini. Erst als Fausto in die Halle gestürmt kam, fand Max in die Gegenwart zurück.

»Vieni, vieni«, rief Fausto, »auf der Terrasse wartet ein Aperitivo auf dich.«

»Ich komm ja schon«, erwiderte Max. »Du mußt entschuldigen, aber ich war mit meinen Gedanken gerade bei Puccini.«

»Puccini, ja, ich liebe seine Musik. Puccini, das war ein wirklich großer Maestro. Aber ein lausiger Autofahrer.«

»Was bringt dich denn da drauf?«

»Weil er bei einem schweren Autounfall fast ums Leben gekommen wäre. Das war 1903 mitten in seiner Arbeit an *Madame Butterfly*, da hatte er einen üblen Crash. Damals ist ja noch kaum jemand Auto gefahren. Aber Puccini zählte zu den begeisterten Pionieren. Schon dafür könnte ich ihn lieben. Doch am Steuer war er immer zu veloce, verstehst du? Etwas mehr adagio wäre besser gewesen. Na ja, jedenfalls war er hinterher für einige Zeit an den Rollstuhl gefesselt. Und weißt du, in welchem Auto ihm das passiert ist? In einem Lancia, stell dir vor.«

Mittlerweile war Max die Treppen hinuntergegangen und stand nun neben Fausto, den die Tatsache, daß Puccini in einem Lancia fast gestorben wäre, in eine tiefe Verzweiflung zu stürzen schien. Von einem Augenblick auf den anderen fing er wieder zu lachen an und schlug Max auf die Schulter. »Andiamo, jetzt komm endlich auf die Terrasse, es ist noch wunderbar warm draußen, und Enzio macht gerade eine Flasche Prosecco auf. Ich habe gedacht, wir bleiben heute abend zu Hause. Alleine, ohne Gäste, einfach zwei gute Freunde, die was Feines essen werden und dazu einige Flaschen Wein aufmachen. Einverstanden?«

»Klingt gut, sehr gut sogar, ich bin mehr als einverstanden.«

»Wir sind beide geschieden. Das haben wir uns so nicht ausgesucht. Aber das hat auch Vorteile. Wir können einen entspannten Abend ohne diese schnatternden Wesen verbringen. Das ist wahre Lebensart.«

»Ich dachte, du liebst die Frauen?«

»Natürlich liebe ich die Frauen, ich verehre sie geradezu, ich begehre sie, sie sind ein Geschenk des Himmels.« Fausto rollte theatralisch mit den Augen. Dann senkte er verschwörerisch die Stimme: »Aber wenn sie einen mal für einen Abend in Frieden lassen, dann ist das auch kein Fehler.«

Max und Fausto gingen auf die Terrasse und machten es sich in Korbsesseln bequem. Enzio reichte ihnen die Gläser mit dem Prosecco.

»Alla salute, amico, noch einmal herzlich willkommen.«

»Cin cin«, prostete Max zurück, »und herzlichen Dank für deine Einladung.«

»Bah«, winkte Fausto ab und klopfte sich auf die Brust. »Hättest du mir nicht mein Herz geflickt, dann könnte ich mir die Zypressen von unten anschauen.«

Prosecco
Weißwein aus Venetien
(Spumante, Frizzante)

»Erlaubst du mir eine indiskrete Frage?« sagte Max nach einer Pause und schaute Fausto grübelnd an.
»Aber natürlich. Unter Freunden gibt es keine Indiskretionen.«
»Ich weiß von dir nur, daß du Rechtsanwalt bist. Nun, auch bei uns verdienen manche Rechtsanwälte nicht schlecht, aber einen solchen Palast können sich wohl nur die wenigsten leisten. Hast du den von deinen Vorfahren ererbt, oder verdienst du soviel?«
Fausto lachte. »Von meinen Vorfahren? Nein, das waren relativ arme Leute. Meine Familie kommt aus Sizilien, mußt du wissen. Auch ich bin dort geboren.«
»Bist du aus Palermo? Da war ich einmal vor einigen Jahren.«
Fausto zögerte kaum merklich. »Nein, aber nicht sehr weit von da, ein kleiner Ort im Herzen Siziliens, er heißt Corleone.«
»Kenne ich nicht, obwohl, der Name klingt irgendwie vertraut.«
»Das kommt vor«, sagte Fausto. »Doch um deine eigentliche Frage zu beantworten, ich habe mir alles selbst verdient.«
»Und wie hast du das geschafft? Bist du Scheidungsanwalt?«
»Per amor di Dio, nein. Ich bin auf Wirtschaftsrecht spezialisiert, und auch etwas auf Strafrecht.« Fausto musterte kurz seinen Freund. »Ich habe nur einen sehr kleinen Klientenkreis, aber das sind alles Leute mit Geld und Einfluß. Ich helfe ihnen etwas bei ihren Geschäften und wenn sie mal in Schwierigkeiten stecken sollten. Im Rahmen meiner bescheidenen Möglichkeiten. Dafür werde ich angemessen bezahlt.«

7

Eva saß in einem Café. Obwohl der Himmel wolkenverhangen war, hatte sie eine Sonnenbrille auf. Vor ihr lag neben der Cappuccino-Tasse eine aufgeschlagene Tageszei-

tung. »Pfleger in Irrenanstalt zu Tode gestürzt« stand in großen Lettern auf der Titelseite.
»Irrenanstalt?« flüsterte Eva. »Eine Anstalt für Irre? Die sind wohl wahnsinnig, haben keine Ahnung.«
Eva dachte an die psychosomatische Privatklinik im Taunus bei Frankfurt. Erst gestern vormittag hatte sie die Klinik wie geplant verlassen. Nach einer gut zweimonatigen Kur für Leib und Seele. Eine Irrenanstalt war das nun wirklich nicht gewesen. So ein Quatsch. Nur um eine reißerische Überschrift zu formulieren. Manchmal verstand Eva ihre Kollegen nicht. Sie war ja selbst Journalistin, doch so einen Blödsinn würde sie nie verfassen. Ein kleines, aber feines Sanatorium war das. Und wer dort hinging, der tat das nicht nur freiwillig, er oder sie mußte es sich auch leisten können. Eva dachte an ihren Aufenthalt zurück. Die Betreuung hatte ihr gutgetan. Sie fühlte sich entschieden besser. Sie machte ihre Handtasche auf und suchte die Dose mit den Tabletten. Eva hatte der Ärztin versprochen, daß sie jeden Tag ihre Tabletten nehmen würde. Da war die Dose. Aber sie war leer. Keine Tabletten. Was hatte sie nur mit den Tabletten gemacht? Gestern war die Dose doch noch voll gewesen. Eva steckte sie in die Handtasche zurück. Sie würde nachher die Ärztin anrufen und sich ein Rezept schicken lassen. So was Dummes. Was war nur mit den Tabletten passiert? Warum konnte sie sich nicht daran erinnern? Sie stöhnte leise, machte ein Hohlkreuz und drückte mit der rechten Hand gegen ihren Rücken. Und außerdem hatte sie seit gestern Rückenschmerzen. Ganz so, als ob sie unglücklich gestürzt wäre. Aber auch daran konnte sie sich nicht erinnern. Na egal, das würde wieder vergehen. Hauptsache, die Halluzinationen kommen nicht wieder. Welche Halluzinationen? Eva verbot sich, überhaupt daran zu denken. Der Verschluß ihrer Handtasche schnappte zu.
Sie nahm einen Schluck vom Cappuccino und freute sich, daß er richtig zubereitet war, mit aufgeschäumter Milch, so wie es

sich gehört, und etwas Kakao darüber. Keine Schlagsahne aus der Sprühdose. Igitt.

Eva nahm die Zeitung. Sie hatte den Artikel bereits gelesen. Nicht nur einmal. Sie las ihn erneut.

Pfleger in Irrenanstalt zu Tode gestürzt
In der Privaten Nervenheilanstalt Prof. Runleger wurde gestern morgen um vier Uhr der Pfleger Karl Senner tot aufgefunden. Er lag mit Genickbruch auf einem Treppenabsatz inmitten von zerbrochenen Laborflaschen. Karl Senner, 51, arbeitete bereits seit 22 Jahren in der Klinik und war bei Ärzten und Patienten sehr beliebt. Noch ungeklärt ist, wie es zu dem tödlichen Sturz kommen konnte. Die Klinikleitung spricht von einem tragischen Unglück. Trotzdem ermittelt die Kriminalpolizei. Zweifelsfrei hat der Treppensturz zum Tode geführt. Dennoch müssen die möglichen Auslöser für den Sturz untersucht werden. Theoretisch könnte es sich ebenso um einen Unfall wie um eine fahrlässige oder vorsätzliche Tötung handeln, verlautbart die Pressestelle der Kriminalpolizei. Allerdings sei es eine rein routinemäßige Untersuchung, die aufgrund des besonderen Umfeldes einer Nervenheilanstalt angezeigt sei. Es lägen keine konkreten Verdachtsmomente für ein Tötungsdelikt vor. Auch hätten Zeugenbefragungen und die gerichtsmedizinische Untersuchung keine Anhaltspunkte gegeben.

Eva zog die Stirn in Falten. Karl Senner! Sie hatte überhaupt nicht gewußt, daß Karl einen Nachnamen hatte. Unsinn, natürlich war das klar. Aber in der Klinik war Karl einfach der Karl, genauso wie die Patienten keine Nachnamen hatten. Eva konnte sich noch gut an die Aufregung gestern am frühen Morgen erinnern. Der Lärm auf dem Flur hatte sie aus einem schweren, bleiernen Schlaf aufgeschreckt. Zunächst wußte sie überhaupt nicht, wo sie war. Nackt hatte sie auf dem Bett gelegen, auf dem Bauch und mit dem Gesicht tief im Kopfkissen

vergraben. Kaum hatte sie ihren Kimono, der sich neben dem Bett befand, angezogen, klopfte es schon an der Tür. Zusammen mit einem diensthabenden Arzt machte ein Kommissar von der Polizei die Runde durch alle Krankenzimmer. Kirred hieß der Kommissar, Klaus Kirred. Ob sie etwas gehört habe? Und wann sie den Pfleger Karl das letztemal gesehen habe? Erst später erfuhr sie, was passiert war. Tragisch, wirklich tragisch. Karl war zweifellos der netteste Pfleger in der Klinik gewesen, immer höflich und gut gelaunt. Wie konnte er nur die Treppe hinunterstürzen? Warum war er eigentlich nicht mit dem Lift gefahren? Mit all den Laborflaschen? Ob ihn doch jemand gestoßen hatte?
Wie in einer kurzen Filmsequenz sah sie Karl die Stufen hinunterstürzen und kopfüber in die Mauer des Treppenhauses krachen. Um ihn herum splitterten Gläser. Ihre Phantasie spielte ihr wieder einmal einen Streich. Sie hatte ab und zu solche Filmeinblendungen. »Mein ganz persönliches Bordkino«, hatte sie das Phänomen einmal scherzenderweise einem Arzt beschrieben. »Absolut realistisch. Ganz so, als ob ich es persönlich erlebt hätte. Beängstigend realistisch. Und doch nur das Produkt meiner Phantasie.«
Karl, der arme Karl. Schade um ihn.
Ihre Entlassung aus der Klinik hatte sich aufgrund des Unglücks etwas verzögert. Kommissar Kirred hatte sich noch einmal mit ihr unterhalten. Und dann mußte sie noch irgend so ein Protokoll unterschreiben.
Eva massierte sich mit den Zeigefingern die Schläfen. Jetzt tat ihr nicht nur der Rücken weh, auch die nervigen Kopfschmerzen setzten wieder langsam ein. Wo hatte sie nur die Tabletten gelassen? Was sollte die leere Dose in ihrer Handtasche? Verdammt noch mal, warum konnte sie sich einfach nicht daran erinnern?

8

Fausto stellte das ausgetrunkene Prosecco-Glas auf das Tischchen und stand auf.

»So, Max, jetzt kommt der schwierigste Teil des Abends. Wir müssen den Wein auswählen. Glücklicherweise verfüge ich über einen bescheidenen Weinkeller. Würdest du mich begleiten?«

»Einen bescheidenen Weinkeller? Mittlerweile glaube ich dir gar nichts mehr.«

In Faustos Gesicht machte sich ein spitzbübisches Grinsen breit.

»Ich merke schon, du lernst mich langsam kennen. Hai ragione, ganz so bescheiden ist er vielleicht doch nicht.«

Während die beiden über die Terrasse und die davorliegende Wiese zum Weinkeller schlenderten, der in einem benachbarten Hügel untergebracht war, fing Fausto zu erzählen an.

»Weißt du eigentlich, daß der Chianti aus Eifersucht entstanden ist?«

CHIANTI
Bekanntester Wein der Toskana
(Hauptrebsorte: Sangiovese)

»Ich dachte, der Name ist uralt und geht auf die Etrusker zurück«, antwortete Max. »Und die Lega del Chianti stammt aus dem 13. Jahrhundert. Von Eifersucht ist mir nichts bekannt.«

ETRUSKER
Hochkultur Mitte des 1. Jahrtausends v. Chr.

»Fast hätte ich vergessen, daß du ein Kenner des italienischen Weins bist«, sagte Fausto lachend. »Aber du liest die falschen Bücher. Da ist alles so ernst. Das wahre Leben ist viel spannender, voller Anekdoten. Vor gut hundert Jahren, da gab es den Conte Bettino Ricasoli. Der lebte in Florenz und hatte eine wunderschöne junge Frau. Una bella donna, verstehst du? Dieser schönen Frau lagen natürlich die Männer zu Füßen. Der Conte hatte allen Grund zur Eifersucht. Ihm fiel nichts Besseres ein, als seine umschwärmte Gattin aus dem Verkehr zu ziehen.«

»Eine sehr treffende Formulierung«, kommentierte Max trocken. »Dein Deutsch wird immer besser.«

»Warum? Ach, jetzt versteh ich erst. Jedenfalls zog er sich mit seiner Frau auf sein abgelegenes Landschloß Brolio zurück. Da wurde es ihm aber bald langweilig.«

»Ich dachte, er hatte sein schönes Weib dabei?«

»Bei aller Liebe, Max, auch ein italienischer Conte kann nicht fare l'amore tutto il giorno, wenn du verstehst, was ich meine.«

»Ich versteh, was du meinst.«

»In den Pausen widmete sich der Conte seinen Weinbergen. Er experimentierte mit den verschiedenen Rebsorten. Und er fand die goldene Mischung für den Chianti. Fünfzig bis achtzig Prozent Sangiovese, zehn bis dreißig Prozent Canaiolo, genausoviel von den weißen Trauben Trebbiano und Malvasia und bis zu fünf Prozent andere rote Sorten. Perfetto, das war es. Die für lange Zeit verbindliche Formel für den Chianti war geboren. Und was lernen wir daraus?«

»Daß Eifersucht doch zu etwas nütze sein kann.«

»So ist es, mein lieber Max. Aber nur in Ausnahmefällen.«

Mittlerweile waren sie bei der schweren Eichentür angekommen. Fausto schloß auf. Vor ihnen lag ein altes Gewölbe, das sich nach wenigen Metern im Dunkeln verlor, links und rechts Weinfässer aus Eichenholz, dahinter hohe Regale mit einer Unzahl von Flaschen.

»Du hast nicht übertrieben. Bescheiden, sehr bescheiden«, sagte Max.

Fausto rieb sich vergnügt die Hände. »Du solltest erst mal sehen, was ich da alles an Köstlichkeiten habe.« Er klopfte an die kleinen Weinfässer aus Eichenholz. »In diesen Barriques ist mein eigener Wein drin. Ein Cuvée aus Sangiovese und Cabernet-Sauvignon.« Fausto schnalzte genußvoll mit der Zunge. »Braucht aber noch einige Jährchen Ruhe.«

»Entspricht nicht der Chianti-Norm, du Landesverräter.«

»Wenn es um die Genüsse des Lebens geht, sollte man es mit dem Patriotismus nicht übertreiben«, wischte Fausto den Vorwurf zur Seite. »Außerdem sind wir hier nicht im Chianti. Und zudem sind die größten Weine der Toskana ohnedies alles Revolutionäre.«

Max blieb am ersten Regal stehen und begutachtete die Flaschen. Da waren sie alle versammelt, die neuen Klassiker der Toskana. Zum Beispiel der Tignanello von Antinori, der in den siebziger Jahren besagte Revolution eingeleitet hatte. Ein Bordeaux-ähnlicher Wein aus Sangiovese-Trauben und einem Anteil von Cabernet-Sauvignon. Der berühmte Sassicaia des Marchese Niccolò Incisa della Rocchetta. Ein reinrassiger Cabernet-Sauvignon, schwer zu bekommen und sündteuer. Der Ornellaia von Lodovico Antinori, einem Bruder des Antinori aus Florenz und Cousin von Nicolò Incisa. Die Reben – Cabernet-Sauvignon und Merlot – wachsen in unmittelbarer Nähe vom Sassicaia bei Bolgheri.

TIGNANELLO, SASSICAIA, ORNELLAIA
Die drei wohl berühmtesten neuen Klassiker unter den Rotweinen der Toskana

Ein Regal weiter stieß Max auf die großen Chianti-Namen, streng geordnet nach den verschiedenen Regionen. Zunächst der Chianti Classico mit dem Gallo Nero am Flaschenhals. Dann Chianti-Weine aus den anderen Anbauzonen. Chianti Rufina zum Beispiel und Chianti Montalbano. Es folgten Regale mit Brunello di Montalcino und Vino Nobile di Montepulciano.

BRUNELLO DI MONTALCINO
Berühmter Rotwe (Brunello-Traube) aus Montalcino (u. a. von Biondi-Santi)

»Ich muß mich korrigieren, du bist doch ein Patriot«, sagte Max angesichts dieser Fülle toskanischer Weine. »Hier hast du ja alles zusammengetragen, was Rang und Namen hat.«

»Ich schäme mich«, erwiderte Fausto kichernd. »Bist du einverstanden, wenn wir gegen den Durst mit einem leichten, unkomplizierten Weißwein anfangen, mit einem Pomino Bianco, Il Benefizio von Frescobaldi. Und dann machen wir einen kleinen Vergleichstest: einen 85er Sassicaia, einen 82er Solaia von Antinori und einen 89er Massetto von Lodovico Antinori.«

VINO NOBILE DI MONTEPULCIANO
Dem Chianti vergleichbarer Rotwein aus Montepulciano

»Du bist verrückt«, sagte Max, »aber ich wage nicht zu widersprechen.«

»Sehr vernünftig. Außerdem wäre das unhöflich.«

Es war schon spät am Abend, als sich Fausto und Max zwei Zigarren ansteckten.

»Ich muß mich immer wieder über euch Ärzte wundern«, sagte Fausto. »Ihr seid schon seltsame Menschen.«

»Was veranlaßt dich zu dieser erstaunlichen Erkenntnis?«

»Ganz einfach, euren Patienten ratet ihr zu einem gesunden Leben, und selbst seid ihr die größten Säufer und Raucher.«

»Übertreibst du da nicht ein bißchen? Ganz so schlimm ist es ja nun wirklich nicht.«

»Du kannst mir doch nicht erzählen, daß dieser Lebenswandel hier gesund ist.« Fausto zog an der Zigarre und deutete auf die Weingläser. »Ich hoffe es wenigstens nicht, denn alles, was gesund ist, ist langweilig. Und langweilig leben, das möchte ich wirklich nicht.«

»Da brauchst du dir keine Sorgen zu machen«, entgegnete Max grinsend, »der heutige Abend war mit Sicherheit nicht gesund.«

»Dem Himmel sei Dank. Ich lebe ungesund, das heißt, ich lebe!«

»Ganz schön philosophisch, mein lieber Fausto. Aber laß mich das mal präzisieren, das bedarf nämlich der Richtigstellung. Ich meine, daß wir Ärzte nicht wissen, was für uns gut ist. Zunächst einmal die Zigarre.« Max hielt die Montecristo zwischen Daumen und Zeigefinger und blies sanft in die Glut. »Diese Havanna ist wahrlich ein Meisterwerk. Das würzige Aroma, einfach unvergleichlich. Kommen wir zu den medizinischen Fakten. Im Unterschied zur Zigarette wird die Zigarre nicht inhaliert, richtig? Es ist also nicht zu erwarten, daß durch gelegentliches Zigarrenrauchen das Risiko eines Lungenkarzinoms erhöht wird. Und der Kehlkopfkrebs wird sich bei dieser gezügelten Leidenschaft hoffentlich zu beherrschen wissen. Interessanter ist da schon der Weinkonsum.«

»Jetzt bin ich aber neugierig. Sag bloß, ich soll nur noch Wasser trinken. Das geht nicht, du hast ja meinen Weinkeller gesehen. Den muß ja einer austrinken.«

»Also, das schaffst du nicht, das garantiere ich dir. Vorher stirbst du an Leberzirrhose oder im Delirium. Beim Wein kommt es nämlich auf den mäßigen Konsum an, dann ist er sogar gesund.«

»Wirklich, gesund? Kriege ich den Wein auch auf ärztliche Verschreibung?«

»Vielleicht in Italien«, antwortete Max schmunzelnd, »in Deutschland leider nicht. Aber im Ernst, als Kardiologe sage ich dir, Wein ist gut fürs Herz. Ein bis zwei Gläser Rotwein pro Tag schützen vor dem Infarkt. Das ist übrigens keine neue Erkenntnis, das weiß man schon lange. Man geht davon aus, daß es bei Weintrinkern wesentlich seltener zu einer Verkalkung der Arterien kommt und damit zu einer koronaren Herzkrankheit.«

»Was war dann mit meiner Herzklappe, die du mir ausgewechselt hast? Habe ich vielleicht vorher nicht genug Wein getrunken?«

»Das kann ich mir kaum vorstellen. Bitte mach dir da keine Vorwürfe. In deinem Fall war das eine angeborene Klappeninsuffizienz, die sich verschlimmert hat. Da hilft leider nicht mal Wein.«

»Aber du sagst, er schadet auch nicht.« Fausto nahm einen großen Schluck aus dem Rotweinglas und schmatzte genußvoll.

»Man nennt dies das französische Paradoxon. Obwohl die Franzosen viel cholesterinhaltiges Fleisch und Pommes frites essen, haben sie weniger Herzinfarkte als zum Beispiel die Finnen.«

»Das ist die Liebe, Max. Ebenso wie wir Italiener lieben auch die Franzosen schöne Frauen. Liebe ist die beste Medizin.«

»Mag sein. Aber unterschätze nicht die Finnen. In den langen dunklen Winternächten spielt sich da auch viel ab. Nein, Fausto, die relativ geringen Herzinfarkte bei den Franzosen sind

wohl auf deren Vorliebe für den Rotwein zurückzuführen. Dieser hebt den Spiegel des guten HDL-Cholesterins im Blut, spült das Fett in die Leber und reinigt die Arterienwände. Außerdem gibt es einen Stoff in den Schalen des Rotweins, der der Arterienverkalkung entgegenwirkt.«
»Das klingt gut, der Vino rosso ist eine Medizin, habe ich es doch immer geahnt. Wunderbar!«
»Mehr als zwei Gläser am Tag solltest du aber nicht trinken.«
»Das glaube ich dir nicht«, erwiderte Fausto mit schon etwas schwerer Zunge. »Wie sagt ihr in Deutschland? Viel hilft viel. Salute!«

9

Hauptkommissar Klaus Kirred fühlte sich nicht wohl in seiner Haut. Das ging ihm jetzt schon einige Tage so. Diese Klapsmühle für Reiche verunsicherte ihn. Da war ihm das Rotlichtmilieu in Frankfurt entschieden lieber. Da wußte man wenigstens, was Sache ist. Zuhälter prügelt Nutte, Freier ersticht Zuhälter. Oder umgekehrt. Erfrischend einfach. Oder irgendeine Drogenkiste. Dealer prügelt anderen Dealer, Junkie ersticht Dealer. Egal. Gleiches Strickmuster. Oder ein Eifersuchtsdrama. Auch nicht schlecht. Ehemann prügelt den Liebhaber seiner Frau, der Liebhaber erschießt den Ehemann. Oder umgekehrt. Alles nicht so schwierig und irgendwie nachzuvollziehen. Die Motive waren leicht zu durchschauen, und ein Unfall ließ sich ziemlich einfach von einem Mord unterscheiden. Auch ohne Gutachten. Doch hier, in der kleinen, aber feinen psychosomatischen Klinik, da war alles anders. Pfleger stürzt Treppe runter und bricht sich das Genick. Unfall oder Mord? Wie konnte man das wissen? Warum sollte jemand einen Pfleger umbringen?
Klaus Kirred saß auf einem Sofa und wartete auf Prof. Runleger, den Chef der Klinik, die schon dessen Vater gegründet

hatte. Er räusperte sich, schlug die Beine übereinander, lockerte den Krawattenknoten und öffnete den oberen Knopf seines Hemds. Vor ihm hing ein Ölgemälde mit dem Porträt eines weißbärtigen Herrn, der ihn scharf zu mustern schien. Nachdem er sich erneut verlegen geräuspert hatte, beugte er sich vor, um den Namen zu lesen, der auf einem Messingschild am Rahmen eingraviert war: Sigmund Freud. Das war jedenfalls nicht der Maler des Bildes. Jetzt war auch klar, warum ihn der Typ so scharf anschaute. Dieser Freud wollte wahrscheinlich in sein tiefstes Inneres blicken, herausfinden, ob er irgendwie triebgesteuert war, einen Ödipuskomplex hatte oder so einen Blödsinn.

Dieser Ölschinken paßte zum Ambiente. Alles wirkte so gediegen. Die Leute waren immer freundlich und so unglaublich leise. Alle sprachen langsam und leise, flüsterten fast. Es konnte einem dabei richtig unheimlich werden. Normal war das jedenfalls nicht. Und da sollte man ein Gefühl dafür entwickeln, was hier gelaufen war? Kirred machte sich keine besonderen Hoffnungen. Es könnte gut sein, daß der Pfleger einfach gestolpert und dann kopfüber hinter seinem Tablett hergeflogen war. Und dann, rums, gegen die Wand. Das haben schon ganz andere nicht überlebt. Man will ja gar nicht glauben, wie viele Menschen sich bei einem simplen Treppensturz ins Jenseits verabschieden.

Kirred sah auf die Uhr. Warum ließ ihn dieser Prof. Runleger so lange warten. Er beschloß, ihm noch eine Frist von zwei Minuten zu geben. Dann würde er gehen und den Klinikchef kurzerhand aufs Revier zitieren.

»Meint wohl, er kann einen Kriminaler wie einen schwachsinnigen Patienten behandeln«, grummelte Kirred vor sich hin. Bevor er sich in seinen Frust richtig hineinsteigern konnte, öffnete sich die Tür, und eine junge Frau in einem weißen Kittel tauchte auf. Sieht proper aus, die Kleine, dachte sich Kirred. Die wahren hier Stil. Wohlproportioniert, alle Achtung.

»Tut mir leid, daß Sie einen Moment warten mußten. Professor Runleger läßt bitten.«
Ihre sanfte Stimme und ihr strahlendes Lächeln ließen Kirreds Groll schwinden. Während er ihr in das Arbeitszimmer von Prof. Runleger folgte, fiel es ihm nicht leicht, sich auf das bevorstehende Gespräch zu konzentrieren. Warum wackelte die Dame beim Gehen so heftig mit ihrem Hintern? War das so eine Art Psychotest, oder wie?
Prof. Runleger saß in einem hohen Lehnstuhl hinter einem riesigen, völlig leeren Schreibtisch, die Hände wie zum Gebet gefaltet. Kirred setzte sich auf den angebotenen Stuhl. Und schlagartig war es mit seinem kurzzeitigen Wohlbefinden wieder vorbei. Vor ihm thronte der Professor, nicht ganz so imposant wie dieser Freud, aber mit seinen weißen Haaren und der halbrunden Lesebrille doch recht respekteinflößend.
»Ich habe nur wenig Zeit«, begann Prof. Runleger.
»Und ich liebe diese Art, ein Gespräch zu eröffnen«, erwiderte Kirred ungehalten und ziemlich laut. »Glauben Sie, ich bin zu meinem Vergnügen hier?«
Der Professor zuckte kaum merklich zusammen. Ganz offenbar war er solch harsche Reaktionen nicht gewohnt. »Entschuldigen Sie«, antwortete er, »das ist mir klar. Ich wollte nur anregen, daß wir uns auf die wesentlichen Dinge konzentrieren.«
»Ganz in meinem Sinne. Gestatten Sie, daß ich aufstehe? Haben Sie bei diesem Stuhl die Beine absägen lassen, oder warum ist er so niedrig? Damit man zu Ihnen aufschauen muß? Jedenfalls fühle ich mich wohler, wenn ich rumlaufen kann.«
Kirred registrierte, daß der Professor wieder leicht zusammenzuckte. Auf eine Antwort wartete er vergeblich.
»Uns beschäftigt der Treppensturz Ihres Pflegers Karl Senner. Wir können uns noch nicht so recht mit dem Gedanken anfreunden, daß dies ein Unfall war.« Kirred stand am Fenster. Jetzt war er es, der auf den Professor herunterschaute. Das gefiel ihm besser, viel besser. »Von Ihren Mitarbeitern haben wir

allerdings gehört, daß Herr Senner sehr beliebt war und keine Feinde hatte. Und auch in seinem familiären Umfeld gibt es keine Anhaltspunkte, kein Motiv für gar nichts. Aber da wären natürlich noch Ihre Patienten. Die kommen selbstverständlich alle als potentielle Täter in Frage.«
Prof. Runleger hüstelte. »Diese Ansicht kann ich nicht teilen. Der Senner war seit über zwanzig Jahren bei uns, er arbeitete bereits für meinen Vater. Er hatte mehr Erfahrung im Umgang mit unseren Patienten als manch einer meiner Ärzte. Außerdem war er, lassen Sie es mich salopp formulieren, eine positive Bezugsperson für die Patienten. Hier gibt es ja individuell gewisse Barrieren gegenüber dem ärztlichen Personal. Um so stärker ist die emotionale Brücke zu einem Pfleger wie Senner, der den Patienten bei der Bewältigung ihres täglichen Seins behilflich ist, Verständnis zeigt, zuhören kann. Sie verstehen, was ich meine?«
»Ja, ich kann Ihnen gerade noch folgen. Sie wollen also sagen, daß es bei Ihren Patienten keine Aggressionen gegen den Pfleger gab.«
»Exakt. Wissen Sie, wir sind ja hier keine Nervenheilanstalt mit Zwangsjacke und Gummizelle. Vielleicht haben Sie diese Klischeevorstellung. In so einem Milieu manifestieren sich natürlich schon elementare Aggressionen. Aber wir sind hier eine sehr gepflegte psychosomatische Privatklinik für eine gehobene Klientel. Unsere Patienten sollen sich wie Gäste fühlen. Sie kommen ja auch freiwillig und wollen, daß wir Ihnen helfen. Da gibt es tatsächlich keine nennenswerten Aggressionen.«
Kirred lief durch das Zimmer. Vor einem Gummibaum wendete er und blieb stehen. »Sagen Sie, Ihre Patienten, das sind doch vorwiegend Schizophrene, oder?«
Prof. Runleger nahm die Lesebrille ab, hielt sie an einem Bügel und ließ sie vor sich kreisen.
»Das hängt davon ab, was man unter Schizophrenie versteht.

Das Krankheitsbild ist durchaus nicht exakt definiert. Aber im weitesten Sinne haben Sie recht. Wir haben einen sehr guten Ruf bei der Behandlung dieser Bewußtseinsstörung, und entsprechend häufig sind Patienten mit dieser Diagnose bei uns vertreten.«
»Schizophrene haben oft Halluzinationen, richtig?«
»Halluzinationen zählen zu den Symptomen der Schizophrenie, korrekt.«
»Ich hab das heute früh einmal nachgelesen. Also, diese Halluzinationen können ja ein ziemlicher Horror sein. Die Kranken hören Stimmen, die sie terrorisieren oder die ihnen befehlen, irgendwelche Verbrechen zu begehen.«
»Das mit den Stimmen im Kopf ist zutreffend, dieses Phänomen ist durchaus charakteristisch. Aber die von Ihnen zitierten Gewaltappelle sind doch eher die Ausnahme.« Prof. Runleger lächelte überlegen. »Die Schizophrenie ist viel verbreiteter, als Sie wahrscheinlich annehmen. Von hundert Menschen erkrankt im Laufe seines Lebens mindestens einer an Schizophrenie, zumindest temporär. In der Tat fällt es den Betroffenen schwer, zwischen innerer und äußerer Realität zu unterscheiden. Und die Wahnvorstellungen sind ein erheblicher Streßfaktor. Aber Gott sei Dank hören die wenigsten irgendwelche Befehle, denen sie blind folgen. Das ist eben auch so ein Klischee. Der Schizophrene als fremdgesteuerter Roboter. Das ist Unfug, mein lieber Hauptkommissar, das kommt nur ganz selten vor.«
Jetzt stand Kirred vor dem großen Schreibtisch. Er beugte sich nach vorn und stützte sich mit beiden Händen auf dem Tisch auf. Dabei sah er dem Professor intensiv in die Augen. Kirreds Stimme wurde ganz leise. »Den lieben Hauptkommissar können Sie sich schenken.« Er machte eine kleine Pause. Wäre doch gelacht, wenn es ihm nicht gelänge, die Rollen zu vertauschen. Mal sehen, wer hier wen einschüchtert.
Dann fuhr er fort: »Was macht Sie so sicher, daß unter Ihren

Patienten nicht doch ein Fall ist, dem in jener Nacht von einer Stimme befohlen wurde, den Pfleger umzubringen?«
»Außerirdische, vielleicht waren es Außerirdische, die ihn zum Mord angestiftet haben.« Prof. Runlegers Lachen klang in Kirreds Ohren wie eine alte Gießkanne.
»Nein, keine Außerirdischen.« Kirred blieb ganz ruhig. »Sondern eine Stimme im Kopf, die sagt: Stoß ihn die Treppe hinunter! Ich habe gelesen, daß es so etwas wie multiple Persönlichkeiten gibt. Menschen, die sozusagen mehrere Ichs haben. Das eine Ich, das ist vielleicht ganz normal, vielleicht sogar nett und sympathisch. Aber wenn das andere Ich von der Person Besitz ergreift, dann kann sich ein völlig veränderter Mensch wiederfinden, einer, der vielleicht auf Aggressionen aus ist, der zerstören will, möglicherweise auch morden.«
»Unfug. Wir hatten zum Zeitpunkt des bedauerlichen Unfalls vierundzwanzig Patienten, sechzehn Frauen und acht Männer. Sie sind uns alle gut bekannt. Die meisten waren schon früher bei uns. Wir tun ja nichts anderes, als uns mit diesen Patienten zu beschäftigen, also kennen wir sie in- und auswendig. Ich habe mir sogar noch einmal die Mühe gemacht und alle Krankenakten durchgesehen. Ich kann Ihnen garantieren, unter unseren Patienten gab es niemanden, der dem Pfleger Karl Senner etwas angetan hätte. Und schon gleich niemanden, der eine multiple Persönlichkeit hätte. Das können Sie mir schon glauben, mein lieber Hauptkommissar, auf diesem Gebiet kenne ich mich aus.«
Schon wieder der »liebe Hauptkommissar«, dachte Kirred. Entweder war der gute Professor etwas begriffsstutzig oder besonders unverschämt. Oder stand er vielleicht unter Streß?
»Könnte es sein, daß es Ihnen auch nicht besonders recht wäre, wenn einer Ihrer Patienten in dieser Weise die Kontrolle über sich verloren hätte?«
»Das wäre tragisch, das will ich gerne zugeben. Aber, wie gesagt, diese Annahme ist hypothetisch, ein Produkt Ihrer, neh-

men Sie es mir nicht übel, Ihrer durch den Beruf etwas deformierten Phantasie. Doch das ist völlig legitim, Sie müssen sich deshalb nicht in psychiatrische Behandlung begeben.«
Wieder schepperte Prof. Runlegers Lachen, der sich plötzlich königlich zu amüsieren schien.
»Das hatte ich auch nicht vor«, kommentierte Kirred den mißlungenen Scherz. »Aber jetzt will ich Ihrer knapp bemessenen Zeit Rechnung tragen und mich zurückziehen. Ich danke Ihnen für die Informationen und hoffe, daß Sie mit Ihrer Einschätzung recht haben. Noch ist die Untersuchung nicht abgeschlossen. Wir warten auf das endgültige gerichtsmedizinische Gutachten. Und es stehen noch einige Zeugenbefragungen aus. Ich werde Sie auf dem laufenden halten.«
»Tun Sie das, mein lieber Hauptkommissar, tun Sie das.«
Die dick gepolsterte Tür öffnete sich, und der hübsche Weißkittel strahlte Kirred an. Woher wußte sie, daß das Gespräch zu Ende war? Prof. Runleger hielt es für überflüssig, aufzustehen und Kirred hinauszubegleiten.
Kirred drehte sich im Weggehen kurz um und warf dem Professor einen provozierenden Blick zu. »Einen hübsch aufgeräumten Schreibtisch haben Sie. Ist dieser ausgeprägte Ordnungssinn auf eine psychosexuelle Störung in der analen Phase zurückzuführen? Na ja, spielt keine Rolle, einen schönen Tag.«
Kirred freute sich über seinen Abgang. Da hatte sich der Psychologie-Lehrgang, der zu seiner Ausbildung gehörte, wenigstens doch noch bezahlt gemacht – auch wenn er sonst von dem Schrott nicht viel hielt.

10

Pisa

Max Mauritz stand in Pisa auf der Piazza dei Miracoli, vor ihm die Gebäude, die er vor einigen Tagen beim Landeanflug aus der Luft gesehen hatte, links das Baptisterium, in der Mitte der mächtige Dom, rechts der weltberühmte Schiefe Turm, der Torre Pendente, und links dahinter der Monumentalfriedhof Camposanto. Obwohl er diesen Platz der Wunder schon von früheren Besuchen kannte, hatte er heute morgen im Bett noch einmal nachgelesen. Baptisterium, so wurde schon im 15. Jahrhundert die christliche Taufkirche genannt. Das Baptisterium in Pisa ist die größte Taufkapelle der Welt, in der Mitte das achteckige Taufbecken mit wunderschönen Ornamenten. Die Kanzel im Baptisterium stammt von Niccolò Pisano und steht völlig frei auf sieben Säulen. Berühmt ist auch die einzigartige Akustik im Baptisterium.

PISANO
Nicolò Pisano
(1225 bis 1278)

Max stieg über eine Kette und lief einige Meter über den Rasen. Er schaute hinauf zur Spitze der großen Kuppel des Baptisteriums. Die winzige Figur, die dort zu sehen war, stellt Johannes den Täufer dar und ist eine Bronzestatue, die – was man von hier unten gar nicht glauben mochte – immerhin über drei Meter groß ist.

Max richtete seinen Blick auf den Dom Santa Maria Assunta. Wahrlich ein Traum aus weißem Marmor. 1063 hatten die Pisaner mit seinem Bau begonnen. Buscheto di Giovanni Giudice hieß der erste Baumeister, der trotz seines so italienischen Namens eigentlich aus Griechenland stammte. Der Sieg bei Palermo gegen die Sarazenen und die Eroberung der Schatzschiffe des Sultans hatten die Finanzierung des Doms ermöglicht. Auch bei einem großen Teil der Marmorsäulen, hatte Max in einem Führer gelesen, soll es sich um Beutestücke aus der Schlacht gegen die Sarazenen handeln. Woanders stand allerdings, die Säulen seien in der weiteren Umgebung von Pisa gefunden worden und stammten von früheren römischen Tempeln. Ihm war's egal, sollten sich die Experten darüber streiten.

Jedenfalls war die Stadt im 11. und 12. Jahrhundert ungeheuer mächtig gewesen. Pisa eroberte Sardinien, besetzte Karthago und Korsika, war auf Sizilien und den Balearen siegreich. Immer größer wurde der Machtbereich der Seerepublik, Hunderte von Galeeren beherrschten große Teile des Mittelmeers und sicherten unter anderem den Handel mit dem Orient. Aber Pisa hatte auch viele Feinde und Neider. Vor allem Genua und Florenz wollten die Macht der Seerepublik brechen. Im 13. Jahrhundert tat sich Florenz mit Lucca zusammen. Und 1284 vernichtete Genua in der entscheidenden Schlacht bei Meloria die einst so stolze Flotte Pisas. Wenige Jahre später wurde Pisa von Florentiner Truppen eingenommen. Die große Epoche Pisas war vorbei. Und fast könnte man glauben, daß Florenz noch einen geheimen Verbündeten hätte, denn der Arno, der von Florenz hinunter nach Pisa zum Meer fließt, führte unablässig Schwemmland mit sich, sorgte für eine Versandung des Hafens von Pisa und lagerte sich in der Mündung ab. Immer weiter entfernte sich das Meer. Florenz konzentrierte sich deshalb auf das südlicher gelegene Livorno und verhalf auf diese Weise dem vorher unbedeutenden Nebenhafen von Pisa zu großem Aufschwung.

GALILEI
Galileo Galilei
(1564–1642)

Max war von dem monumentalen Dombau einmal mehr beeindruckt. Die streng gegliederte Fassade war von einer zeitlosen Schönheit. Ihm fiel der große Galileo Galilei ein. Hier in diesem Dom hatte er vor über vierhundert Jahren bei einer Messe die Pendelgesetze entdeckt. Statt der Predigt zuzuhören, beobachtete Galilei den sich langsam bewegenden Leuchter, der vom Gewölbe herabhing. Mit seinem Puls stoppte er die Zeit der Schwingungsausschläge.

Fast wäre Galilei ein Kollege von ihm geworden, ging Max durch den Kopf. Schließlich hatte der große Mathematiker, Physiker und Astronom auf Wunsch seines Vaters zunächst Medizin studiert, und zwar hier an der Universität in Pisa. Wäre er nur mal bei diesem Beruf geblieben, dachte Max, dann wäre er später nicht in die Verbannung geschickt worden, nur weil er zu der ketzerischen Ansicht gekommen war, daß sich die Erde um die eigene Achse und um die Sonne dreht. Das hatte vor ihm Kopernikus geschickter gemacht. Er war sofort nach Veröffentlichung seines Buchs gestorben. Damit war ihm wohl die Inquisition erspart geblieben. Aber wahrscheinlich hätte Galilei auch als Arzt irgendwie gegen die herrschende Schulmeinung verstoßen und den Zorn Roms auf sich gezogen, überlegte Max. Wenn man sich vorstellte, daß der Kirchenbann erst knapp hundert Jahre nach seinem Tod aufgehoben wurde! Max schüttelte den Kopf. Und erst 1993 hatte der Vatikan Galileo Galileis Weltbild offiziell anerkannt. Ganz so langsam sollten Gottes Mühlen nun wirklich nicht mahlen. Max dachte daran, wie übel Rom Galilei mitgespielt hatte. Völlig verbittert hatte der alte Mann die Zeit bis zu seinem Tod 1642 verbracht – verbannt in sein Haus neben der Sternwarte in Arcetri in der Nähe von Florenz, gepeinigt von rheumatischen Beschwerden und einer chronischen Schlaflosigkeit, gänzlich erblindet und auf Hilfe angewiesen. Und was hatte der für ihn zuständige Kardinal gemacht? Er hatte Galileo Galilei verboten, seinen Verbannungsort zu verlassen und sich nach Florenz in ärztliche Behandlung zu begeben. Nicht gerade das, was man christliche Nächstenliebe nennen würde.

Max sah hinauf zur Madonnenstatue auf dem Giebel des Doms, dann ließ er den Blick über die Kuppel mit dem Kreuz nach rechts zum Campanile schweifen. Da stand er also, der berühmte Schiefe Turm, der alljährlich unzählige Besucher nach Pisa lockt. Über fünf Meter beträgt der Überhang. Diese Schräglage prädestinierte den Campanile geradezu für Galileis legendäre Fallversuche. Es grenzt wirklich an ein Wunder, daß der Turm nicht schon vor Jahrhunderten umgefallen ist. Spätestens im Zweiten Weltkrieg hätte es passieren müssen, als in unmittelbarer Nähe Bomben explodierten und den Boden erschüttern ließen. Aber er steht, der Torre Pendente, und überdauert gelassen Generationen von Touristen. Der nachgebende Schwemmlandboden hat den Glockenturm so aus dem Lot gebracht. Dies übrigens schon wenige Jahre nach dem Baubeginn 1173. Deshalb wurde ab dem dritten Stockwerk – man sieht es kaum – der zunehmenden Neigung mit einer Krümmung des Turms entgegengewirkt. Hinauf darf man nicht mehr. Aber auch von unten übt er eine seltsame Magie aus – die Schräglage, die allen Sehgewohnheiten trotzt, und gleichzeitig die Schönheit des runden Glockenturms mit den umlaufenden Loggien. Nur schade, daß er seiner eigentlichen Bestimmung nicht nachkommen kann, denn die sieben Glokken, gestimmt nach der Tonleiter, sie werden wohl nie mehr im Campanile schlagen.

Max lief zwischen dem Baptisterium und dem Dom hindurch zum dahinterliegenden Camposanto, einem Friedhof mit Erde aus dem Heiligen Land, einst mitgebracht von den Kreuzrittern. Nach dem Vorbild von Pisa werden in ganz Italien die *cimiteri*, also die Friedhöfe, auch ohne heilige Erde *camposanto* genannt. Viele berühmte Adelsfamilien Pisas sind hier mit Bodengräbern und Sarkophagen vertreten. Man sieht ihm auf den ersten Blick nicht an, daß er gegen Ende des Zweiten Weltkriegs massiv von amerikanischen Fliegerbomben getroffen wurde, so gut ist er restauriert. Die im langen Rechteck angeordneten Arkaden sorgen für einen strengen Rahmen für den Innenhof. Max wollte nach den Zypressen sehen, die dem Camposanto eine besondere toskanische Note verleihen.

Einige Zeit später schlenderte Max Mauritz, von der Piazza dei Miracoli kommend, die Via Santa Maria hinunter. Den alten Lancia von Fausto hatte er auf der anderen Seite des Arno geparkt. Ganz wohl war ihm ja nicht, daß er Faustos Lieblingsstück chauffierte, aber dieser hatte darauf bestanden. Außerdem habe er in seinem Fuhrpark keine neuzeitlichen Automobile. Das modernste sei ein Ferrari California Spyder von 1961. Doch da traute sich Max noch viel weniger ans Steuer. Fausto hatte einen Termin in Mailand und wollte morgen vormittag wieder zurück sein. »Casa mia è anche casa tua«, hatte er zum Abschied gesagt und Max einmal mehr an seine kräftige Brust gedrückt. »Nimm den Lancia und fatti un giro, hai capito? Fahr nach Florenz oder nach Pisa, oder einfach nur übers Land. Genieße den Tag!«

Max bog in die Via dei Mille ein, überquerte die Piazza dei Cavalieri, den Platz der Ritter, der in dieser Form von Giorgio Vasari im 16. Jahrhundert im Auftrag der Medici für den Ritterorden des heiligen Stefan gestaltet wurde. Er blieb stehen und warf einen Blick hinüber zum Palazzo dell'Orologio. Er ist weniger für seine große Uhr berühmt als vielmehr für seinen berüchtigten Torre della Fame. In diesem Hungerturm starb mit seinen Söhnen und Enkeln Ende des 13. Jahrhunderts Ugolino della Gherardesca, der Flottenführer jener verlorenen Seeschlacht gegen Genua. Außerdem hatte er mächtige Gegner wie den Erzbischof Ruggieri. Ugolinos qualvolles Schicksal läßt sich in Dantes *Göttlicher Komödie* nachlesen. »Und drunten an dem fürchterlichen Turm«, sagte Ugolino della Gherardesca, »hört ich das Tor vernageln. Meinen Kindern sah ich ins Angesicht und sprach kein Wort.« Nach langen Tagen des Hungerns und Darbens, nach dem Hungertod seiner Enkel, läßt Dante Ugolino seine Heimatstadt verwünschen: »Regt ihr euch, Inseln denn, Capraia und Gorgona, und verstopft des Arno Mündung, daß er ersäufe jeglichen Pisaner.«

Nachdenklich lief Max den Borgo Stretto hinunter, unter den Arkaden an den Geschäften vorbei, und stand schließlich auf der Ponte di Mezzo, die über den Arno führt. Die Häuser spiegelten sich im träge dahinfließenden Fluß, der zu dieser Jahreszeit relativ viel Wasser hatte. Alljährlich im Juni findet hier das Gioco del Ponte statt, ein historisches Spektakel in alten Kostümen, bei dem die Stadthälften auf den beiden Seiten des Arno, Mezzogiorno und Tramontana, ihre Kräfte messen. Auch gibt es auf dem Arno traditionsreiche Ruderregatten, so

VASARI
Giorgio Vasari
(1511–1574)

DANTE
Dante Alighieri
(1265–1321)

CAPRAIA
GORGONA
Inseln des
toskanischen
Archipels

am 17. Juni die Storica Regata di San Ranieri zu Ehren des Schutzpatrons von Pisa. Am Abend vorher wird das gesamte Arnoufer mit Kerzen beleuchtet.

Auf der gegenüberliegenden Flußseite kam Max an den Logge di Bianchi vorbei und am Palazzo Gambacorti. Besonders angetan hatte es ihm das Oratorium Santa Maria della Spina. Der Name geht auf einen Dorn aus der Christuskrone zurück, der hier als Reliquie aufbewahrt wird. Ursprünglich stand diese kleine Kirche tiefer unten am Arno, doch da sie zu oft überschwemmt wurde, hatte man sie vor über hundert Jahren einfach abgetragen und an dieser Stelle neu aufgebaut.

Max war froh, als er ein Stück weiter Faustos Lancia unversehrt wiederfand. Nach dem Spaziergang durch Pisa fühlte er sich ausgesprochen wohl, etwas müde vielleicht, aber ausgeglichen und zufrieden. Die Anspannung der letzten Monate war wie verflogen. Vor dem Anlassen des Motors hielt er die Hände schwebend über das Lenkrad. Ruhig, absolut ruhig. Doch das waren sie ja gottlob immer. Auch wenn es im Inneren ganz anders aussah. Aber jetzt, in diesem Augenblick, da stimmte das seelische Gleichgewicht. Der Operationssaal und all die Patienten schienen Lichtjahre entfernt. Max lächelte und betätigte den Starter. Der Motor sprang auf Anhieb an. Das tiefe Brummen des alten Sechszylinders war wie Balsam. Max brachte ohne peinliche Kratzgeräusche den Schalthebel in die richtige Position und fuhr los.

Am Arno entlang steuerte er den Lancia Richtung Meer. Gewöhnungsbedürftig war sie ja schon, diese Rechtssteuerung, stellte Max fest. Jedenfalls in einem Land, wo rechts gefahren wird. Allerdings, im Verkehrsdurcheinander an manchen Kreuzungen, konnte man sich da gar nicht so sicher sein. Vielleicht fuhren auch einige links? Zum Beispiel die Ape da vorn, jener kleine dreirädrige Arbeitsroller von Piaggio, der für Italien so typisch ist, diese fleißige Biene fuhr doch eindeutig auf der linken Seite. Max lachte laut und begann wie Fausto zu singen: »Azzurro, il pomeriggio è troppo azzurro ...« Er kuppelte aus, schaltete in den Leerlauf, Zwischengas, und jetzt mit der linken Hand in den dritten Gang und die Kupplung wieder kommen lassen. Klappte ja schon ganz gut. Die Stadt blieb hinter ihm, und der Verkehr wurde übersichtlicher. Durch eine schattige Platanenallee kam er zur Basilika San Piero a Grado. Leider war die Kirche an diesem Tag geschlossen. Er hätte sich gerne die Fresken angeschaut, auf denen auch der heilige Petrus zu sehen war. Der spätere Bischof von Rom und erste Papst war von Jerusalem kommend hier, an dieser Stelle, an Land gegangen.

Max fuhr weiter den Arno entlang. Einige Kilometer waren es noch bis zum Meer. Im 11. Jahrhundert, als die romanische Basilika gebaut wurde, stand sie direkt am Wasser. Auf der rechten Straßenseite wechselten sich Schrebergärten mit Bootswerften ab. Dahinter sah er an langen Stangen große Fischernetze. In Marina di Pisa angekommen, machte Max kurz halt und setzte sich zu einigen Anglern auf die Felsen. Weit draußen waren die Umrisse der Isola di Gorgona zu sehen. Ein Frachter zog vorbei, wahrscheinlich mit Livorno als Zielhafen. Möwen kreisten über den Anglern und hofften auf Fischabfälle. Max hätte hier den ganzen restlichen Tag sitzen bleiben können. Aber er wollte ja noch etwas übers Land fahren. Außerdem hatte er Hunger. Wenige Minuten später röhrte der Lancia durch Tirrenia, wo er gestern mit Fausto im Country Club Cosmopolitan Golf gespielt hatte. Zur großen Freude von Fausto konnte dieser seinen Heimvorteil nutzen und Max, der eigentlich das bessere Handicap hatte, sogar brutto schlagen. Und weil wie immer eine Wette damit verbunden war, mußte Max die anschließende Zeche an der Bar übernehmen. Was er natürlich mehr als gerne gemacht hat. Obwohl, hätte er nicht am siebzehnten und auch am achtzehnten Loch einen Ball ins Wasser geschlagen ... »Keine falschen Ausreden!« schalt sich Max lachend. »Du hast verloren, und das

COSMOPOLITAN
TIRRENIA
Golfplätze zwische
Marina di Pisa und
Livorno

war gut so.« In unmittelbarer Nähe hatte ihm Fausto noch einen weiteren Golfplatz gezeigt, Tirrenia. Neun Löcher habe er zwar nur, aber er sei älter und interessant zu spielen. Abends waren sie dann gleich um die Ecke im Ristorante Martini zum Fischessen gewesen. Schon bei dem Gedanken an die maritimen Vorspeisen, die in einer großen Alufolie serviert worden waren, lief ihm das Wasser im Mund zusammen. Max schaute auf die Uhr. Wenn er sich beeilte, würde er noch in Livorno zum Mittagessen gehen können. Fausto hatte ihm ein Lokal empfohlen, das La Chiave direkt an der Fortezza Nuova.

MARTINI
Tirrenia

LIVORNO
80 000 Einwohner

Wenige Minuten später hatte Max Tirrenia und Calambrone hinter sich gelassen. Er steuerte den Lancia nach rechts über eine hohe Brücke und sah schon kurz darauf in Livorno die Fortezza Nuova, einen gewaltigen Festungsbau aus dem 16. Jahrhundert, der von einem breiten Kanal umschlossen wird. Noch im 14. Jahrhundert war »Livorna« nichts weiter als ein unbedeutender Nebenhafen von Porto Pisano gewesen. 1421 kaufte Florenz das kleine Fischerdorf für hunderttausend Gulden von Genua, was sich als sehr vorausschauend erweisen sollte. Denn als die Versandung des Hafens von Pisa immer weiter fortschritt, konnte Großherzog Cosimo de' Medici im 16. Jahrhundert den Ausbau von Livorno in Auftrag geben. Der Architekt Bernardo Buontalenti entwarf eine »ideale« Stadt in Form eines Fünfecks. Für Livornos weitere Entwicklung entscheidend war die Verfassung von 1593, die allen Zuwanderern und politisch Verfolgten freies Aufenthaltsrecht zubilligte. In der Folge kamen aus ganz Europa neue Bewohner – Engländer, Franzosen, viele Juden und Türken –, die der Stadt ein besonderes kosmopolitisches Gepräge gaben. Im Zweiten Weltkrieg zerstörten Bombenangriffe die Altstadt, fast alle Kunstschätze gingen verloren. Heute ist Livorno eine moderne Hafenstadt, die an touristischen Attraktionen vergleichsweise wenig zu bieten hat und deshalb meist links liegengelassen wird. Allenfalls dient sie als Durchgangsstation zu den Fähren nach Korsika und Sardinien. Für Kenner allerdings lohnt sich der Besuch der Stadt – schon allein der traditionellen Fischküche wegen.

Max sah das Schild mit dem symbolisierten Schlüssel des Restaurants La Chiave, ein kurzes Stück weiter war ein Parkplatz frei, wenige Minuten später saß er bereits am Tisch, die Schmetterlingsnudeln mit Tintenfisch waren schnell bestellt, für den Hauptgang schwankte er noch zwischen *Scorfano* (Drachenkopffisch) und *Triglia di scoglio* (Streifenbarbe). Schön, wenn einen keine größeren Sorgen plagen, dachte Max.

La Chiave
Livorno

Nach dem Essen beschloß er, weiter nach Süden zu fahren. Um schneller vorwärts zu kommen, entschied er sich gegen die alte Küstenstraße, die an steilen Klippen vorbei über Castiglioncello führte. Statt dessen wählte er die Autostrada, die zunächst auf Pfeilern über das flache Land ging. Das hatte nicht gerade den Charme, den sich Max von der Toskana erwartete. Bald aber wurde die Landschaft reizvoller. Kleine Hügel zogen vorbei, auf denen Bauernhäuser standen, Zypressen, Platanen, bestellte Felder, Olivenbäume, Weinreben. Ab und zu ging es durch eine Galleria. Ein Tunnel hieß Pipistrello. Max mußte grinsen, das italienische Wort hatte er erst gestern abend von Fausto gelernt. Sie waren auf der Terrasse gesessen und hatten vor dem Zubettgehen noch ein Glas Wein getrunken. Über ihre Köpfe sausten immer wieder kleine Schatten. Max dachte zunächst, daß es sich dabei um Vögel handelte. »Sbagliato«, hatte sich Fausto amüsiert, »das sind Pipistrelli.« Und als er die fragenden Augen von Max sah, fuhr er fort: »Pipistrelli, so heißen unsere italienischen Batmen, das sind Fledermäuse.« Fausto verzog das Gesicht zu einer Grimasse und ahmte mit angewinkelten Armen den Flügelschlag nach. »Alles kleine Draculas, Vampire mit spitzen Zähnen auf ihrer nächtlichen Jagd nach dem Blut hübscher Jungfrauen.«

»Da haben sich deine Pipistrelli aber ordentlich verflogen«,

hatte Max erwidert. »Hier sitzen nur zwei alte Knacker, von einer hübschen Jungfrau ist weit und breit nichts zu sehen.«
Die Autostrada war jetzt zu Ende. Max setzte seine Fahrt auf der gut ausgebauten Schnellstraße fort und überquerte wenig später das Flüßchen Cecina. Links oben waren auf Bergkuppen wehrhafte Dörfer zu sehen. Dabei muß es sich um Montescudaio und Guardistallo handeln, überlegte Max. Einer spontanen Eingebung folgend, bog er wenig später links ab und steuerte den Lancia aufs Geratewohl über kleine Straßen, die sich durch Weinberge hinauf in das Hügelland schlängelten.

Fattoria
Großes Landgut

Hinter einer alten Fattoria zweigte ein asphaltierter Weg ab mit einem Schild »Vino etrusco«. Max bremste. Die Sonne fiel verführerisch durch die Blätter einiger Korkeichen. Er hörte Vögel zwitschern. Neben dem Schild standen Sonnenblumen. Girasoli heißen sie auf italienisch. Und tatsächlich schienen sich diese hier alle der Sonne zuzudrehen. Egal, er wußte sowieso nicht mehr, wo er war, also sprach nichts dagegen, hier einfach abzubiegen. Max schlug das Lenkrad ein und fuhr weiter. Die Straße ging den Berg hinauf. Links war Wein angebaut, rechts standen Mandelbäume. Plötzlich endete der Asphalt, und die Straße setzte sich als Schotterweg fort.
Mist, dachte Max, wäre ich hier nur nicht abgebogen. Jetzt bin ich mit dem Oldtimer von Fausto unversehens ins Gelände geraten. Aber umdrehen kann ich hier nicht. Und alles rückwärts zurück, das geht bestimmt auch nicht gut. Hoffentlich passiert der alten Kiste nichts. Und so fuhr er langsam weiter. Der Weg machte eine leichte Linkskurve und wurde eben. Auf einmal ging der Blick weit hinaus über das Land bis hinunter zum Meer. Max blieb stehen, zog die Handbremse an und stellte den Motor ab. Der Lancia antwortete wie gewohnt mit einer Fehlzündung. Er stieg aus und genoß die phantastische Aussicht. Und die Ruhe, diese unendliche Ruhe. Einige hundert Meter entfernt lag unter ihm ein Bauernhaus. Max setzte sich auf einen großen Stein. Hier konnte man wirklich

die Seele baumeln lassen. Vor ihm die geneigte Wiese, Olivenbäume, das verwunschene Haus, das dicht bewachsen war. Er folgte mit den Augen den sanften Hügeln, die zum Meer hin immer kleiner wurden. Dann da unten die Ebene, aus der es immer wieder blinkte. Wahrscheinlich Reflexionen dort fahrender Autos. Und dahinter das Meer. Links in weiter Ferne die Silhouette einer großen Insel. Das mußte Elba sein. Er schaute versonnen auf das Bauernhaus. Die grünen Fensterläden waren geschlossen. Es sah so aus, als ob das Haus nicht bewohnt wäre. Und dennoch merkte man, daß alles so gewollt war. Der Garten war natürlich, doch nicht verwildert. Und da vorne, steckte da nicht ein Spaten neben der Zypresse? Aber die Fenster, sie waren zum Teil völlig von Laub verdeckt. War das wilder Wein oder Efeu? Wer läßt seine Fenster so zuwachsen, daß man nicht mehr hinausschauen kann? Und direkt vor der Eingangstür blühte ein roter Rosenbusch, so, als ob er einem ungebetenen Besucher den Zugang verwehren wollte. Ein Rosenbusch, der sicherlich gepflegt war. Er konnte es von hier aus nicht erkennen, aber er war sich sicher, daß er an dem Busch keine vertrockneten Blüten finden würde. Max begann zu träumen. Er sah, wie er in diesem Haus lebte, die Olivenbäume schnitt, einen Gemüse- und Kräutergarten anlegte, auf einer Bank saß und auf das Meer hinausschaute. Aus den geöffneten Fensterläden war Puccini zu hören, Verdi oder Vivaldi. Er hatte ein aufgeschlagenes Buch neben sich liegen und ein Glas Rotwein in der Hand. Keinen noblen Tropfen für Feinschmecker, nein, einen einfachen, kräftigen, ehrlichen Landwein, am liebsten von den Weinstöcken auf seinem eigenen Grund.

Max atmete tief durch. Er spürte, wie die Ruhe immer mehr von ihm Besitz ergriff. Ruhe und Ausgeglichenheit. Und Zufriedenheit. Was brauchte er eine teure Penthouse-Wohnung im Nobelviertel seiner Stadt? Den Porsche in der Garage? Den teuren Golfclub? Wofür schuftete er eigentlich? Für die Menschen, denen er auf dem Operationstisch half? Ja, wenn überhaupt, dann schuftete er für seine Patienten. Aber genau das war ihm jetzt zuviel geworden. Er brauchte Abstand, nicht nur für einige Tage wie jetzt mit seinem Besuch bei Fausto. Bald würde er frei und unabhängig sein. Noch im Flugzeug nach Pisa hatte er überlegt, was er dann machen wollte. Jetzt, in diesem Augenblick, war es ihm klargeworden. So ein Haus in der Toskana, das genau wäre es. Und dann hier leben – ohne Streß, ohne Operationstermine und ohne, ja, auch ohne gesellschaftliche Verpflichtungen. Er haßte sie ohnedies, jene Vernissagen, zu denen er eingeladen wurde, auf denen man nur dumm rumstand und mit seltsamen Menschen parlierte, die einem im Grunde völlig egal waren. Er verabscheute Cocktailpartys und all dieses Zeug. Das war ihm bisher nie so richtig bewußt geworden, aber jetzt merkte er, wie sehr er das im Grunde alles ablehnte. Und die Golfschläger, die würde er zusammen mit dem Porsche verkaufen. Obwohl, das könnte er vielleicht bereuen, die Golfschläger würde er vorläufig behalten.

Ein Motorengeräusch riß Max aus seinen Gedanken. Ein kleiner roter Fiat kam über die Schotterstraße gehoppelt und blieb Kühler an Kühler vor dem Lancia stehen, der den Weg blockierte. Der Motor wurde abgestellt, und eine Frau stieg aus. Was heißt eine Frau? dachte Max. Ein Traum von einer Frau! Erstaunlich groß für eine Italienerin, mit schwarzen Haaren und brauner Haut, in Jeans und weißem T-Shirt. Wie alt? Vielleicht Mitte Dreißig? Mit langsamen Bewegungen kam sie auf ihn zu. Träumte er noch? Das verwunschene Haus, das ferne Meer, das Gezwitscher der Vögel und jetzt diese Frau mit dem geschmeidigen Gang und diesen unglaublich weißen Zähnen. Max sprang auf. »Scusi, signora«, fing er an sich zu entschuldigen, »buongiorno, la mia macchina, lo so ...«

»Sie sind Deutscher, stimmt's?« unterbrach ihn die Frau in ausgezeichnetem Deutsch.

»Ja, stimmt. Hört man das so schnell?«
»Ich höre das, ja. Aber das macht nichts. Ich mag Ihre Sprache«, antwortete sie lachend.
»Entschuldigen Sie bitte, ich weiß, mein Auto versperrt die Straße. Ich fahre gleich weg. Ehrlich gesagt, habe ich mich verfahren. Ich weiß gar nicht genau, wo ich bin. Und jetzt habe ich eine Pause gemacht und diesen Ausblick hier genossen.«
»Ja, dieser Blick ist schön. Ich habe hier auch schon mal angehalten und über das Land hinaus zum Meer geschaut. Ich kann Sie gut verstehen. Lassen Sie sich nur Zeit mit dem Weiterfahren. Ich bin nicht in Eile. Und wenn Sie mir sagen, wo Sie eigentlich hinwollen, kann ich Ihnen ja den Weg beschreiben.«
»Wunderbar. Ich darf mich vorstellen. Mein Name ist Mauritz, Maximilian Mauritz.«
»Piacere«, erwiderte die Frau, »ich heiße Carlotta Manzini.«
»Leben Sie hier?« wollte Max wissen.
»Nicht hier, aber sozusagen in der Nachbarschaft, keine halbe Stunde entfernt. Ich habe gerade eine Tante von mir besucht, die hier ganz in der Nähe wohnt. Und auf dem Rückweg habe ich mir da hinten in der Cantina etwas Olivenöl geholt.«

OLIVENÖL
Vorzugsweise
kaltgepreßt

Max schaute Carlotta verzückt an. Dieses wunderbare Gesicht und diese warme Stimme. Es gibt doch herrliche Geschöpfe auf dieser Welt. Aber schade, so jemand ist natürlich verheiratet, hat Kinder, eine Familie.
»Wie kommt es, daß Sie so gut Deutsch sprechen? Haben Sie einmal in Deutschland gelebt?«
»Ich bin Lehrerin am Gymnasium in Cecina. Einige Semester habe ich in Deutschland studiert. Da sollte ich Ihre Sprache also etwas können«, antwortete Carlotta lachend.
»Das können Sie«, erwiderte Max. »Falls es nötig sein sollte, bestätige ich das gerne Ihren Schülern.«
»Herzlichen Dank für dieses Angebot, aber das wird nicht nötig sein. Außerdem unterrichte ich kein Deutsch, sondern Sport«

»Wissen Sie zufällig, wem dieses hübsche Haus gehört?« fragte Max und deutete hinunter auf das zugewachsene Bauernhaus, das seine Phantasie so beflügelt hatte.
»Ja, weiß ich, dem Bauern, bei dem ich gerade das Olivenöl gekauft habe. Warum?«
»Ja, warum? Setzen Sie sich doch zu mir auf diesen Stein. Haben Sie soviel Zeit? Dann erzähle ich es Ihnen.«
»Ich setze mich eigentlich nicht zu jedem Fremden auf einen Stein«, sagte Carlotta zögernd.
»Kommen Sie nur, ich bin ganz harmlos.«
»In Ordnung, aber bloß für einen kurzen Augenblick.«
»Sie machen mir eine große Freude. Also, warum ich gefragt habe, wem dieses Haus gehört? Sie müssen wissen, ich bin Arzt, Herzchirurg, um genauer zu sein.«
Carlotta zuckte unwillkürlich zusammen. Ein Arzt? Ein Arzt wie Paolo, ihr Mann, den sie bei dem Fährunglück im letzten Jahr verloren hatte. Sie schaute Max kurz ins Gesicht. Ein gutes Gesicht. Aber diese Augen. Helle, ganz helle, stahlblaue Augen. Augen, die einen verunsichern konnten.
Max hatte die Reaktion von Carlotta nicht bemerkt. »Und ich befinde mich, Ihnen kann ich das ja sagen, in einer Krise. Ja, schauen Sie mich nicht so an, in einer veritablen Krise. Ich habe beschlossen auszusteigen. Ob endgültig, das weiß ich nicht. Aber wahrscheinlich wird das so sein. In meinem Beruf, der hochspezialisiert ist, kann man nicht einfach zwei Jahre aufhören und dann weitermachen. Man muß immer am Ball bleiben, und genau das ist das Problem.«
Max hielt inne und wunderte sich, daß er dabei war, dieser fremden Frau auf einem Stein in der Toskana sitzend sein Herz auszuschütten.
»Und jetzt überlegen Sie sich, wie es wäre, wenn Sie dieses Haus kaufen, auf einer Bank sitzen, Ihren eigenen Rotwein trinken und hinaus aufs Meer schauen, oder?«
»Woher wissen Sie das? Können Sie Gedanken lesen?«

»Nein, kann ich nicht. Aber das war nicht schwer. Sie sind ja auch nicht der erste, der diesen Traum hat. Viele haben ihn, vor allem auch viele Deutsche.«
»Aber deshalb wird er nicht schlechter.«
»Wird er nicht, da haben Sie sicher recht. Doch was dieses Haus betrifft, muß ich Sie leider enttäuschen. Es gehört wie gesagt einem Bauern. Giacomo Casiraghi ist der reichste Bauer in der ganzen Gegend. Er hat unendlich viel Grund, und er verkauft nichts, hat er ja auch nicht nötig. Und dieses Haus würde er als letztes verkaufen. Hier hat früher seine Schwester gelebt, die vor einigen Jahren gestorben ist. Das Haus ist für ihn so etwas wie eine Erinnerung an seine Schwester. Und dann gäbe es noch ein Problem. Seien Sie mir nicht böse, aber Casiraghi mag keine Deutschen. Das hängt mit dem Krieg zusammen, mit den Faschisten, mit den Nazis. Doch das ist eine ganz andere Geschichte. Keine Chance, leider.«
Die Enttäuschung war Max anzusehen. Der Traum wäre so schön gewesen.
»Wirklich keine Chance?«
»Hundertprozentig, es tut mir leid. Aber es gibt doch andere Häuser in der Toskana. Und viele von ihnen sind zu verkaufen, weil die jungen Leute nicht mehr auf dem Land leben wollen. Sie finden da sicherlich etwas.«
»Sicherlich. Doch Sie wissen ja, wie das mit Träumen ist, auch wenn sie ganz jung sind wie dieser.«
»Wie kommt es eigentlich, daß Sie mit diesem wunderschönen alten Lancia unterwegs sind. Und das mit einer Nummer aus Sizilien, von Palermo?«
»Von Palermo, wirklich? Das ist mir noch gar nicht aufgefallen. Ich bin Gast bei einem italienischen Freund. Fausto Brunetta. Er lebt in der Nähe von Lucca, war mal ein Patient von mir. Ja, und dieser Fausto, ein faszinierender Mensch, er hat nur solche alten Autos. Vor allem diesen Lancia, den liebt er. Ehrlich gesagt, wäre ich lieber mit einem Leihwagen unter-

wegs. Ich hoffe nur, daß ich ihn ohne Schramme zurückbringe.«
»Das werden Sie schon schaffen«, erwiderte Carlotta lachend. »Chirurgen können das.«
»Woher wollen Sie das wissen?« sagte Max eher gedankenlos.
Carlotta machte eine kleine Pause. Wieder sah sie kurz in sein Gesicht. »Ich weiß das«, antwortete sie dann, »weil mein Mann Chirurg war, allerdings kein Herzchirurg wie Sie, sondern Unfallchirurg. Und Paolo war nicht nur ein guter Chirurg, sondern auch ein guter Autofahrer.«
Jetzt war es an Max, Carlotta anzusehen, die ihren Blick in die Ferne gerichtet hatte.
»*War* ein guter Chirurg?« sagte Max leise.
»Ja, er war es. Mein Mann ist letztes Jahr bei einem Unglück ums Leben gekommen.«
»Das tut mir leid«, erwiderte Max betroffen. Doch dann spürte er, daß er gar nicht so betroffen war. Fast erleichtert, beschwingt fühlte er sich. Nur merken durfte sie es nicht. Aber den mitfühlenden Blick, den hatte er sowieso drauf, der gehörte sozusagen zu seinem berufsbedingten Repertoire, der fiel ihm nicht schwer. Nun, leid tat sie ihm schon. Aber so war nun mal das Leben.
Sie saßen fast noch eine Dreiviertelstunde auf diesem Stein und unterhielten sich. Und für beide war es überraschend, wie privat, wie persönlich dieses Gespräch war. Max fühlte sich von Carlotta wie magnetisch angezogen. Nicht nur, weil sie ihm als Frau gefiel, da war noch irgend etwas anderes. Und Carlotta? Lag es allein daran, daß Max wie ihr verstorbener Mann Paolo Chirurg war? War es vielleicht sogar ein Vorteil, daß er kein Italiener war, daß sie sich mit ihm in einer Fremdsprache unterhalten konnte, die sie allerdings fast genauso gut wie ihre Muttersprache beherrschte? War es diese enorme Ruhe, die von diesem Mann ausging? Auch wenn er ihr gerade erzählt hatte, daß er diese gar nicht empfand? Oder diese faszi-

nierenden Augen? Nein, die wohl am wenigsten, die Augen verunsicherten Carlotta eher. Mittlerweile wußte sie, daß Max geschieden war. Und daß er sie gerne einmal zum Abendessen einladen würde. An einem der wenigen ihm noch verbleibenden Tage. Und zu ihrer eigenen Verblüffung hatte sie zugesagt. Der Zettel mit ihrer Telefonnummer steckte in seiner Hosentasche.

11

Fausto hatte Max zum Abendessen nach Lucca eingeladen. Schon den ganzen Tag über hatte er von den *Tacconi alla lucchese* geschwärmt, war ihm das *Capretto* (Zicklein) förmlich auf der Zunge zergangen. In seinem Lieblingslokal, dem Bucadisantantonio, hatte Fausto einen Tisch reserviert. Aber vorher wollte er mit Max noch eine *Passegiata delle mura* machen. Einmal rund um die Altstadt von Lucca auf der gut vier Kilometer langen Festungsmauer. Im 16. und 17. Jahrhundert haben die Luccheser diesen prächtigen Schutzwall errichtet. Über zwölf Meter ist er hoch und dreißig Meter breit. Sechs Millionen Backsteine haben die durch Seide reich gewordenen Luccheser in diesem Bollwerk verbaut. Über hundert Kanonen wurden in Stellung gebracht. Herzförmige Verteidigungstürme sorgten für weitere Abschreckung. Ob sich der Aufwand gelohnt hat? Einen Angriff auf Lucca hat jedenfalls kein Feind mehr gewagt. 1805 wurde die stolze Stadt von Napoleon seiner Schwester Elisa Bacciocchi zum Geschenk gemacht. Heute führt auf der immer noch intakten Stadtmauer ein herrlicher Rundweg um Lucca. Eine Allee von Platanen spendet Schatten. Weit reicht der Blick über die Dächer.
Fausto betätigte sich als Reiseführer. Offensichtlich hatte der gebürtige Sizilianer seine Wahlheimat Lucca ganz besonders ins Herz geschlossen. Während sie auf dem parkähnlichen Festungsring entlanggingen – in gebührendem Abstand folgte

Lucca

Napoleon
Napoleon
Bonaparte
(1769–1821)

ihnen Enzio –, erklärte Fausto, daß der Name Luc aus dem Etruskischen komme und Sumpfland bedeute. Fausto zeigte auf den Campanile des Doms. Die Fassade des Duomo San Martino, die von hier nicht zu sehen war, würde Max mit ihren Säulenarkaden sicherlich an den Dom von Pisa erinnern. Und im Inneren des Doms gebe es das weltberühmte Kruzifix mit dem Volto Santo, einer hölzernen Statue im bodenlangen Kleid und mit einem vollen Bart.

»Volto Santo, das bedeutet heiliges Gesicht«, erklärte Fausto.

»Diese Art von Kreuz kenne ich«, sagte Max. »Wir haben so etwas Ähnliches auch in einigen deutschen Kirchen.«

»Ich weiß, es gibt sie außerdem auch in Frankreich, aber sie leiten sich von Lucca ab. Kennst du die Legende von der bärtigen Jungfrau?« Als Max den Kopf schüttelte, fuhr Fausto fort: »An dem Kreuz, das ist nicht Christus, sondern stellt eine Jungfrau dar. Sie sollte mit dem König von Sizilien vermählt werden. Aber die Jungfrau, sie wollte Jungfrau bleiben.«

»Dieser Wahn ist ja Gott sei Dank heute nicht mehr so verbreitet.«

»Aber damals. Da sind ja oft die schönsten Frauen ins Kloster gegangen. Ein schrecklicher Gedanke. Diese Jungfrau, von der ich spreche, war jedenfalls genauso schön wie fromm. Sie flehte zu Gott, ihre Keuschheit zu bewahren. Und dann geschah das Wunder. Der jungen Frau wuchs über Nacht ein voller Bart. Der König von Sizilien fand das natürlich nicht so toll. Ich bin Sizilianer, ich kann das gut verstehen. Eine Frau mit Bart? Terribile, orribile, ripugnante. Aus der Hochzeit wurde nichts, fortunatamente. Aber der ehrgeizige Vater der Braut war natürlich entsetzt. Deshalb schlug er seine Tochter zur Strafe ans Kreuz. Und so wurde aus ihr statt einer Königin von Sizilien die berühmte Virgo fortis, die starke Jungfrau.«

»Ich hätte ja der Dame geraten, diesen Schritt noch einmal zu überdenken. Aber dazu ist es ja wohl zu spät.«

Mittlerweile waren sie eine der breiten Rampen heruntergegangen und schlenderten *dentro* durch die Gassen von Lucca. Max drehte sich kurz um. Enzio, der eine weit geschnittene Windjacke anhatte, war nur wenige Schritte hinter ihnen. Fausto, der Max' Blick bemerkt hatte, sagte lachend: »Laß dich von Enzio nicht stören, er paßt nun mal gerne auf mich auf. Wahrscheinlich hat er das meiner Mutter versprochen.«

Fausto führte Max zur Piazza del Mercato, die auch Piazza Anfiteatro genannt wird, denn die malerischen Häuserfassaden stehen im ovalen Rund auf den Fundamenten des vormaligen römischen Amphitheaters. Sie kamen in der Via Fillungo an Puccinis ehemaligem Stammcafé Di Simo vorbei, wo sie einen Espresso tranken. Wenig später standen sie vor der romanischen Kirche San Michele in Foro, die dort ihren Platz hat, wo die Römer einst ihr Forum hatten. Hoch oben über der Fassade steht der Erzengel Michael. Sie sahen in der Via di Poggio das Geburtshaus Giacomo Puccinis, in dem es heute ein kleines Museum mit Gedenkstücken zu besichtigen gibt, und warfen gegenüber einen Blick auf die Speisekarte des Restaurants Puccini.

Puccini
Bucadisant-
antonio
Lucca

Gleich um die Ecke, in der Via della Cervia, betraten sie schließlich das Bucadisantantonio. Das Lokal gibt es schon seit dem 18. Jahrhundert. Es befindet sich in einer alten Postkutschenstation und ist auf die ländliche Küche der Garfagnana spezialisiert. Garfagnana, so wird die bergige Region nördlich von Lucca genannt. Im abgeschiedenen Tal entlang dem wilden Serchio, der durch die Apuanischen Alpen fließt, liegt der Kurort Bagni di Lucca. Schon Heinrich Heine hatte vom »wilden Paradies« der Garfagnana geschwärmt.

Garfagnana
Gebirgstal entlang
dem Serchio

Während sich Max noch im Vorraum umsah, die Bilder an den Wänden betrachtete und sich über das Feuer im offenen Kamin freute, wurde Fausto bereits überschwenglich begrüßt. An einigen Tischen mußte er Hände schütteln und in einem Fall sogar innige Umarmungen über sich ergehen lassen. Dabei hatte Max den Eindruck, daß Fausto bei aller Herzlichkeit viel Respekt entgegengebracht wurde und daß sich sein Freund dessen sehr wohl bewußt war.

Fausto amüsierte sich köstlich, als Max beim Hinsetzen mit dem Kopf dröhnend gegen einen der vielen glänzenden Kupferkessel stieß, die im Lokal dekorativ von der holzbebalkten Decke hingen.

Wie nicht anders zu erwarten, entwickelte sich das Abendessen zu einem großen Gelage, wobei Fausto seine kulinarische Flexibilität wieder einmal unter Beweis stellte, denn entgegen seinen vorangegangenen Ankündigungen gab es *Pasticcio di fegato alla toscana* (Leberpasteten), *Dadolata di pesce spada alla maggiorana* (gewürfelter Schwertfisch mit Majoran), *Minestra di farro alla garfagnina* (Dinkelsuppe), *Trippa alla lucchese* (Kutteln).

Max bemühte sich nach Kräften, aber irgendwann war es soweit. Er lehnte sich zurück und schwenkte die weiße Serviette über dem Kopf. »Ich kapituliere. Fausto, ich kann nicht mehr. Es war phantastisch, aber jetzt hab die Gnade und mach ein Ende.«

»Sì, era buonissimo«, bestätigte Fausto und drehte dabei den Zeigefinger gegen die rechte Backe, eine Geste, die Max von Fausto schon kannte und mit der dieser ein besonderes Lob zu unterstreichen pflegte.

Grappa
Tresterschnaps

Fausto ließ eine Flasche Grappa bringen und entnahm seinem Zigarrenetui zwei kapitale Havannas. Dann ließ er sich von Max erzählen, wie er den gestrigen Tag verbracht hatte. Max berichtete von seiner Autofahrt, dankte Fausto einmal mehr für den alten Lancia, den er Gott sei Dank heil wieder heimgebracht hatte. Und er erzählte von dem unbewohnten Bauernhaus, in das er sich verliebt habe, von den grünen Fensterläden, den Zypressen, den Olivenbäumen und dem Blick über die sanft geschwungenen Hügel aufs Meer und die Insel Elba.

»Am liebsten würde ich dieses Haus kaufen und mich hierher in die Toskana zurückziehen, fern von allem Trubel und eins mit der Natur.«

»Nichts dagegen«, sagte Fausto lachend, »da hätte ich wenigstens meinen Leibarzt in der Nähe.«

»Klappt leider nicht«, erwiderte Max. »Das Haus steht zwar leer, ist aber unverkäuflich.«

»Woher willst du das wissen?«

Max erzählte von seiner Begegnung mit Carlotta Manzini und daß diese den Bauern kannte und sicher wußte, daß das Haus nicht zu verkaufen sei.

»Du alter Schwerenöter, da läßt man dich einen Tag aus den Augen, und schon lernst du eine schöne Signora kennen.«

»Unglaublich, ja, dabei habe ich es gar nicht darauf angelegt. Wer denkt denn schon, daß ihm mitten in den Weinbergen solches Glück widerfährt?«

»Das ist die Toskana, mein lieber Max, sie steckt voller Überraschungen. In den Weinbergen gibt es die unglaublichsten Begegnungen. Sei es ein cinghiale, ein istrice oder una bella ragazza. È tutto possibile!«

CINGHIALE
Wildschwein

»Das sind ja Alternativen. Jedenfalls war mir die Carlotta viel sympathischer als eine Wildsau oder ein Stachelschwein.«

»Das glaube ich dir. Wirst du sie wiedersehen?«

»Ich hoffe, ja. Wir haben uns zu einem gemeinsamen Abendessen verabredet.«

»Gratuliere. Du wirst hier noch Wurzeln schlagen, paß nur auf. Und du hast recht, dafür braucht man ein eigenes Haus. Erzähl mal, wo befindet es sich genau und wie heißt der Bauer?«

Max beschrieb ihm den Weg und nannte ihm den Namen Giacomo Casiraghi.

»Mal sehen, was ich für dich tun kann. Ich werde mich morgen darum kümmern.«

»Herzlichen Dank, aber das kannst du dir sparen. Carlotta

Manzini hat gesagt, es gebe keine Chance, daß Casiraghi dieses Haus verkauft, und schon gar nicht an einen Deutschen.«

»Nichts ist in Italien unmöglich«, entgegnete Fausto. »Gefällt dir das Haus wirklich so gut? Würde es dich tatsächlich freuen, wenn du es kaufen könntest? Ich brauche von dir eine klare Aussage.«

»Fausto, laß es gut sein. Ja, es würde mich freuen, sehr sogar. Ich kann das auch gar nicht erklären, das kommt irgendwo aus dem Bauch, das ist völlig irrational. Aber es ist nicht zu verkaufen, fertig. Kein Problem.«

Fausto betrachtete die Glut seiner Zigarre, die er langsam zwischen den Fingern rollte. »Mein lieber Freund, du mußt wissen, ich bin ein Mann mit großer Überzeugungskraft, ich habe einen gewissen Einfluß auf andere Menschen. Ich muß morgen geschäftlich kurz nach Rom. Auf dem Hinweg werde ich bei diesem Casiraghi vorbeischauen. Mal sehen, was dabei herauskommt.«

Nach einer längeren Pause, während der Max darüber nachdachte, was er von Faustos Idee halten sollte, wechselte dieser das Thema. »Kennst du die Geschichte vom Gallo Nero?«

»Du sprichst vom Chianti, den wir gerade getrunken haben?«

»Richtig, Max, ich spreche vom schwarzen Hahn, mit dem seit den zwanziger Jahren die Weine des Chianti Classico gekennzeichnet werden.«

»Diesen Gallo Nero kenne ich natürlich«, sagte Max. »Vor allem weiß ich, daß ihr schußligen Italiener vergessen habt, euch den Vogel schützen zu lassen.«

»Erinnere mich nicht an dieses dunkle Kapitel«, erwiderte Fausto zerknirscht. »Wäre ich nur bei diesem Prozeß dabeigewesen, dann hätten die Amerikaner nicht gewonnen.«

»Und jetzt produzieren die ihren eigenen Gallo Nero«, stellte Max fest und schüttelte in gespielter Verzweiflung den Kopf.

»Aber diese Geschichte vom schwarzen Hahn, die wollte ich

dir doch gar nicht erzählen«, sagte Fausto. »Was interessiert uns die Gegenwart. Weißt du, daß unser Gallo Nero schon von Cosimo III. de' Medici 1716 zum Qualitätssiegel erhoben wurde?«

»Und der hatte den schwarzen Hahn aus dem Wappen von Gaiole, einem Örtchen im östlichen Chianti«, ergänzte Max lässig.

CHIANTI
Hügelland zwischen Florenz und Siena

»Bravo!« rief Fausto verblüfft. »Aber wo kam dieser schwarze Hahn ursprünglich her? Das weißt du nicht, oder? Die Geschichte reicht nämlich noch weiter zurück. Zwischen Florenz und Siena gab es über Jahrhunderte einen fortwährenden Machtkampf. Es war im Jahre 1208, da sollten die Grenzen zwischen diesen beiden Republiken festgelegt werden. Sowohl Siena als auch Florenz bestimmte seinen schnellsten Reiter. Beim ersten Hahnenschrei sollten sie in der jeweiligen Stadt losreiten, und zwar aufeinander zu. Und dort, wo sie sich trafen, da sollte fortan die Grenze verlaufen. Nun, die Florentiner waren nicht dumm, vor allem die Weinbauern auf dem Land, die lieber zu Florenz als zu Siena gehören wollten. Sie waren fast so gescheit wie wir Sizilianer. Deshalb schenkten sie dem Reiter in Florenz einen völlig abgemagerten schwarzen Hahn, ebenjenen Gallo Nero. Das Vieh war so von der Rolle, daß es weit vor Tagesanbruch zu krähen anfing. Der Reiter aus Florenz preschte sofort los. Er hatte schon eine unglaublich lange Strecke zurückgelegt, als ihm schließlich der viel später gestartete gegnerische Reiter entgegenkam. Und genau dort, relativ weit im Süden also, wurde die Grenze gezogen.«

SIENA
Stadt der Gotik

»Dem schwarzen Hahn sei Dank«, sagte Max und verschwieg, daß er diese Geschichte auch schon gelesen hatte. Aber er war froh, daß sie nicht mehr über das Haus sprachen, in das er sich verliebt hatte. Er wollte nicht, daß sich Fausto irgendwie verpflichtet fühlte, ihm zu helfen. So wichtig war es wirklich nicht. Nur so eine Idee. Ein vorübergehender Traum.

12

Mit ihrem Chefredakteur saß Eva an einem kleinen, runden Besprechungstisch. Heute tat der Rücken nicht mehr ganz so weh. Und die leere Tablettendose hatte sie mittlerweile weggeschmissen.

> MEDICI
> Kaufleute,
> Bankiers,
> Herrscher,
> Kunstförderer
> (15. Jh. bis 1737)

»Erzählen Sie schon, wie weit sind Sie mit Ihrer großen Fortsetzungsgeschichte?« wollte Dr. Peter Breidenbach von Eva wissen. »Was machen die Exzesse der Medici?« Dabei fiel sein Blick auf Evas lange, bloße Beine, die diese provozierend übereinandergeschlagen hatte. Nicht ganz unabsichtlich natürlich, denn sie wußte von ihrer Wirkung auf Dr. Breidenbach. Und schließlich war sie mit ihrem Text stark in Verzug. Den Vorschuß hatte sie schon fast ausgegeben. Der Aufenthalt im Sanatorium hatte sie weiter zurückgeworfen. Spätestens in fünf, sechs Monaten sollte die Serie starten. Sie hatte zwar schon Hunderte von Seiten vollgeschrieben, aber noch war alles ein heilloses Durcheinander. Ihr war es noch nicht gelungen, die Episoden irgendwie miteinander zu verknüpfen. Es fehlte der rote Faden. Deshalb hatte ihr Chefredakteur auch noch keine Zeile zu Gesicht bekommen. Kein Wunder, daß er langsam ungeduldig wurde. Wenn da ihre weiblichen Reize etwas zur Stimmungsverbesserung beitragen konnten, nun denn, daran sollte es nicht scheitern. Einen kürzeren Rock als den von heute hatte sie nicht. Und das Thema ihrer Geschichte beflügelte zudem Breidenbachs Phantasie, das spürte sie.

»Die Exzesse der Medici«, sagte Eva und fuhr sich wie unabsichtlich mit der Zunge über die Lippen, »sie werden immer ausbündiger. Ich muß mich direkt zurückhalten, sonst landet unser Magazin noch auf dem Index.«

»Das wäre aber nicht sehr verkaufsfördernd«, erwiderte Dr. Breidenbach lachend, »oder vielleicht gerade doch, je nachdem.«

»Nein, ich kann Sie beruhigen, ganz so schlimm wird es nicht werden. Obwohl es an Anregungen nicht mangelt. Sie wissen ja, bei den Medici in Florenz, da wurden Orgien gefeiert, da wurde gesoffen und rumgehurt, gemeuchelt, intrigiert, da haben Herzöge die meiste Zeit ihrer Herrschaft im Bett mit jungen Lustknaben verbracht, da hatten Päpste illegitime Töchter.«

»Warum Päpste? Ich denke, Sie schreiben über die Medici?«

»Die Medici, das ist nicht nur Florenz«, nahm Eva die Gelegenheit wahr, ihren Chefredakteur etwas zu beeindrucken. »Sie müssen wissen, die Medici haben auch vor dem Heiligen Stuhl nicht haltgemacht. Giuliano de' Medici, er wurde übrigens 1478 im Dom von Florenz ermordet, hatte einen vorehelichen Sohn von Fioretta Gorini, der Giulio hieß. Und obwohl Giulio ein Kind der Liebe war, wählten ihn die Kardinäle der Konklave 1523 zum Papst. Giulio de' Medici nahm den Namen Klemens VII. an. Aber wie es sich für einen Renaissancepapst gehört, hatte auch er seine Mätressen. Und mit einer Mulattin, die Haushälterin im Vatikan war, zeugte er einen unehelichen Sohn, der Alessandro de' Medici hieß und 1532 Herzog von Florenz wurde.«

»Der Sohn eines unehelich gezeugten Papstes wurde Herzog von Florenz? Habe ich das richtig verstanden? Das ist ja nun wahrhaft Sodom und Gomorrha. Ich glaube, ich trete noch heute aus der Kirche aus.«

»Ist doch schön, oder? Das müßte den Lesern gefallen, vor allen Dingen die Details. Ich sage Ihnen, das wird wirklich sündhaft. Und das geht immer so weiter. Bleiben wir bei dem Papstsohn Alessandro. Dieser Medici war ein richtiger Hurenbock. Obwohl er mit der elfjährigen Tochter von Kaiser Karl V. verlobt war, auch diese übrigens illegitim, feierte er sexuelle Orgien.«

»Nun, die Kleine war ja vielleicht wirklich etwas zu jung.«

»Das hätte damals keinen gestört. Jedenfalls waren seine Aus-

schweifungen einem Kardinal ein Dorn im Auge. Natürlich auch ein Medici. Dieser Kardinal namens Ippolito de' Medici wollte seinen Verwandten Alessandro stürzen, was ihm zum Verhängnis wurde. Alessandro ließ den Kardinal vergiften. Alessandros Orgien wurden unterdessen immer ausschweifender. Bei seinen Liebesabenteuern begleitete ihn Lorenzo de' Medici, ein Vetter aus der jüngeren Linie der Medici. Der hat Alessandro 1537 in ein Liebesnest gelockt und dort umgebracht. Elf Jahre später wurde er dann selbst ermordet. Sie sehen also, lieber Dr. Breidenbach, was sich schon alleine aus Ihrem päpstlichen Einwurf ergibt. Und jetzt stellen Sie sich das Ganze ausgeschmückt vor, mit einer einfühlsamen Beschreibung der erotischen Abenteuer und dem zusätzlichen Thrill der Meucheleien. Das wird ein echter Reißer.«
»Wollen es hoffen, meine Liebe. Ich bin jedenfalls schon sehr gespannt. Und lassen Sie doch bitte den albernen Doktor weg.«
»Aber gerne«, sagte Eva mit leichtem Timbre in der Stimme. Die Augen des Chefredakteurs ruhten wieder auf ihren Oberschenkeln. Sie hatte das Gefühl, daß sie den Bogen besser nicht überspannen sollte.
Dr. Breidenbach räusperte sich. »Eine indiskrete Frage. Sagen Sie, fällt es Ihnen leicht, sich diese Exzesse vorzustellen? Ich denke, man kann diese nur beschreiben, wenn einen die Phantasie auf der Reise in die menschlichen Abgründe begleitet, wenn man die sexuellen Obsessionen sozusagen nachvollziehen kann. Sie verstehen, was ich meine? Das interessiert mich, rein psychologisch sozusagen.«
»Rein psychologisch sozusagen, ganz klar«, erwiderte Eva. »Ja, das fällt mir leicht. Wissen Sie, irgendwie schlummert doch in jedem menschlichen Wesen, und sei es noch so kultiviert, ein Tier mit all seinen Trieben. Man muß sich nur trauen, diesen animalischen Instinkten etwas Spielraum zu geben – in der Phantasie.«

Eva fühlte sich nicht mehr ganz wohl in ihrer Haut. Jetzt mußte sie aber schnell die Kurve kriegen.

»Lieber Herr Dr. Breidenbach, bitte entschuldigen Sie, ohne Doktor, ja, ich weiß. Also, ich muß jetzt leider aufbrechen. Wir können dieses wirklich interessante Gespräch gerne bei Gelegenheit fortsetzen. Vielleicht nachdem Sie die ersten Artikel gelesen haben. Sind Sie damit einverstanden, wenn ich sie Ihnen in ungefähr zwei Monaten liefere? Ich werde dann erneut für einige Wochen in die Toskana fahren und dort weitere Recherchen durchführen. Außerdem will ich mir noch einmal den Palazzo Vecchio anschauen, wo die ersten Medici residiert haben. Und vor allem den Palazzo Pitti, wo Gian Gastone, der letzte Medici, ganze Wochen mit seinen Lustknaben im Bett verbrachte.«

»Ganze Wochen? Unglaublich. Aber natürlich, meine Liebe, tun Sie das. In zwei Monaten? Ja, das reicht, doch dann dürfen wir keine Zeit mehr verlieren. Die Serie ist fest eingeplant, und wir wollen ja auch noch ein Buch daraus machen.«

»Natürlich, das läuft glatt. Sie können sich auf mich verlassen.«

»Ich weiß. Und Ihre ersten Kapitel, die feiern wir dann zusammen bei einem kleinen Abendessen. Ganz entre nous, einverstanden?«

»Aber gerne«, sagte Eva und lächelte verheißungsvoll. »Ich freue mich schon darauf.«

13

Am Morgen nach dem ausbündigen Abendessen mit Fausto in Lucca wurde Max von einem lauten Motorengeräusch aus dem Schlaf geschreckt. Er schaute aus dem Fenster. Auf der Wiese vor dem Haus landete gerade ein Helikopter. Die Tür ging auf, und ein junger, athletischer Mann

sprang heraus. In seinem grauen Anzug und mit der dunklen Sonnenbrille sah er aus wie ein Leibwächter in einem Film. Er lief Fausto, der bereits wartete, mit eingezogenem Kopf entgegen, nahm ihm den Aktenkoffer ab und begleitete ihn unter den laufenden Rotorblättern zum Hubschrauber, hinter ihm Enzio, der Fausto wieder einmal wie ein Schatten folgte. Sekunden später schloß sich die Tür hinter Fausto, der Helikopter hob ab, drehte wenige Meter über dem Boden und flog davon. Max folgte ihm mit den Augen. Rasch wurde er kleiner, und schon bald sah er aus wie eine Libelle, die über die Hügel davonschwebte. Das Motorengeräusch verebbte. Max verlor den Hubschrauber aus den Augen. Der Spuk war vorbei. Alles wirkte unendlich ruhig, noch ruhiger als sonst. Max lauschte dem Gezwitscher eines Vogels. War das eine Nachtigall? Von fern hörte er ein Pferd wiehern. Er stand am Fenster und dachte über seinen Freund Fausto nach. Er kannte ihn ja früher nur von seinen Besuchen in Deutschland. Da hatte er ihn zwar ganz gut kennengelernt, aber offenbar doch etwas unterschätzt. Fausto lebte in diesem wunderschönen Palazzo, sammelte ausgewählte Weine und alte Autos, die Menschen begegneten ihm mit Respekt, und er ließ sich für einen Geschäftstermin in Rom vom Helikopter abholen. Das alles machte auf Max einen sehr bedeutenden Eindruck. Jedenfalls war sein Freund kein kleiner Rechtsanwalt für irgendwelche belanglosen Prozeßchen. Da steckte mehr dahinter.
Max öffnete die Fensterflügel und streckte sich. Tief füllte er die Lungen mit der frischen Landluft. Dann begann er mit seinen Kniebeugen.
Eine halbe Stunde später ging er hinunter zur Terrasse, auf der Margherita, die gute Küchenfee von Fausto, bereits das Frühstück hergerichtet hatte. Er legte seine Ledermappe auf den Tisch, in der er aus Deutschland die noch ungeöffnete Post der letzten Tage mitgebracht hatte. Max nahm einen Schluck vom Caffèlatte und biß ein Stück vom frischen Panino ab. Ein

herrlicher Tag. Er dachte an Carlotta, mit der er sich heute abend zum Essen verabredet hatte. Wenn das keine schönen Aussichten waren. Er schlug die Mappe auf und fing an mit dem Frühstücksmesser die Briefumschläge zu öffnen. Wie üblich überwogen Rechnungen, die ohnehin abgebucht wurden; eine Einladung zu einem Kardiologenkongreß in New York. Noch vor wenigen Wochen hätte er versucht, diesen Termin wahrzunehmen, doch jetzt legte er die Einladung auf den Stapel für den Papierkorb. Eine Benefizveranstaltung mit Golfturnier in Bad Griesbach, nein danke. Von wem kam dieser Umschlag mit Trauerrand? War jemand aus seinem Bekanntenkreis gestorben? Max schlitzte den Umschlag auf. Auf Kondolenzpapier war ein Schreiben an ihn persönlich gerichtet. Er begann zu lesen:

»Sehr geehrter Prof. Mauritz, mein Mörder,
haben Sie wirklich geglaubt, so einfach davonzukommen? Es wird Ihnen nicht gelingen. Immerhin haben Sie mein Leben auf dem Gewissen. Dafür müssen Sie büßen, denn die Rache ist mein. Erinnern Sie sich? Vor ziemlich genau zwei Jahren haben Sie mich operiert. Daß ich dabei sterben werde, haben Sie mir vorher zu sagen vergessen. Wer sind Sie eigentlich, daß Sie über Leben oder Tod entscheiden? Halten Sie sich für Gott? Nein, Sie sind kein Gott! Sie haben keinen Respekt vor der Schöpfung, Sie mißachten die Menschenwürde. Ihr krankhafter Ehrgeiz wird Ihnen jetzt zum Verhängnis. Denn von nun an hängt ein Fluch über Ihrem unwürdigen Leben. Als Racheengel komme ich aus dem Jenseits. Luzifer wird Sie richten. In Ewigkeit. Amen.
Clara Behrens
Gestorben auf dem Operationstisch, auferstanden von den Toten, zu richten die Lebendigen!«

Die Hände von Max zitterten, als er den Umschlag auf den Tisch legte. Clara Behrens? Er konnte sich erinnern. Natürlich. Vor zwei Jahren? Das könnte stimmen. Eine Herztransplantation. Auf dem Operationstisch war die Patientin zwar nicht gestorben, aber nach einigen Tagen auf der Intensivstation. Er und sein Ärzteteam hatten die ungewöhnlich heftigen Abstoßungsreaktionen nicht unter Kontrolle gebracht. In der Kürze der Zeit war kein zweites Spenderherz aufzutreiben. Ein tragischer Fall. Nach einer langen Serie erfolgreicher Transplantationen hatte er Claras Tod als große Niederlage empfunden. Und jetzt dieser seltsame Brief. Auferstanden von den Toten? Racheengel? Luzifer? Alles wirres Zeug, sicherlich nicht ernst zu nehmen. Er hatte sich schon wieder im Griff. Nur im ersten Augenblick war ihm beim Lesen ein kalter Schauder über den Rücken gelaufen. Der Autor dieser Zeilen wollte ihn wohl erschrecken. Nun, diesen Gefallen würde er ihm nicht tun. So ein grober Unfug. Max legte den Brief auf den Stapel für den Papierkorb. Nach einer Weile nahm er ihn wieder in die Hand und steckte ihn in seine Ledermappe.

Mit einem Buch über die Toskana war Max Mauritz am Nachmittag auf der Terrasse eingeschlafen. Er hatte einen gemütlichen Tag hinter sich, mit einem langen Spaziergang durch die Weinberge und einem Mittagessen in einer kleinen Trattoria im nahe gelegenen Dorf. Die schrappenden Rotorgeräusche des landenden Helikopters weckten ihn auf. Schon kam Fausto auf ihn zugelaufen, und der Hubschrauber war bereits wieder einige Meter in der Luft. Fausto ließ sich neben Max in einen Korbsessel fallen.
»Come stai, Max? Ich habe den Eindruck, dir geht es gut. Ist doch hier viel schöner als in deiner Klinik. Sei ehrlich, gib's zu.«
»Natürlich ist es hier viel schöner«, erwiderte Max lachend.
»Wie war es in Rom?«
»Tutto a posto, alles klar, nessun problema.«
»Du hast mir ja gar nichts von dem Helikopter erzählt. Reist du immer so?«

»Nicht immer, aber sehr häufig. Spart viel Zeit. Du kennst ja unsere Autostrada, da kommt man nicht voran.« Fausto schnippte mit den Fingern. »Enzio, bitte bring uns sofort eine Flasche Prosecco und zwei Gläser. Max möchte mit mir feiern.«
»Was sollte ich mit dir feiern?« fragte Max überrascht und setzte sich von seiner Liege auf.
»Das willst du gerne wissen? Du mußt dich noch gedulden, erst brauchen wir den Prosecco.«
Als der Rebensaft endlich in den Sektgläsern perlte, stieß Fausto mit Max an. »Auf dein neues Haus. Congratulazioni!«
»Was heißt, auf mein neues Haus?«
»Sei doch nicht so begriffsstutzig. Ich habe auf dem Flug nach Rom eine Zwischenlandung gemacht. Bei deinem Traumhaus, du weißt schon, von dem du mir erzählt hast. Ich hatte ein Gespräch mit dem Bauern Giacomo Casiraghi. Wir waren uns schnell einig, der Vorvertrag ist bereits unterschrieben, das Dokument habe ich in der Tasche.«
Fausto klopfte mit der freien Hand auf den Aktenkoffer.
»Ist das wirklich wahr? Das ist ja unglaublich.« Max konnte vor lauter Freude überhaupt keinen klaren Gedanken fassen.
»Du hast für mich dieses Haus gekauft?«
»Na, kaufen mußt du es schon selbst. Aber es ist alles geregelt. Und der Kaufpreis ist sogar sehr günstig. Etwa dreißig Prozent unter dem üblichen Marktwert. Da hast du ein echtes Schnäppchen gemacht.«
»Aber wie kann das sein? Carlotta war sich doch so sicher, daß der Bauer dieses Haus nie und nimmer verkaufen werde.«
»Ich sagte dir doch, ich bin ein Mann mit großer Überzeugungskraft.«
Max kam es vor, als ob er auf einer Wolke schwebte. Dieses wunderschöne Bauernhaus, mit dem weiten Blick aufs Meer, den Oliven, dem Wein, den Zypressen und Rosen, das sollte bald ihm gehören? Ein Traum würde wahr werden. Unglaublich. Und das alles verdankte er seinem Freund Fausto.

Später hatte Fausto ihm noch die Details erklärt. Offenbar war bereits alles in die Wege geleitet. Er mußte nur noch unterschreiben. Der Kaufpreis lag weit unter dem, was er erwartet hatte. Und wenn er wollte, könnte er schon in wenigen Wochen einziehen. Jetzt war Max auf dem Weg zur Verabredung mit Carlotta. Fausto hatte ihm wieder den alten Lancia geliehen. Für einen kurzen Augenblick fiel ihm der seltsame Brief ein, aber er verscheuchte sofort jeden Gedanken daran. Er wollte sich die wunderbare Stimmung, dieses Hochgefühl erhalten. Er war unterwegs nach Cecina, wo Carlotta am Gymnasium unterrichtete. Der Ort liegt südlich von Livorno, dort, wo der Fluß Cecina von Osten aus den Bergen bei Volterra kommend ins Meer mündet. Die Cecina ist einer der vier wichtigen Flüsse der Toskana, die in das Tyrrhenische Meer fließen. Da gibt es noch den Serchio, der weiter nördlich in der Garfagnana entspringt und an Lucca vorbei südlich von Viareggio ins Meer fließt, natürlich den berühmten Arno, der über Florenz und Pisa seinen Weg findet, und den Ombrone, der seine Quellen westlich von Siena hat und an Montalcino und Grosseto vorbei in der südlichen Toskana mündet.

Cecina

Montalcino
Grosseto
Provinzhauptstadt
in der Maremma

Scacciapensieri
Cecina

Fausto hatte ihm das Lokal Scacciapensieri empfohlen. Dank einer guten Beschilderung fand Max sofort hin. Direkt vor dem Lokal parkte bereits der kleine rote Fiat von Carlotta. Max schaute auf die Uhr. Er hatte sich etwas verspätet. Das lag daran, daß er die Entfernungen in der Toskana regelmäßig unterschätzte.

Doch Carlotta war ihm nicht böse. Lange konnte Max die Neuigkeit nicht für sich behalten. Er erzählte ihr, daß der Kaufvertrag für das Bauernhaus, bei dem sie sich kennengelernt hatten, perfekt sei.

Carlotta schaute ihn ungläubig an. »Das ist unmöglich«, sagte sie.

»Dachte ich auch, aber ich habe Ihnen doch von meinem Freund Fausto Brunetta erzählt. Er hat heute vormittag diesem

Giacomo Casiraghi einen Besuch abgestattet. Und offenbar gab es überhaupt keine Probleme. Der Vorvertrag ist bereits unterschrieben. Das kam auch für mich überraschend. Und jetzt möchte ich den Hauskauf feiern. Freuen Sie sich nicht auch etwas mit mir?«

»Natürlich freue ich mich. Und ich gratuliere Ihnen wirklich dazu. Ich habe ja bei unserem ersten Treffen gemerkt, wie sehr Sie sich in dieses Haus verliebt haben. Das war ja nun wirklich Liebe auf den ersten Blick.«

Max schaute Carlotta an. »Ja, das war es!« Dabei meinte er aber nicht nur das Haus.

»Doch ich kann es immer noch nicht fassen, daß sich Casiraghi so schnell von diesem Haus getrennt hat. Ihr Freund Brunetta muß ein sehr ungewöhnlicher Mann sein. Mich würde wirklich interessieren, wie er Casiraghi zum Verkauf gebracht hat.«

»Das muß ganz einfach gewesen sein. Er war mit dem Hubschrauber auf dem Weg nach Rom und hat bei diesem Bauern eine Zwischenlandung eingelegt. Den Namen hatte ich ja Gott sei Dank von Ihnen.«

»Mit dem Hubschrauber? Also, so einfach, wie Sie glauben, war das bestimmt nicht. Aber lassen wir das. Ich freue mich wirklich. Wann wollen Sie einziehen?«

»Möglichst bald. Ich hoffe, daß das bereits in einigen Wochen der Fall sein kann. Ich werde mir morgen zusammen mit meinem Freund Fausto das Haus genauer ansehen. Er möchte mich dann auch mit dem Verkäufer bekannt machen. Mal sehen, was da noch alles am Haus zu tun ist. Strom und Wasser ist jedenfalls vorhanden. Fausto hat mir gesagt, daß das am wichtigsten sei.«

»Da hat er recht, das ist oft ein großes Problem. Also schon in wenigen Wochen. Das ist aber schön.«

Wie ihn Carlotta so ansah, wurde Max richtig sentimental. Was war das für ein Glückstag. Erst dieses Haus und jetzt das Abendessen mit dieser unglaublich anziehenden Frau.

»Ich hoffe, daß wir uns dann häufiger sehen werden«, sagte Max mehr zu sich selbst als zu Carlotta.

»Das werden wir wohl, wir sind ja dann fast Nachbarn. Ich habe Ihnen doch von meiner Tante erzählt. Sie wohnt in unmittelbarer Nähe. Ich bin oft bei ihr, sie ist meine Lieblingstante und gleichzeitig meine beste Freundin. Ich muß Sie mal miteinander bekannt machen.«

»Das wäre schön. Da wir uns also häufiger sehen werden, was halten Sie davon, wenn wir uns duzen.« Max schaute Carlotta erwartungsvoll an.

»Wie gute Freunde?«

»Ja, wie gute Freunde. Ich weiß, wir kennen uns kaum. Aber darf ich ehrlich sein? Sie sind mir so vertraut, ich habe das Gefühl, wir kennen uns schon viel länger, wie aus einem vorigen Leben. Nein, seien Sie beruhigt, ich glaube nicht an Seelenwanderung. Sie wissen, ich bin Chirurg, da denkt man über solche Dinge sehr nüchtern. Ich kann's auch nicht erklären.«

»Das müssen Sie gar nicht«, erwiderte Carlotta und schaute Max mit dunklen Augen an. »Ich bin auch so damit einverstanden. Sie wissen ja, ich heiße Carlotta.«

»Und ich heiße Maximilian. Aber meine Freunde nennen mich Max.«

»Allora, Max, diamoci del tu, wie wir in Italien sagen. Facciamo un brindisi.«

Max hob sein Glas und stieß mit Carlotta an. Ein Glückstag, wirklich ein Glückstag.

Es war schon fast Mitternacht, als sie sich vor dem Lokal verabschiedeten. Bei den Wangenküssen stellte er fest, daß er auch den Geruch von Carlotta mochte. Aber ihm war bewußt, daß er von diesem Abend nicht mehr erwarten sollte. Sie hatten ja Zeit. Bald würde er hier in ihrer Nähe leben.

14

Auf seinem Schoß schnurrte Arabella, seine kleine Katze, die er aus München mitgebracht hatte. Max streichelte Arabella zwischen den Ohren, dort, wo sie es am liebsten hatte. Nur wenige Wochen waren vergangen, aber so viel war geschehen. Er hatte in dieser Zeit gegen alle Widerstände eine vorläufige Beurlaubung an seiner Klinik zustande gebracht. Sein Lehrauftrag an der Uni würde für wenigstens ein Semester ruhen. Grundsätzlich war er mit allen Beteiligten übereingekommen, seinen Ausstieg nicht an die große Glocke zu hängen. Er würde einfach für ein halbes Jahr pausieren. Und dann würde man weitersehen. Er war mit dieser Regelung sehr einverstanden, ersparte es ihm doch größere Erklärungen und erlaubte es ihm, seine Entscheidung noch einmal zu überdenken. Noch hatte er nicht alle Brücken hinter sich abgebrochen. Auch seine Penthouse-Wohnung hatte er vorläufig behalten. Aber wie er jetzt vor seinem Haus in der Toskana saß, im Schatten der mit wildem Wein bewachsenen Pergola, den Blick über die Rosen aufs ferne Meer gerichtet, da war er sich ziemlich sicher, daß er nicht zurückkehren würde. Der Streß der fortwährenden Operationen, dieser permanente Druck und der unerbittliche Zwang, keine Fehler zu machen, all dies wollte er einfach nicht mehr ertragen. Hier dagegen, inmitten der blühenden Natur, hier fühlte er sich wohl, da wollte er bleiben. Das Haus erfüllte alle seine Wunschvorstellungen. Es war einfach ein Traum. »Un sogno«, wie Fausto sagte. Einige alte Bauernmöbel hatte er vom vormaligen Besitzer Casiraghi übernehmen können. Die noch fehlenden Möbel wollte er in den nächsten Wochen mit Hilfe von Carlotta auf dem Land und auf den Antiquitätenmärkten in Lucca und Arezzo kaufen. Keine teuren Stücke, sondern einfache Möbel, wie sie für die Toskana typisch waren. Mit Casiraghi hatte er sich zweimal getroffen, das erstemal gleich nach dem Abend mit Car-

Arezzo
Provinzhauptstadt
im Nordosten der
Toskana

lotta. Fausto hatte ihn begleitet und mit Casiraghi bekannt gemacht. Sein Italienisch war nicht so gut, daß er alles verstanden hätte. Vor allem fehlte ihm das Gespür für die oft so wichtigen Zwischentöne. Er hatte allerdings schon das Gefühl, daß Casiraghi vom Verkauf an ihn nicht unbedingt begeistert war. Fausto stellte ihn als berühmten Herzchirurgen vor, der auch ihn operiert habe. Das verschaffte ihm offenbar doch etwas Anerkennung und schien Casiraghis generelle Abneigung hinsichtlich der Deutschen ein klein wenig zu mildern. Erstaunlich war aber der offensichtliche Respekt, mit dem Casiraghi Fausto behandelte. Dabei hatte Max den Eindruck, daß der reiche Bauer sonst ein ziemlich herrschsüchtiger Mensch war. Jedenfalls scheuchte er seine *dipendenti* mit scharfer Stimme durch die Gegend. Gegenüber Fausto allerdings verhielt er sich gänzlich anders. Bei der Begrüßung buckelte er devot. Er war ständig um Faustos Wohlergehen besorgt. Er holte den besten Wein aus der Cantina. Und er ließ sich von Fausto zum Abschied umarmen. Während ihres ganzen Aufenthalts hatte Enzio vor dem Haus neben dem Wagen gewartet. Sie hatten aus Faustos Garage einen alten viersitzigen Ferrari genommen, mit dunkel getönten Scheiben und Autotelefon. Enzio hatte einen grauen Anzug angezogen und eine dunkle Sonnenbrille auf der Nase. Max war wieder einmal die athletische Figur von Enzio aufgefallen. Warum dieser allerdings einen verschlossenen Golfbag in den Kofferraum gelegt hatte, darauf konnte sich Max keinen Reim machen.

Das zweitemal war er mit Casiraghi bei der Schlüsselübergabe zusammengetroffen. Und irgendwie schien es ihm so, als ob etwas von dem Respekt, den Casiraghi Fausto entgegenbrachte, auf ihn abgefärbt hätte. Casiraghi würde ihn wohl nie in sein Herz schließen, aber wenigstens schien er ihn als Nachbarn zu akzeptieren.

Max nahm seine Katze vom Schoß, ließ sie sanft neben dem Korbsessel auf ihre vier Pfoten fallen, und schon sauste Arabella davon, um ihre Erkundigungen rund um das Haus fortzusetzen. Max stand auf und ging in die Küche. Heute abend erwartete er Carlotta, Gianna und ihre Tante, die er bei dieser Gelegenheit kennenlernen sollte. Er kochte sehr gerne und freute sich auf die Vorbereitungen. Daheim in München hatte er dafür viel zu selten Zeit gehabt. Vielleicht fehlte es auch an den geeigneten Gästen. Aber hier in der Toskana wollte er dieses Hobby wieder intensiver pflegen. Bereits das Einkaufen der Lebensmittel bereitete ihm Vergnügen. Und die italienische Küche war für ihn schon immer die größte. Er hatte lange überlegt, was er heute abend kochen sollte. Eigentlich war es ja albern, für zwei italienische Damen italienisch zu kochen. Da konnte man sich schnell blamieren. Aber ein typisch bayrisches Gericht, einen Schweinsbraten mit Sauerkraut zum Beispiel, den wollte er hier auch nicht auftischen. Was soll's, er hatte sich für folgendes Menü entschieden: zum Auftakt *Crostini di porcini,* geröstete Brotscheiben mit Steinpilzen, danach *Tagliatelle con noci,* seine besondere Spezialität, und als Hauptgang *Involtini,* kleine Rouladen aus Kalbfleisch. Als Dessert hatte er schon am frühen Morgen *Semifreddo* vorbereitet. Das Kalbfleisch hatte er in einer Macelleria in Castagneto Carducci gekauft. Max begann den Pecorino in kleine Stücke zu schneiden. Zwischendurch nahm er einen Schluck aus dem Rotweinglas. So machte das Leben Spaß. Aus dem Wohnzimmer waren die *Quattro Stagioni* von Vivaldi zu hören. Jetzt kamen der Knoblauch und die Petersilie an die Reihe. Was fehlte noch für die Füllung der Involtini? Richtig, der Schinken, den hatte er noch kleinzuschneiden. Die dünnen Kalbfleischscheiben hatte er bereits mit Senf bestrichen. Nun mußte er sie nur noch mit den Zutaten belegen und vorsichtig einrollen. Dann waren die Vorbereitungen für den Hauptgang so gut wie abgeschlossen.

Den Anfang sollten die Crostini di porcini machen. Das Weißbrot lag bereit, die Petersilie und der Knoblauch brieten

CROSTINI DI PORCINI, TAGLIATELLE CON NOCI, INVOLTINI, SEMIFREDDO gerade in der Pfanne an. Auf dem Holzbrett neben dem Herd warteten die Porcini. Als nächstes würde er die Steinpilze kleinschneiden und sie dazugeben. Die Weißbrotscheiben würde er erst rösten, wenn Carlotta, Gianna und ihre Tante da waren. Der Prosecco stand im Kühlschrank. Alles unter Kontrolle.

Max ging in Gedanken noch einmal das Menü durch. Nach den Crostini würde er sich etwas Zeit lassen, man hatte ja dann schon ein bißchen was im Magen. Die Tagliatelle waren eine Spezialität von ihm. Den Pastateig hatte er selbst gemacht, aufgerollt, in Scheiben geschnitten. Und die Sauce, eine spezielle Salsa di noci, hatte er schon weitgehend fertig. Die gehackten Walnüsse waren in der Pfanne angeröstet, mit Sahne gelöscht und Ricotta untergehoben. Mit dem Trüffelöl wollte er noch warten, damit sich das Aroma nicht verlor. Und der Pecorino stand auch schon bereit. Den Schafskäse würde er zum Schluß durch eine Presse auf die Tagliatelle drücken. Auf diese Idee war er besonders stolz, eine Alternative zum üblichen Parmigiano.

Im Grunde, dachte Max, unterscheidet sich das Kochen nicht viel vom Operieren. Es kommt auf eine gute Vorbereitung an, alle Instrumente müssen bereitliegen, und das Timing muß stimmen. Dann kann nicht mehr viel passieren.

CROSTINI
PASTA
RICOTTA
PECORINO
PARMIGIANO

15

Max stand auf seiner Terrasse und machte seine allmorgendlichen Dehnübungen. Dabei dachte er über den vergangenen Abend nach. Das Essen war ihm hervorragend gelungen. Er war von den beiden Damen mit Lob überschüttet worden. Er mußte zugeben, daß das seiner Eitelkeit als Hobbykoch sehr geschmeichelt hatte. Carlotta war schön und anziehend wie immer gewesen. Und die Tante hatte ihn rasch in ihren Bann gezogen. Isabella di Balduccio hieß die Dame, eine

Contessa, der man ihren alten Adel schon von weitem ansah. Eine wunderbare Erscheinung. Sicherlich schon über achtzig Jahre alt, aber von einer vorbildlichen aufrechten Haltung, mit einem scharfen Verstand und einer beeindruckenden Ausstrahlung. Max hatte gestern abend zunächst den Eindruck, daß er von der Contessa sorgfältig examiniert wurde. Da hatte sie noch italienisch mit ihm gesprochen. Offenbar war es ihm gelungen, die Contessa für sich einzunehmen, denn ihre herablassende Distanz, die Max allerdings faszinierend fand, wich bald einem privateren Umgangston. Und plötzlich parlierte die alte Dame deutsch mit ihm. Wie sich später herausstellte, sprach sie ebenso selbstverständlich Französisch und Englisch.

Heute nachmittag war Max bei der Contessa auf ihrem Castello eingeladen. Da würde er dann auch wieder Carlotta treffen. Und Gianna würde dabeisein, die kleine Tochter von Carlotta, die Max bereits kannte und mit der er sich gut verstand. Sie erinnerte ihn an seine eigene Tochter, die auch einmal so klein, so hübsch und so verträumt gewesen war.

Max schloß seine Fitneßübungen mit dreißig Kniebeugen ab. Wo war eigentlich seine Katze?

»Arabella, komm her, meine kleine Schmusekatze«, rief Max, wohlwissend, daß Arabella sowieso nicht auf ihn hören würde. Wahrscheinlich war sein Kätzchen wieder auf Erkundungstour.

Max preßte sich in der Küche einen frischen Spremuta d'arancia aus, dann verließ er das Haus erneut durch die Terrassentür. Mit dem Glas in der Hand lief er durch den Garten, begutachtete seine Rosen, warf einen Blick auf die Weinstöcke und die Oliven, die noch ganz klein an den knorrigen Bäumen hingen.

Gestern abend hatten sie sich lange über Oliven unterhalten. Zunächst darüber, wie sich mit dem Olivenöl vorzüglich kochen ließ, nicht nur außerordentlich schmackhaft, sondern

Olivenöl

darüber hinaus auch besonders bekömmlich, vorausgesetzt, das Öl wird nicht zu heiß. Max wußte aus medizinischer Sicht zu berichten, daß Olivenöl zur Vorbeugung gegen Arteriosklerose und Herzinfarkt beiträgt. Carlotta bestand darauf, daß das Olivenöl der Toskana das beste der Welt sei. Zu einer ordentlichen Fattoria gehöre eine Orciaia, ein Ölkeller, in dem das Olivenöl in großen tönernen Gefäßen aufbewahrt wird. Die Contessa hatte so eine Orciaia. Erst jetzt fiel ihm ein, daß der Krug auf italienisch *orcio* heißt. Die Contessa hatte von dem großen Frost im Winter 1985 erzählt. Achtzig Prozent der Ölbäume seien damals in der Toskana erfroren. Sie mußten abgesägt werden, und aus ihren Wurzeln trieben dann neue Bäume.

Später hatte ihm Carlotta erklärt, wie die Oliven reifen, wie sie handgepflückt oder in ausgebreitete Tücher heruntergeschlagen und geschüttelt, in den Steinmühlen der Frantoio zerquetscht und gemahlen werden. Dann wird das Fruchtfleisch langsam durch Matten gepreßt. Das Olio Extra Vergine der ersten Pressung hat die höchste Qualität.

Max pflückte eine Olive vom Baum und rollte sie versonnen zwischen den Fingern.

Einige hundert Meter entfernt, auf der Straße am gegenüberliegenden Hang, parkte ein kleines weißes Auto. Eine junge Frau saß am Steuer und beobachtete durch ein Fernglas das Haus von Max. Sie hatte Max schon bei der Morgengymnastik zugesehen. Jetzt folgte ihm ihr Blick bei seinem Spaziergang durch den Garten. Er ließ die Olivenbäume zurück und ging wieder zum Haus. Gleich würde er an der noch verschlossenen Eingangstür vorbeikommen. Die Frau hielt den Atem an, als sie sah, wie Max abrupt stehenblieb. Sie spürte förmlich, wie die Farbe aus seinem Gesicht wich.

Max stand da wie zur Salzsäule erstarrt. Das Glas mit dem Orangensaft fiel auf den Boden und zersplitterte. Seine Hände begannen zu zittern. Das durfte nicht wahr sein. Warum hatte ihm jemand dies angetan? Er beugte sich langsam hinunter und streichelte Arabella sanft an der Lieblingsstelle zwischen den spitzen Ohren. Seine Katze konnte diese Liebkosung nicht mehr spüren. Ihre Kehle war durchgeschnitten. Das Messer steckte vor ihm im Türstock. Ein scharf geschliffenes Schlachtermesser mit schwarzem Griff.

Max richtete sich wieder auf. Wer brachte es übers Herz, seine kleine Katze so bestialisch zu ermorden? Und warum? Wem hatte er etwas getan? Er wollte doch hier nur in Frieden leben. In Frieden mit sich und mit allen Menschen. Wer haßte ihn so sehr? Max atmete tief durch. Er hatte sich wieder unter Kontrolle. Er würde Arabella unter dem Apfelbaum beerdigen, auf dem sie sich noch gestern nachmittag geräkelt hatte. Und er würde herausfinden, wer für diese Schandtat verantwortlich war. Er holte aus dem Bad ein weißes Frotteehandtuch und wickelte Arabella behutsam ein.

Die Frau sah durch ihr Fernglas, wie Max das kleine Bündel kurz an seine Brust drückte. Ihre rotgeschminkten Lippen verzogen sich zu einem Grinsen. Dann legte sie das Fernglas auf den Beifahrersitz und startete den Motor.

16

Am Nachmittag fuhr Max zum Landsitz der Contessa. Noch wußte er nicht, ob er den Damen von der Ermordung seiner Katze erzählen würde. Aber wahrscheinlich besser nicht. Es würde sie nur beunruhigen. Und es würde die Stimmung verderben. So einfach würde er es dem gemeinen Katzenmörder nicht machen. So leicht wollte er sich sein Paradies nicht zerstören lassen. Vielleicht sollte er mit Fausto darüber sprechen. Die durchschnittene Kehle und das Messer im Türstock – versteckte sich dahinter irgendeine Botschaft, die er nicht entschlüsseln konnte? Wollte ihn jemand nicht in seiner Nachbarschaft haben? Oder sollte er die Finger von Carlotta lassen? Das würde er auf keinen Fall, soviel stand für ihn fest. Obwohl er mit Carlotta nur langsam Fortschritte machte – noch waren sie über einen längeren Abschiedskuß nicht hinausgekommen, –, spürte er, daß er zum Ziel gelangen würde.

Max folgte der Wegbeschreibung auf dem Zettel an seinem Armaturenbrett. Nach der kleinen Brücke links abbiegen. Alles klar. Der alte Landrover, den Max aus München mitgebracht hatte, rumpelte über die Holzbohlen. Über das Dach streiften tief hängende Zweige. Jetzt ging die Straße steil bergauf, Max mußte in den ersten Gang zurückschalten. Durch das dichte Laub fiel nur noch vereinzelt Sonnenlicht. Ein großes steinernes Kreuz am Wegesrand, eine hohe Mauer aus Natursteinen, ein offenes Tor. Max hielt im Hof des alten Anwesens vor einer kleinen Kapelle. Schattig war es hier und angenehm kühl. Aus einem offenen Fenster im ersten Stock war ein Klavier zu hören. Jetzt setzte eine Geige ein. Max wußte von gestern abend, daß Carlotta und die Contessa gerne miteinander musizierten. Wenn er sich nicht sehr täuschte, war das Mozart. Max stieg aus und sah sich um. Er fühlte sich zurückversetzt in eine frühere Zeit – das mit Efeu und wildem Wein bewachsene Gemäuer, der verwunschene Hof mit der Kapelle und einem bemoosten Springbrunnen, der leise vor sich hin plätscherte. Auf dem Steinpflaster waren Rillen zu erkennen, die von Kutschenrädern herrühren mochten. Ein kleines Castello war das hier, versteckt in den Hügeln und hinter hohen Bäumen.

Das Klavier und die Geige verstummten.

»Ciao, Max!« rief Carlotta von oben. »Die Tür neben der Kapelle ist unverschlossen. Komm einfach rein, rechts geht eine Steintreppe hinauf in den ersten Stock. Die Contessa erwartet dich bereits.«

Als Max oben ankam, wunderte er sich schon nicht mehr über den alten Diener, der ihn erwartete.

»Buon giorno, Professore«, begrüßte ihn der Domestico mit einer angedeuteten Verbeugung. Er hatte eine schwarze Smokingweste an, die zwar schon etwas verblichen war, ihm aber ein würdiges Aussehen verlieh. Die schlohweißen Haare waren glatt zurückgekämmt, und sein Gesicht hatte einen markanten Ausdruck. Das fiel ihm in der Toskana immer wieder auf – selbst einfache Landarbeiter hatten Köpfe wie der Patriarch einer alten Adelsdynastie.

Vin Santo
Beliebter
Dessertwein

Max begrüßte die Contessa mit Handkuß, Carlotta bekam zwei Bacini auf die Wangen, und die kleine Gianna wurde einmal kurz durch die Luft gewirbelt. Der Diener servierte Vin Santo und Cantuccini, trockene Mandelkekse, die in den süßen Dessertwein getunkt wurden.

Cantuccini
Mandelgebäck

Später saßen sie vor dem offenen Kamin, in dem trotz des warmen Tages ein Feuer brannte. Max betrachtete versonnen ein altes Ölgemälde, das an der linken Wand des Raums über einer Vitrine mit alten Silbervasen hing.

»Gefällt dir das Bild?« fragte Carlotta.

»Ich weiß nicht, was mir mehr gefällt, der künstlerische Ausdruck oder die Schönheit dieser Frau. Von wem ist dieses Bild?«

Carlotta sah hinüber zur Contessa, die kurz nickte.

»Das muß nicht jeder wissen, daß hier ein echter Lippi hängt«, sagte Carlotta. »Bitte behalte das für dich.«

»Ein echter Lippi, meinst du Filippino Lippi?«

Carlotta lächelte. »Schön, daß du dich bei unseren Malern so gut auskennst. Nein, nicht von Filippino Lippi, sondern von seinem Vater, Filippo Lippi.«

Lippi
Filippo Lippi
(1406–1469)

»Das ist ein altes Familienerbstück«, warf die Contessa ein, »vielleicht ist es auch eine Fälschung.«

»Und wer war diese Frau?« fragte Max und tunkte ein neues Mandelbisquit in den vom Eiweiß schon trüb gewordenen Wein.

»Die schönste Frau ihrer Zeit«, antwortete die Contessa.

PRATO
Stadt der Wolle
und der
Lederwaren

»Lucrezia Buti war ihr Name«, fuhr Carlotta fort, »eine Novizin im Kloster von Prato.

»Eine Novizin? So sieht sie aber auf diesem Bild nicht aus«, stellte Max fest und studierte mit immer größerem Interesse das Ölgemälde.

»Weil sie später aus dem Kloster geflohen ist, um die Geliebte des Mönchs und Malers Fra Filippo Lippi zu werden.«

»Das klingt ja sehr romantisch«, meinte Max, »so richtig kitschig. Der Mönch Filippo Lippi und seine Liebe zur Novizin Lucrezia Buti.« Dabei grinste er frech.

»Mach dich nicht lustig«, sagte Carlotta. »Das ist wirklich eine schöne Liebesgeschichte, schön und abenteuerlich.«

»Ist die Lucrezia tatsächlich wegen Filippo aus dem Kloster geflohen?« Max schaute ungläubig.

»Das ist sie. Beim Wasserholen war sie dem Mönch zum erstenmal begegnet. Fra Filippo Lippi, der gerade eine Entführung durch sarazenische Piraten wie durch ein Wunder überstanden hatte, war von der Schönheit Lucrezias überwältigt. Und umgekehrt entflammte das Herz der Novizin für den Mönch.«

»Schön sagst du das«, meinte Max. »Entflammte ihr Herz! Ja, so schnell kann's gehen.« Dabei sah er Carlotta von der Seite an.

»Er war eben nicht nur Mönch, sondern vor allem ein Maler«, warf die Contessa ein, »mit einem besonderen Sinn für die Schönheit.«

»Jedenfalls stahl sich Lucrezia aus dem Kloster davon, um mit Filippo Lippi zu fliehen«, erzählte Carlotta weiter. »Das muß eine unglaubliche Frau gewesen sein. Man stelle sich das vor, in jener Zeit. An der Seite eines Mönchs hatte sie ein bewegtes Leben vor sich, ein Leben voller Anfeindungen. Selbst ihre eigene Familie wollte sie wegen der erlittenen Schmach töten. Aber sie stand zu ihrer großen Liebe, sie war unbeugsam. Siehst du den Stolz in ihrem Blick?«

Max betrachtete das Gemälde. Carlotta hatte recht. Filippo Lippi war es nicht nur gelungen, ihre Schönheit einzufangen, Lucrezia wirkte zugleich anziehend und doch unnahbar. Und sie wußte, was sie wollte. Ja, das spürte man.

»Es gab viele abenteuerliche Episoden in ihrem Leben. Sie wurden verfolgt, sie waren beständig auf der Flucht. Aber die Liebe, sie überstand alles.«

»Und Lucrezia brachte einen Sohn auf die Welt. Auch aus dem kleinen Filippino wurde ein großer Maler«, setzte die Contessa einen Schlußpunkt. Sie gab ihrem Diener ein Zeichen, die Schale mit den Cantuccini aufzufüllen. Dann wechselte sie das Thema. Sie ließ sich von Max über seine Arbeit berichten. Und es blieb nicht aus, daß er von seinen Problemen erzählte, vom Druck, den er immer stärker empfand, von seinem Gefühl des Ausgebranntseins und daß er hoffte, hier in der Toskana wieder zu sich selbst zu finden.

Am frühen Abend brachen Carlotta und Gianna auf, um nach Hause zu fahren. Max ließ sich überreden, auf ein Glas Rotwein aus den Weinbergen der Contessa dazubleiben. Wie von selbst kam das Gespräch auf Carlotta. Und obwohl es dafür eigentlich keine Veranlassung gab, deutete er der Contessa seine Gefühle an, die er Carlotta entgegenbrachte, aber auch, daß sich die Beziehung nur sehr langsam entwickelte.

»Carlotta braucht Zeit«, sagte die Contessa. »Der Tod ihres Mannes liegt erst ein knappes Jahr zurück. Sie können und dürfen nicht erwarten, daß sie sich Ihnen sofort erklärt.«

Max amüsierte sich über die angestaubte Formulierung und die Umkehrung der traditionellen Rollen. Nun, auf die »Erklärung« konnte er vorläufig durchaus verzichten. Es würde schon reichen, wenn ihm Carlotta sonst etwas näher käme. Schließlich war er auch nur ein Mann. Selbst ein Mönch wie Filippo Lippi hatte eine Geliebte.

17

FLORENZ
Kunststadt,
Wiege der
Renaissance

Max hatte den alten Landrover in Florenz auf dem Parkplatz bei der Piazza della Stazione abgestellt. Es war früh am Morgen, die großen Touristenscharen waren noch nicht unterwegs. In einer Cafeteria bestellte er einen Caffèlatte, dazu eine frische Brioche. Im Fernseher liefen die Morgennachrichten der RAI. Wenig später stand er vor der prächtigen Dominikanerkirche Santa Maria Novella. Auf dem Platz vor der Kirche saßen einige Jugendliche auf ihren zusammengerollten Schlafsäcken. Der Springbrunnen auf der Piazza Santa Maria Novella plätscherte. Max bewunderte die großartige Fassade aus weißem und grünem Marmor. Obwohl die Kirche schon im 13. Jahrhundert errichtet wurde, ist diese eindrucksvolle Fassade erst 1470 nach Entwürfen von Leon Battista Alberti vollendet worden. Finanziert wurde die Fassade von dem reichen Florentiner Kaufmann Giovanni Ruccellai. Max suchte nach dem Fries mit den Segelornamenten, von dem er gelesen hatte. Es verweist noch heute auf den großzügigen Fassadenspender Ruccellai, dessen Familie ein geblähtes Segel im Wappen führte. Die steten Winde, die die Handelsschiffe zügig ans Ziel bringen, stehen als Symbol für gutgehende Geschäfte. Deshalb sagt man in Italien noch heute »a gonfie vele« (mit vollen Segeln), wenn alles gut läuft. Max sah hinauf zum blauen Himmel. Nur einige kleine weiße Schönwetterwolken schwebten langsam dahin.

»Che bella giornata!« Max schlenderte Richtung Piazza del Duomo. Bald war der Blick frei auf den Campanile. Er wußte, daß sein Bau 1334 von Giotto begonnen wurde. Typisch sind sie für Italien, jene frei stehenden Glockentürme. Im Unterschied zum runden Turm in Pisa hat der Campanile in Florenz einen quadratischen Grundriß. Ursprünglich sollte er nach Giottos Plänen hundertzweiundzwanzig Meter hoch werden und in einer Spitze enden. Aber Giotto starb schon drei Jahre

GIOTTO
Giotto di Bondone
(1266–1337)

später, da war gerade mal das untere Geschoß fertig. Zunächst setzte Andrea Pisano seinen Bau fort. Schließlich war es Francesco Talenti, der den Campanile 1387 fertigstellte. Allerdings hörte Talenti einfach bei vierundachtzig Metern auf und verzichtete auf Giottos schöne Spitze. Macht nichts, stellte Max fest. Ist auch so ein Meisterwerk geworden. Er bewunderte die aufwendige Marmordekoration. Zu weißem und grünem Marmor kommt beim Campanile noch die Farbe Rot, dazu die schlanken Säulen in den Fenstern, die wie gedrehte Taue aussehen.

Max wendete sich nach links zum Battistero San Giovanni. Johannes dem Täufer ist das Baptisterium geweiht. Schließlich ist die Taufe die eigentliche Bestimmung eines jeden Baptisteriums und das Taufbecken der Mittelpunkt. Meist sind diese Taufkirchen wie auch in Pisa rund oder achteckig. Sie stehen in unmittelbarer Nähe der eigentlichen Kirche, denn alle Ungetauften mußten erst im Baptisterium zu Christen werden, bevor sie das Haus des Herrn betreten durften. Das Battistero San Giovanni ist eines der ältesten Bauwerke der Stadt. Merkwürdigerweise war selbst bei den Florentinern die Baugeschichte nicht überliefert. Lange dachte man, das Baptisterium sei so alt, daß es noch aus römischer Zeit stammte und ursprünglich ein Marstempel war. Tatsächlich wurde die Kirche wohl aber im 11. Jahrhundert auf den Resten eines noch älteren Gotteshauses gebaut. Der Baumeister ist unbekannt. Das Baptisterium war die Lieblingskirche von Dante Alighieri, dem größten Dichter Italiens, der hier auch getauft wurde. Im Mittelalter mußten die Eltern vor der Taufe, die zweimal im Jahr für alle Neugeborenen durchgeführt wurde, Bohnen abgeben, eine weiße Bohne für ein Mädchen, eine schwarze für einen Jungen. Berühmt sind die bronzenen Portale, die erst im 14. und 15. Jahrhundert hinzukamen und von Andrea Pisano und Lorenzo Ghiberti stammen.

Ein kleiner Putzwagen fuhr über die Piazza del Duomo

DANTE
Dante Alighieri
(1265–1321)

und scheuchte mit seinen rotierenden Bürsten die Tauben auf. Aber was waren das Baptisterium und der Campanile im Vergleich zum Dom? Da blieb ihnen nur eine Nebenrolle. Wieder einmal staunte Max beim Anblick des alles überragenden Doms Santa Maria del Fiore. Den Atem konnte es einem nehmen, bei soviel monumentaler Pracht. Die viertgrößte Kirche der Christen ist dieser Dom, nur übertroffen vom Petersdom in Rom, von der Saint Paul's Cathedral und dem Mailänder Dom. Viele berühmte Architekten haben an ihm mitgewirkt. 1296 wurde er von Arnolfo di Cambio begonnen. Aber erst Filippo Brunelleschi sorgte mit der gewaltigen Kuppel für seine wahre Krönung. Über hundert Meter ist sie hoch. Wie eine eingeschnittene Orange führt das Oktogon, ausgehend von acht Ecken, hinauf zum klassischen Abschluß, der sogenannten Laterne, die für den Lichteinlaß sorgt.

BRUNELLESCHI
Filippo
Brunelleschi
(1377–1446)

Die Kuppel ist in jeglicher Hinsicht ein Meisterwerk, vor allem ein bautechnisches. Das Konzept war so revolutionär, daß es Brunelleschi nur gegen größte Widerstände durchsetzen konnte. Die Baukommission, die über die Vergabe des Auftrags zu entscheiden hatte, mußte ihn mehrfach aus Sitzungen tragen lassen, weil Brunelleschi kompromißlos auf seinen Plänen beharrte. Gutachter hielten seine Konstruktion zunächst für Phantasterei. Gegen viele Widerstände wurde er schließlich doch zum Baumeister ernannt. Brunelleschi hatte sich, unter anderem um Gewicht zu sparen, eine doppelschalige Konstruktion ausgedacht. Die beiden Schalen sind durch Verstrebungen, sogenannte *sproni*, miteinander verbunden. Von außen nach innen drückt das Gewicht der Bauteile gegeneinander und gibt der Kuppel ihren Halt. Außerdem hatte Brunelleschi ein Verfahren ausgetüftelt, wie diese Kuppel ohne gewaltiges Bodengerüst gebaut werden konnte; das Gerüst wanderte mit dem Baufortschritt nach oben. Damit die Bauarbeiter in den Pausen nicht zuviel Zeit verloren, ließ Brunelleschi hoch über den Dächern von Florenz eine Art Kantine

einrichten. Den Rotwein, der dort ausgeschenkt wurde, brauchten manche Maurer, um ihre Angst zu überwinden, ging es doch bereits bei Baubeginn fünfzig Meter in die Tiefe. Max dachte mit Schaudern daran, wie er in früheren Jahren einmal die Kuppel bestiegen hatte. Schließlich litt er schon immer etwas unter Höhenangst. Er hatte aber nicht gedacht, daß ihm diese Kuppel so zusetzen würde. Schon auf halber Höhe wäre er beim Blick in das Kircheninnere am liebsten umgekehrt. An der Wand hatte er sich entlangtasten müssen. Und dann der weitere Aufstieg über die schmale Treppe, die zwischen den beiden Kuppelschalen nach oben führen. Klaustrophobisch durfte man da nicht veranlagt sein. Max hatte damals die Gesichter seiner Begleiter studiert. Ob diese sich wohl klargemacht hatten, daß das Mauerwerk unter ihren Füßen nur wenige Meter dick war – und daß sich darunter ein unendlicher Hohlraum befand? Und ob sie wußten, daß die Kuppel schon während des Baus erste Risse aufgewiesen hatte? Seitdem, so heißt es, seien zwar keine neuen hinzugekommen, die Kuppel des Petersdoms in Rom habe ohnedies noch mehr Risse, und außerdem werde alles elektronisch überwacht. Aber allein die Tatsache, daß sich die Kuppel im Sommer ausdehnte und im Winter wieder zusammenzog, dieses träge Pulsieren eines mächtigen Bauwerks im Rhythmus der Jahreszeiten, schon das konnte einen skeptisch stimmen. Doch Max erinnerte sich nicht nur an seine unterschwelligen Ängste, er hatte vor allem noch den Blick im Gedächtnis, der ihn, endlich oben angelangt, für alle erlittenen Qualen mehr als entschädigt hatte: der Palazzo Vecchio, Santa Croce, der Arno, die Hügel von Fiesole ... Nicht genug hatte er von diesem unvergleichlichen Panorama bekommen können. Und unversehens hatte er sich ganz vorne wiedergefunden. Wie weggeblasen war seine Höhenangst gewesen. Der Blick auf Florenz als Therapie – ein seltsames Phänomen.
Max löste seinen Blick von der Domkuppel, überquerte die

FIESOLE
Einstige
Hauptstadt
des römischen
Etrurien

Piazza del Duomo und lief die Via del Calzaiuoli hinunter. Vor der Kirche Orsanmichele blieb er kurz stehen. In den Nischen sah er Statuen der Schutzheiligen der Zünfte. Ursprünglich war diese Kirche ein Getreidemarkt und -speicher gewesen. Doch ein wundertätiges Madonnenbild hatte für einen immer größeren Andrang Gläubiger gesorgt. Also wurden die unteren Räume zur Kirche umfunktioniert, aber über Jahrhunderte war in den oberen Stockwerken von Orsanmichele noch der Getreidespeicher untergebracht.

Max sah auf die Uhr. Er sollte nicht zuviel Zeit verschwenden, schließlich wollte er in die Uffiziengalerie, und zwar bevor die Schlange an der Kasse die Größe eines Lindwurms erreichte. Er eilte über die Piazza della Signoria. Nicht »Signora«, wie er gestern in einem Reiseprospekt gelesen hatte. Das war nicht der Platz der Frau, sondern der Signoria, der Herrschaft. Schon vor den Medici war hier das politische Zentrum von Florenz.

Max hatte Glück, noch warteten nur wenige auf Einlaß. Er stellte sich zu der kleinen Gruppe vor dem Eingang unter den Arkaden. Vor ihm stand ein älterer Amerikaner mit Baseballkappe, der seiner Frau aus einem Reiseführer gerade vorlas, daß die Uffizien Mitte des 16. Jahrhunderts nach Entwürfen von Giorgio Vasari gebaut wurden. Der Name weise darauf hin, daß das Gebäude vor allem für Verwaltungsbüros gedacht war. Heute beherbergten die Uffizien im obersten Stockwerk in rund fünfzig Sälen eine der bedeutendsten Gemäldesammlungen der Welt. Sehr schön, dachte Max, jetzt wußten also auch die Freunde aus der Neuen Welt, was ihnen bevorstand. Sein Blick wanderte vom steinernen Lorenzo il Magnifico, der die Parade der Besucher abzunehmen schien, zum zopfhaarigen Wärter, der breitbeinig vor dem Eingang stand und mit den Tücken seines Sprechfunkgeräts kämpfte. Jetzt schien irgendwie doch die entscheidende Nachricht zu ihm durchgedrungen zu sein, jedenfalls machte er den Weg zu den Kassen frei. Max erwischte einen guten Start, hatte fast als erster sein *biglietto* und eilte die Treppe von Vasari hinauf, vorbei an Anna Maria Ludovica de' Medici, die als letzte der Medici vor dem Aussterben der Dynastie verfügt hatte, daß die Sammlung für immer in Florenz bleiben sollte. Vorbei auch an den ersten Skulpturen, die ihn durch alle drei Korridore begleiten sollten. Schließlich war die Uffiziengalerie früher weniger für ihre Gemälde als für ihre unvergleichliche Sammlung antiker Statuen bekannt, die die Medici im Laufe der Jahrhunderte zusammengetragen hatten. Ihren Platz fanden die Skulpturen schon damals in den Loggien, die ursprünglich offen waren. Erst später wurden sie geschlossen und mit den ersten der wunderschönen Deckenfresken versehen. Die Italiener nannten diese nunmehr geschlossenen Loggien von jeher *galleria*, also Tunnel, woraus sich später die heute auf der ganzen Welt für Kunstsammlungen übliche Bezeichnung Galerie ableiten sollte.

Oben angelangt, mußte Max seine Eintrittskarte vorzeigen, dann hatte er die Uffiziengalerie für sich allein. Er blieb kurz stehen und sah den ersten Korridor hinunter. Auf der ganzen Länge reihten sich rechts und links die Statuen, an der Decke die grotesken Malereien mit verspielten Ornamenten, mit Motiven aus der Pflanzen- und Tierwelt. Max hörte, wie sich von hinten die ersten Besuchergruppen näherten. Beim kurzen Warten vor den Uffizien hatte er sich zum Ziel gesetzt, zunächst auf direktem Weg die *Geburt der Venus* von Sandro Botticelli anzusteuern, um das berühmte Gemälde endlich einmal für einen kurzen Augenblick für sich alleine zu haben – ohne Dutzende von Touristen, die ihm den Blick versperrten. Im Weitergehen ignorierte Max die Eingänge zu den ersten Räumen. Am Schild »vietato l'ingresso« vorbei schlüpfte er entgegen dem normalen Weg in den Leonardo-Saal und von dort in den großen Botticelli-Saal. Und da war sie auch schon, die *Nascita di Venere* auf einer fast drei Meter

BOTTICELLI
Sandro Botticelli
(1444–1510)

breiten Leinwand. Und ganz exklusiv für ihn, sozusagen eine Privataudienz. Max betrachtete die Venus, wie sie nackt auf der Muschel zu schweben scheint, aus dem Schaum geboren, von Zephyrwinden an die Gestaden des Meeres getrieben. Rechts wurde ihr ein purpurnes Gewand gereicht. Die Göttin Venus, dachte Max, sie brachte den Menschen die Schönheit und die Liebe.

Der Raum füllte sich zunehmend mit Besuchern. Prompt versperrten sie ihm den Blick, der Zauber war dahin. Max beschloß, sich die anderen Bilder von Botticelli in diesem Raum anzusehen, *Der Frühling* vor allem und die berühmte *Madonna mit dem Granatapfel*. Die Arme vor der Brust verschränkt und den Blick noch auf das Bild gerichtet, machte Max einige Schritte rückwärts. Das war eine schlechte Angewohnheit von ihm. Oft schon war er dabei anderen Leuten auf die Füße getreten oder gegen Mobiliar gerempelt. Heute sollte es schlimmer kommen. Er spürte, wie er heftig mit jemandem zusammenstieß. Dabei verlor er zu seiner großen Verblüffung das Gleichgewicht. Sekunden später fand er sich am Boden wieder, neben sich eine junge Frau, die er mit niedergerissen hatte.

»Entschuldigen Sie vielmals, scusi, mi dispiace«, stammelte Max und richtete sich wieder auf.

»So ein Mist.« Die junge Frau hielt sich den Ellbogen.

»Darf ich Ihnen aufhelfen?« Max reichte ihr seine Hand. »Haben Sie sich verletzt?« fragte er besorgt.

»Ich weiß nicht. Ich hab mir beim Sturz irgendwie den Arm verdreht und auf dem harten Steinboden den Ellbogen angeschlagen. Wird aber schon nicht so schlimm sein.«

»Das tut mir wirklich leid«, sagte Max. »Doch ganz unschuldig waren Sie wohl auch nicht. Sie müssen ja mit einem ganz schönen Tempo unterwegs gewesen sein.«

»Kann schon sein«, erwiderte die Frau lachend. »Offenbar wollte ich auf dem Weg zu Botticellis Venus keine Zeit verlie-

ren. Und damit, daß mir einer rückwärts gehend entgegenkommt, damit konnte ich wirklich nicht rechnen.«
Max betrachtete die Frau, die jetzt wieder aufrecht vor ihm stand und mit der rechten Hand ihren linken Arm abtastete. Hübsch sieht sie aus, dachte Max. Ein fast klassisch schönes Gesicht, wenn da nicht die beiden steilen Falten auf der Stirn wären. Relativ hohe Wangenknochen, grüne Augen, schulterlanges blondes Haar. Schlanke Hände mit unlackierten Fingernägeln, so wie es Max gerne hatte. Und keinen Ehering. Max staunte über sich selbst, daß er überhaupt danach geschaut hatte. Sie hatte eine weiße Seidenbluse an. Die obersten Knöpfe waren offen. Max sah einen schönen Hals und den Ansatz vielversprechender Brüste.
»Nein, damit konnten Sie nicht rechnen«, sagte Max mit einiger Verzögerung. »Ich bekenne mich schuldig. Darf ich mir einmal Ihren Arm anschauen. Ich bin Arzt.«
»Hoffentlich sind Sie da geschickter denn als Fußgänger.«
»Das schon, aber verrenkte Gelenke zählen nicht unbedingt zu meinem Fachgebiet. Bewegen Sie bitte einmal Ihre Finger. Geht das gut? Das verursacht keine Schmerzen? Sehr schön. Und jetzt bitte anwinkeln und wieder loslassen.«
Am Ellbogen war tatsächlich eine leichte Schürfverletzung zu sehen, die aber nicht einmal blutete.
»Ich glaube, größere Verletzungen und bleibende Schäden können wir ausschließen«, sagte Max. »Trotzdem möchte ich meine Ungeschicklichkeit wiedergutmachen.«
»Und wie stellen Sie sich das vor?« wollte die blonde Frau wissen.
»Ich kenne ja Ihre Pläne nicht, außer, daß Sie so schnell wie möglich hierher gelangen wollten. Wir könnten uns zusammen die Uffizien anschauen, und hinterher würde ich Sie gerne zu einem opulenten Mittagessen einladen. Vielleicht fördert dies den Heilungsprozeß.«
»Sie sind mir ein seltsamer Arzt, wo haben Sie denn das ge-

lernt? Aber in Ordnung. Ich habe Sie richtig verstanden, bei der Schwere meiner Verletzungen keine Pizza, sondern ein richtig schönes, mehrgängiges Menü?«
»Selbstverständlich«, antwortete Max. »An der Therapie darf nicht gespart werden. Doch jetzt trete ich erst mal zurück und lasse Sie die Venus von Botticelli bewundern.«
»Nicht schon wieder, nicht zurücktreten. Bleiben Sie stehen, wo Sie sind, das ist ungefährlicher. Ich hole Sie dann gleich ab.«
Max mußte lachen und deutete auf eine Bank. »Keine Sorge, ich setze mich so lange hin.«
So ein Glück muß man erst mal haben, dachte er. Sozusagen im Rückwärtsgang, ohne hinzusehen, eine solch hübsche Frau über den Haufen zu rennen. Und schon war das Mittagessen unter Dach und Fach. Irgendwie schien er wohl doch eine gewisse Wirkung auf Frauen zu haben. Oder war das die Magie der Venus? Ihm fiel Carlotta ein. Seine neue Bekannte aus den Uffizien hatte nichts damit zu tun. Carlotta wollte er für sich erobern. An diesem Plan würde er in jedem Fall festhalten. Aber das brauchte Zeit. Die Contessa hatte sicher recht, es würde noch einige Monate dauern. Da sprach wohl nichts dagegen, daß er mit diesem netten Geschöpf zum Mittagessen ging. Wie hieß sie eigentlich? Er hatte vergessen, sie nach ihrem Namen zu fragen. Max reckte den Kopf. Weiter vorne, dicht vor dem Bild, sah er ihren blonden Schopf. Dahinter der nackte Körper der Venus. Mit der einen Hand verschämt die Brüste bedeckend, mit der anderen die langen rotblonden Haare vor die Scham haltend. Nach seinem Geschmack hatte die Venus von Botticelli nicht ganz die Idealfigur, die man ihr allgemein nachsagte. Obwohl, na ja, seine neue Bekannte war bestimmt noch besser proportioniert, da war er sich ziemlich sicher.
»Eva Eilert.«
»Wie bitte?« sagte Max, der erst jetzt merkte, daß die Frau wieder neben ihm stand.

»Mein Name ist Eva Eilert. Habe ich Sie aus irgendwelchen Träumen aufgeschreckt?«

Aus irgendwelchen Träumen? Max musterte ihre Figur. Zweifellos, sie hatte ganz sicher einen schöneren Körper.

»Nein, haben Sie nicht«, antwortete er im Aufstehen. »Ich hab Sie nur nicht kommen sehen. Eva Eilert, sehr schön. Ich heiße Max, Max Mauritz. Ich bin wie gesagt ein Doktor aus München, lebe aber jetzt seit kurzem in der Toskana und möchte vorläufig auch hierbleiben.«

»Max Mauritz. Ich freue mich, daß Sie mich am Leben gelassen haben. Sind Sie so eine Art Aussteiger?«

»Ja, vorläufig jedenfalls. Sie haben recht, so eine Art Aussteiger.«

»Und Sie interessieren sich für Kunst, sonst wären Sie nicht in den Uffizien.«

»Na ja, ich weiß nicht, ob sich hier jeder von den Besuchern wirklich für Kunst interessiert. Die Uffizien zählen zum Pflichtprogramm für Toskana-Urlauber. Ist doch so. Genauso wie der Schiefe Turm von Pisa. Mit Kunst hat das für viele nichts zu tun. Das ist so ein Pseudointeresse. Die Uffizien müssen einfach abgehakt werden. Und wie ist das mit Ihnen, interessieren Sie sich für Kunst?«

»Schon, ja. Ich bin Journalistin, und ich arbeite gerade an einer Artikelserie über die Medici. Später soll daraus ein Buch werden. Ich war schon oft in der Toskana, doch jetzt will ich mir gezielt noch einige Sachen anschauen. Da spielt die Kunst natürlich mit rein.«

»Sie schreiben über die Medici, das ist interessant. Dann sind Sie ja sozusagen eine Expertin.«

»Was die Medici betrifft, ja, sonst bin ich natürlich nicht so sattelfest. Aber den Medici begegnet man ohnehin auf Schritt und Tritt. Nehmen Sie diese Uffizien, auch sie wurden von einem Medici gebaut, nämlich vom Großherzog Cosimo I. Und Sandro Botticelli, der lebte hauptsächlich von den Medici.

Auch die *Geburt der Venus* war eine Auftragsarbeit für die Medici. Kennen Sie die *Schlacht von San Romano* von Paolo Uccello? Sie hing einst im Schlafzimmer der Medici, in ihrem ersten Palast beim Dom.«

»Eine Schlacht im Schlafzimmer? Das ist schon erstaunlich, da wäre ich jetzt nicht darauf gekommen«, sagte Max lachend. Und nach einer kleinen Pause fragte er: »Wie geht es Ihrem Arm? Tut er noch weh?«

»Er schmerzt ein bißchen. Gerade so stark, daß ich Sie von der Mittagseinladung nicht befreien kann. Da muß ich darauf bestehen. Doch lassen Sie uns weitergehen. Was wollen Sie sich noch anschauen? Interessieren Sie sich nur für nackte Frauen wie die Venus?«

»Um Gottes willen, nein. Außerdem habe ich gerade vorhin gedacht, daß die Venus nicht hundertprozentig meinem Schönheitsideal entspricht.«

»Das überrascht mich. Aber natürlich haben sich die Geschmäcker im Laufe der Jahrhunderte geändert. Denken Sie an die ätherischen Geschöpfe von Rubens.«

»Die Bilder von Rubens sind wunderschön, die Frauen allerdings zum Davonlaufen.«

»Ist Ihnen schon aufgefallen, daß die alle Zellulitis hatten?« Max nahm Eva am gesunden Arm. »Lassen Sie uns nach nebenan zum Raum mit den Bildern von Filippo Lippi gehen. Seit kurzem begeistere ich mich für diesen malenden Mönch.«

»Filippo Lippi mag ich auch. Seine Madonnen sind die schönsten, so jung und so mädchenhaft. Keine Matronen. Nein, fast schon etwas erotisch und doch irgendwie heilig.«

»Kein Wunder bei dem Modell.«

»Sie meinen die Nonne Lucrezia Buti?«

»Richtig, die meine ich, die schöne Nonne und der Mönch.«

»Die Geschichte gefällt Ihnen, nicht wahr? Mir auch. Womit wir übrigens schon wieder bei den Medici wären. Dank Cosimo de' Medici, der sich beim Papst für Filippo und Lucrezia einsetzte, konnten die beiden schließlich doch noch heiraten.«

»Hat der Heilige Vater ihnen also verziehen. Das wußte ich gar nicht.«

»Ja, die Medici, die hatten etwas übrig für verbotene Liebe, die kannten sich damit aus.«

Die nächsten zwei Stunden vergingen wie im Fluge – Filippo Lippi, Michelangelo, Leonardo da Vinci, Tizian, Tintoretto, Caravaggio, Raffael ...

Als sie schließlich die Uffizien verließen, liefen sie die wenigen Meter hinüber zum Caffè Rivoire auf der Piazza della Signoria. Max verscheuchte eine Taube, die mit erstaunlicher Geschicklichkeit auf einem der freien Tische Speisereste aufpickte. Das Caffè Rivoire war früher eine Schokoladenfabrik. Die *cioccolata calda*, die heiße Schokolade, gehört deshalb zum Pflichtprogramm.

Eva erwies sich als kenntnisreiche Unterhalterin. Sie erzählte vom Dominikanermönch Girolamo Savonarola, der Ende des 15. Jahrhunderts die Medici aus Florenz vertrieben und einen Gottesstaat mit republikanischer Verfassung errichtet hatte. Dafür mußte er mit dem Leben bezahlen. Genau vor ihnen, hier auf diesem Platz, sei Savonarola am 23.5.1498 erhängt und dann verbrannt worden. Kurz darauf waren die Medici wieder an der Macht.

Eva schilderte die Hinrichtung Savonarolas so detailliert, als ob sie dabeigewesen wäre. Max stellte seine Schokolade ab und sah Eva von der Seite an. Diese Frau, so schien es ihm, hatte ein Faible für die heftigen Episoden des Lebens. Der Tod und die Liebe, ja, das faszinierte Eva, das konnte man sehen. Sie versuchte gar nicht, dies zu verschleiern. Das war schon erstaunlich und irgendwie prickelnd.

Die Kulisse vor dem Caffè Rivoire war einzigartig. Der Palazzo Vecchio, der von Arnolfo da Cambio für den Prior gebaut worden war und als mächtiges Rathaus die Stärke der Bürger

MICHELANGELO
Michelangelo
Buonarroti
(1475–1564)

LEONARDO
DA VINCI
(1452–1519)

RAFFAEL
Raffaello Santi
(1483–1520)

RIVOIRE
Caffè und
Pasticceria,
Florenz

SAVONAROLA
Girolamo
Savonarola
(1452–1498)

zum Ausdruck bringen sollte, der Palazzo, in dem später auch für einige Zeit die Medici residierten, sah nicht wie ein Palast aus. Wie ein Kastell stand er da, wehrhaft, mit Turm und Zinnen, links vor dem Eingang Michelangelos *David*. Max wußte, daß es sich dabei um eine Kopie handelte. Das Original steht in der Galleria dell'Accademia. Für alle amerikanischen Florenz-Reisenden ein absolutes Muß, während die japanischen Touristen vor allem die Uffiziengalerie auf ihrem Pflichtprogramm haben.

Eva, die den Blicken von Max folgte, ließ es sich nicht nehmen, vom schönsten Hintern Italiens zu schwärmen. »Nur schade«, sagte sie, »daß Davids knackiger Arsch aus Marmor ist.« Während Max noch darüber nachdachte, was er von dieser Bemerkung halten sollte, hatte Eva schon die nächste Geschichte parat. Alle Figuren, erzählte sie, nicht nur die vor dem Palazzo Vecchio, sondern auch jene weiter rechts in der Loggia dei Lanzi, alle Statuen hätten mit Mord und Totschlag zu tun.

Max zog eine Augenbraue nach oben. Das ging ja gut weiter! »Schauen Sie mich nicht so entsetzt an, das ist nun mal so. Ich kann nichts dafür. Die klassische Mythologie handelt doch von nichts anderem. David hat Goliath erschlagen, da rechts ist Herkules zu sehen, er hat Cacus getötet, Perseus die Medusa besiegt, die Judith den feindlichen Feldherrn Holofernes mit List getötet. Soll ich weitermachen?«

»Nein danke, Sie haben mich überzeugt«, antwortete Max.

»Ihr Kunstverständnis ist viel zu elitär«, meinte Eva lachend. »Sie müssen immer die Hintergründe sehen, und diese sind alles andere als ehrenwert. Aber um das Thema zu wechseln, die Loggia dei Lanzi ist nach den Landsknechten der Schweizergarde der Medici benannt, wußten Sie das?«

»Nein, ich weiß nur, daß die Loggia Vorbild für die Münchner Feldherrnhalle war.«

Das Gespräch drehte sich zunächst weiter um die Baudenkmäler von Florenz. Der Vasari-Gang hatte es Eva besonders angetan. Dieser versteckte Korridor verbindet den Palazzo Vecchio mit dem Palazzo Pitti auf der anderen Seite des Arno. 1564 hatten die Medici Giorgio Vasari beauftragt, diesen Geheimgang zu bauen. Der Korridor führt durch die Uffizien, danach durch einige Adelspaläste, durch eine Galleria am Arno entlang, über den Ponte Vecchio, um den Torre dei Manelli herum, durch eine Brücke über die Via de Bardi, an der Kirche Santa Felicita vorbei, ein letztes kurzes Stück am Boboli-Garten entlang direkt in den Palazzo Pitti. Der Korridor erlaubte es den Medici, unbehelligt von den Blicken der Öffentlichkeit zwischen den beiden Palästen zu wechseln. Eva zitierte Machiavelli und daß sich ein Fürst nicht allzu häufig dem gemeinen Volk zeigen dürfe. Außerdem sei der Korridor, in dem heute eine einmalige Sammlung von Selbstporträts und Herrscherbildern vom 15. Jahrhundert bis in die Gegenwart hängt, ein Fluchtweg gewesen. Vom Amtssitz, dem Palazzo Vecchio, hätten sich die Medici von Dienern in kleinen Wagen rasch zum Palazzo Pitti ziehen lassen können. Und von dort war es nicht mehr weit zum Forte di Belvedere auf der anderen Seite des Giardino di Boboli.

Später spazierten Eva und Max zunächst zum nahe gelegenen Ponte Vecchio, der ältesten Brücke von Florenz. Sie standen an der Steinmauer und blickten auf die trägen Fluten des Arno. Bereits die Römer hatten hier eine Holzbrücke errichtet. Als 1333 alle Arnobrücken durch ein Hochwasser eingestürzt waren, begann man den Ponte Vecchio als Steinbrücke wieder aufzubauen. Zwölf Jahre später war er fertig. Schon damals gehörten Läden und Handwerksbetriebe zum Bild. Auch viele Metzger seien darunter gewesen, berichtete Eva.

»Das hat vor vierhundert Jahren dem Großherzog Ferdinand I. im wahrsten Sinne des Wortes gestunken. Nämlich immer dann, wenn er durch unseren Vasari-Korridor über den Ponte Vecchio mußte. Also vertrieb er die Metzger und auch die kleinen Werkstätten und siedelte statt dessen Juweliere an.«

VASARI
Giorgio Vasari
(1511–1574)

MACHIAVELLI
Niccolò Machiavelli
(1469–1527)

»Weshalb sie heute mit Fug und Recht als teuerste Brücke der Welt gilt«, stellte Max fest.

»Teuer vor allem für die Männer, für viele Frauen kommt sie dagegen dem Paradies recht nahe. Na ja, jedenfalls war der Herzog ziemlich vorausschauend, und er hat mit Bevorzugung der Juweliere Stil bewiesen.«

Max fuhr mit der Hand über die Mauer. »Wenn man sich vorstellt, was diese Steine schon alles erlebt haben.«

»Unendlich viel. Schade, daß sie nicht zu uns reden können.«

»Ob die Steine wissen, daß sie Ende des Zweiten Weltkriegs fast gesprengt worden wären?« sagte Max.

Tatsächlich hatte die deutsche Besatzung den Auftrag, alle Arnobrücken zu zerstören, um den Vormarsch der Alliierten aufzuhalten. Einem ebenso kunstsinnigen wie mutigen Generalfeldmarschall ist es zu verdanken, daß der Ponte Vecchio in letzter Minute seinem Schicksal entging.

»Wissen Sie, daß auf dieser Brücke die jahrhundertelange Rivalität zwischen Guelfen und Ghibellinen ihren Ausgang genommen hat?«

»Nein, aber Sie werden es mir sicher gleich erzählen. Ich weiß nur, daß die Guelfen Anhänger des Papstes waren und die Ghibellinen die Vertreter des Reiches. Ja, und daß Dante ein Anhänger der Ghibellinen war und deshalb aus Florenz vertrieben wurde.«

»Nicht nur das, sogar sein Haus wurde dem Erdboden gleichgemacht. Später haben die Florentiner diese Verbannung bitter bereut. Aber da war Dante schon in Ravenna gestorben. Die heutige Casa Dante ist bloß eine Nachbildung. Und auch sein Grab in der Chiesa Santa Croce gibt es nur zum Schein. Sie kennen doch Santa Croce, die Kirche, vor der Stendhal seinen berühmten Schwächeanfall hatte?«

»Santa Croce kenne ich natürlich, schon wegen der Gräber von Michelangelo, Galilei und Rossini. Das mit Stendhal wußte ich allerdings nicht.«

STENDHAL
Marie Henri Beyle
(1783–1842)

»Aber das Stendhal-Syndrom müssen Sie doch kennen. Ich denke, Sie sind Arzt?«
»Na ja, ich weiß immerhin, daß man damit ein Phänomen beschreibt, das irgendwie mit übermäßigem Kunstgenuß zu tun hat.«
»Das wollen wir so mal durchgehen lassen«, entgegnete Eva lachend. »Jedenfalls war Stendhal von der Kunst so überwältigt, daß er völlig erschöpft war und Herzrasen bekam.«
»Herzrasen? Das fällt ja fast in mein Fachgebiet. Aber lassen Sie uns doch bei den Guelfen und Ghibellinen bleiben, sonst kenne ich mich langsam auch nicht mehr aus.«
»Richtig, wir sind vom Thema abgekommen. Also, wo liegen die Wurzeln für diese Fehde? Nun, eben hier auf dieser Brücke. Ein junger Florentiner, Buondelmonti war sein Name, hatte einer Frau die Ehe versprochen. Als er später von dem Versprechen nichts mehr wissen wollte, wurde er von der Familie der Verschmähten auf dem Ponte Vecchio hingemeuchelt. Vielleicht hat er hier an dieser Stelle seinen letzten Atemzug getan?«
»Damals herrschten eben noch rauhe Sitten und Gebräuche.«
»Und das Versprechen einer Ehe wurde noch ernst genommen, jedenfalls von der Braut.«
»Aber was hat das mit den Guelfen und Ghibellinen zu tun?«
»Ganz einfach, die Familie des Ermordeten rief den Papst an und forderte Gerechtigkeit, während sich die Verwandten der Braut auf den Kaiser beriefen und die Zuständigkeit der örtlichen Gerichte nicht anerkannte. Auf diese Weise entstanden die beiden Lager der Guelfen und Ghibellinen, die später so wichtig und für unseren Dante so verhängnisvoll werden sollten.«
Der Streit zwischen den Guelfen und Ghibellinen führte jahrhundertelang zu Feindseligkeiten in der Toskana. Florenz und Lucca waren meist guelfisch und hielten dem Heiligen Stuhl die Treue, während zum Beispiel Pisa das Reich respektierte.

Max und Eva kehrten um und liefen zur Via de Tornabuoni, der feinsten Einkaufsstraße von Florenz. Sie bummelten an Salvatore Ferragamo vorbei, an Gianni Versace, Bulgari, Louis Vuitton und Gucci.

CANTINETTA
ANTINORI
IL LATINI
Florenz

FAGIOLI
Weiße Bohnen

Schließlich standen sie vor dem Palazzo Antinori. Seit 1385 widmen sich die Antinori nachweislich der Weinherstellung. In ihrem Renaissancepalast gibt es die Cantinetta Antinori, eine elegante Weinprobierstube mit ausgezeichneter Küche, die Max sehr schätzte. Leider war kein Platz mehr frei. Während Max noch über die entgangenen Köstlichkeiten wie *Fagioli all'uccelletto* oder *Gnocchi alla fiorentina* nachdachte, nicht zu reden von einem trockenen Gläschen *Spumante Marchese Antinori*, übernahm Eva die Initiative und führte Max zu Il Latini. In einer kleinen Gasse ist diese Kneipe versteckt, aber auch an diesem Tag war sie wieder rappelvoll. Eva lotste Max in einen hinteren Raum, wo sie noch einen kleinen, gemütlichen Ecktisch bekamen. Vor ihnen hingen Schinken von der Decke. Die Rotweinflasche stand schon auf der karierten Tischdecke. Und im Nu war ein *Misto di prosciutto, salame, finocchiona e crostini* serviert. Das war toskanische Küche in Reinkultur. Semplice e genuina. Kräftig, derb und schmackhaft.

Max machte es Spaß, Eva beim Essen zu beobachten. Irgendwie fand er, daß dieser alltägliche Vorgang bei ihr eine erotische Note bekam. Wie sie sich genußvoll mit der Zunge die Lippen benetzte. Wie die Nasenflügel beim Kauen vibrierten. Und dieser sinnliche Augenaufschlag. Plötzlich wurde Max bewußt, daß sich ihre Beine berührten. Nur ganz leicht, aber immerhin. Oder übte Eva einen sanften Druck aus? Das war sicher Einbildung. Doch vielleicht auch nicht? Die flüchtige Berührung seiner Hand mit ihren Fingerspitzen – Zufall?
Eva setzte ihre Erzählung über die Medici fort. Ob er wisse, daß der Name eventuell daher komme, daß die Medici ur-

sprünglich Kollegen von ihm, nämlich Ärzte, waren? Die Kugeln auf dem Wappen der Medici, so die Legende, seien Symbole für Pillen. Die Familienkrankheit der Medici sei die Gicht gewesen. Erst langsam rückte sie mit dem eigentlichen Thema ihrer Arbeit heraus, nämlich, daß es um die Exzesse der Medici ging, vornehmlich um die sexuellen. Das überraschte ihn mittlerweile nicht mehr. Evas Schilderungen wurden immer detaillierter. Max mußte zugeben, daß ihn ihre Ausführungen nicht kalt ließen.

Nach einem *Assortimento di primi misti* bestellte Eva *Trippa alla fiorentina* (Kutteln), während Max eine *Bistecca alla fiorentina* orderte. Als ihm das Fleisch serviert wurde, verließ ihn angesichts der Größe fast der Mut. Aber eine gute Bistecca gehört in der Toskana einfach dazu. Von einem Chianina-Rind sollte das Steak stammen, auf einem offenen Feuer gebraten, mit Salz und Pfeffer gewürzt. Die Qualität des Fleisches ist entscheidend. Max träufelte noch etwas Olivenöl über die Bistecca und machte sich ans Werk.

BISTECCA ALLA FIORENTINA CHIANINA-RIND

Später bestellten sie zwei Gläser Grappa und Cappuccino. Evas Wangen waren leicht gerötet. Das stand ihr gut. Max spürte, wie sie ihr rechtes Bein über seinen Oberschenkel legte. Nun, das war jedenfalls kein Zufall mehr. Er dachte an den Mönch Fra Filippo Lippi und an seine schöne Geliebte. Wenn schon der Mönch nicht wie ein Mönch lebte, warum sollte er es tun? Carlotta hin oder her. Max streichelte Evas nackten Oberschenkel.

Eva erzählte weiter von den Medici. Wie Giuliano de' Medici in der Grabkapelle seiner Vorfahren eine Jungfrau schändete. Immer detaillierter wurden ihre Schilderungen. Und wie unbeabsichtigt öffnete sie an ihrer Bluse einen weiteren Knopf.

Nach dem Mittagessen im Latini befand sich Max in einem seltsamen Rauschzustand, etwas müde vom vielen Wein und gleichzeitig erregt und beschwingt. Längst duzte er sich mit

Eva. Er hatte ihr erzählt, daß er geschieden war. Und er wußte von Eva, daß sie als Single lebte.

J AND J
Florenz

Sie verließen das Lokal und spazierten ziellos durch die Altstadt. In der Via di Mezzo standen sie plötzlich vor dem Eingang des Hotels J and J. Eva drückte Max sanft am Arm. Als er sie fragend ansah, nickte sie kaum merklich. Minuten später hatten sie sich bereits angemeldet und waren unterwegs nach oben zu ihrem Zimmer. Ihr Gepäck würde am frühen Abend nachgeliefert, hatten sie am Empfang des exklusiven Hotels erklärt. Das J and J war früher ein Kloster. Das paßt doch, dachte Max. Fast so wie bei Filippo und Lucrezia.

ENOTECA
PINCHIORRI
Florenz

Einige Stunden später stand Max vor dem goldumrandeten Spiegel in der Toilette der Enoteca Pinchiorri. Er fuhr sich mit den Händen durch seine immer noch zerzausten Haare. Warum grinste er nur so dämlich? Verdammt noch mal, war das ein Tag! Da wollte er ganz in Kunst und Kultur machen, und dann begegnete er dieser personifizierten Sünde. Von den sexuellen Exzessen der Medici verstand dieses Weib jedenfalls nicht nur theoretisch etwas. Die nachmittäglichen Exerzitien im ehemaligen Klosterzimmer des Hotels hatten seine kühnsten Erwartungen übertroffen. Max beugte sich über den Marmorrand des Waschbeckens und spritzte sich kaltes Wasser ins leicht gerötete Gesicht. Und jetzt ließen sie es sich im feinsten und teuersten Restaurant von Florenz gutgehen. Kein schlechtes Programm! Max trocknete sich das Gesicht und die Hände. Ein letzter Blick in den Spiegel. Eigentlich sah er gar nicht so übel aus, die Toskana tat ihm gut.

Zurück am Tisch, empfing ihn Eva mit einem intensiven Kuß, der Max angesichts des eleganten Rahmens etwas unpassend erschien. Interessiert betrachtete ein Japaner am Nebentisch die zögerlichen Befreiungsversuche von Max.

»Ist doch kein Wunder«, kommentierte Eva, nachdem sie endlich von ihm abgelassen hatte, die neidischen Blicke ihres

Nachbarn. »Schau dir nur die blasse Begleiterin dieses Samurai an. Diese blutleere Geisha hält wohl gerade ihren Winterschlaf.«

Max war gerade rechtzeitig zum zweiten Gang ihres Menu di ricette tradizionali zurückgekehrt. Nach *Triglie alla Livornese* (Seebarbe) gab es jetzt *Gamberoni allo spiedo con gran farro Lucchese*. Der Ober erklärte ihnen, daß Lucca schon immer für seinen Dinkel (farro) berühmt war, und schenkte ihnen etwas vom sündteuren Rotwein nach. Max sah, wie einige Tische weiter zwei junge Amerikanerinnen ziemlich rat- und fassungslos in der Weinkarte blätterten. Er konnte die beiden gut verstehen. Selbst ihm war es bei diesen Preisen zunächst etwas unheimlich geworden. Was aber am Alter und an der ausgesuchten Qualität der angebotenen Tropfen lag. Kein Wunder, schließlich war Georgio Pinchiorri ein Sommelier von Weltruf.

Nach den Gamberoni ging es weiter mit *Ravioli di patate alla Mugellano*, darauf folgten ein ganz vorzügliches *Fritto misto di pollo, coniglio e verdure* und *Petto d'anatra arrosto con funghi porcini in tegame*. Als Dolci gab es *Schiacciata all'uva* und die obligatorische *Piccola pasticceria*.

Max wollte gerade zu einigen Betrachtungen über die italienische Edelkochkunst ansetzen, da fiel ihm Eva lächelnd ins Wort und fragte mit leiser Stimme: »Mich interessieren viel mehr die aphrodisierenden Wirkungen dieses Mahls.« Anschließend fuhr sie sich mit der Zunge langsam über die Lippen. Max warf einen kurzen Blick zu dem Japaner hinüber. Was gab es da zu grinsen?

18

Eva wachte in der Nacht auf. Neben ihr lag Max Mauritz im tiefen Schlaf. Eigentlich war er nicht so übel. Das Liebesspiel hatte ihr mindestens so viel Spaß gemacht wie ihm.

Eva strich Max mit dem Zeigefinger über den Brustkorb. Beide waren sie nackt. Schließlich hatte Max keine Übernachtung eingeplant. Und ihre Tasche lag noch im weißen VW Polo, mit dem sie Max von seinem Haus nach Florenz gefolgt war. Nichts hatte er gemerkt, überhaupt nichts. Auch war ihm der improvisierte Zusammenstoß in den Uffizien nicht verdächtig vorgekommen. So sind sie, die Männer, einfach naiv. Ein kurzer Tritt in die Kniekehle hatte gereicht, den großen Mann zu Fall zu bringen. Und ihn dann beim Mittagessen anzutörnen, das war sowieso eine ihrer leichtesten Übungen. Er war voll darauf abgefahren. Der Rest hatte sich – obwohl so nicht geplant – einfach ergeben.

Warum hatte sie das alles getan? Eva langte sich an die Schläfen. In ihrem Kopf pochte es. Und ganz leise, wie aus weiter Ferne, hörte sie eine Stimme: »Eva, mein braves Mädchen, hörst du mich?«

Auf Evas Stirn trat kalter Schweiß. Ein Zittern ging durch ihren Körper.

»Hörst du mich?«

»Ja, ich höre dich«, flüsterten ihre Lippen.

»Hast du Lust dabei empfunden?«

Eva preßte die Zähne zusammen.

»Gib gefälligst eine Antwort!« schrie die Stimme.

»Ja, habe ich«, flüsterte Eva.

»Das war aber nicht vorgesehen. Überhaupt war es nicht nötig, daß du mit ihm schläfst. Du solltest ihn kennenlernen, ihn scharf machen, ihn dann quälen, ihm Schmerz zufügen, seelischen und körperlichen. Und dann, weißt du noch, was du dann sollst?«

Eva schüttelte langsam den Kopf. Sie wußte es, ja. Aber sie wollte den Gedanken verdrängen, ihn nicht von ihr Besitz ergreifen lassen.

Die Stimme wurde wieder schärfer. »Du weißt es, du mußt es wissen. Sag es mir!«

»Ihn umbringen«, flüsterte Eva.
»Richtig, ihn umbringen, ihn töten wie seine Katze. Aber vorher soll er leiden. Das tut er nicht, wenn du mit ihm schläfst. Ist dir das klar?«
»Ja«, antwortete Eva der Stimme, die ihr so vertraut war.
Die Stimme wurde wieder sanft, einschmeichelnd. »Eva, meine liebe Eva, du bist ein braves Mädchen, mein Mädchen. Es ist alles in Ordnung. Vergiß nur nicht deinen Auftrag. Wir haben Zeit. Vielleicht war das gar keine schlechte Idee, ihn erst zum Höhepunkt zu bringen, und dann der Absturz. Quäle ihn, mach ihn fertig. Zerstöre ihn.«
Eva hielt sich die Ohren zu, als die Stimme laut zu lachen begann. Das höhnische Gelächter wurde immer schriller, dann langsam leiser und leiser, bis Eva nichts mehr hörte. Der Spuk war vorbei. Ihr ganzer Körper war schweißnaß. Sie wischte sich mit der dünnen Bettdecke das Gesicht ab. Dabei betrachtete sie den schlafenden Max. Ihn quälen, zerstören, töten? Eva stand auf und ging ins Bad. Leise schloß sie die Tür und drehte die Dusche auf. Lange Minuten stand sie unter dem eiskalten Wasserstrahl.

19

Max war auf dem Weg zurück von Florenz zu seinem Haus. Er hatte die Route über die Schnellstraße nach Siena genommen, dann über Colle di Val d'Elsa und die Volterrana Richtung Cecina. Er fuhr sich mit der rechten Hand durch die Haare. Wahnsinn, absoluter Wahnsinn. Diese Frau war ein Vulkan. Unglaublich. Sex pur. Erotik hoch zehn. Und doch wollte er sie nicht wiedersehen. Jedenfalls nicht hier in der Toskana. Vielleicht einmal in München. Da wäre eine Neuauflage dieses Abenteuers nicht schlecht. Nein, wirklich nicht. Aber hier in der Toskana, da wollte er Carlotta erobern.

An dieser Absicht konnten die letzten Stunden nichts ändern. Das mit Eva, das war Geschlechtstrieb, mit Carlotta, das war Liebe, etwas Wertvolles, Besonderes. Auch hier würde der Sex hinzukommen, das wußte er. Nicht so animalisch wie mit Eva, sondern sanfter, liebevoller, mit mehr Respekt.

Als Eva heute morgen unbedingt wissen wollte, wo sein Haus in der Toskana sei, hatte er bewußt einige Orte durcheinandergebracht und eine völlig irreführende Wegbeschreibung gegeben. Soviel war sicher, hier würde sie ihn nicht finden. Gott sei Dank. Sonst wäre der Zug mit Carlotta abgefahren. Aber er bereute die letzte Nacht nicht, überhaupt nicht. So etwas konnte man nicht bereuen, von so etwas konnte man höchstens träumen. Er hatte Eva seine Visitenkarte mit der Adresse in München gegeben. Und er hatte gesagt, daß er sich bald bei ihr in Deutschland melden würde.

Max drehte die Scheibe hinunter. Der Fahrtwind kühlte sein Gesicht. Ob Carlotta etwas merken würde? Er hoffte, nicht.

Am frühen Nachmittag saß Max auf seiner Terrasse und schaute über die sanft geschwungenen Hügel hinaus aufs Meer. Nach einem langen Bad und in frischen Klamotten fühlte er sich wie neugeboren. Er dachte daran, daß er – wäre sein Leben so weitergegangen wie in der Vergangenheit – zu dieser Stunde höchstwahrscheinlich im OP stehen würde, voll konzentriert, mit Mundschutz, vor sich ein geöffneter Thorax, das kalte Licht der OP-Lampen, ein Skalpell in der Hand. Das war sein Leben gewesen. Und jetzt? Jetzt saß er hier im Schatten seiner Pergola, in der Hand kein Skalpell, sondern eine Tasse mit Cappuccino. Max betrachtete versonnen die weiße Haube aus frisch aufgeschäumter Milch. Die Espressomaschine von Pavoni war eine seiner ersten Investitionen nach dem Hauskauf gewesen. Max nahm einen Schluck und leckte sich den Schaum von der Oberlippe. Er schloß für einen Augenblick die Augen.

Die Hügel vor seinem Haus verwandelten sich in Evas Brüste. Sie hoben und senkten sich. Ein Lächeln umspielte seine Lippen. Die letzte Nacht hatte sich offenbar doch recht nachdrücklich eingeprägt. Rasch machte er die Augen wieder auf. Nein, er wollte jetzt nicht mehr an Eva denken, so schwer es ihm auch fiel! Es galt, seine Sinne auf Carlotta auszurichten. Sie würde nachher auf dem Weg zu ihrer Tante bei ihm vorbeischauen, hatte sie ihm vorhin am Telefon gesagt. Und wo er denn gestern abend gewesen sei? Übernachtet in Florenz? So kurz entschlossen?

Max vermißte seine Katze Arabella. Was würde er jetzt dafür geben, wenn sie schnurrend in seinem Schoß läge. Er hatte Carlotta und der Contessa erzählt, daß Arabella plötzlich gestorben sei. Schließlich hätte Carlottas Tochter Gianna beim nächsten Besuch sofort gemerkt, daß ihr Spielpartner weg war. Aber daß sein Kätzchen ermordet wurde, diese Tatsache hatte er für sich behalten.

MICHELANGELO

Max nahm ein Buch über Michelangelo zur Hand und lehnte sich zurück. Schon einige Tage beschäftigte er sich mit dem Leben des großen Malers und Bildhauers, Schöpfer des *David*. Fasziniert las er, daß diese Skulptur sozusagen aus dem »Abfall« des Doms in Florenz entstanden war. Der junge Michelangelo hatte von der Dombaustelle einen übriggebliebenen Marmorblock genommen und daraus jene Figur geschaffen, die heute auf der ganzen Welt bewundert wurde. Michelangelo, las Max, war auch für seinen Jähzorn berüchtigt. Die *Pietà*, die Max aus dem Museo dell'Opera del Duomo kannte, war vom Bildhauer aus Ärger über einen Fehler in Trümmer zerschlagen worden. Erst nach Michelangelos Tod setzte man die Figurengruppe wieder zusammen.

Die Zypressen in Max' Garten warfen bereits lange Schatten, als er Türenschlagen hörte. Er legte das Buch zur Seite und stand auf. Carlotta kam schon um das Haus herum. Neben ihr trottete ein großer weißer Hund.

MAREMMA
Flacher
Küstenstreifen
im Süden
der Toskana,
früher Sumpfland

»Hallo, Carlotta. Wen hast du denn heute dabei? Das ist ja ein schönes Tier. Ein Maremma-Hund, richtig?«
»Richtig, ein Hirtenhund aus der Maremma. Gefällt er dir?«
Max kraulte den Hund in den Nackenhaaren. »Gefällt mir sehr. Ich finde, diese Hunde passen unglaublich gut in diese Landschaft. Wie heißt er denn?«
Carlotta lachte. »Er hat einen etwas hochtrabenden Namen. Ich kann nichts dafür. Er heißt Leonardo da Vinci. Und das komische ist, er hört nur auf den vollen Namen. Ich hab's schon mit Leonardo alleine probiert oder mit Vinci. Das klappt nicht. Er besteht auf seinem kompletten Namen.«
»Und wem gehört Leonardo da Vinci?«
Carlotta tätschelte den großen Hund, der sich mittlerweile brav auf die Hinterpfoten gesetzt hatte. »Wenn du willst, dann gehört er dir«, sagte Carlotta. »Ein Geschenk von mir und Gianna. Als Ersatz für Arabella. Du mußt ihn aber nicht nehmen. Ich kann ihn zurückgeben.«
»Einen Leonardo da Vinci als Geschenk? Das kann ich doch nicht annehmen.« Bei seinem Namen spitzte der Hund die Ohren. »Ist das dein Ernst, darf ich ihn wirklich behalten?«
»Natürlich, ist ein Geschenk, un regalo. Er kann ein bißchen auf dein Haus aufpassen. Und du kannst dir sicher sein, daß er sich hier wohl fühlt. Er hat keine Anpassungsschwierigkeiten wie deine Katze Arabella. Er ist hier zu Hause, diese Hügel und da vorne die Maremma, das ist seine Heimat.«
Und ihm würde keiner wie Arabella die Kehle durchschneiden, dachte Max. Leonardo da Vinci würde sich verteidigen können.
Carlotta blieb eine gute Stunde. Natürlich nahm Max das Geschenk an. Er freute sich unheimlich über seinen neuen, zotteligen Gefährten. Tatsächlich waren ihm diese weißen Hunde in der Toskana schon immer aufgefallen. Sie gehörten zu diesem Landstrich genauso wie die großen weißen Rinder. Max und Carlotta feierten Leonardo da Vinci mit einem Gläschen

Prosecco. Leider konnte oder wollte sie nicht zum Abendessen bleiben. Als er Carlotta schließlich zum Auto brachte, gab sie ihm aus ihrem Kofferraum noch einen großen Beutel mit Hundefutter.

»Als erste Überlebensration«, sagte Carlotta.

Später, am Abend, lag der Hund vor dem offenen Kaminfeuer auf einem alten Teppich. Die Kerzen brannten. Puccinis *Turandot* sorgte für akustische Untermalung: »Nessun dorma! Tu pure, o Principessa ...« Max stand in der Küche, neben sich ein Kochbuch mit typischen Rezepten der Toskana. Heute wollte er sich an einem *Carpaccio di patate e porcini* (Kartoffelcarpaccio mit frischen Steinpilzen) versuchen. Vorher Bruschetta mit Tomaten aus seinem Garten. Und als Höhepunkt würde es dann *Salmone al forno geben*. Max nahm einen Schluck aus seinem Rotweinglas und begann die rohen Kartoffeln zu schälen.

C<small>ARPACCIO</small>
<small>DI PATATE E PORCI</small>
B<small>RUSCHETTA</small>
S<small>ALMONE AL FORN</small>

»... nella tua fredda stanza guardi le stelle che tremano d'amore e di speranza ...« Das mußte man Puccini lassen, er hatte den Dreh raus. In der Küchenschublade suchte er nach seinem Trüffelhobel, den er vor einigen Tagen in einem kleinen Geschäft in Bolgheri gekauft hatte. Da war ja das Prachtstück. Trüffel gab es zu dieser Jahreszeit noch keine, aber Knolle bleibt Knolle. Mit dem Hobel ließen sich auch die Kartoffeln trefflich in dünne Scheiben schneiden.

»Ed il mio bacio scioglierà il silencio che ti fa mia!« Max kannte diese Stelle: »Und mein Kuß wird das Schweigen brechen, auf daß du mein wirst!«

Er warf einen Blick ins Kochbuch. Die Teller vorwärmen und mit Olivenöl bestreichen. Daran sollte es nicht scheitern. Außerdem mußte er sich sowieso zuerst der Sauce zuwenden. Er nahm gerade eine Knoblauchzwiebel aus dem Korb, als er merkte, daß der Maremma-Hund den Kopf hob. Sein tiefes Knurren weckte Max' Aufmerksamkeit. War da jemand am Haus? Er legte den Knoblauch zur Seite, ging ins Wohnzimmer und stellte die Musik leiser. Er glaubte einen startenden Automotor zu hören und öffnete die Terrassentür. Richtig, da war ein Auto, das sich langsam entfernte. Jetzt sah er auch die roten Rücklichter. Was hatte der Fahrer bei ihm gewollt? Max schüttelte den Kopf und schloß die Tür zur Terrasse.

»Braver Hund.« Er tätschelte Leonardo da Vinci, der seinen Kopf wieder auf den Teppich gelegt hatte. »Bist ja wirklich ein Wachhund. Verstehst du eigentlich auch deutsch, oder muß ich italienisch mit dir reden?«

Zurück in der Küche, wendete er sich erneut seinem Carpaccio zu. Aus Sahne, Knoblauch und Petersilie würde er jetzt eine Sauce zubereiten. Die Kartoffelscheiben auf die vorgewärmten und mit Olivenöl bestrichenen Teller, die Sauce darüber, das Ganze für einige Minuten ins Backrohr, danach rohe Steinpilze darüber hobeln und dann mit frisch gebratenen Wachtelspiegeleiern garnieren. Max schmatzte genießerisch. Ein Genuß würde das werden, davon war er schon jetzt überzeugt. Allzuviel falsch machen konnte er da gar nicht, die Operation – dessen war er sich sicher – würde auf Anhieb gelingen.

»... al tuo piccolo cuore che non cade chiede colui che non sorride più.«

Am nächsten Morgen spazierte Max gedankenverloren über sein Grundstück. Leonardo da Vinci rannte zwischen den Rebstöcken hin und her. Fast konnte man glauben, er hätte schon immer zum Haus gehört, so selbstverständlich paßte er ins Bild. Max blieb stehen und begutachtete die Trauben. Vielversprechend sahen sie aus. Jedenfalls soweit er das beurteilen konnte. Gott sei Dank hatte er jemanden gefunden, der sich da besser auskannte. Mauro war früher Verwalter auf einem landwirtschaftlichen Betrieb gewesen. Jetzt hatte er sich zur Ruhe gesetzt und lebte mit seiner Familie im Nachbardorf. Mauro hatte nichts dagegen, sich etwas dazuzuverdienen. Deshalb hatte er auf Vermittlung von Giacomo Casiraghi gerne Max' Angebot angenommen. Mauro half ihm bei allem, was auf dem Campo zu tun war. Er kümmerte sich um den Wein, um die Olivenbäume und mähte den Rasen. Sie hatten eine für die Toskana übliche Vereinbarung getroffen, die noch auf die Mezzadria zurückgeht. Von dem Wein und dem Olivenöl durfte Mauro die Hälfte behalten. Damit war seine Arbeitsleistung abgegolten. Den Rest bekam der Padrone. Der Padrone, das war er selbst, freute sich Max über diesen Status.

Mezzadria
Halbpacht

Mittlerweile klappte es auch ganz gut mit der Verständigung. Anfänglich hatte Max nämlich so seine Schwierigkeiten gehabt, Mauros toskanischen Landdialekt zu verstehen, bis ihm Carlotta ein wenig Nachhilfeunterricht gegeben hatte. Max pflückte eine Traube und steckte sie in den Mund. Wie hieß noch einmal Carlottas witziger Merkspruch? Jetzt fiel ihm der Satz wieder ein: »Una coacola con la canuccia corta corta.« Dabei kam es auf die Aussprache an, denn das »c« wurde so ähnlich wie »ch« gesprochen und irgendwo tief in der Kehle artikuliert mit dem Effekt, daß Max bei dem ersten Gespräch mit Mauro zunächst gedacht hatte, er wäre auf einen ausgestorbenen keltischen Urdialekt gestoßen. »Eine Cola mit kurzem Strohhalm«, hatte Carlotta die simple Übersetzung nachgeliefert. Die Toskaner wiederholten ihre Adjektive gerne zweimal, hatte sie ihm erklärt, deshalb »corta corta«. Und das Ganze eben mit diesem komischen Kehllaut. Mauro sprach auch nicht von »casa«, sondern von der »chasa« – so zumindest würde man es im Deutschen schreiben. Auf jeden Fall war ihm Mauros Dialekt mittlerweile schon recht vertraut geworden. Vielleicht gab sich Mauro aber auch Mühe, für den Tedesco etwas zu sprechen, was er für Hochitalienisch hielt. Denn kaum hatte Mauro einige Gläser Rotwein intus, wurde Max' Kombinationsgabe schon wieder auf eine harte Probe gestellt.

Max schlenderte weiter zu dem Gemüsebeet und dem angrenzenden Kräutergarten. Dieser Orto war bereits von Casiraghis Schwester angelegt worden. Mauro hatte ihn in kurzer Zeit weiter verbessert, neue Drähte für die Tomaten waren gespannt, Spargel gesetzt, Zucchini und Artischocken gepflanzt. Vor dem Orto blieb Max stehen. Was war mit den Blättern an den Tomaten passiert? Die sahen alle so vertrocknet aus. Und da links, die Bohnenstaude, schwarz verfärbt und welk. Max' Blick fiel auf drei große Blechkanister, die neben den Beeten standen. Die Verschlüsse waren abgeschraubt, die Kanister leer.

Max hob einen hoch und las den Text auf dem Aufkleber: »Veleno per piante«. Das war nicht schwierig zu übersetzen. Und das Resultat sah er vor sich. Keine Frage, in den Kanistern war hochkonzentriertes Pflanzenvernichtungsmittel gewesen. Entsetzt betrachtete Max seine Beete. Erst gestern nachmittag hatte er einige frische Tomaten abgeschnitten. Und jetzt? Jetzt stand er vor dem Desaster. Jemand hatte ihm einen üblen Streich gespielt. Jemand? Max fiel das Motorengeräusch von gestern abend ein. Dieser jemand war mit dem Auto gekommen. Klar, bei den drei schweren Kanistern. Was ging hier vor? Warum wurde er tyrannisiert? Zuerst die tote Katze und jetzt die vernichteten Beete. Das durfte doch einfach nicht wahr sein. Er hatte doch keine Feinde? Was sollte das alles?

Für das Wochenende hatte Fausto ihn zu einem Segeltörn eingeladen. Max nahm sich einmal mehr vor, mit Fausto über diese Attacken zu sprechen. Vielleicht wußte er Rat.

20

Eva saß an ihrem Schreibtisch in Frankfurt vor ihrem Computer. Ihre Gedanken waren in der Toskana bei Max. An ihrer rechten Hand klebte ein großes Pflaster. Sie hatte sich letzte Woche beim Aufdrehen eines Blechkanisters in den Handballen geschnitten. Gottlob hatte es keine Infektion gegeben. Das wäre ja bei dem Inhalt kaum überraschend gewesen. Eva überflog die letzten Zeilen, die sie gerade geschrieben hatte.

»Während sich Gian Gastone de' Medici mit seinem Lustknaben Giulio Dami im Bett vergnügte – seine Perücke baumelte an einem Kerzenleuchter, und es roch intensiv nach Parfüm –, hielt im Hof des Palazzo Pitti eine Kutsche mit Dirnen. Erzürnt stellte sich Prinzessin Violante der schamlosen Gesellschaft in den Weg, aber sie erntete nur Gelächter ...«

Eva fiel es schwer, sich zu konzentrieren. Sie hatte das Gefühl, daß sie nicht hier sitzen sollte. Folgte sie der Stimme, dann wäre ihr Platz in der Toskana. Quälen sollte sie ihn, tyrannisieren. Und dann? Eva war nicht in der Verfassung, den Gedanken zu Ende zu führen. Was hielt sie eigentlich davon ab, alles zu vergessen? Sie könnte einfach das Manuskript fertig schreiben und sich erneut in psychiatrische Behandlung begeben. Aber dort würde man sie nur mit Medikamenten vollpumpen. Und die Stimme, ja, die Stimme, sie würde trotzdem wiederkehren. Das wußte sie ganz sicher. Es gab kein Entrinnen, die Stimme würde sie immer und überall finden. Finden und an den Auftrag erinnern. Und die Stimme hatte recht, sie glaubte ihr. Dieser Maximilian Mauritz hat den Tod verdient. Wie es in der Bibel geschrieben steht: Auge um Auge, Zahn um Zahn. Es gab nur eine Möglichkeit, diesem Wahnsinn zu entkommen. Sie mußte den Befehl ausführen. Vielleicht hatte sie Glück, und die Stimme würde sie danach verschonen. Nichts wünschte sich Eva sehnlicher.

21

Arezzo

Max saß am Steuer seines Landrovers und genoß den noch jungen Tag in vollen Zügen. Er hatte den Innenspiegel so eingestellt, daß er immer wieder einen verstohlenen Blick zu Carlotta werfen konnte, die sich bei heruntergedrehter Scheibe den Fahrtwind ins Gesicht wehen ließ. Heute war der erste Sonntag im Monat. Da fand in Arezzo auf der Piazza Grande der große Antiquitätenmarkt statt. Schon vor Wochen hatte ihm Carlotta versprochen, daß sie ihm bei der Suche nach einigen alten Möbelstücken für sein Haus helfen würde. Carlottas Tochter Gianna war während des Tages bei der Contessa gut aufgehoben. Und sein neuer vierbeiniger Freund Leonardo da Vinci konnte ungestört seine Erkundigungen der Umgebung fortsetzen.

»Ich freu mich riesig, daß das heute mit unserem Ausflug nach Arezzo klappt«, sagte Max, dem es leichtfiel, die finsteren Gedanken an seine ermordete Katze und den verwüsteten Orto zu verdrängen.

»Ich auch«, erwiderte Carlotta mit einem Lächeln, »das wird sicher ein schöner Tag. Schön und anstrengend.«

»Warum anstrengend?«

»Das wirst du schon sehen. In Arezzo ist zum Antiquitätenmarkt der Teufel los.«

Siena lag bereits hinter ihnen, die Straße führte ins Val di Chiana.

»Von hier kommen die weißen Chianina-Rinder«, erzählte Carlotta. »Du weißt schon, aus deren Fleisch das berühmte Bistecca alla fiorentina gemacht wird.«

Das war das falsche Stichwort, dachte Max, denn bei der Bistecca alla fiorentina fiel ihm prompt das Mittagessen mit Eva in Florenz ein. Und um ehrlich zu sein, nicht nur das Mittagessen. Aber er wollte heute wirklich und absolut nicht an Eva denken. Das war längst Vergangenheit, er würde diese

Frau nie mehr wiedersehen, soviel war klar. Trotzdem hatte er Carlotta gegenüber irgendwie ein schlechtes Gewissen. Sicher, das war albern, er konnte Carlotta ja überhaupt nicht untreu werden, er hatte ja noch gar nichts mit ihr. Und dennoch empfand er die Florentiner Episode als Verrat an ihr. Nun, er würde schweigen wie ein Grab, sie würde nie etwas davon erfahren.

Max konzentrierte sich wieder auf die Landschaft. Das Chianatal, schon zu Zeiten der alten Römer Kornkammer der Toskana, könnte einem schon gefallen. Schade nur, daß die Autostrada del Sole hindurchführt und auch die Eisenbahn. Nach Arezzo war es nur noch ein Katzensprung. Max wußte, daß die alte Etruskerstadt ihre frühe Bedeutung als Handelsplatz vor allem der günstigen geographischen Lage verdankte – im Süden das fruchtbare Val di Chiana, das aufgrund der vielen Überschwemmungen allerdings über Jahrhunderte malariaverseucht war, im Osten, nicht weit entfernt, der Tiber, der vom Nordapennin kommend seinen Weg durch das Val Tiberina nach Rom sucht, und von Norden fließt der Arno direkt auf Arezzo zu. Kurz vor der Stadt überlegt er es sich allerdings anders, macht plötzlich eine Kehrtwendung, um auf der anderen Seite des Pratomagno-Massivs wieder zurück nach Norden zu fließen – mit Kurs auf Florenz.

Arezzo gehörte einst zu den zwölf mächtigen Städten der Etrusker. Später sorgte die Via Cassia für eine direkte Anbindung an Rom. Im Mittelalter war Arezzo über Jahrhunderte eine freie Stadtrepublik, bis sie schließlich den Angriffen von Florenz unterlag. Und 1384 wurde die einst stolze Stadt für vierzigtausend Goldflorinen an Florenz verkauft.

»Das war ein prezzo derisorio«, erzählte Carlotta, »ein wirklicher Spottpreis. Stell dir vor, Florenz hat für Arezzo und das ganze Umland den Gegenwert von zweihundert Pferden bezahlt.«

»Da war ja mein Haus teurer«, sagte Max lachend.

Vor den Toren der Altstadt wußte Carlotta einen versteckten Parkplatz. Und bald waren sie zu Fuß unterwegs Richtung Piazza Grande im Zentrum Arezzos. Carlotta hatte recht gehabt, hier war wirklich was los. Heerscharen von Menschen zogen durch die autofreien Straßen, an Antiquitätenläden vorbei, an provisorisch errichteten Ständen und Buden. Überall standen alte Möbel herum, Spiegel, Kerzenleuchter, Gläser, Bilderrahmen – ein Paradies für Liebhaber alter Kostbarkeiten. Und gleichzeitig eine Art großer Flohmarkt mit allerlei Kuriositäten.

Schließlich hatten sie sich bis zur Piazza Grande durchgekämpft. Hier, im Zentrum von Arezzo, war es zweifellos am schönsten, allerdings auch am vollsten. Am letzten Sonntag im August und am ersten Sonntag im September, erzählte Carlotta, findet hier seit dem 13. Jahrhundert die Giostra del Saracino statt, ein Reiterspektakel, das ihr besser gefalle als der Palio in Siena. Acht gewappnete Vertreter der Stadtteile reiten mit angelegter Lanze auf eine große, gepanzerte Puppe zu, die einen Sarazenen darstellen soll. Es gilt, seinen Schild mit der Lanze möglichst präzise zu treffen. Gleichzeitig muß sich der Reiter vor dem Sarazenen in acht nehmen, denn der schleudert bei einem Treffer nicht nur herum, sondern auch an Ketten Bleikugeln gegen den Angreifer, die diesen aus dem Sattel werfen können.

Max begeisterte sich an den Antiquitäten. Schließlich hielt er vor einem alten Sekretär inne. Daneben standen ein Sofa mit rotem Samtbezug, ein Eßtisch, auf dem bunte Gläser arrangiert waren, eine Madonnenstatue, Stühle ohne Sitzboden, eine Wanduhr und eine Gebetsbank.

»Da dove viene questa panchina da chiesa?« wollte Max vom Verkäufer wissen. »Dalla Pieve di Santa Maria Assunta«, gab dieser mit Verschwörermiene die Herkunft preis und deutete auf die älteste Kirche Arezzos, die unmittelbar an der Piazza Grande steht. »Furbacchione«, sagte Carlotta, woraufhin der

Verkäufer zunächst verdutzt dreinschaute, um dann Carlotta mit einem wahren Wortschwall zu antworten, den Max nicht verstand. Carlotta gab Kontra. Schließlich standen sich beide lachend gegenüber.

»Was heißt *furbacchione?*« fragte Max Carlotta.

»Ich glaube, in deutsch sagt man Schlaumeier dazu oder Scherzbold. Die Gebetsbank ist natürlich nicht aus dieser Kirche.«

»Gefällt mir aber trotzdem. Übrigens auch der Sekretär. Wahrscheinlich wird uns unser Freund gleich weismachen, daß dieser Sekretär aus einem Palast der Medici stammt und deshalb das Zehnfache kostet.«

»Jetzt nicht mehr«, entgegnete Carlotta lachend. »Soll ich mal fragen, was er kostet?«

»Das kann ich selbst.«

»Ja, das kannst du. Aber es spart dir viel Geld, wenn ich es bin, die fragt, glaub mir.«

»Ich glaub dir«, erwiderte Max und nahm Carlotta in den Arm. »Ich glaub dir sowieso alles!«

Einige Stunden später standen Piero – so hieß der Verkäufer –, Carlotta und Max am Landrover. Mittlerweile waren sie mit Piero gut Freund. Mit einer Flasche Rotwein, die dieser aus einem alten Schrank hervorgezaubert hatte, war der Kauf besiegelt worden. Die Gebetsbank war bereits im Wagen verstaut. Piero half Max, den Sekretär auf dem Dach des Geländewagens festzuzurren. Carlotta suchte derweil im Auto nach einem sicheren Platz für ihr kleines Päckchen. Max hatte ihr als »Prämie« für die Hilfe eine wunderschöne alte Vase aus Muranoglas geschenkt.

Auf dem Rückweg kamen sie an Monteriggioni vorbei, jener großen Festung, die Anfang des 13. Jahrhunderts von Siena an der Grenze zum Machtbereich von Florenz errichtet wurde. Der eindrucksvollen und wehrhaften Mauer mit ihren vierzehn Verteidigungstürmen huldigte schon Dante in sei-

MONTERIGGIONI
Festungsstadt
mit Ringmauer

COLLE DI
VAL D'ELSA
Mittelalterliche
Oberstadt

ner *Göttlichen Komödie*. Monteriggioni ist eine sogenannte *cittadella,* also ein Kastell, in dem eine kleine Ortschaft Platz findet und das auf diese Weise auch der Zivilbevölkerung Schutz bot.

Weiter ging's nach Colle di Val d'Elsa. Während die Unterstadt kaum Sehenswertes zu bieten hat und sich vorwiegend der Kristallverarbeitung widmet, lohnt die mittelalterliche Oberstadt *colle alto* einen Besuch. Carlotta lotste Max auf einen Parkplatz, von dem Stufen hinauf zur Oberstadt führen. Seine Sorge, daß der Sekretär nach ihrer Pause neue Besitzer gefunden haben könnte, wurde von Carlotta zerstreut.

»Fifone, Angsthase! Wo glaubst du, daß du bist? Wir sind doch hier nicht in Deutschland.«

»Genau, eben deshalb!«

»Du hast also auch noch die Klischeevorstellung, daß in Italien geklaut wird, gib's zu.«

»Ein bißchen, ja«, sagte Max zögernd, weil er Carlotta nicht beleidigen wollte.

»Ein bißchen stimmt's ja auch«, entgegnete Carlotta lachend, »aber eben nur un po'. Bisogna avere fiducia, man muß etwas Vertrauen haben.«

Carlotta hakte sich bei Max unter und zog ihn vom Auto weg. Daran könnte ich mich gewöhnen, dachte Max und freute sich über die körperliche Nähe. Mit jeder Stunde des Tages war Carlotta fröhlicher geworden. Immer mehr ging sie aus sich heraus. Zum Dahinschmelzen, fand Max.

Oben angelangt, blieb er stehen und warf einen letzten Blick hinunter zum Sekretär auf seinem Auto. Ob er ihn je wiedersehen würde?

ARNOLFO
Colle di Val d'Elsa

Kurz darauf betraten sie den restaurierten Palazzo des Ristorante Arnolfo. Giovanni begrüßte Carlotta mit Küßchen und brachte sie einen Stock tiefer. Dabei erzählte er auf Max' Frage hin, daß das Restaurant nach Arnolfo di Cambio benannt ist, dem berühmten ersten Dombaumeister von Florenz, der aus Colle di Val d'Elsa stammte und von dem im Ort noch ein Turmhaus existierte.

»Adesso tocca a me, ich bin dran, dich einmal einzuladen«, stellte Carlotta klar, als sie am Tisch auf der Terrasse Platz genommen hatten, »aber was es gibt, bestimme ich.«

»Du hörst von mir keinen Protest, ich begebe mich bereitwillig in deine Hände«, erwiderte Max grinsend. Sein Blick wanderte von Carlotta über die Terrasse auf die gegenüberliegenden Hügel. Einen schönen Platz hatten sie sich hier ausgesucht.

Mit Begeisterung machte sich Carlotta an die Bestellung. Max hörte etwas von *Gamberi dorati con finocchio e pompelmo rosa, Coda di rospo con filetto di sogliola alle mandorle* und *Lasagnetta ai calamaretti*. Da hatten sie ja etwas vor sich. Max war immer wieder überrascht, welche Mengen diese schlanke Person verdrücken konnte. Giovanni kam vorbei und entkorkte eine Flasche Poggio alle Gazze. Der alte Sekretär aus Arezzo war nach diesem ausbündigen Essen sicher nicht mehr da. Ist auch egal, dachte Max und stieß mit Carlotta an. Dieses Zusammensein war jeden materiellen Verlust wert.

Carlotta erzählte von Caterina de' Medici und davon, daß die so viel gerühmte französische Küche – »bei aller Bescheidenheit« – ihre Wurzeln in der Toskana habe. Denn als die Urenkelin von Lorenzo Il Magnifico 1533 mit dem späteren französischen König Heinrich II. vermählt wurde, brachte sie aus der Toskana nicht nur die schönsten Rezepte, sondern auch ihre italienischen Köche mit – aus Angst, sie könnte in Frankreich nichts Ordentliches zu essen bekommen. Dank Caterina de' Medici sei also die sogenannte französische Küche, die es vorher in dieser Form überhaupt nicht gab, erst aus der Taufe gehoben worden.

Nach dem Essen – zum Nachtisch gab es eine *Torta di pere con marzapane profumato alla cannella* (Birnenkuchen mit Marzipan und Zimt) – bestellte Max zwei Grappa. Nüchtern war er sowieso nicht mehr, da war das auch schon egal. Er stützte den Kopf in seine Hände und sah Carlotta in die Augen. Gott, was hatte sie für schöne schwarze Augen. Die Luft könnte einem wegbleiben. Spaßeshalber hielt Max den Atem an.

»Was ist denn mit dir los?« wollte Carlotta besorgt wissen, als sie Max' roten Kopf bemerkte.

Max ließ die restliche Luft ab und lachte.

»Nichts Ernstes, in gewissen Stunden kann einem schon die Luft wegbleiben.«

»Du bist ein gran bambino, weißt du das? Von wegen Professore und Herzchirurg. Es fällt einem schwer, das zu glauben.«

Max setzte ein ernstes Gesicht auf. »Dann laß mich das mal medizinisch erklären, damit du mich wieder respektierst. Ein Freund von mir, er hat übrigens ein Haus bei Massa Marittima, hat diese subjektive Empfindung sehr zutreffend einmal in etwa so beschrieben: Symptome der Atemnot, Engegefühle im Hals, Tachykardie, vulgo Herzrasen, Extrasystolen, also Herzstolpern, Schweißausbrüche und Muskelzittern sind Folgen einer verstärkten neuronalen Endorphinausschüttung sowie einer gesteigerten Hormonproduktion in Hypophyse und Nebennierenrinde.«

Massa
Marittima
Mittelalterliche
Architektur
(Maremma)

»Ich bin beeindruckt, klingt sehr profund. Und was willst du mir damit sagen?«

Max dachte nach und gab sich einen Ruck. »All diese Symptome kann ich bei mir momentan feststellen. Hast du nicht wenigstens auch ein bißchen Tachykardie, eine klitzekleine neuronale Endorphinausschüttung?«

Carlotta lachte. »Nein, warum? Mir geht's prächtig.«

»Mir doch auch, das ist nicht das Problem.«

»Also, was hat es mit diesen Symptomen auf sich?«

»Um noch einmal meinen Freund zu zitieren: Dies sind die physiologischen Symptome eines weitverbreiteten psychischen Syndroms, medizinisch Morbus Amor genannt.«

Max schaute Carlotta zweifelnd an. Vielleicht hätte er das

jetzt doch nicht sagen sollen. Das muß der Wein gewesen sein, der Wein und der Grappa.

Carlotta nahm wie geistesabwesend einen letzten Schluck aus dem Glas, dann stellte sie es ab und betrachtete Max. »Und wie ist die Prognose dieses Zustands?«

»Hängt davon ab«, antwortete Max zögernd. »Chirurgisch läßt sich da nicht viel machen. Entscheidend ist wohl, daß die gleiche Symptomatik auch bei einem anderen Menschen auftritt. Sonst ist die Prognose infaust.«

Carlotta beugte sich über den Tisch und gab Max einen Kuß auf den Mund. »Du bist schon ein komischer Mensch, weißt du das?«

»Ja, das weiß ich«, antwortete Max.

»Sollten die von dir beschriebenen Symptome auch bei mir auftreten, werde ich es dir sagen.«

»Hältst du das für möglich?«

Carlotta fuhr sich mit der Hand durch die Haare. Ist das ein Zeichen von Verlegenheit, überlegte Max.

»Ja, ich halte es für möglich«, sagte Carlotta. »Und jetzt sollte ich besser nach der Rechnung fragen. Es wird Zeit, daß wir nach deinem Sekretär schauen.«

22

Klaus Kirred trommelte mit den Fingern seiner rechten Hand auf dem Tisch. Vor ihm lag die Untersuchungsakte zum tödlichen Treppensturz in der Privatklinik Prof. Runleger. Das gerichtsmedizinische Gutachten hatte keine konkreten Anhaltspunkte für eine äußere Gewalteinwirkung ergeben. Zwar hatten die Pathologen zwischen den Schulterblättern des Opfers eine Verletzung entdeckt, aber diese hätte sich der Pfleger auch bei seinem Sturz zugezogen haben können. Obwohl, nach seiner Vorstellung war der Pfleger kopfüber hinuntergesegelt. Bei einer Verletzung am Rücken hätte er sich ja zumindest einmal überschlagen müssen. Dann wären aber die Scherben auf der Treppe anders verteilt gewesen.

Hauptkommissar Kirred lehnte sich zurück. Ihm gingen einfach nicht die Patienten aus dem Kopf. Und wenn doch irgendeiner von ihnen so schlimme Wahnvorstellungen hatte, daß er zu einem Mord fähig wurde? Das kategorische Nein des Klinikchefs hatte er ohnehin nie akzeptiert. Deshalb hatte er von seinen Leuten alle Patienten jener Nacht verhören lassen. Bei den Gesprächen war immer ein Polizeipsychologe dabeigewesen. Tatsächlich gab es bei keinem einzigen Patienten ein Verdachtsmoment, weder aus kriminalistischer Sicht noch aus psychologischer, und auch keinen Hinweis auf eine multiple Persönlichkeit. Wirklich schade, denn nach allem, was ihm der Polizeipsychologe erklärt hatte, würde dieses Krankheitsbild gut passen.

Es klopfte, und fast gleichzeitig wurde die Tür aufgerissen.

»Einen wunderschönen guten Tag«, brüllte Philipp Mahlo in das kleine Bürozimmer, »was brütest du hier über Akten, das Verbrechen findet draußen statt.«

»Könntest du bitte etwas leiser sprechen«, beschwerte sich Klaus Kirred. »Da fallen ja die Scheiben aus dem Fenster. Wir sind hier nicht in deiner bayrischen Heimat, wo der Senner auf der Alm das Geläute der Kühe übertönen muß.«

»Bist du frustriert, oder was ist los?« fragte Philipp Mahlo lachend und ließ sich auf den Besucherstuhl nieder.

»Ich hab's nicht so gut wie du. Als Privatschnüffler kannst du dir deine Fälle aussuchen. Und wenn du einen Durchhänger hast, gehst du in den nächsten Biergarten und trinkst ein Glas. Ich dagegen muß abarbeiten, was reinkommt.«

»Erstens trinkt man in einem Biergarten kein Glas. Das macht man vielleicht bei eurem Äppelwoi so, bei uns bestellt man sich eine Halbe. Zweitens kommen mir gleich die Tränen. Ich bin ein freier Unternehmer, der alle Risiken selbst tragen muß.

Dagegen bist du Beamter auf Lebenszeit, hast Anspruch auf eine Pension und eine ganze Truppe mit Pfeifen, die du herumkommandieren kannst.«
»Mit den Pfeifen hast du recht. Was treibt dich von München nach Frankfurt?«
»Wieder mal so eine Nullachtfünfzehn-Geschichte. Reiche Schickimicki-Frau aus Grünwald glaubt, daß ihr Alter in Frankfurt nicht nur Geschäftstermine wahrnimmt. Hat recht, die Lady. Der Geschäftstermin ist blond und zwanzig Jahre jünger als meine Auftraggeberin. Die Fotos werden ihr nicht gefallen. Und worüber zerbrichst du dir gerade den Kopf?«
»Da ist vor einigen Wochen in einer Nervenheilanstalt ein Pfleger die Treppe hinuntergestürzt. Genickbruch. Exitus.«
»War's ein Unfall, oder hat jemand nachgeholfen?«
»Das würde ich ja gerne wissen. Nach meinem Gefühl war's kein Unfall. Aber es gibt keine konkreten Hinweise, die eine weitere Untersuchung rechtfertigen würden.«
»Also, Klappe zu, Affe tot, das war's dann. Ab in die Hängeregistratur, und anschließend kommst du mit zum Mittagessen.«
»Ganz so einfach ist das auch nicht. Das geht vielleicht bei euch in München so, bei uns in Frankfurt entscheidet das immer noch die Staatsanwaltschaft. Aber hast schon recht, darauf wird's wohl hinauslaufen.«
»Mir ist klar, was dich irritiert. In der Klapsmühle haben alle Patienten ein Rad ab ...«
»Nicht nur die Patienten, habe ich festgestellt«, unterbrach ihn Klaus Kirred.
»Ja, sicher doch, auch die Seelenklempner haben alle eine Schraube locker. Der Job färbt nun mal ab. In so einer Irrenanstalt, da kann es natürlich schon sein, daß irgend jemand plötzlich durchdreht und den Pfleger abserviert. Aber da bist du chancenlos. Wie willst du das je herausfinden? Es gibt weder zurechnungsfähige Zeugen, noch wäre ein eventueller

Täter bei Sinnen. Vergiß es, hau ein Ei drüber. Du bist nicht Columbo.«
»Nein, ich habe ja nicht einmal so einen schönen Regenmantel.«
»Siehst du, das kann ja nicht klappen. Also, was ist, kommst du jetzt mit? Ich lad dich um die Ecke in deinen Lieblingsitaliener ein.«
»Geht klar«, antwortete Kirred mit einem resignierten Gesichtsausdruck. »Ich schließ den Fall ab und akzeptiere, daß ich nicht Columbo bin.«
»So ist's brav. Und jetzt gibt's Nudeln. Nudeln machen glücklich.«

23

Max schaute Fausto von der Seite an. Der stand freudestrahlend am Steuer der Yacht, die Haare zerzaust, den Blick abwechselnd in die Ferne gerichtet, dann wieder kontrollierend nach oben auf die Segel. Die steife Brise sorgte für ordentlich Schräglage und ein gehöriges Tempo. Vor ihnen tanzten Schaumkronen auf den Wellen. Immer wieder kam Gischt über den Bug der Grand Soleil, was Fausto jedesmal mit einem Freudenschrei quittierte.
»Questa ragazza è il mio vero amore, dieses Mädchen ist meine wahre Liebe«, hatte Fausto gestanden, als Max heute morgen bei Livorno an Bord gegangen war. »Sie ist ungemein sexy, gleichzeitig eleganter als die meisten Frauen, hat mehr Temperament, ist zuverlässig und doch voller Überraschungen. Ja, und sie ist mir treu. Was kann man mehr von einer Frau erwarten?«
Mit dem Wetter hatten sie ungeheures Glück. Normalerweise ist im Tyrrhenischen Meer im Sommer langweiliges Flautensegeln angesagt. Da aber im Norden eine Störfront durchzog, gab es kräftigen Südwind, der im Laufe des Tages auf

Ost drehte. Den Touristen an den Stränden gefiel diese ungewohnte Unterbrechung des trägen Schönwetters wenig. Fausto dagegen war begeistert. »Genau das richtige für meine ragazza«, freute er sich. »Die junge Dame liebt es, wenn man ihr Feuer unter dem Hintern macht. Alla ragazza piace avere il fuoco sotto il culo!«

Jetzt surfte die Grand Soleil, eine Yacht aus der italienischen Nobelwerft Cantiere del Pardo, ein Wellental hinunter. Dann wieder setzte sie im Sprung über eine Welle hinweg, wobei es einen Schlag unter das Vorschiff gab, daß die Takelage bis hinauf in den Masttopp erzitterte. Am blauen Himmel zogen im Eiltempo weiße Wolkenfetzen dahin. Die vor Livorno liegende Insel Gorgona war bereits achtern verschwunden. Fausto hatte erzählt, daß diese kleinste Insel des Arcipelago Toscano immer noch eine Gefängnisinsel und für Yachten und Besucher weitgehend gesperrt sei.

Gorgona
Arcipelago
Toscano
Toskanischer Archipel mit sieben Inseln (u. a. Elba)

»Che bella cosa 'na giurna de sole, l'aria serena dopo 'na tempesta ...«, fing Fausto wieder einmal zu singen an. Dabei stand er breitbeinig hinter dem Rad und hielt die Yacht mit eleganten Steuerbewegungen auf Kurs. Das hat tatsächlich was von einer Liebesbeziehung, dachte Max. Wie sanft und einfühlsam, dann doch wieder kräftig zupackend Fausto mit seiner Signora umgeht. Und wie diese spontan und mit Temperament auf ihn reagiert.

Im Südwesten sah Max die felsige Silhouette des Cap Corse, der Nordspitze Korsikas, die mit ihrem Gebirgskamm wie ein Finger nach Norden zeigt.

»O sole mio, sta in fronte a me ...«

Das Luk über dem Niedergang öffnete sich, und der Kopf von Enzio tauchte auf. Er reichte Max und Fausto zwei eiskalte Dosen Nastro Azzurro und verschwand dann wieder wortlos unter Deck. Sie rissen die Verschlüsse auf und prosteten sich zu. Ja, dachte Max, so läßt sich das Leben aushalten. Mittlerweile hatte er zu Faustos Segelkünsten nach anfänglichen Zweifeln größtes Vertrauen. Auf seine Mithilfe war Fausto nicht angewiesen, Gott sei Dank, denn vom Segeln verstand Max nun wirklich nichts. Offenbar war die Yacht mit allen technischen Finessen ausgestattet. Fausto bediente irgendwelche Knöpfe, und schon wurden die Segel von starken Elektromotoren in Position gebracht. Sehr eindrucksvoll. Blieb nur zu hoffen, daß ihnen nicht der Strom ausfiel.

Capraia

Wenig später passierten sie die Ruine auf der Punta della Teglia, der Nordspitze von Capraia. Die »Ziegeninsel« ist die drittgrößte Insel im toskanischen Archipel und als einzige vulkanischen Ursprungs. Der Wind hatte etwas nachgelassen. Fausto erzählte von gefährlichen Klippen, die hier weit ins Meer hinausreichen und Le Formiche, also Ameisen, heißen. Bald darauf bogen sie in den Hafen von Capraia ein. Südlich von der Bucht mit dem großen Wellenbrecher waren auf dem Kap Ferraione die Häuser des Dorfs zu sehen mit der Kirche und dem Leuchtturm. Fausto hatte den Motor gestartet, wie von magischer Hand verschwanden die Rollsegel, aus der Kajüte tauchte Enzio auf und brachte die Fender aus. Im Rückwärtsgang manövrierte Fausto die Yacht an den Kai, am Bug rauschte der Anker in die Tiefe. Enzio sprang an Land und machte die Leinen fest. Grinsend schaltete Fausto den Motor aus und rieb sich stolz die Hände.

»Hast du gesehen, mein Amico, so schaut ein perfektes Anlegemanöver aus.« Und mit einem Blick zur Mastspitze: »Und das bei diesen Böen. Sono contento!«

»Darauf müssen wir mit einem weiteren Bier anstoßen. Warte, ich hol schnell zwei Dosen aus dem Kühlschrank«, sagte Max.

»Buona idea!« rief Fausto und machte es sich an Deck bequem.

»Bis heute hatte ich ja keine Ahnung, daß du ein so leidenschaftlicher Segler bist«, sagte Max nach dem ersten Schluck und wischte sich den Schaum von den Lippen. »Ich hielt dich immer für einen fanatischen Golfer.«

»Wer wird denn so einseitig sein«, entgegnete Fausto lachend, »mi piace la varietà, die Abwechslung. Als geborener Sizilianer liegt mir das Meer sowieso im Blut. Und als assimilierter Toskaner bin ich der Seefahrt schon aus Gründen der Tradition verpflichtet.«
»Du meinst, weil die Etrusker einst große Seefahrer waren und die Schiffe Pisas die Meere beherrscht haben?«
»Bah, non penso a Pisa.« Fausto machte ein abfällige Handbewegung. »Ich denke an Florenz. Immerhin verdanken wir Florenz die Entdeckung Amerikas.«
»Also, das kannst du mir nicht erzählen. Amerika wurde 1492 von Christoph Kolumbus entdeckt, das weiß jedes Schulkind. Und Kolumbus war zwar Italiener, aber, wenn ich mich nicht irre, aus Genua.«
»Allora, genau das ist es, was jeder weiß, das ist langweilig.«
»Mach's nicht so spannend. Warum verdanken wir die Entdeckung Amerikas Florenz?« ließ Max nicht locker.
»Weil Cristoforo Colombo alleine gar nicht darauf gekommen wäre, Indien im Westen zu suchen. Die Idee hat er von Paolo Toscanelli geklaut, einem Arzt und großen Gelehrten aus Florenz.«
Fausto freute sich über Max' zweifelnden Gesichtsausdruck.
»È vero«, versicherte er. »Du findest sein Porträt im Palazzo Vecchio in Florenz. Da gibt es doch das berühmte Fresko von Vasari, auf dem Cosimo de' Medici mit den großen Humanisten seiner Zeit zu sehen ist, und da ist auch unser Toscanelli drauf.«
»Kann ja schon sein, aber vielleicht ist er da drauf, weil er ein so guter Arzt war. Das soll vorkommen«, gab Max zu bedenken.
»Ein Kollege von dir, ich verstehe. Um so mehr muß es dich doch begeistern, daß ein Arzt wie Toscanelli der geistige Vater dieser Expedition war. Ich werde es dir kurz erklären. Toscanelli hat bereits 1474 dem portugiesischen König in einem

Brief vorgeschlagen, nach Westen zu segeln, um auf diese Weise schneller nach Indien zu kommen. Toscanelli hatte sogar schon die Route genau ausgearbeitet und in eine von ihm gezeichnete Seekarte eingetragen. Dieser Alfonso von Portugal war jedoch stupido, er hat es nicht kapiert und Toscanelli eine Absage erteilt. Den Brief aber und die Karte, die hat er aufgehoben. Und wie später Kolumbus am portugiesischen Hof war, da hat dieser Furbo davon gehört und sich die Karte unter den Nagel gerissen. Cristoforo Colombo hat sogar mit Toscanelli korrespondiert und sich seinen Plan in allen Details erklären lassen. Und mit diesem Wissen ist es ihm dann gelungen, die spanische Königin Isabella rumzukriegen. Ohne Toscanelli wäre Colombo über Madeira nie hinausgekommen. Glaub mir, so sieht die Wahrheit aus. Toscanelli war der große Visionär, nicht dieser Colombo.«

»Und was ist aus der Seekarte geworden?«

»Die ist weg, ist doch klar. Die hatte Colombo auf seiner Santa María jede Nacht unter dem Kopfkissen. Er ist einfach der Route von Toscanelli gefolgt, era una cosa facile.«

»Das ist wirklich eine tolle Geschichte.« Max war nun doch beeindruckt. »Und im Palazzo Vecchio ist sein Porträt zu sehen?«

»Certo«, bestätigte Fausto, »der Knabe ist recht auffällig, er hat eine ausgesprochen markante Nase. Und wenn du schon dabei bist, kannst du ja noch im Borgo degli Albizi den Palazzo dei Visacci suchen, den Palast der Fratzen.«

»Und was soll ich dort?«

Fausto lachte vergnügt. »Wo kommt der Name Amerika her? Das weiß doch bei euch sicher auch jedes Schulkind.«

»Von Amerigo Vespucci, das weiß sogar ich, und meine Schulzeit liegt schon länger zurück.«

»Bravo. Und wo ist Vespucci geboren. Naturalmente in Firenze! Ganz Amerika verdankt seinem Namen einem Florentiner!«

»Und einem deutschen Kartographen. Ich glaube, er hieß Waldseemüller oder so ähnlich, jedenfalls war er es, der Amerika nach Vespuccis Vornamen benannt hat.«
»Allora, sehr schön, dann habt ihr Deutschen also auch euren bescheidenen Beitrag geleistet.«
»Und warum soll ich mir diesen Palazzo mit den Visagen ansehen?«
»Palazzo dei Visacci heißt er. Da sind lauter berühmte Söhne der Stadt darauf verewigt. Petrarca, Boccaccio und eben auch Vespucci. Du kannst dir den Palazzo aber auch sparen. Ist nicht so interessant. Ich wollte dir nur noch unseren Amerigo Vespucci unterjubeln, damit du mir endlich glaubst, daß den Florentinern die Entdeckung Amerikas zu verdanken ist.«
»Das ist dir gelungen«, sagte Max lachend, »und Capraia hast du auch gleich gefunden.«
»Senza problemi, come sempre!« erwiderte Fausto und nahm mit zufriedenem Gesicht einen weiteren Schluck aus der Bierdose.

PETRARCA
Francesco Petrarca
(1304–1374)

BOCCACCIO
Giovanni
Boccaccio
(1313–1375)

Zwei Stunden später – Fausto hatte sich zwischendurch aufs Ohr gelegt und einen *pisolino*, ein Nickerchen, gemacht – liefen Fausto und Max zu einer nahe gelegenen Trattoria. Offenbar hatte Enzio ihr Kommen schon angekündigt, denn der beste Tisch war reserviert, und eine Flasche Rotwein stand bereit. Einmal mehr nahm Max zur Kenntnis, mit welcher besonderen Aufmerksamkeit und jener seltsamen Mischung aus devotem Respekt und familiärer Herzlichkeit Fausto behandelt wurde.
Während des Abendessens nahm Max die Gelegenheit wahr und brachte das Gespräch auf die Zwischenfälle, die ihn beunruhigten. Er erzählte Fausto von seiner Katze, der man die Gurgel durchgeschnitten hatte, und von seinem verwüsteten Orto. Den wirren Drohbrief aus Deutschland, den behielt er für sich. Schließlich hatte er mit den Vorfällen hier

nichts zu tun. Ob es sein könne, daß er als Käufer des Hauses in der Nachbarschaft unerwünscht sei, wollte Max von Fausto wissen. Vielleicht sogar habe es sich Casiraghi anders überlegt.
»Ich will das nicht überbewerten«, sagte Max ganz ruhig und gelassen. »Es ist ja nichts wirklich Schlimmes passiert, aber zu bedeuten hat es vielleicht doch etwas. Was meinst du?«
»Das hat es sicher«, antwortete Fausto, der sich dabei bedächtig am Ohrläppchen zupfte.
»Fragt sich nur, was?« hakte Max nach.
»Keine Ahnung. Aber Casiraghi ist dafür nicht verantwortlich, davon kannst du ausgehen.«
»Warum bist du dir da so sicher?«
Fausto schaute Max an, langte dann über den Tisch und tätschelte ihm freundschaftlich die unrasierte Wange. »Ich bin mir einfach sicher. Diese Aussage sollte dir reichen. D'accordo?«
»Und jemand anders aus der Nachbarschaft?«
»Kann ich mir auch nicht vorstellen. Aber ich werde Enzio bitten, sich einmal umzuhören. Falls dir hier jemand einen Streich spielt, werden wir das schnell herausbekommen und beenden, glaub mir.« Und nach einer kurzen Pause: »Aber das ist sehr unwahrscheinlich. Ich denke, daß das nichts mit deinem Haus zu tun hat. Du solltest mal über dein privates Umfeld nachdenken. Hattest du vielleicht Besuch aus Deutschland? Will dir jemand einen Denkzettel verpassen?«
»Nein, ich hatte keinen Besuch. Vorläufig kann ich darauf verzichten. Ich will meine Ruhe, deshalb bin ich hier. Von meinen Freunden weiß keiner genau, wo ich bin, das Haus würde niemand finden. Nun, das dürfte erst recht für meine Feinde gelten. Abgesehen davon, daß ich nicht wüßte, daß ich welche hätte.«
»Ein Mann ohne Feinde, das gibt es nicht! Dieser Mann wäre kein Mann«, stellte Fausto fest.

»Egal, sicher habe ich nicht nur Freunde, aber richtige Feinde, die sich einer solchen Mühe unterziehen würden, die habe ich auch nicht.«

»Bewahre dir deine Illusion«, entgegnete Fausto und lehnte sich zurück. Max konnte förmlich sehen, wie er weiter nachdachte.

»Was ist eigentlich mit dieser Carlotta, von der du mir erzählt hast. Warum habe ich diese Signora eigentlich noch nicht kennengelernt? Du kannst mich ihr wirklich mal vorstellen, ich werde sie dir nicht gleich ausspannen.«

»Da gibt es leider noch nicht viel zum Ausspannen«, sagte Max, »aber du hast recht. Das werden wir bald nachholen. Ich hab ihr schon viel von dir erzählt.«

»So, hast du? Hoffentlich nicht, daß ich ein schwaches Herz habe.«

»Stimmt doch gar nicht, deine Pumpe ist seit meiner Runderneuerung voll funktionsfähig.«

»Das wollte ich nur hören, besten Dank. Doch noch einmal zu dieser Carlotta. Wir italienischen Männer sind sehr eifersüchtig, das ist dir klar, oder?«

»Ich denke schon, aber was hat das mit mir zu tun?«

»Nun, du machst Carlotta den Hof, richtig?«

»Ja, das kann man so sehen.«

»Vielleicht gibt es da jemanden, dem das nicht gefällt.«

»Und der deshalb meine Katze umbringt und mit Pflanzengift um sich schüttet?« zweifelte Max.

»Warum nicht, sozusagen als Warnung, das könnte doch sein.«

»Aber ihr Mann ist tot, sie ist verwitwet.«

»Das weiß ich, Max, aber so wie du sie mir geschildert hast, ist sie eine sehr attraktive Frau. Und attraktive Frauen haben Verehrer, è logico!«

Je länger Max über diese Theorie nachdachte, desto plausibler schien sie ihm. Sicher, das wäre eine Erklärung. Er könnte ja

mal Carlotta fragen ... Blöder Gedanke, nein, das konnte er nicht.
»Vielleicht ist was dran«, meinte Max schließlich, »ich danke dir jedenfalls für dieses Gespräch. Und jetzt laß uns das Thema wechseln ...«
»... und eine weitere Flasche Wein bestellen«, sagte Fausto lachend und gab dem Wirt ein Zeichen.

Zu Faustos großem Bedauern hatte der Wind am nächsten Tag deutlich an Kraft eingebüßt. Nach einem *caffè macchiato* und einem *tramezzino* in einer Hafenbar hatten sie früh am Morgen abgelegt und Kurs auf Elba genommen. Max stand am Ruder und konzentrierte sich auf den Kompaß. 135° Südost hatte ihm Fausto den Kurs vorgegeben. Das sollte doch nicht so schwierig sein. Langsam gewöhnte sich Max an den Rhythmus der Yacht, die mit den langen Wellen mal nach der einen, dann nach der anderen Seite vom Kurs abwich. Bald hatte er die Ausgleichsbewegungen am Ruder im Gefühl. Das machte ja richtig Spaß. Ein Blick hinauf ins Segel, dann nach vorne über den Bugkorb aufs weite Meer. Max atmete tief durch. Wieder einmal beglückwünschte er sich zu seinem Entschluß, dem Klinikstreß zumindest vorläufig Lebewohl gesagt zu haben.
Fausto war in der Kajüte am Kartentisch und erledigte einige geschäftliche Telefonate. Enzio hatte sich wie meistens diskret im Schiff zurückgezogen. Später, die Küste Elbas war bereits gut zu sehen, kam Fausto zu Max an Deck.

ELBA

Gemeinsam betrachteten sie die immer größer werdende Insel. Mit einer Länge von rund achtundzwanzig Kilometern ist Elba die Hauptinsel des toskanischen Archipels, gebirgig und doch mit einer üppigen Vegetation gesegnet, Macchia, Pinien, Kastanien, Kiefern, Ölbäume und Weingärten. Tausend Meter hoch ist der Monte Capanne. Steil fällt die wilde Küste ins Meer, mit vielen versteckten Felsbuchten und kleinen, flachen Sandstränden. Im Hafen von Portoferraio wollten sie heute am späten Nachmittag festmachen, jenem Ort, der seinen Namen dem Eisen verdankt, das hier schon von den Etruskern verhüttet wurde. Zur alten Festung über dem Ort gehört die Casa di Napoleone, die Villa Napoleons, der auf Elba zehn Monate lang von 1814 bis 1815 seine unfreiwillige Regentschaft ausübte. Max hatte die Villa schon einmal besucht und vom Garten den Blick aufs Meer genossen. Damals war er auch nach San Martino gefahren und hatte dort die einstige Sommerresidenz Napoleons besichtigt. Und natürlich die Villa Demidoff, die unmittelbar an die Residenz angrenzt. Er konnte sich auch noch an das Hotel erinnern, in dem er gewohnt hatte. Es hieß Villa Ottone und lag gegenüber vom Ort Portoferraio in der weiten Bucht direkt am Wasser.

VILLA OTTONE
Elba, Portoferraio

»Warst du schon einmal auf Elba?« wollte Fausto wissen.

»Ja, vor einigen Jahren habe ich hier mal einige Tage Urlaub gemacht. Ich glaub, das war nur ein verlängertes Wochenende, viel mehr Zeit habe ich mir ja nie genommen.«

»Und, wie hat dir Elba gefallen?«

»Gut, sehr gut. Ich erinnere mich noch an den Duft des Rosmarins, an das smaragdgrüne Wasser ...«

»Und an Napoleon?«

»Na ja, persönlich habe ich ihn nicht kennengelernt«, sagte Max lachend, »so lange ist mein Urlaub doch nicht her. Aber du hast schon recht, an dem großen Korsen kommt man auf Elba nicht vorbei.«

NAPOLEON
Napoleon
Bonaparte
(1769–1821)

»Was heißt hier großer Korse? Das ist zwar nicht falsch, aber für mich war Napoleon ein Toskaner, basta!«

»Jetzt reicht's wirklich«, protestierte Max. »Dein Patriotismus in Ehren, doch Napoleon und seine Familie kamen aus Korsika, das ist wohl unbestritten.«

»Seine Familie nicht, da muß ich dich enttäuschen. Darf ich dir das kurz erklären?«

»Natürlich, aber nur, wenn du bei der Wahrheit bleibst.«

»Das bleibe ich immer. Du mußt allerdings dabei den Kurs halten, du bist der Steuermann. Schaffst du das?«

»Zuhören und Kurs halten? Ja, ich denke, das bringe ich gleichzeitig hin.«

»Bravo, allora. Napoleon wurde 1769 auf Korsika geboren. Ein Jahr früher, und er wäre sowieso Italiener gewesen, da gehörte Korsika nämlich noch zu Genua, aber diese Imbecilli, diese Dummköpfe, haben Korsika an Frankreich verkauft. Doch kommen wir zu Napoleons Familie. Seine Familie hieß eigentlich gut italienisch Buonaparte und stammte aus der Toskana. Ugo, ein Vorfahr von Napoleone, das war übrigens sein richtiger Name, hatte im 12. Jahrhundert in Florenz ein hohes politisches Amt. Da kommt auch der Name her. Mit Buonaparte benannte sich Ugo nach seiner politischen Partei, ebenjener guten Partei. Später mußte Ugo Buonaparte Florenz verlassen. Seine gute Partei war leider doch die falsche gewesen. Die Buonapartes, die einem niederen Adel angehörten, haben dann in Sarzana gelebt. Erst im 16. Jahrhundert ging ein gewisser Francesco Buonaparte nach Korsika. Wie gesagt, damals gehörte Korsika zu Genua.«

»Das wußte ich tatsächlich nicht«, bekannte Max. »Und einmal mehr überrascht mich, was du alles weißt.«

»Zufällig bin ich einer der größten lebenden Napoleon-Forscher«, ulkte Fausto.

»Nun hat aber jeder Mensch auch eine Mutter. Diese wenigstens wird wohl französischer oder korsischer Abstammung gewesen sein«, gab Max zu bedenken.

»Voll daneben«, freute sich Fausto. »Carlo Buonaparte – so hieß sein Vater, man beachte den Vornamen Carlo – der heiratete 1764 die damals erst vierzehnjährige Letizia Ramolino …«

»Sagtest du gerade vierzehn?«

»Klar, warum nicht? Noi italiani siamo sempre stati precoci, wir Italiener waren schon immer frühreif«, erwiderte Fausto grinsend. »Allora, die Ramolini, die waren auch italienischer Abstammung, ich glaub, die Familie kam ursprünglich aus der Lombardei. Unser Napoleone war also ganz zweifellos ein Kind Italiens, und wenn man nach dem Vater geht, ein Sohn der Toskana!«

»Diese Schlußfolgerung erscheint mir zwar ziemlich kühn«, dämpfte Max Faustos Begeisterung, »aber rein genetisch hast du vielleicht nicht so unrecht.«

»Certo, Napoleone hat erst als neunjähriges Kind angefangen, Französisch zu lernen. Das war im Internat von Autun. Dort hat er auch seinen Namen in Napoleon Bonaparte geändert. Aber sein Französisch, das hatte, davon bin ich überzeugt, zeit seines Lebens einen italienischen Akzent. Ein französischer Kaiser mit italienischem Akzent. Das gefällt mir.« Fausto nahm sein Fernglas und beobachtete die Küste Elbas. »Eine Ironie des Schicksals, daß Napoleon nach seiner Abdankung auf diese italienische Insel verdammt wurde. Die war ihm natürlich zu klein, das sieht man ja von hier.«

Er legte das Fernglas weg. »Ach übrigens, wir segeln gerade quasi im Kielwasser der Brigatine L'Inconstant, auf der Napoleon am 27. Februar 1815 in aller Früh Elba verlassen hat. Die L'Inconstant lief genau entgegengesetzt zu uns nach Capraia, wo wir gerade herkommen. Von Livorno kam ihr die englische Brigg Partridge mit Neil Campbell entgegen, jenem Kommissar, der auf Napoleon aufpassen sollte. Aber wie es der Zufall wollte, übersah Campbell die kreuzende L'Inconstant, auf der sich der flüchtende Napoleon befand. Na, und dann marschierte Napoleon nach Paris. Den Rest der Geschichte kennen wir.«

»Hätte er nur Elba nicht verlassen, dann wäre ihm Waterloo erspart geblieben«, sagte Max.

»Ja, und auch St. Helena. Gegen diese Winzlingsinsel war Elba ja ein kleiner Kontinent.« Fausto deutete auf den rechten Teil Elbas. »Dort, unterhalb vom Monte Capanne, liegt die

Wallfahrtskirche Madonna del Monte. Hier hat sich Napoleon im September 1814 mit seiner Geliebten Maria Walewska getroffen.«

»Hatten die nicht auch einen gemeinsamen Sohn?«

»Richtig, Alexander hieß er. Zwei romantische Tage und Nächte hat Napoleon hier mit der polnischen Gräfin verbracht, mit Blick auf Korsika. Er sollte Maria Walewska nie mehr wiedersehen.«

»Du bist ja ein richtiger Romantiker«, erklärte Max.

»Naturalmente, wir Italiener sind alle Romantiker.«

PIOMBINO
Industrie- und Hafenstadt im Süden der Toskana (Fähre nach Elba)

Fausto übernahm von Max das Ruder. Der Schiffsverkehr wurde immer intensiver. Nicht nur Yachten waren unterwegs, von Piombino kamen große Fähren, und aus der Bucht von Portoferraio sahen sie ein Tragflächenboot auftauchen, das rasch Fahrt aufnahm. Sie rundeten die Punta Falcone, die Segel wurden automatisch eingeholt, der Motor angelassen. Die weitere Prozedur kannte Max schon von Capraia. Die Mole vor den Häusern der Altstadt war dicht mit Schiffen belegt. Aber wie nicht anders zu erwarten, standen an der einzigen großen Lücke schon zwei Männer bereit, die auf Fausto und seine Yacht warteten.

Spät am Abend, sie hatten in einer versteckten Trattoria gut gegessen und saßen jetzt an Deck der Yacht, kam das Gespräch wieder auf Napoleon. Fausto erzählte von Napoleons Schwester Elisa Bacciocchi-Bonaparte, die von ihrem Bruder 1805 zur Fürstin von Lucca und Piombino ernannt worden war. In der Nähe von Lucca gibt es das Hotel Villa La Principessa. Hier soll Elisa einst für kurze Zeit gewohnt haben. Der große Violinvirtuose Paganini sorgte für ihre Unterhaltung. Aus Carrara, das zu ihrem kleinen Reich gehörte, ließ sie sich Marmor holen. Sie gründete Bibliotheken, Krankenhäuser, Schulen und förderte die Industrie. Später siedelte sie dann über nach Florenz, wo sie als Großherzogin der Toskana im Palazzo Pitti wohnte. Daß sich Napoleon und Elisa so für die Toskana

LA PRINCIPESSA
ELISA LUCCA

engagierten, war nach Faustos Überzeugung allein auf die Herkunft ihrer Familie zurückzuführen.

Am nächsten Morgen ließ sich Fausto viel Zeit. Sie hätten nur noch einen kurzen Schlag nach Punta Ala vor sich, erklärte er. Max kannte von Punta Ala vor allem den Golfplatz und das Piccolo Hotel Alleluja, in dem er vor Jahren einmal mit seiner Frau und seiner damals noch halbwüchsigen Tochter gewohnt hatte. Er konnte sich auch an die Marina erinnern, die laut Fausto die größte und beste an diesem ganzen Küstenabschnitt sei. In Punta Ala würde Fausto heute am späten Nachmittag von einem Fahrer abgeholt, der ihn zu einem Geschäftstermin nach Rom bringen sollte. Ein weiteres Auto würde für Enzio bereitstehen, der ihn nach Livorno fahren würde, wo sein Landrover stand. Das ist ja wieder einmal alles glänzend organisiert, dachte Max. Dieser Fausto hatte wirklich immer alles fest im Griff. Wie es schien, improvisierte er nur selten. Er zog die minuziöse Planung dem kreativen Chaos vor. Da verhielt sich sein Freund eigentlich überhaupt nicht typisch italienisch, das entsprach eher deutschen Tugenden. Schade, daß der kurze Törn schon zu Ende ging. Er hätte es noch einige Tage auf der Yacht ausgehalten. Einfach weitersegeln, mit einem Abstecher nach Sardinien zum Beispiel, und dann runter zu den Liparischen Inseln, die er sich immer schon mal anschauen wollte, Lipari, Vulcano, Stromboli. Und dann an die Küste Siziliens, die Fausto sicher gut kannte. Auf so einem Schiff, da konnte man den Sorgen wirklich davonsegeln. Hier würde ihn kein Brief erreichen, der ihn »aus dem Jenseits« verfluchte. Seiner Katze würde man nicht die Kehle durchschneiden. Und einen Gemüsegarten, den man zerstören könnte, den gäbe es in diesem Fall sowieso nicht. Von Sizilien nach Malta, dann die afrikanische Küste nach Westen, ein Abstecher zu den Balearen, durch die Straße von Gibraltar hinaus aufs weite Meer. Weg wäre er dann, verschwunden,

PUNTA ALA
Ferienort am Golf
von Follonica

PICCOLO
HOTEL ALLELUJA
Punta Ala

endgültig abgetaucht, irgendwo in der Karibik oder wo auch immer, unerreichbar für alle Sorgen. Max gab sich einen Ruck. Er wunderte sich über seine Phantasien, die ihn über die Meere entschwinden sahen – vor allem deshalb, weil ihm plötzlich bewußt wurde, daß es nicht mehr Fausto war, der ihn auf der Yacht begleitete. Nein, es war eine Frau, die ihm in seinen Tagträumen Gesellschaft leistete: Carlotta!

24

Auf dem Rückweg von Livorno hielt Max beim *ufficio postale*, wo seine eingehende Post gesammelt wurde. Als er den Briefumschlag mit Trauerrand sah, ahnte er schon, was auf ihn zukommen würde. Zurück im Auto, schlitzte er den Umschlag auf.

»Sehr geehrter Prof. Mauritz,
sind Sie wirklich so naiv? Glauben Sie, Sie könnten sich einfach in die Toskana davonstehlen und auf diese Weise der Rache entgehen? Die Gerechtigkeit kennt keine Grenzen. Sie haben mein Leben auf dem Gewissen. Dafür müssen Sie büßen. Nein, diesmal spricht nicht Clara Behrens zu Ihnen. Das war das letztemal. Sie haben ja nicht nur einmal gemordet. In Ihrer unendlichen Arroganz, in Ihrem gottähnlichen Wahn haben Sie auch mich auf dem Operationstisch hingerichtet. Peter Rudnik ist mein Name. Sie erinnern sich doch hoffentlich noch? Vor vier Jahren haben Sie mich operiert. Hatten Sie einen schlechten Tag? Oder waren Sie schlicht überfordert? Ich hab's jedenfalls nicht überlebt. Herzlichen Dank. Mich würde interessieren, ob Sie auch nur eine Sekunde so etwas Ähnliches wie ein Schuldgefühl hatten? Sie können es sich ruhig eingestehen – natürlich nicht. Und Trauer? Nein, Trauer empfinden Sie auch nicht. Wir Patienten sind nichts anderes als Objekte. Und eine bestimmte Ausfallquote nehmen

Sie kaltlächelnd in Kauf. Aber gottlob gibt es eine höhere Gerechtigkeit. Diese wird Sie zur Rechenschaft ziehen. Sie werden für Ihre Taten büßen. Und Sie werden mit dem Leben dafür bezahlen. Geheiligt werde Dein Name. Dein Wille geschehe wie im Himmel also auch auf Erden. Denn Dein ist das Reich und die Kraft und die Herrlichkeit. In Ewigkeit. Amen.
Peter Rudnik
Auferstanden von den Toten, zu richten die Lebendigen!«

Max Mauritz legte den Brief auf den Beifahrersitz. Wer immer ihm diese Briefe schrieb, er wußte, wie man ihn treffen konnte. Max spürte sein Herz klopfen. Außerdem hatte er plötzlich Atembeklemmungen. Das durfte doch wohl nicht wahr sein, daß sein vegetatives Nervensystem auf diesen Unfug reagierte. Die Arme nach oben an die Fahrzeugdecke gestreckt, versuchte er tief durchzuatmen. So, jetzt ging es ihm schon wieder etwas besser. Er startete den Motor, fuhr durch den Ort, dann durch den Wald zu seinem Haus. Mit jedem Meter wich die Anspannung. Und als er seine Casa sah, die Olivenbäume, die Rebstöcke, die Blumen, da war die Welt wieder in Ordnung.
Max kniff die Augen zusammen. Was stand da für ein Auto unter seiner Pergola? Ein weißer Polo mit deutschem Kennzeichen. Max parkte hinter dem unbekannten Besucher und lief um das verschlossene Haus herum. Vor seiner Terrasse angekommen, stockte ihm fast der Atem. Das durfte doch wohl nicht wahr sein. Im Liegestuhl lag Eva und strahlte ihn an, zu ihren Füßen Leonardo da Vinci, mit dem sie offenbar schon Freundschaft geschlossen hatte.
»Warst gar nicht so leicht zu finden«, sagte Eva lachend. »Ich hab noch nie eine so bescheuerte Wegbeschreibung bekommen wie von dir.«
Was heißt bescheuert, dachte Max, falsch war die Wegbeschreibung, bewußt falsch. Alles war verkehrt gewesen, der Ort, die Straßen. Wie hat sie ihn so einfach finden können?

»Macht nichts, ich war immer schon gut im Recherchieren. Was schaust du so ernst, freust du dich nicht, mich zu sehen?«
Max schüttelte entgeistert den Kopf, dann nickte er. »Entschuldigung, das ist nur die Überraschung. Natürlich freue ich mich. Herzlich willkommen. Bist du schon lange hier?«
»Nein, erst seit kurzem. Willst du mir nicht was zu trinken anbieten? Ich hab einen irrsinnigen Durst.«
»Zu trinken, natürlich, etwas zu trinken.« Max war immer noch völlig von der Rolle. Hoffentlich kam Carlotta jetzt nicht vorbei. »Ich muß ja erst das Haus aufschließen, Augenblick. Ich bin gleich wieder da.«
»Ist das alles? Kein Kuß?« Eva stand auf und streckte sich. »Komm schon, komm her, gib mir einen Kuß!«
Einen Kuß, ja, einen Kuß, den mußte er ihr wohl geben, nach dieser Nacht in Florenz. Aber sein Versuch, mit einem flüchtigen Wangenkuß davonzukommen, scheiterte kläglich. Was folgte, das war eine innige Umarmung. Eva preßte sich an ihn. Er spürte ihr Knie zwischen seinen Schenkeln und ihren Busen an seiner Brust. Teufel auch, das ging ja wieder gut los. Diese Frau kannte kein Pardon. Nur mühsam gelang es Max, sich aus der Umklammerung zu befreien. »Eva, bitte laß mich am Leben. Ich hol uns jetzt wirklich erst mal was zum Trinken.«
»Klar laß ich dich am Leben, vorläufig jedenfalls«, erwiderte Eva lachend.
Wenig später saßen sie gemeinsam auf der Terrasse und stießen mit einem Vino frizzante an.
»Schön hast du es hier«, meinte Eva, »wirklich schön, ein kleines Paradies.«
»Ja, gefällt es dir? Das freut mich. Für mich ist das wirklich ein kleines Paradies. Sag mal, wieviel Zeit hast du? Ich könnte uns, bevor du weiterfährst, einen *spuntino* richten, eine kleine toskanische Brotzeit. Du hast doch hoffentlich ein oder zwei Stunden? Schade, wenn ich gewußt hätte, daß du hier bist, wäre ich eher gekommen.«

»Ein oder zwei Stunden?« Eva schaute Max an, schlug ihre nackten Beine übereinander und fuhr sich mit dem Zeigefinger über die Unterlippe. »Max, das reicht doch nie. Erinnere dich an Florenz. Ich dachte eher an ein oder zwei Wochen.«
Max wäre bei dieser Ankündigung fast das Glas aus der Hand gefallen. Um Gottes willen, die wollte sich bei ihm einquartieren. Wie konnte er das nur verhindern? Wenn das Carlotta mitbekommen würde, das wäre eine Katastrophe.
»Du, das ist ganz schlecht, so ein Pech. Ich krieg Besuch aus München, und außerdem muß ich weg, ich hab Termine. Und das Gästezimmer ist noch nicht eingerichtet.«
»Mein lieber Doktor, du bist ja ganz schön verwirrt. Kriegst du jetzt Besuch, oder mußt du weg? Und was willst du mit dem Gästezimmer, das ist doch wohl nicht dein Ernst?«
Eva stand auf und zog aufreizend langsam die Bluse aus. Max konnte nicht anders, er spürte, wie ihn der Anblick erregte. Eva hob die Arme und rekelte sich. Nein, das war wirklich gemein, wie konnte man da widerstehen?
»Jetzt sei brav, nimm die Flasche und die Gläser, und zeig mir dein Schlafzimmer. Du hast hoffentlich ein großes Bett.«

25

Am nächsten Morgen stand Max völlig gerädert im Wohnzimmer. Eva schlief noch. Er mußte etwas unternehmen. Nur was? Er durfte Carlotta nicht aufs Spiel setzen, soviel war klar. Und Eva würde er nicht im Handumdrehen wieder loswerden. Diese Gelegenheit hatte er gestern verpaßt. Was war er doch für ein Idiot. Er setzte sich an den alten Sekretär, den er mit Carlotta in Arezzo gekauft hatte, und wählte ihre Nummer.
»Pronto.«

»Carlotta, guten Morgen, wie geht es dir? Schön, daß ich dich noch zu Hause erwische.«

»Gut geht es mir, danke. Warum rufst du so früh an, ist irgend etwas passiert?«

Max räusperte sich verlegen. »Also, Carlotta, ja, es ist etwas passiert. Nichts Wichtiges, aber ich will es dir gleich am Telefon sagen, damit keine Mißverständnisse aufkommen. Du weißt ja, was ich für dich empfinde?«

Max hörte Carlotta lachen. »Ja, ich ahne es. Aber um mir das zu sagen, rufst du doch nicht an.«

»Nein, natürlich nicht, das heißt, schon. Um es kurz zu machen, eine alte Freundin aus Deutschland hat mich gestern überfallen. Vor vielen Jahren, da hatte ich mal ein Verhältnis mit ihr. Ist schon eine Ewigkeit her. War auch nichts Ernstes, aber ich will, daß du das weißt. Und jetzt steht die plötzlich hier auf der Matte. Sie hat Kummer mit ihrem Freund und will sich bei mir ausweinen. Ich hab wirklich keine Lust, den Seelendoktor zu spielen, aber ich konnte sie ja auch nicht rausschmeißen.«

»Nein, das konntest du offenbar nicht«, sagte Carlotta.

»Jedenfalls wohnt sie für einige Tage bei mir. Ich werde versuchen, sie möglichst schnell loszuwerden. Also paß auf, die Frau ist ein unheimlicher Streß, sie hat mich früher schon immer genervt. Ich glaube, es wäre besser, wenn ihr euch nicht kennenlernt. Die macht dich nur verrückt mit ihrer kaputten Beziehungskiste. In ein paar Tagen bin ich sie los, und dann kommst du zum Abendessen. Ich möchte gerne wieder für dich kochen. Du kennst meine berühmten *Spaghettini al limone* noch nicht.«

SPAGHETTINI AL LIMONE

»Ist sie schön?«

»Ob sie schön ist?« Max haßte solche Telefonate. »Keine Ahnung, ich weiß nicht. Ich glaub, sie ist nicht so toll. Doch auch nicht richtig häßlich, nein, das kann man nicht sagen. Aber keine Angst, das ist alles lange her. Sie hat einen festen

Freund. Es kriselt zwar, aber sie hat einen festen Freund. Und Eva und ich ...«
»Sie heißt Eva?«
»Richtig, sie heißt Eva. Wir sind heute wie Bruder und Schwester, wenn du verstehst, was ich meine.«
»Come fratello e sorella. Sì, ich verstehe dich, ist nicht so schwierig.«
»Also, Carlotta, ich will dich nicht länger aufhalten. Ich weiß, du mußt in die Schule. Hoffentlich geht's Gianna gut. Ich versuche, Eva möglichst schnell heimzuschicken. Du verstehst doch meine Situation? Ich will nur nicht, daß du auf falsche Gedanken kommst. Alles klar?«
»Ja, Max, alles klar. Schön, daß du mich gleich angerufen hast. Schau, daß du sie schnell wieder los wirst. Rufst du mich heute abend an? Ich bin zu Hause.«
»Ja, natürlich rufe ich dich an, ciao.«
»Ciao.« Carlotta hatte aufgelegt. Max atmete erleichtert durch. Das war ja gerade noch einmal gutgegangen. Oder hatte Carlotta Verdacht geschöpft? Nein, wohl eher nicht, er war doch recht überzeugend gewesen. Hoffentlich.
Während sich Max umdrehte, wurde im ersten Stock die Schlafzimmertüre, die eben noch einen Spalt offengestanden hatte, mit heruntergedrückter Klinke leise ins Schloß gezogen.
»Findest du mich eigentlich schön?« fragte Eva eine Stunde später. Sie lag nackt auf dem Bett, die Arme hinter dem Kopf verschränkt, die Beine leicht gespreizt. Max kam gerade aus dem Bad. »Ob ich dich schön finde?« Die Hitze stieg ihm ins Gesicht. Nur zu gut konnte er sich an die gleichlautende Frage von Carlotta erinnern. Und an seine Antwort. Gott, hatte er gelogen. Einfach gigantisch sah Eva aus. Freilich wenig damenhaft. Um ehrlich zu sein, eher ziemlich aufreizend. Wenn man so will, pornographisch.
»Schau nicht so verdattert. Ob du mich schön findest, will ich wissen.«

Hatte sie vom Telefonat etwas gehört? Nein, das konnte nicht sein. Sie hatte tief geschlafen, die Schlafzimmertür war geschlossen gewesen, und er hatte versucht leise, zu sprechen.
»Du kannst Fragen stellen. Du siehst unglaublich gut aus, das weißt du doch selbst. Schön wäre untertrieben und klingt so langweilig, so steril. Du siehst einfach geil aus.«
»Was hast du für eine ordinäre Ausdrucksweise, ich bin entsetzt. Aber wenn du mich geil findest, worauf wartest du dann? Brauchst du immer eine Einladung?«

Max lief auf der Terrasse auf und ab. Eva war ins Dorf gefahren, um sich irgendwelche Schminksachen oder Cremes zu kaufen. Er hatte nicht richtig hingehört. Sein Angebot, sie zu begleiten, hatte Eva jedenfalls brüsk abgelehnt. Sie würde schon alleine klarkommen, schließlich hatte sie auch sein Haus gefunden. Und außerdem sei sie nun wirklich emanzipiert genug. Da hat sie wohl recht, dachte Max, emanzipiert ist sie, daran besteht kein Zweifel.
Max schlug mit der Faust verärgert in die Luft. Verdammt noch mal, er hatte sich alles so schön ausgemalt. Kein Operationsstreß mehr, statt dessen dieses Häuschen in der Toskana, ohne Probleme in den Tag hineinleben und wieder das seelische Gleichgewicht zurückgewinnen. Und als Krönung die sich langsam entwickelnde Beziehung mit Carlotta. Aber irgendwas war schiefgelaufen. Jetzt hatte er gleich mehrere Probleme am Hals. Max zwang sich zu einer logischen Analyse.
Also, erstens waren da der Meuchelmord an seiner Katze und die Verwüstung seines Gemüsegartens. Irgend jemand wollte ihm sein neues Paradies zerstören. Aber wer? Und warum? Auch wenn Fausto anderer Ansicht war, glaubte Max, daß hier vor Ort jemand mit seinem Hauskauf nicht einverstanden war. Vielleicht mochte der Betreffende keine Deutschen? Oder es war sogar der Bauer Casiraghi selbst, der ihm nicht gönnte, daß er sich in dem Haus seiner verstorbenen Schwester wohl

fühlte? Wie auch immer, hier blieb ihm nichts anderes übrig, als abzuwarten und die Augen offenzuhalten. Vielleicht hatte sich der Übeltäter schon abreagiert, und alles war vorbei.

Zweitens waren da die ekelhaften Briefe. Auf die konnte er nun wirklich verzichten. Der erste hatte ihm ja noch nicht soviel ausgemacht. Aber daß der Absender nun schon wußte, wo man ihn in der Toskana erreichen konnte, das wollte ihm gar nicht gefallen. Dieser Verrückte war offenbar nicht zu unterschätzen. Wie hatte er die Adresse herausgefunden? Und die beiden Namen, mit denen er seine Briefe unterschrieben hatte, die gab es ja wirklich. Der Irre wußte genau über seine früheren Operationen Bescheid. Ob es jemand aus dem Klinikbetrieb war? Eher unwahrscheinlich, denn da war ja wohl jedem klar, daß ihn keine Schuld traf. Es gibt nun mal keine hundertprozentige Erfolgsquote. Aber wer sonst konnte dies alles wissen? Nun, hier war er jedenfalls nicht ganz zur Untätigkeit verdammt. Max versprach sich zwar nicht allzuviel davon, aber er beschloß, in München anzurufen. Dort kannte er vom Golfspielen einen Privatdetektiv. Philipp Mahlo hieß er, ein richtiger Haudrauf, auch auf dem Golfplatz. Philipp hatte von all seinen Freunden den längsten Drive, das paßte zu ihm. Nur war der Ball dann meistens irgendwo im Wald oder im knietiefen Rough verschwunden. Max erinnerte sich an einige denkwürdige Golfrunden mit Philipp. Das besserte seine Stimmung etwas auf. Einmal hatte Philipp bei einem Turnier unbedingt eine Abkürzung über einen kleinen See spielen wollen. Aber selbst für ihn war die Distanz nicht zu schaffen. Was ihn nicht davon abhielt, den Schlag immer wieder zu probieren. Ein Ball nach dem anderen verschwand im See. Und das bei einem Zählspiel! Max kam mit dem Addieren der Strafschläge kaum mehr nach. Schließlich hatte Philipp keine Bälle mehr im Bag. Daraufhin zerbrach er den Schläger und warf ihn den Bällen hinterher. Trotzdem war er dabei bester Laune. Offenbar brauchte er solche Verrücktheiten, um sich wohl zu fühlen.

Immer mit dem Kopf durch die Wand, das war Philipp Mahlo. Das paßte wahrscheinlich auch zu seinem Beruf. Jedenfalls kannte er ihn gut genug, um zu wissen, daß er die Geschichte für sich behalten würde. Er würde ihn anrufen, ihm von den Briefen erzählen und bitten, einige Nachforschungen anzustellen. Wahrscheinlich brauchte Philipp die Briefe. Vielleicht gab es da irgendwelche Anhaltspunkte, der Poststempel, das Papier?

Das war also sein zweites Problem, das würde er gleich angehen, noch bevor Eva wieder zurückkam. Die sollte nichts davon wissen. Womit er schon beim dritten Problem wäre. Eva war zwar der Traum eines jeden reiferen Herrn, aber eine längere Beziehung konnte er sich mit ihr nicht vorstellen. Dazu war die Frau viel zu unberechenbar. Und er vermißte an ihr alles, was ihm an Carlotta gefiel – das gegenseitige Verständnis, die menschliche Wärme, dieses unerklärliche Hingezogenfühlen. Eva dagegen war oberflächlich, sehr gescheit zwar, kein Zweifel, aber doch niemand, mit dem er sich eine längere, intensivere Beziehung vorstellen konnte. Eva war vor allem und in erster Linie erotisch. Nicht nur optisch, sondern in ihrem ganzen Verhalten. Nun, erotisch war Carlotta auch, sogar sehr, aber nicht so direkt, so aggressiv, so fordernd. Mit Carlotta war das viel subtiler, sie lockte ihn, dann wurde er wieder etwas auf Distanz gehalten. Doch der Ausgang dieses Spiels stand längst fest, das sah er in ihren Augen. Nur durfte ihm Eva nicht alles zerstören. Zugegeben, dieses Problem hatte er sich selbst eingebrockt. Also lag es auch an ihm, es aus der Welt zu schaffen.

»Na, Doktor, come va?« rief Eva.
Max schreckte aus dem Liegestuhl hoch, in dem er eingeschlafen war. »Wie es mir geht? Sto bene, grazie.«
»Also, was fangen wir mit dem angebrochenen Tag an?«
Max räusperte sich verlegen. »Du, Eva, ich hab ein Problem. Vorhin hat ein Kollege angerufen, ich muß zu einem Kongreß

nach Wien. Das läßt sich nicht vermeiden. Ich stehe auf der Referentenliste. Morgen fahre ich mit dem Auto nach Rom, von dort nehme ich einen Flieger, da gibt es eine gute Verbindung. Nach dem Kongreß muß ich für einige Tage nach München. Tut mir wirklich leid, aber das geht nicht anders.«

»Das ist gemein«, schmollte Eva, »ich denke, du bist ausgestiegen?«

»Bin ich auch, aber eben nicht so ganz richtig. Ich will mir noch eine Hintertür offenlassen.«

Evas enttäuschtes Gesicht hellte sich auf. »Kein Problem, Max, ich komm einfach mit. Wien ist eine tolle Stadt, da kenne ich ein Hotel mit Rüttelbett und Whirlpool im Bad. Das wäre doch was für uns. Mein Auto kann ich ja hier so lange stehenlassen.«

Max fühlte sich schon wieder völlig hilflos. Jetzt hatte er sich das so schön ausgedacht, aber auf die Idee, daß sie einfach mitfahren wollte, auf diese naheliegende Idee war er nicht gekommen.

»Eva, sei mir nicht bös, aber das geht nicht. Ich muß mich auf diesen Kongreß noch vorbereiten, im Flugzeug und im Hotel. Und mit dir, das weißt du selbst, komme ich sicher nicht dazu. Ich hab keine Lust, mit tiefen Augenringen am Referentenpult zu stehen und mich vor meinen Kollegen zu blamieren. Laß mich alleine fahren. Sag mir, wo ich dich erreichen kann, und ich ruf dich von München aus an.«

»Okay, akzeptiert. Fahr alleine, und halte einen brillanten Vortrag. Ich bleib einfach hier und passe auf dein Haus auf. Ich setze mich an mein Notebook und schreibe an meinem Manuskript, bis du wiederkommst. Einverstanden?«

Auch das noch. Warum konnte diese Frau nicht einfach so reagieren, wie er das erwartete. Max beschloß, nicht mehr lange um den heißen Brei herumzureden.

»Nein, Eva, ich bin nicht einverstanden. Das ist mein Haus, und du bist nicht meine Frau. Ich hab dich nicht eingeladen, und ich möchte nicht, daß du hier wohnst, wenn ich nicht da bin. Das klingt vielleicht hart, aber das ist so.«

Eva zögerte nur kurz. »Max, du gefällst mir immer besser. Ich hasse Waschlappen. Ich finde es wirklich ganz toll, daß du das so geradeheraus sagst. Du hast recht, ich bin nicht deine Frau, du vögelst nur mit mir. Was will ich also alleine hier? Guck nicht so bescheuert? Du hast ja recht.«

»Deshalb mußt du nicht gleich übertreiben. Bist du nun sauer?«

»Jetzt mach bloß keinen Rückzieher. Du warst gerade so schön kompromißlos, da darfst du doch jetzt nicht fragen, ob ich sauer bin. Das muß dir egal sein. Aber ich sag's dir trotzdem. Nein, ich bin nicht sauer. Ich reise morgen mit dir ab, du fährst nach Rom und ich erst nach Florenz und dann heim nach Frankfurt. Ende der Episode. Wenn du mal wieder Lust auf einen guten Fick hast, dann ruf einfach an.«

»Das werde ich nicht tun«, sagte Max nach einer kurzen Pause mit ruhiger Stimme. Es war eine Eigenart von ihm, daß er im Streit immer beherrschter und leiser wurde. Das hatte schon seine Exfrau regelmäßig zur Weißglut gebracht.

»Das wirst du nicht tun, weil du hier deine Carlotta zum Vögeln hast!«

Max zuckte bei dem Namen zusammen. Woher wußte Eva von Carlotta? Äußerlich schaute er Eva relativ gelassen an, die kurz atmend und mit geröteten Wangen vor ihm stand.

»Könntest du dich bitte in der Sprache etwas mäßigen.« Und mit einem Blick auf seinen Hund, der im Schatten der Pergola lag: »Was soll denn Leonardo da Vinci von dir denken?« Max hielt das für einen guten Scherz, um die Situation zu entkrampfen. Doch Eva dachte überhaupt nicht daran zu lächeln.

»Außerdem bist du das doch überhaupt nicht, das ist nur eine Rolle, die du spielst. Ich verstehe dich nicht. Du kannst ganz plötzlich in eine andere Haut schlüpfen. Aber wahrscheinlich machst du das nur, um mich zu provozieren.«

Eva blickte Max so intensiv in die Augen, daß er wegschauen mußte. »Wer sagt, daß ich nicht so bin wie Doctor Jekyll und Mister Hyde. Vielleicht bin ich nicht nur ich, vielleicht bin ich noch jemand?« Ihre Stimme war bei den letzten Worten sanfter geworden. »Vielleicht habe ich ein Problem?«
»Hast du eines? Dann laß uns darüber reden.«
»Nein, das möchte ich nicht. Eigentlich habe ich auch gar kein Problem. Alles im Griff, verstehst du? Und nachdem wir das jetzt geklärt haben, mußt du mir nur noch sagen, ob ich bis morgen bleiben kann oder ob du es lieber hast, wenn ich gleich die Fliege mache.«
Max schüttelte verzweifelt den Kopf. »Natürlich kannst du noch bleiben, ist doch klar. Übrigens, woher weißt du von Carlotta?«
»Wenn sich der Herr Doktor beim Telefonieren etwas zurückhalten würde, dann wüßte ich es nicht. Aber du hattest ja heute morgen ein inniglisches Gespräch mit ihr. Ich war gerade auf dem Weg ins Bad, tut mir leid. Hab's einfach gehört, war nicht zu vermeiden. Du hast ihr übrigens eine ganz schöne Scheiße erzählt. Aber das ist dir wahrscheinlich selbst klar.«
Max mußte sich eingestehen, daß Eva in diesem Punkt wohl recht hatte.
»Nun, dann kennst du ja meine Motive, und wir hätten uns diesen ganzen Disput eigentlich sparen können.«
Eva grinste. »Wäre aber schade gewesen. Und außerdem hast du doch deinen Kongreß in Wien, oder?«
Wieder einmal zögerte Max mit der Antwort. Er kam zu dem Schluß, daß es klüger war, diesen Termin aus strategischen Gründen aufrechtzuerhalten. Damit war morgen definitiv alles vorbei, er mußte ja weg.
»Du hast recht, ich muß nach Wien zu dem Kongreß.«
»Dann lege ich mich jetzt etwas hin. Und komm nur nicht auf die Idee, mich zu besuchen.«
Eva schaute Max provozierend an, um dann seine Stimme zu

imitieren: »Wir sind doch wie Bruder und Schwester, wenn du verstehst, was ich meine.«

Eva machte auf dem Absatz kehrt und lief ins Haus. Max hatte eine Gänsehaut bekommen.

26

Beim gemeinsamen Frühstück am nächsten Morgen hätte Max fast wieder alles rückgängig gemacht. Da saß sie nun vor ihm, lächelnd und braun gebrannt, mit hellen Augen und völlig entspannt. Hübsch sah sie aus und überaus anziehend. Das war wieder jene Eva, die er mochte, der er eigentlich nicht weh tun wollte. Aber es mußte sein. Um der Zukunft willen.

Eine Stunde später hatte Max seine Reisetasche gepackt. Auch sein Aktenkoffer stand schon bereit. Alles sah absolut glaubwürdig aus. Zum Abschied tranken Max und Eva noch ein Glas Prosecco. Sie verabschiedeten sich von Leonardo da Vinci. Max hatte Eva erzählt, daß im Laufe des Tages Mauro vorbeikommen und den Hund in Obhut nehmen würde. Dann setzten sie sich in ihre Autos und fuhren los. An der Abzweigung auf die Superstrada blinkte ihn Eva noch einmal von hinten an, er sah ihre Hand aus dem Fenster winken, dann trennten sich ihre Wege. Aus, vorbei.

Punta Ala

Max hatte seine Golfschuhe im Auto versteckt. Er wollte bis Punta Ala fahren, sich dort Schläger leihen und eine Runde Golf spielen. Das war die beste Therapie. Dann würde er am Nachmittag in sein Haus zurückfahren und Carlotta anrufen. Richtig, in den nächsten Tagen sollte er nicht ans Telefon gehen. Er war ja in Wien auf einem Kongreß.

Es war gegen achtzehn Uhr, als Max heimkehrte. Ein klein wenig kam er sich wie ein Betrüger vor. Und er ertappte sich dabei, wie er nach Evas Auto Ausschau hielt. So ganz sicher konnte man bei ihr wohl nicht sein, vielleicht hatte sie wieder ihre Pläne geändert. Nein, Unsinn, Eva war definitiv weg, kein weißes Auto auf seinem Parkplatz. Max stellte den Motor ab, stieg aus und streckte sich. Mit dem zurückliegenden Tag war er mehr als zufrieden. Und als Dreingabe hatte er sich in Punta Ala noch um drei Schläge unterspielt.

Max nahm die Reisetasche und den Aktenkoffer aus dem Auto und ging zum Haus. Er zögerte und blieb schließlich stehen. Etwas stimmte hier nicht, am gewohnten Bild war etwas falsch. Jetzt sah er es. Daß ihm das nicht gleich aufgefallen war. All die schönen roten Rosen, die er so liebevoll gepflegt hatte und die ihm so gut gefielen, alle waren abgeschnitten, nur noch grüne Stengel, ohne eine einzige Blüte. Fein säuberlich hatte da jemand mit der Gartenschere ganze Arbeit geleistet. Das war kein Vandalismus wie bei seinem Gemüsegarten, hier hatte sich jemand viel Mühe gegeben und Zeit investiert. Warum nur? War das wieder eine Botschaft? Max schüttelte verzweifelt den Kopf. Warum ließ man ihn nicht in Ruhe? Er sperrte die Haustür auf, ging zu seiner Bar und goß sich ein großes Glas Grappa ein.

»Na, hast du deiner alten Freundin bei ihren privaten Problemen helfen können«, wollte Carlotta wissen und sah Max fragend an. Sie saßen auf der Terrasse des El Faro, einem Fischlokal direkt am Strand von Cecina Mare. Die Sonne schickte sich gerade an, am Horizont im Meer zu versinken. Der Himmel hatte sich rot gefärbt, vor ihnen der aufgeräumte Strand mit den leeren Liegestühlen in Reih und Glied. Max warf einen verzweifelten Blick hinaus aufs Meer. Ein Abend wie auf einer Kitschpostkarte, dachte er. Aber das war ja zu erwarten gewesen, daß das Gespräch auf seinen Überraschungsgast kommen und die perfekte Stimmung gefährden würde. Er biß ein Stück vom Grissino ab, um etwas Zeit zu gewinnen.

El Faro
Cecina Mare

»Keine Ahnung«, antwortete er schließlich, »und ehrlich gesagt, ist mir das auch ziemlich egal. Ich hab's dir ja schon am Telefon angedeutet, mich verbindet nicht mehr viel mit dieser Frau. Ich weiß auch nicht, wie sie auf die blöde Idee gekommen ist, daß ich ihr helfen könnte.«

»Wahrscheinlich wollte sie sich nur mal an deiner starken Schulter ausweinen.«

»An meiner starken Schulter? Ich hab doch mit mir selbst genug Probleme. Egal, jetzt ist sie weg.« Max machte eine energische Handbewegung, um dieser Aussage noch mehr Nachdruck zu verleihen. »Wir müssen also nicht mehr darüber reden.«

Erleichtert knabberte Max am Grissino. Carlotta stützte ihren Kopf in beide Hände und sah Max belustigt zu.

»Warum denn nicht darüber reden«, blieb sie hartnäckig. »Ist doch interessant.«

Max verschluckte sich und mußte sich räuspern. O Gott, die ließ nicht locker. Ganz schön kratzig, diese Grissini, wenn man sie in die Luftröhre bekam.

Carlotta zeigte sich von seinen Schwierigkeiten unbeeindruckt und fuhr fort: »Und ihr seid heute wirklich come fratello e sorella, wie Bruder und Schwester, so hast du doch das ausgedrückt, oder?«

Max nahm einen tiefen Schluck aus seinem Wasserglas und fühlte sich jetzt zumindest atemtechnisch wieder besser.

»Wie Bruder und Schwester, habe ich das so gesagt? Dann wird's wohl stimmen. Carlotta, ehrlich, ich will von der Frau nichts mehr wissen. Das liegt alles lange zurück.«

Carlotta schmunzelte. »Und außerdem ist sie häßlich, è proprio brutta, vero?«

Warum war er heute abend nicht zu Hause geblieben? Alleine mit Leonardo da Vinci, der stellte nicht so viele Fragen.

»Nicht richtig häßlich«, hielt es Max für klüger, den Bogen nicht zu überspannen. »Das sagte ich dir doch schon. Aber sie hat ihre besten Tage hinter sich.« Er nickte bestätigend. »Ja, hinter sich, so ist es. Deshalb ist sie auch nicht mehr anziehend. Also, auf mich jedenfalls nicht. Keine Ausstrahlung, wenn du verstehst, was ich meine.« Max fiel auf, daß er schon mal flüssiger formuliert hatte. Aber das lag wohl am Thema. Zu seiner großen Erleichterung sah er den Ober mit Antipasti kommen. Das wurde aber auch Zeit. Sie hatten *Antipasti assortiti* bestellt, eine Spezialität des Lokals, bei der die Teller immer wieder aufs neue mit Vorspeisen aus dem Meer bestückt werden. Wirklich lecker. Und mit vollem Mund, da konnte er nicht reden, er wußte ja, was sich gehört. Außerdem könnte ja eine Gräte in die Atemwege gelangen. Fatal, absolut fatal. Es tat ihm leid, aber er mußte sich jetzt aufs Essen konzentrieren. Carlotta beobachtete ihn und lachte.

Max sah auf. »Warum lachst du?«

»Rido della bugia che hai detto!«

»Was soll das nun wieder heißen?«

»Das war ein Zitat, mein Lieber. Kennst du Carlo Collodis Abenteuer von Pinocchio?«

»Kenn ich, natürlich, die Geschichte von der Holzpuppe, klar doch«, antwortete Max, erleichtert, daß Carlotta offenbar das Thema wechselte. Entspannt lehnte er sich zurück und wischte sich mit der Serviette die Lippen ab. »Hat übrigens gut geschmeckt. Bin schon auf die nächsten Antipasti gespannt. Wie war das gleich? Rido della ...?«

»Hast du's nicht verstanden? Bei Collodi geht's weiter: Perché ridete? gli domandò il burratino, tutto confuso e impensierito.«

»Kannst du das einem Zugereisten ohne Dolmetscherexamen mal ins Deutsche übersetzen.«

»Gerne. Warum lacht ihr? fragte der Hampelmann, völlig verwirrt und fassungslos.«

»Ja, und warum? Was hat dein Lachen von vorhin mit Pinocchio zu tun?«

Zunächst nahm Carlotta einen Schluck aus dem Glas. Mit den gespreizten Fingern einer Hand strich sie sich die Haare

PINOCCHIO
Carlo Collodi

aus dem Gesicht, so daß Max gut sehen konnte, wie sie die rechte Augenbraue nach oben hob. »Weil deine Nase immer länger wird!«

Max, der den Ernst der Lage noch nicht erfaßt hatte, langte sich belustigt an die Nase. »Nein, ich finde, sie fühlt sich völlig normal an.«

»So kann man sich täuschen«, sagte Carlotta und lehnte sich zurück, weil gerade die nächsten Antipasti serviert wurden.

»Polpo in olio e aceto«, verkündete der Ober.

»Auch nicht schlecht«, kommentierte Max und betrachtete die Krake. »Sieht aus wie eine Koronararterie mit Saugnäpfen. Schmeckt nur besser!« Und nach einer kurzen Pause: »Also, was ist mit meiner Nase?«

Carlotta schmunzelte. »Der Hampelmann war confuso und impensierito, weil seine Nase immer länger wurde. Und warum wurde sie immer länger? Le bugie, ragazzo mio, sagte die Fee zu Pinocchio. Die Lügen, sie erkennt man gleich. Es gibt zwei Arten von Lügen. Die einen haben kurze Beine, hanno le gambe corte. Die anderen Lügen haben un naso lungo, eine lange Nase!«

Diesmal hatte sich Max besser unter Kontrolle. Es gelang ihm, sich am Polpo nicht zu verschlucken. So konnte man sich täuschen. Das Thema war also noch nicht vom Tisch. Und diese Carlotta, sie hatte ihn am Haken. Teufel auch, wenn sie nur nicht so anziehend wäre. Gut, Leonardo da Vinci wäre heute abend wirklich eine Alternative gewesen, er ist nicht so impertinent wie Carlotta, irgendwie pflegeleichter, aber er ist eben auch nur ein Hund. Und gewiß nicht so hübsch. Was heißt hübsch? Diese Frau ist umwerfend. Warum bloß hatte er bei Eva seinen Sexualtrieb nicht unter Kontrolle gehabt. So ein Mist auch. Das war das alles nicht wert gewesen. Max versuchte sich an den Anfang dieses Gesprächs zu erinnern. Wie war das gleich? Was hatte er gesagt? Irgend etwas von Bruder und Schwester. Nun, das war sicher etwas dick aufge-

tragen. Obwohl, es gibt ja auch Inzest, Blutschande, Inzucht, Geschwisterliebe. Ja, nicht nur bei uns in Deutschland. Erst heute nachmittag hatte er von Geschwistern aus einem alten toskanischen Adelsgeschlecht gelesen, die sich in inzestuöser Liebe auf eine ihrer vielen Burgen zurückgezogen hatten. Max langte sich an den Kopf. Irgendwie kam er sich vor wie besoffen. So ganz logisch jedenfalls schienen ihm seine Gedanken nicht mehr zu sein. Also, worüber hatten sie geredet? Über Bruder und Schwester, okay, und daß Eva ihre besten Tage bereits hinter sich hatte. Max konnte nicht verhindern, daß ihm ein Grinsen übers Gesicht huschte. Wenn das stimmte, dann war Eva früher ein überirdisches Sexualmonster gewesen. Nein, an diese Steigerung sollte er besser nicht denken.
Max entschied sich in seiner Verwirrung für die Flucht nach vorne. »Was willst du damit sagen? Daß ich gelogen habe?«
»Non lo so«, antwortete Carlotta, »aber auf jeden Fall hast du eine lange Nase. Muß ja nichts bedeuten.«
Max atmete durch. Eben, mußte ja nichts bedeuten. Offenbar verzichtete Carlotta darauf, ihn weiter zu quälen. Es war also sicher klüger, nicht näher auf das Lügengespinst einzugehen. Außerdem brachte der Ober gerade *Cozze alla marinara*. Und für Carlotta *Gamberoni in guazzetto*.
In den nächsten Minuten hatte Max tatsächlich den Eindruck, daß Carlotta ihn davonkommen lassen würde. Es gelang ihm, das Gespräch auf ungefährliche Themen zu lenken. Etwa, daß der Wolfsbarsch, der auf französisch Loup de Mer heißt, in Italien viele Namen hat, zum Beispiel Branzino oder Spigola. Der Abend, der schon so verunglückt schien, er nahm also doch noch einen guten Verlauf. Wobei er zugeben mußte, daß sein Gemütszustand zwischen schlechtem Gewissen und Erleichterung schwankte. Erleichterung darüber, daß er Eva den Laufpaß gegeben hatte. Da war ja nun wirklich nichts gegen zu sagen, das mußte man erst einmal bringen.
Max sah die Rosen in der Blumenvase auf dem Tisch. Rote

Rosen. Wie in seinem Garten. Ihm fielen wieder seine abgeschnittenen Rosen ein. Wer konnte dafür verantwortlich sein? Und aus welchem Grund? Ob er mit Carlotta darüber reden sollte? Den Gedanken, daß Eva für diesen Frevel verantwortlich sein könnte, den hatte er schon längst wieder verworfen. Das war nur so ein Gedankenblitz gewesen. Hätte ja zu einer verschmähten Liebe gepaßt. Aber diese Aktion, sie war jedenfalls völlig anders zu bewerten als der verwüstete Orto und die ermordete Katze. Abgeschnittene Rosen waren nicht echt destruktiv, kein Ausdruck nackter Gewalt. Die wachsen ja wieder nach. Nein, vielmehr sah das eher nach einer versteckten Botschaft aus. Nun, Eva konnte es nicht gewesen sein. Sie war ja heute früh mit ihm fortgefahren. Es sei denn, ja, es sei denn, sie war umgekehrt. Aber das war ja nun wirklich unwahrscheinlich. Eine versteckte Botschaft? Max nahm Carlotta ins Visier. Vielleicht Carlotta? Weil sie ahnte, wußte, daß er mit Eva ... Und deshalb die Anspielung mit der Lüge. Jetzt hatte er doch das italienische Wort dafür schon wieder vergessen. Nein, Carlotta, nein, das gab's nicht.

»Was grübelst du vor dich hin?« wollte Carlotta wissen und riß Max aus seinen Gedanken.

»Ich habe über meine Rosen nachgedacht«, gab Max den Grund für seine geistige Abwesenheit preis. Jetzt sah er Carlotta genau an. Würde ihre Miene etwas verraten?

»Und du fragst dich, warum alle Blüten und Knospen abgeschnitten sind?« sagte Carlotta zu Max' großer Verblüffung. Also doch! War es möglich, daß Carlotta ...?

»Woher weißt du das?« stieß Max aus, im Ton schärfer als beabsichtigt.

»Calma«, erwiderte Carlotta gelassen. »Ich kann ja verstehen, daß dich deine abgeschnittenen Rosen beunruhigen, aber deshalb darfst du nicht gleich so aufbrausen.«

»Entschuldige«, sagte Max wieder mit ruhiger Stimme. »Scusami, aber ich frage mich wirklich, woher du das weißt?«

»Weil ich gesehen habe, wie sie abgeschnitten wurden.«
Jetzt war Max wirklich sprachlos.
»Mach deinen Mund wieder zu. Ja, ich hab's gesehen. Heute vormittag, als ich nach der Schule zu meiner Tante gefahren bin, um Gianna bei ihr abzugeben, bin ich bei deinem Haus vorbeigekommen. Und da habe ich sie gesehen.«
»Wen gesehen?«
»Deine nicht besonders hübsche Freundin, die ihre besten Tage hinter sich hat, die in keinster Weise mehr anziehend auf dich wirkt.«
»Eva?«
»Ja, ich denke, das war Eva. Ich muß schon sagen, wenn dir diese Frau zu alt und zu wenig sexy ist, dann stimmt irgend etwas nicht mit dir. Und weil ich das nicht glaube, darum darf ich Pinocchio zu dir sagen. Nun, Lügen haben nun mal kurze Beine und eine lange Nase.« Carlotta nahm ihr Weinglas. »Prost, Pinocchio!«
Max griff nach seinem Glas und stieß geistesabwesend mit Carlotta an. »Ja, prost!«
»Paß auf deine Nase auf.«
»Danke, ja, mach ich. Übrigens, war sie blond?«
»Ja, una bionda, so wie Männer das mögen, und sie hatte ein weißes Auto mit deutschem Kennzeichen.«
»Und sie hat wirklich die Rosen abgeschnitten?«
»Ja, und sie hat das mit einer Hingabe gemacht, ausgesprochen liebevoll und in aller Ruhe ...«
»... und ganz akkurat, ja, das Resultat hab ich gesehen.«
»Also angenommen, das war wirklich deine Eva, warum tut sie so etwas? Weil du ihr bei ihrer Krise mit ihrem Freund nicht helfen konntest? Non ci credo! Ich glaub eher, sie war von dir enttäuscht.« Jetzt sah Carlotta Max forschend an.
»Kann auch sein«, sagte Max fast kleinlaut. »Und ich geb zu, ganz so schlecht sieht sie nicht aus.« Er langte über den Tisch und nahm Carlottas Hand. »Aber die Geschichte mit Eva ist

vorbei, sie ist wegen dir vorbei! Da hab ich nicht gelogen. Eva war eine Episode in meinem Leben. Vielleicht nicht ganz so lange her, wie ich vorgeflunkert habe. Nein, nicht vielleicht, sondern sicher. Aber sie bedeutet mir nichts, wirklich nichts.« Er sah Carlotta in die Augen. »Deshalb wollte ich nicht, daß du auf falsche Gedanken kommst. Denn du, Carlotta, du bedeutest mir was.«
Carlotta schwieg zunächst, mit ernstem Gesichtsausdruck. Dann umspielte langsam ein Lächeln ihre Mundwinkel. »Laß mich mal deine Nase anschaun. Nein, ich glaube, sie ist jetzt wirklich nicht länger geworden.«
Max drückte sich mit dem Zeigefinger auf die Nasenspitze. »Sie ist ganz kurz, siehst du, ganz kurz. Weil ich die Wahrheit sage. Soll ich meine Beine auf den Tisch legen. Le gambe non sono corte.«
Jetzt mußte Carlotta richtig lachen. »Nein, laß sie unten. Pinocchio non era più un burattino di legno, ma invece un ragazzo come tutti gli altri.« Als sie Max' fragenden Gesichtsausdruck sah, übersetzte sie: »Pinocchio merkte, daß er kein hölzerner Hampelmann mehr war, sondern ein richtiger Junge.« Carlotta beugte sich über den Tisch und gab Max einen Kuß auf den Mund.
Max verstand die Welt nicht mehr. Warum bekam er jetzt einen Kuß? Sollte einer aus den Frauen schlau werden. Die eine schnitt ihm die Rosen ab, die andere gab ihm einen Kuß, als er eher mit einer Ohrfeige gerechnet hätte.

27

Philipp Mahlo konzentrierte sich auf den kleinen weißen Ball – ein kurzer Blick zu dem Papierkorb, den er schräg in die Ecke seines Büros gelehnt hatte, dann wieder der Golfball, ein angedeuteter Probeschwung, den Stand etwas of-

fener, Gewicht auf das linke Bein verlagert. »Zehn Mark, daß er reingeht«, wettete Philipp mit sich selbst. Erneute Ansprache, Ausholen ...
Genau in diesem höchst unpassenden Augenblick klingelte das Telefon. Der Ball knallte einen guten Meter über dem Papierkorb an die Wand, sorgte dort für einen weiteren Abdruck auf der Rauhfasertapete, sprang auf den Schreibtisch, verfehlte nur knapp den Bildschirm des Computers und verschwand schließlich unter dem Schrank mit den Hängeregistraturen.
»So eine verdammte Scheiße«, wetterte Philipp. Seine Laune wurde nicht besser, als er feststellte, daß der Filialleiter seiner Bank am Telefon war, der sich besorgt nach Philipps Auftragslage erkundigte, weil der Überziehungskredit wieder einmal am Limit sei. Aber das würde er ja sicherlich selbst wissen. Natürlich wußte Philipp das selbst, nämlich daß seine Liquidität schon mal besser war. Das gab dem Bankmenschen doch noch lange nicht das Recht, ihn beim Pitchen zu stören. Haben einfach kein Gefühl für die wirklich wichtigen Dinge im Leben, diese Schreibtischhocker.
Philipp steckte das Pitching-Wedge entnervt in einen Schirmständer und sah hinaus auf die Straße. Was wollte der Typ überhaupt? Er hatte doch schon für eine erhebliche Kostenreduzierung gesorgt, indem er mit seinem Büro von der Maximilianstraße ins Schlachthofviertel umgezogen war. Draußen rangierte gerade ein Kühllaster in den Hof. Philipp beobachtete, wie Schweinehälften ausgeladen wurden. Er nahm einen Schluck aus einer großen Kaffeetasse, die mit vielen roten Marienkäfern bedruckt war. Hier im Münchner Schlachthofviertel gefiel es ihm mittlerweile sowieso viel besser als in der sündteuren Maximilianstraße. Beim Türken gegenüber gab es gutes Obst, daneben residierte in einer alten Wurstfabrik eine Agentur, die irgend etwas mit Kommunikationsberatung zu tun hatte, und ein Stück weiter arbeiteten in

einer ehemaligen Schusterei junge Architekten an ihren Reißbrettern. Nachmittags trafen sich alle vor der Eisdiele, saßen in der Sonne und philosophierten über Gott und die Welt. Gleich gegenüber, da gab es den wohl besten Händler für italienische Weine in ganz München. Und nur wenige Straßenzüge weiter hatte er seinen Lieblings-Stehitaliener. Schließlich ging es ihm nicht so gut wie seinem Freund Max. Da er nicht in Italien leben konnte, mußte er sich Italien nach Deutschland holen. Aber das fiel ja in München nicht schwer. Es war schon was dran an dem Spruch, daß München die nördlichste Stadt Italiens sei.

Philipp setzte sich an seinen Schreibtisch und las erneut die beiden Drohbriefe, die er von Max Mauritz erhalten hatte. Er konnte Max gut verstehen, daß er sich nicht darüber freute. Und die beiden Namen, mit denen die Briefe unterschrieben waren, die waren ja offenbar authentisch. Sowohl Clara Behrens als auch Peter Rudnik waren in Max' Klinik gestorben. Das hatte ihm dieser am Telefon bestätigt. Philipp wußte, daß die Psyche seines Freundes etwas angeknackst war, und da waren solche netten Botschaften wenig hilfreich. Die Umschläge verrieten, daß ein Brief in München aufgegeben war, der andere in Frankfurt. Trotzdem waren die Absender identisch, was deutlich an den Schriften zu erkennen war. Doof war der Absender jedenfalls nicht. Die Sprache verriet Bildung. Und in der Bibel kannte sich der Scherzbold besser aus als er, was freilich nicht allzu schwierig war. »Auferstanden von den Toten, zu richten die Lebendigen.« Philipp wollte später mal nachsehen, wo dieser Spruch herkam. Gehörte das zum Vaterunser, oder stammte er aus dem Alten Testament? Okay, das brachte ihn jetzt auch nicht weiter. Was konnte jemanden dazu veranlassen, solche Briefe zu verschicken? Philipp verschränkte die Hände hinter dem Kopf und schaukelte auf den Hinterbeinen seines Stuhls langsam vor und zurück. Nachdem Tote nun mal nicht mehr schreiben können, hatte sich jemand zu ihrem

Anwalt erklärt. Das war jedenfalls eine von zwei Möglichkeiten. Vielleicht ein Hinterbliebener, der in Max den Schuldigen sah? Aber warum dann zwei verschiedene Namen? Wie Max ihm am Telefon sagte, gab es zwischen diesen beiden verstorbenen Patienten keinerlei Verbindungen. Nun, auf diese Weise gab es keine direkte Spur zu dem Verwandten einer bestimmten Person. Und wenn die Theorie stimmte, dann war der Übeltäter möglicherweise weder im Umfeld von Peter Rudnik noch in dem von dieser Clara Behrens zu suchen. Philipp zweifelte nicht daran, daß weitere Briefe folgen würden. Vielleicht war es erst bei einem der nächsten Namen möglich, eine Verbindung zum Absender herzustellen. Also, soviel stand fest, der Briefschreiber kannte die Namen von gestorbenen Patienten. Das konnte man ja eigentlich nur aus der Klinik wissen. Daran gab's wohl keinen Zweifel. Was ihn zur zweiten Möglichkeit brachte.

Philipp stand auf, nahm den Golfschläger aus dem Schirmständer und lief im Zimmer auf und ab. Mit dem Wedge machte er zur Ablenkung kurze Probeschwünge. Die zweite Theorie führte ihn unmittelbar in die Klinik. Vielleicht gab es unter den Kollegen und Kolleginnen irgend jemanden, der Max haßte. Vielleicht hatte er jemandem die Karriere vermasselt, und der wollte Max jetzt etwas tyrannisieren, wohl wissend, daß der coole Herzchirurg psychisch ein wenig angeschlagen war. Für so jemanden wäre es jedenfalls ein leichtes, die Namen zu recherchieren. Wie auch immer, Theorie eins oder Theorie zwei, beide Wege führten in die Klinik. Philipp beschloß, dem Großklinikum einen Besuch abzustatten. Zum krönenden Abschluß seiner Überlegungen wollte er einen vollen Golfschwung machen. Prompt krachte er mit dem Schläger gegen die Decke. Etwas Putz rieselte herab, und Philipp betrachtete besorgt das Schlägerblatt. Das war in der Maximilianstraße besser gewesen, da waren die Räume höher. Eine halbe Stunde später parkte Philipp seinen alten Porsche vor der Klinik. Von früheren Besuchen bei Max wußte er den Weg in die Herzchirurgie.

»Hallo, schöne Frau, was macht die Liebe?« rief er in das Bereitschaftszimmer, in dem eine schon etwas ältere, dickliche Oberschwester saß. Irritiert sah sie vom Kreuzworträtsel auf, mit dem sie sich gerade beschäftigte. »Das hätte ich mir denken können«, sagte sie lachend, als sie Philipp Mahlo erkannte. »Der rüpelhafte Freund unseres Professors gibt sich wieder einmal die Ehre.«

»Was heißt rüpelhaft«, protestierte Philipp Mahlo, »nur weil ich unsterblich in Sie verliebt bin.« Hinter dem Rücken zauberte er einen Blumenstrauß hervor.

»Ich glaube Ihnen kein Wort«, entgegnete die grauhaarige Schwester mit leicht geröteten Wangen. »Aber über die Blumen freue ich mich trotzdem. Geben Sie nur her, ich tue sie am besten gleich in eine Vase.«

Schwester Mathilda stellte den Strauß auf den Fenstersims. »Also, was gibt's? Sie sind doch nicht hier, um mir Ihre Liebe zu gestehen, Sie alter Gauner. Und daß der Professor nicht in München ist, das wissen Sie auch. Was treibt Sie also in die Herzchirurgie? Hatten Sie einen Angina pectoris-Anfall?«

»Mein Gott, nein, ich bin gesund. Bleiben Sie mir nur mit Ihrem Latein vom Leib. Setzen Sie sich wieder hin, Schwesterchen. Ich mach mal die Tür zu. Das Folgende sollte unter uns bleiben.«

Philipp wußte, daß die Oberschwester Max vergötterte. Deshalb hielt er es für richtig, sie ins Vertrauen zu ziehen. Er erzählte ihr von den Drohbriefen. »Das ist ja schrecklich«, flüsterte Mathilda. »Eine solche Gemeinheit. Dabei hat sich der Professor für seine Patienten aufgeopfert. Hunderte von Leben hat er gerettet. Und jetzt so eine Dreistigkeit.«

»Finde ich auch, Mathilda. Ich möchte unserem Doc helfen. Den Absender krieg ich schon raus, und dann hau ich ihm auf die Finger.«

»Seien Sie doch nicht so grob!«
»Bin ich nicht. Was ich brauche, Mathilda, ist eine Liste der verstorbenen Patienten aus den letzten Jahren, Patienten, die während oder unmittelbar nach einer Operation gestorben sind. Und bei denen irgendein Verrückter glauben könnte, daß der Prof daran schuld wäre.«
»Das kann ich nicht machen«, lehnte die Oberschwester entrüstet ab. »Das ist doch verboten.«
»Sicher ist es das, aber es ist auch nicht erlaubt, dem Doktor solche Briefe zu schicken. Da muß man den Riegel vorschieben. Und dazu brauche ich die Namen. Das sind Sie unserem Professor Mauritz schuldig.« Philipp sah, wie Mathilda mit ihrem Gewissen rang. »Das muß doch außer uns keiner wissen«, sagte er mit Verschwörermiene, nahm Mathildas Hände und blickte ihr tief in die Augen. »Wir wollen doch nur dem Professor helfen.«
»In Ordnung«, gab sich Mathilda einen Ruck. »Aber das bleibt wirklich unser Geheimnis.«
»Versprochen«, erwiderte Philipp, »bei unserer Liebe.«
»Hören Sie mir doch mit diesem Unsinn auf, Sie Schlingel.«
Philipp gab Mathilda seine Visitenkarte und vereinbarte, daß die Schwester ihm die Liste mit den Namen so bald wie möglich zufaxen würde. Dann sprachen sie über die Kollegen in der Klinik, über die anderen Ärzte und über das Pflegepersonal. Mathilda hielt es für völlig ausgeschlossen, daß hier jemand für die Briefe verantwortlich sein könnte. Sicher, der Professor habe nicht nur Freunde, dazu sei er zu erfolgreich, aber er werde allseits respektiert, und sein Können als Herzchirurg habe noch nie jemand in Zweifel gezogen. Nein, aus der Klinik kämen diese Briefe keinesfalls, davon war Mathilda fest überzeugt.
Zum Abschied gab Philipp Mahlo der Oberschwester Mathilda eine dicken Kuß auf die Wange und versprach, bald wiederzukommen.

28

Der Schuppen hinter dem Haus war nicht abgesperrt. Max betrachtete das offene Vorhängeschloß. Mauro war einfach zu schußlig. Nicht, daß ihm hier jemand etwas stehlen würde, aber die Zwischenfälle der letzten Wochen ließen zweifellos eine größere Sorgfalt bei dem Schutz seines Eigentums angeraten sein. Wieder fielen ihm die abgeschnittenen Rosen ein. So eine sinnlose Niedertracht, was für eine perfide Gemeinheit! Max öffnete das Tor, hob sein Mountainbike von den leeren Holzkisten und schob es hinaus ins Freie. Vor ihm stand schwanzwedelnd Leonardo da Vinci.

»Na, mein Guter, bist ein intelligenter Hund. Ja, wir machen einen Ausflug. Wenn du willst, kannst du mich begleiten.«

Leonardo da Vinci legte zunächst den Kopf auf die Seite, dann drehte er sich wie ein großer weißer Kreisel um die eigene Achse. Aber der Versuch, sich selbst in den Schwanz zu beißen, scheiterte.

»Es geht ja gleich los, keine Panik«, sagte Max lachend und schwang sich in den Sattel. Mit der niedrigsten Übersetzung strampelte er hinauf zur Straße. Knapp hundert Meter ging es nach links. Max blickte über die Schulter und sah, wie Leonardo da Vinci gelangweilt hinter ihm herzockelte.

»Ist dir zu langsam, was?« rief Max amüsiert. »Ich werde gleich ein anderes Tempo vorlegen. Ich weiß ja, was ich meinem Hund schuldig bin.«

Max bog nach links auf den Weg ab, der steil nach unten führte. Einige Male schon war er ihn hinuntergesaust. Wie ein kleiner Junge war er sich dabei vorgekommen. Das würde seiner geschundenen Seele auch heute guttun. Die ersten Meter ließ er dem Mountainbike freien Lauf. Dann zog er immer fester an den Handbremsen, um die Geschwindigkeit zu drosseln. Er war ja kein Hasardeur. Vor allem da vorne, da mußte er aufpassen, diese Bodenwelle hatte ihn neulich fast aus dem

Sattel geworfen. Auch heute schlug die Welle voll in seine federgedämpfte Gabel ...

Wäre Leonardo da Vinci dazu in der Lage, er hätte später erzählen können, was sich in den nächsten Sekunden vor seinen Hundeaugen abspielte. Jedenfalls löste sich plötzlich das Vorderrad vom Mountainbike, um in großen Sprüngen über die Wiese ins Tal zu entschwinden. Leonardo da Vinci überlegte noch, ob er diesem Spielzeug hinterherjagen sollte. Da sah er, wie sein Padrone – so nennen italienische Hunde ihre Herrchen – nach einem eindrucksvollen Salto frontale kopfüber ins Gelände krachte. Die Landung wirkte irgendwie unprofessionell. Das um sein Vorderrad beraubte Mountainbike schleuderte in einen wilden Dornbusch. Leonardo da Vinci blieb verblüfft stehen. Vorbei war es mit dem munteren Treiben. Das Vorderrad war weg, diese Gelegenheit hatte er verpaßt. Vom Mountainbike war auch nichts mehr zu erwarten. Und sein Padrone hatte sich schlafen gelegt. Basta, è tutto passato. Leonardo da Vinci trottete gemächlich zu Max, der merkwürdig verrenkt dalag und keinen Mucks von sich gab. Er schubste ihn einige Male mit seiner feuchten Schnauze, dann legte er ihm eine Pfote auf den Kopf. Keine Reaktion, kein Protest. Sehr seltsam.

Das erste, was Max fühlte, war die große Zunge, die immer wieder über sein Gesicht schlabberte. Dann bemerkte er das kräftige Pochen in seinem Kopf, und er spürte den stechenden Schmerz im Kreuz. Er machte die Augen auf und sah die Zunge von Leonardo da Vinci auf sich zukommen.

Der Hund stellte fest, daß Max wieder bei Sinnen war, und legte ihm zum Trost noch einmal die Pfote auf den Kopf. Leonardo da Vinci schüttelte sich, dann trottete er davon, über die Wiese talabwärts, auf der Suche nach dem vorwitzigen Rad.

Max kontrollierte als erstes seine Hände. Da ging es ihm als Chirurg nicht anders wie Pianisten. Die Hände waren sein wichtigstes Kapital. Alles in Ordnung, die Finger ließen sich schmerzfrei bewegen, und er hatte auch keine Schürfverletzungen. Da hatte er wirklich Glück gehabt. So oft hatte er sich geschworen, beim Radfahren Handschuhe anzuziehen. Stöhnend befreite er sich aus seiner mißlichen Lage. Verdammt noch mal, tat das Kreuz weh. Und erst der Kopf. Max setzte sich mühsam auf. Unvermittelt mußte er sich erbrechen. Gott, war ihm plötzlich schlecht. Der Befund war nicht allzu schwierig. Zweifellos hatte er sich genau das zugezogen, was der Volksmund zutreffend Gehirnerschütterung nennt. Nur tröstlich, daß die Symptome wohl irgendwann abklingen würden. Und die Kreuzschmerzen? Da war die Diagnose schon schwieriger. Vielleicht eine Prellung im Bereich der mittleren oder unteren Lendenwirbel. Jedenfalls tat das sauweh. Sein Blick fiel auf das Mountainbike. Jetzt erst erinnerte er sich wieder an den Hergang. Richtig, er war mit dem Fahrrad unterwegs gewesen. Irgend etwas mußte passiert sein. Max richtete sich auf und schleppte sich zum Mountainbike. Er zog es aus dem Busch und stellte fest, daß das Vorderrad fehlte. Wie konnte so etwas passieren? Letzte Woche erst hatte er den Schnellspanner an der Radmutter fest nachgezogen. Das Rad konnte sich einfach nicht von selbst lösen. Wo war es überhaupt? Hatte er vorhin am Haus die Radmuttern überprüft, wie er das meistens vor einer Radtour machte? Nein, er hatte es wohl vergessen. Max fiel wieder das unversperrte Scheunentor ein. Er dachte an die abgeschnittenen Rosen, an die ermordete Katze, den verwüsteten Kräutergarten. War dieser Unfall mit dem Mountainbike nur Pech gewesen, zurückzuführen auf seinen Leichtsinn? Er wollte es nicht glauben. Je länger er darüber nachdachte, desto sicherer war er, daß ihm wieder einmal jemand übel mitgespielt hatte. Hinter ihm bellte es. Leonardo da Vinci hatte mit stolzem Blick auf den Hinterpfoten Platz genommen. Vor ihm lag das verlorengegangene Rad in der Wiese. Max mußte trotz seiner Schmerzen grinsen. Sein Hund war wirklich ein Prachtkerl. Erst hatte er ihn ins Leben zurückgeschlabbert, und jetzt hatte er sogar das Rad apportiert. Es machte eigentlich einen ziemlich unversehrten Eindruck. Nur sah man allzu deutlich, wo Leonardo da Vinci seine kräftigen Zähne in den Pneu geschlagen hatte. Offensichtlich hatte er zum Zeitvertreib darauf herumgekaut. Jedenfalls war der Reifen hinüber – aber das war ihm wirklich verziehen. Max kontrollierte den Spanner an der Radmutter. Tatsächlich, er war offen, aber das hatte vielleicht nichts zu besagen. Er legte das Rad zum Mountainbike und machte sich ächzend auf den Rückweg. Das Fahrrad würde er erst holen, wenn es ihm wieder besserging.

Zu Hause angekommen, schluckte er einige Schmerztabletten und legte sich aufs Bett. Ihm wurde klar, daß er ziemliches Glück gehabt hatte. Das Genick hätte er sich bei dem Sturz brechen können. Was wenig angenehm ist und von bleibender Wirkung. Oder eine ordentliche Schädelbasisfraktur, die wäre auch drin gewesen. Doch dafür gab es erfreulicherweise keine Anzeichen. Außerdem fühlte er sich schon wieder etwas besser. Er war ganz zweifellos kein Fall für die Notaufnahme. Aber gegen etwas Pflege gäbe es nichts einzuwenden. Max fischte nach dem Telefonhörer.

»Carlotta? Schön, daß du zu Hause bist. Was mit meiner Stimme ist? Die ist in Ordnung, was man ansonsten nicht von mir sagen kann. Wie bitte? Wie es mir geht? Gute Frage, nicht so toll. Ich bin vom Rad gefallen. Nein, ich bin nicht wehleidig. Um ehrlich zu sein, ich bin nicht einfach vom Rad gefallen. Ich glaube, ich bin wie ein Vogel durch die Luft geflogen und dann fürchterlich abgestürzt. Ich kann mich überhaupt nicht mehr daran erinnern. Jedenfalls bin ich jetzt zu Hause und ein bedauernswerter Pflegefall. Nein, ich hätte nichts dagegen, wenn du kommst. Du könntest zwei bis drei neue Lendenwirbel mitbringen und außerdem Eiswürfel für meinen Kopf. Dann bin ich wieder ganz der alte. Ja, und etwas Mitleid, das könnte ich auch gut brauchen. Du kommst in zwei Stunden? Sehr schön, tante grazie, das werde ich dir nie vergessen.«

Max legte den Hörer zurück auf die Gabel, schloß die Augen und versuchte zu entspannen.

29

Philipp Mahlo drehte den Zündschlüssel um und startete den Motor. Er liebte das Geräusch seines angejahrten Porsches, der beim Gasgeben dem Kreischen einer Kreissäge nachzueifern schien. In Verbindung mit der kaputten Auspuffanlage war sein Porsche im Münchner Schlachthofviertel als Fußgängerschreck berüchtigt.

Philipp dachte an Schwester Mathilda. Sie war wirklich ein Schatz, hatte sie ihm doch noch am Tag seines Besuchs eine Liste mit den Todesfällen der vergangenen Jahre gefaxt. Er konnte sich gut vorstellen, wie sie bis zuletzt mit ihrem Gewissen gerungen hatte. Es standen bloß neun Namen auf dem Blatt. Das war ja noch ziemlich übersichtlich. Gott sei Dank waren Max nur diese unter dem Messer weggestorben. Bei einem schlechteren Herzchirurgen hätte er mehr zu tun gehabt.

Aber natürlich hatten die beiden Namen auf den Drohbriefen Priorität. An denen kam er nicht vorbei, obwohl er seine Zweifel hatte. Jedenfalls war er gestern nach Obermenzing gefahren und hatte dort die Tochter von Peter Rudnik besucht, eine nette junge Frau, die als Lehrerin arbeitete. Ihm blieben Früchtetee und Dinkelplätzchen aus dem Reformhaus nicht erspart, was wieder einmal seine Theorie bestätigte, daß Detektive hart im Nehmen sein mußten. Über eine Stunde hatten sie sich über ihren Vater und über Max unterhalten. Wie Rudniks Tochter von Prof. Maximilian Mauritz erzählte, davon, daß er die letzte Hoffnung für ihren Vater gewesen sei und daß der Professor wirklich alles versucht habe, aber ihrem herzkranken Vater sei einfach nicht mehr zu helfen gewesen, da wurde Philipp richtig stolz, daß er mit Max befreundet war. Nicht den geringsten Vorwurf gab es, im Gegenteil, die gesamte Familie sei dem Professor noch heute dankbar. Immerhin habe Max ihren Vater schon früher einmal operiert und ihm noch einige glückliche Jahre geschenkt. Soviel war sicher, aus dem Umfeld der Familie von Peter Rudnik kamen keine Drohbriefe. Die Einladung zum Abendessen hatte er leider ablehnen müssen. Ihm stand nicht der Sinn nach Tofu, Hirseküchlein und alkoholfreiem Bier.

Heute wollte er den Witwer von Clara Behrens besuchen. Er hatte bereits mit ihm telefoniert und wußte, daß Frank Behrens arbeitslos war und in einem Reihenhaus in Daglfing wohnte. Eines war ihm schon vorher klar – Früchtetee würde es bei ihm nicht geben.

»Können Sie nicht lesen«, brüllte es im Haus, nachdem Philipp Mahlo geläutet hatte. »Keine Werbung! Stecken Sie sich Ihre Prospekte in den Arsch.«

Das konnte ja heiter werden. Es lebe das Kontrastprogramm.

»Ich kann Ihrer Aufforderung leider nicht folgen, ich habe keine Prospekte dabei. Meine Name ist Mahlo, wir haben miteinander telefoniert.«

»Der Privatschnüffler, ich erinnere mich. Das ist wenigstens mal was anderes. Machen Sie auf, es ist nicht abgesperrt.«

Philipp Mahlo ging durch den kleinen Flur, um dann im Wohnzimmer einem knapp zwei Meter großen Mann gegenüberzustehen, der aussah wie ein schlecht rasierter Kleiderschrank. Frank Behrens lehnte an der Theke einer kleinen Bar und rührte in einem Glas, dessen giftgrüner Inhalt schon beim bloßen Hinsehen für Katerkopfschmerz sorgen konnte.

»Was liegt an? Sie haben gesagt, Sie führen irgendwelche Ermittlungen im Zusammenhang mit Professor Mauritz durch, richtig?«

»Habe ich nicht gesagt. Die Angelegenheit hat mit der Person von Professor Mauritz nichts zu tun ...«

»Das werden Sie mir gerade auf die Nase binden«, wurde Philipp Mahlo von Frank Behrens unterbrochen. »Hat der Pferdemetzger wieder einmal Scheiße gebaut?«

»Ich verstehe Sie wohl nicht richtig«, erwiderte der Detektiv. »Da habe ich mich offenbar verhört.«

»Haben Sie sich nicht«, sagte Frank Behrens und nahm einen Schluck aus seinem Giftglas. »Die schwule Sau hat meine Clara abgemurkst. Aber diese Halbgötter in Weiß, die dürfen das, die werden nicht zur Rechenschaft gezogen. Ein Skandal ist das. Für die karrieregeilen Arschlöcher sind Patienten doch nichts anderes als Versuchskaninchen.«

Philipp Mahlo war verblüfft. Das klang ja ganz so, als ob er hier bei der richtigen Adresse wäre. »Werden nicht zur Rechenschaft gezogen«, hatte Behrens gerade gesagt. Das kam ihm bekannt vor. Philipp Mahlo fiel eine Passage aus einem der beiden Briefe ein. »Aber gottlob gibt es eine höhere Gerechtigkeit. Diese wird Sie zur Rechenschaft ziehen«, hieß es da. Philipp Mahlos Blick richtete sich auf ein Kruzifix, das über dem Fernseher in der Ecke des Wohnzimmers hing. Die Briefe steckten ja voller Bibelzitate. Das schien alles irgendwie zusammenzupassen.

»Sind Sie Katholik, gehen Sie in die Kirche?«

»Was sollen diese Fragen? Sie sind mir ja ein komischer Typ. Ja, ich gehe in die Kirche. Meine Clara wollte das so, die hat in der Gemeinde mitgearbeitet.«

»Dein Wille geschehe wie im Himmel also auch auf Erden«, sagte Philipp Mahlo und wartete auf eine Reaktion von Behrens. Die kam auch, fiel aber nicht besonders christlich aus.

»Jetzt hören Sie mit diesem Scheiß auf. Was wollen Sie überhaupt? Raus damit, oder machen Sie die Fliege. Hat dieses Professorenarschloch irgendwelche schmutzigen Geschäfte

gemacht. Mit billigen Herzklappen, die er sich hat teuer bezahlen lassen, oder so?«
»Nein, hat er nicht.« Philipp Mahlo beschloß, Klartext zu reden. »Professor Max Mauritz bekommt anonyme Briefe, in denen er mehr oder weniger direkt bedroht wird. Und ich will herausfinden, wer der Absender ist, und dafür sorgen, daß die Sache ein Ende hat.«
Frank Behrens lachte schallend. »Drohbriefe? Das finde ich gut, echt stark. Hat der Idiot so viel Schiß bekommen, daß er sich einen Detektiv genommen hat. Super, hoffentlich geht sein Hintern mit Grundeis. Und Sie glauben jetzt, ich bin der Briefschreiber, oder?«
»Das wäre doch immerhin möglich, so wie Sie gerade über Professor Mauritz hergezogen haben.«
»Das wäre möglich, absolut richtig. Sehr gut möglich sogar«, sagte Frank Behrens und richtete sich zu voller Größe auf. »Und was wollen Sie dagegen tun?«
»Hören Sie damit sofort auf, sonst erstatte ich Anzeige und sorge dafür, daß Ihnen Hören und Sehen vergeht.«
»Wie wollen Sie das machen, Sie Westentaschen-Rambo? Wollen Sie mich vielleicht verprügeln. Nur zu, Sie können gleich anfangen.« Frank Behrens winkte auffordernd mit den Händen.
»Das hätten Sie wohl gerne. Ich muß Sie enttäuschen, Sie müssen Ihre Aggressionen schon woanders abreagieren. Aber mit den Briefen ist Schluß, haben Sie mich verstanden!«
Frank Behrens grinste und schlug mit der flachen Hand gegen die Theke. »Ich hab Sie verstanden, doch ob's was hilft, weiß ich nicht.« Frank Behrens lachte hämisch. »Hauen Sie endlich ab!«
Im Hinausgehen stieß Philipp Mahlo mit purer Absicht eine große blaue Vase von einer Truhe. Ein kleiner Denkzettel konnte nicht schaden. Die Vase fiel auf den Steinboden, das Porzellan splitterte. Mahlos »Sorry« war kaum zu hören. Die Eingangstür schlug hinter ihm zu. Als Frank Behrens mit ro-

tem Kopf auf die Straße stürmte, sah er nur noch, wie die Reifen von Philipp Mahlos Porsche durchdrehten.

Es war spät in der Nacht, als Philipp Mahlo in einem Industriegebiet vor den Toren Münchens aus einer Nachtbar kam, die nicht gerade den besten Ruf hatte. Er war ziemlich betrunken. Trotz des Regens blieb er vor der Bar stehen und zündete sich eine Zigarette an. Eigentlich sollte er sich ein Taxi nehmen und nicht mit dem Auto fahren. Aber er hatte keinen Bock darauf, wieder reinzugehen, ein Taxi zu bestellen und auf die Kiste zu warten. Es würde schon gutgehen. Mahlo schmiß die Zigarette in eine Pfütze, stieg in sein Auto und fuhr los. Normalerweise wäre ihm aufgefallen, daß ihm ein Wagen folgte, aber er hatte an diesem Abend seine Sinne nicht mehr ganz beieinander. Er wollte nur noch eines, nämlich ins Bett. Einige Kilometer weiter war vor der Stadtgrenze ein Parkplatz neben der Straße. Und weil Philipp Mahlo plötzlich dringend pinkeln mußte, fuhr er auf den verlassenen Parkplatz. Er stellte den Motor ab und schaltete die Lichter aus. Als er ausstieg, hielt hinter ihm ein verrosteter Mercedes-Diesel.

»Scheiß Großstadt, da kann man ja nicht mehr in Ruhe pinkeln«, schimpfte Mahlo. Er suchte leicht schwankend nach dem Reißverschluß, da merkte er, daß jemand von hinten auf ihn zukam. Im Umdrehen erfaßte er blitzartig die Situation. Frank Behrens war nur noch wenige Schritte von ihm entfernt. In der Nacht sah er noch viel größer aus als am Tag.

»Die Vase war ein Geschenk von Clara«, schrie ihm Frank Behrens mit wutverzerrtem Gesicht entgegen. »Du kommst mir nicht ungestraft davon.«

Unter Behrens' erstem Schwinger konnte Mahlo noch wegtauchen, den folgenden Schlag mit der linken Faust hatte er im Dunkeln nicht kommen sehen. Wo kam denn diese Dampframme her? Irgendwo krachte es in seinem unteren Rippenbogen. Ein stechender Schmerz bohrte sich in eine

Richtung, wo er seine Lunge vermutete. Was war denn mit seinen Beinen los? Mußten die gerade jetzt schlappmachen? Philipp Mahlo sah, wie der Asphalt immer näher kam. So eine Scheiße. Die erste Runde war doch vom Ringrichter noch gar nicht freigegeben, und schon hatte ihn dieser Halbaffe fast außer Gefecht gesetzt. Jetzt wäre der Gong und eine kurze Erholungspause recht. Bei dieser Gelegenheit könnte er auch seinen Hosenschlitz wieder zumachen. Außerdem wären ein paar taktische Anweisungen vom Coach hilfreich. Mahlo versuchte recht und schlecht, sich auf dem Boden abzurollen. Das konnte er auch schon mal besser. Gott, war er besoffen. Und genau zu diesem unpassenden Augenblick mußte dieser Kirchengänger aufkreuzen und ihn beim Pinkeln stören. Wo blieb die christliche Nächstenliebe? Aus dem Augenwinkel sah Philipp Mahlo, wie Behrens mit dem linken Fuß ausholte. Schien ganz schön stabile Knobelbecher anzuhaben. Also das ging entschieden zu weit. Einen, der schon am Boden lag, zu treten. Philipp Mahlo fing den Tritt mit der Armbeuge ab, packte den Stiefel mit beiden Händen und drehte ihn mit ganzer Kraft gegen den Uhrzeigersinn. »Jetzt wird die Zeit zurückgestellt, du Armleuchter. Dann fangen wir noch einmal von vorne an!« Während Behrens zu Boden ging, versuchte sich Philipp Mahlo wieder aufzurichten. Klappte besser als erwartet, dauerte aber eine Weile. Deshalb war auch Behrens schon wieder auf den Beinen, der wie ein Profiboxer sofort mit erhobenen Fäusten Kampfposition einnahm.
»Stopp, halt!« rief Philipp Mahlo mit erhobenen Händen. »Laß uns erst die Regeln vereinbaren ...«
»Bist du noch zu retten«, erwiderte Behrens, der tatsächlich kurz innegehalten hatte. »Es gibt keine Regeln.«
Sekundenbruchteile später krachte Mahlos rechter Cowboystiefel in Behrens' Magengrube. »Wollt ich nur wissen«, zischte Mahlo durch die Zähne und rotierte auf dem linken Absatz. Rückwärts schlug er Behrens, der seine Deckung hatte fallen

lassen, mit dem Ellbogen mitten ins Gesicht. Und mit einer weiteren Halbdrehung setzte er ihm einen gewaltigen Schwinger aufs Ohr.
Mahlo machte eine kurze Pause und fixierte seinen Gegner aus sicherem Abstand. Dieser Behrens war hart im Nehmen, der stand ja immer noch auf seinen Beinen. Wahrscheinlich mußte er ihm zum Abschluß noch in die Eier treten. Mahlo hörte einen lauten Urschrei. Jetzt wollte sich dieses Untier offenbar schon wieder auf ihn stürzen. Er ging in die Knie und hebelte den Anstürmenden über die Schulter. »Nun machen wir den Flugschein!« rief er ihm hinterher, als Behrens über die Böschung segelte. »Und jetzt nichts wie weg.« Mahlo rannte zum Mercedes, zog den Zündschlüssel ab und sprintete dann zu seinem Porsche. Schon zum zweitenmal in den letzten vierundzwanzig Stunden gab er Vollgas. Der alte Carrera schleuderte vom Parkplatz auf die Bundesstraße. Erst nach einer guten Minute brach Mahlo den Spurt ab. Er beobachtete, wie die Tachonadel auf die hier vorgeschriebenen achtzig Stundenkilometer zurückfiel, und atmete tief durch. Das war ja noch einmal gutgegangen. Hoffentlich hatte er sich keine Rippen gebrochen. Der Schlag war nicht von schlechten Eltern gewesen. Er drehte das Seitenfenster nach unten und ließ den kalten Fahrtwind ins Gesicht streichen. Jetzt nur noch nach Hause, unter die Dusche und ins Bett. Morgen würde er dann weitersehen, mit hoffentlich etwas klarerem Kopf als jetzt. Nun, nüchterner wäre er morgen sicherlich, das war nicht schwer, aber an den klaren Kopf wollte er nicht so recht glauben.

30

Max war im Wohnzimmer auf der alten Liege, die er auf dem Antiquitätenmarkt in Lucca aufgestöbert hatte, tief eingeschlafen. Auf seinem Gesicht lag ein großer Waschlappen, der ursprünglich naß und kalt gewesen war. Jetzt hob und senkte sich das trockene Frotteetuch mit seinen gleichmäßigen Atemzügen. Ein Kitzeln an den nackten Fußsohlen weckte ihn auf. Im halbwachen Zustand, die Augen unter dem Lappen immer noch geschlossen, versuchte er sich zu orientieren. Ihm fiel ein, daß er mit seinem Fahrrad einen Überschlag geprobt hatte, daß er danach ohnmächtig gewesen war und daß Leonardo da Vinci ihn ins Leben zurückgeschleckt hatte. Wirklich ein intelligenter Hund, fast so genial wie sein großer Namensvetter. Und das alles ohne Ausbildung in Erster Hilfe! Alle Hochachtung. Max bewegte langsam die Finger. Fühlte sich normal an. Nur im Kopf, da pochte es immer noch leicht, was aber zu ertragen war. Und sein Kreuz? Wenn er einfach so dalag, konnte er sich nicht beklagen. Und übel war ihm auch nicht mehr. Eigentlich nicht schlecht für einen Mann in seinem Alter. Diesen Abwurf mußte man erst einmal weitgehend unbeschadet überstehen.

Warum nur kitzelte jetzt Leonardo da Vinci seine Fußsohlen? Komisch, er hatte seine Zunge viel feuchter in Erinnerung, und auch ruppeliger. Oder war das etwa seine Nasenspitze?

»Na, komm her, mein Lebensretter«, sagte Max unter seinem Waschlappen und streckte den linken Arm aus. Er bekam etwas Haariges in die Finger. Samtweich, flauschig ... Max tastete mit der Hand vorsichtig weiter. Eine glatte Stirn, eine hübsche Nase, kleine Ohren – »Das ist nicht Leonardo da Vinci«, stellte er fest.

»Schön, daß dir der Unterschied auffällt«, erwiderte eine dunkle Frauenstimme.

»Ich bin ja nicht auf den Kopf gefallen, jedenfalls nicht so heftig.« Und nach einer kurzen Pause: »Sag mal, Carlotta, hast du mir gerade die Fußsohlen abgeleckt?«

»Sei pazzo«, entrüstete sich Carlotta. »Ich glaub, du bist doch auf den Kopf gefallen. Das war mein Zeigefinger.«

»Schade«, murmelte Max.

»Was soll eigentlich der Lappen auf deinem Gesicht. Sieht ziemlich albern aus.«

»Kannst ihn ja wegnehmen. Wozu hab ich jetzt eine Krankenschwester?«

Während Carlotta den Waschlappen langsam fortzog, hielt Max die Augen weiter geschlossen. »Und? Alles heil?« wollte er von ihr wissen.

»Nun, sieht man einmal von deinem gebrochenen Nasenbein ab, von den zertrümmerten Wangenknochen und der riesigen Platzwunde auf der Stirn, il tuo viso non ha niente, è come sempre.«

»Da bin ich ja beruhigt«, entgegnete Max. »Ich dachte, es wäre schlimmer.«

Carlotta fuhr ihm mit dem Finger sanft über die Stirn, den Nasenrücken entlang über die Lippen bis zum Kinn. Dann beugte sie sich über ihn und gab ihm einen langen Kuß auf den Mund.

»Ich werde die Augen nie mehr aufmachen«, stellte Max fest. »Ich möchte diesen Traum weiterträumen.«

»Das geht auch mit offenen Augen, hängt ganz von dir ab.«

»Versprochen?«

»Wie gesagt, das hängt ganz von dir ab.«

Max stützte sich auf, öffnete zunächst versuchsweise nur ein Auge, dann beide.

»Un ragazzo come tutti gli altri«, zitierte Carlotta Carlo Collodi und knüpfte damit an ihren Abend im Fischlokal an. »Confessa! Bist du wirklich vom Rad gefallen, oder spielst du wieder Pinocchio, um mein Mitleid zu erregen?«

»Hab ich das nötig?«

»Nein, hast du nicht. Also erzähl schon, was ist passiert?«

Max setzte sich etwas mühsam auf, Carlotta nahm in einem Lehnstuhl Platz, der direkt neben der Liege stand und den er mit dem Inventar des Hauses übernommen hatte. Bis ins Detail schilderte Max seinen Ausflug mit dem Mountainbike. Wie auf Kommando kam Leonardo da Vinci durch die offene Terrassentür, als wüßte er, daß er bei dieser Geschichte eine wichtige Rolle spielte. In seiner Schnauze hielt er etwas, das Max an seine Lieblingsbadehose erinnerte, die er draußen zum Trocknen aufgehängt hatte. Unbeirrt fuhr er mit der Beschreibung seines Ausflugs fort. Allerdings vermied er es, seinen Verdacht zur Sprache zu bringen, daß jemand die Radmutter gelöst haben könnte und daß ihm in diesem Zusammenhang auch Eva in den Sinn gekommen war. Nein, diesen Verdacht, an den er sowieso nicht so recht glauben wollte, den würde er für sich behalten. Am Ende gab Max noch ein kurzes ärztliches Bulletin, das zwar zutreffenderweise optimistisch ausfiel, aber dennoch die Notwendigkeit einer fürsorglichen Behandlung andeutete.

»Es hätte schlimmer kommen können, ich schätze, ich habe Glück gehabt«, schloß Max. Wie zur Bestätigung ließ Leonardo da Vinci ein kurzes, tiefes Bellen hören. Max sah, daß seine Badehose – beziehungsweise das, was davon übriggeblieben war – auf dem Eßtisch im Obstkorb gelandet war. Leonardo da Vinci machte auf den Hinterpfoten kehrt, die Bodenlampe wackelte bedrohlich, und trollte sich davon.

»Alles klar, Leonardo da Vinci, tu dir keinen Zwang an. Du hast heute alle Freiheiten. In München hätte ich noch einen schönen Smoking, den bring ich dir das nächstemal mit.«

»Mi piace il tuo senso dell'umorismo«, sagte Carlotta schmunzelnd.

»Das war mein Ernst. Ich möchte nie mehr wohin gehen, wo ich einen Smoking tragen muß. Den kann Leonardo da Vinci haben. Er kann ihn dann auffressen oder zerreißen und im Haus verteilen. Dieser Akt der Zerstörung wäre von hohem symbolischem Wert.«

»Und da wäre ja noch die imperative Kraft des Faktischen ...«

»Genau, ohne Smoking muß ich entsprechenden gesellschaftlichen Ereignissen leider fernbleiben. Bei etwaigen Rückfra-

gen dürfen sich die enttäuschten Gastgeber vertrauensvoll an Leonardo da Vinci wenden.«
»Woraufhin sie dich sicherlich für geistesgestört halten werden.«
»Was Besseres kann mir doch gar nicht passieren.«
»Wie stellst du dir den weiteren Verlauf des Tages vor?« wollte Carlotta wissen. »Ich hab was zum Essen mitgebracht, ich könnte uns eine Kleinigkeit kochen. Und im Auto habe ich eine Tasche mit Salben, Verbandzeug und so weiter, falls ich dich doch noch verarzten soll. Aber zu verbinden gibt's ja soweit ich sehen kann Gott sei Dank nichts. Nur die Schürfwunde an deiner Schläfe könnte ich noch etwas besser säubern.«
Max versuchte aufzustehen, was ihm unter einigem Ächzen und Stöhnen auch gelang. »Das Kreuz tut mir wirklich ziemlich weh. Ich denke, ich sollte mir deine Salben mal anschaun. Vielleicht ist da was Vernünftiges dabei und du kannst mich am Rücken einreiben.« Und nach einem Blick auf die Uhr: »Es ist ja schon nach sechs. Wo ist denn unsere liebe Gianna?«
»Gianna habe ich zu Isabella gebracht. Dort ist sie gut aufgehoben. Ich hab also Zeit. Gianna und die Contessa wissen, daß es sich um einen Notfall handelt.«
Während Carlotta hinaus zum Auto ging, um das Essen und die Tasche für die Erste Hilfe zu holen, übte sich Max im Gehen. Er mußte sich nur langsam bewegen, wie in Zeitlupe, dann kam er schon klar. Er begab sich in die Küche, holte eine Flasche Prosecco aus dem Kühlschrank sowie zwei Gläser aus dem Regal und ging hinaus auf die Terrasse, wo er sich im Schatten der Pergola vorsichtig niederließ. Zunächst rollte er die kalte Flasche einige Male über die Stirn und die Schläfen. Belustigt sah er, wie er dabei von Leonardo da Vinci mit schräg gestelltem Kopf beobachtet wurde. Hunde haben wohl nie Kopfschmerzen. Max öffnete den Drahtverschluß und ließ den

Korken über die Hecke fliegen. Erwartungsgemäß schoß Leonardo da Vinci hinterher, ward aber nicht mehr gesehen, weil er bei seiner Suche nach dem Korken von einer scharf riechenden Spur abgelenkt wurde.
»Was ist denn das?« wollte Carlotta wissen, als sie um die Ecke kam. »Ich bin hier auf Krankenbesuch und nicht zum Rendezvous!«
»Das ist mir schon klar, aber warum können wir nicht das Angenehme mit dem Nützlichen verbinden. Komm, setz dich her, laß uns anstoßen.«
Carlotta und Max nahmen sich viel Zeit, saßen auf der Terrasse, tranken Prosecco und plauderten. Max genoß dieses Zusammensein in vollen Zügen, entsprach das doch genau seinen Vorstellungen von der Zukunft. Carlotta hatte sich bequem zurückgelehnt und ihre Füße auf einen zweiten Stuhl gelegt. Max beobachtete, wie sie versonnen den Stil des Sektglases zwischen den Fingern drehte. Er bedauerte, daß sie eine Sonnenbrille aufgesetzt hatte, denn er liebte es, ihr in die schwarzen Augen zu schauen. Carlotta erzählte von ihrem Unterricht in der Schule, von ihren Kindern und den Streichen, die sie immer wieder spielten. Da schien es keinen großen Unterschied zwischen Italien und Deutschland zu geben. Aber Max hörte nur mit halbem Ohr zu. Möglichst unauffällig ließ er seine Augen über ihre Beine gleiten, dann wieder ruhte sein Blick auf ihrem Gesicht. Herrlich, dieser südländische Teint. Schade, daß man in dem hellen Leinenkleid, das sie anhatte, von ihrem Körper nicht viel zu sehen bekam. Aber er mußte sich eingestehen, daß er längst eine sehr genaue Vorstellung von ihrem Körper hatte. Carlotta war ganz anders als, nun, als Eva. Nicht so provozierend weiblich, sondern viel sportlicher, muskulöser, elastischer. Sicherlich ohne ein Gramm Fett, schließlich gab sie ja Sportunterricht.
Carlotta hatte die Brille abgenommen.
»Sag mal, hörst du überhaupt zu?«

»Klar doch, natürlich«, antwortete Max, der sich ertappt fühlte.

»Was habe ich dir gerade zu erklären versucht?« Carlotta sah Max fragend an, der sich mit größter Anstrengung bemühte, sich wenigstens an ihren letzten Satz zu erinnern.

»Daß ich, also, daß ich deiner Meinung nach darauf achten soll, daß die Terrassentür immer geschlossen ist«, sagte Max und freute über diesen gelungenen Beweis seiner uneingeschränkten Aufmerksamkeit.

»Und warum?«

»Vielleicht wegen der Moskitos?« antwortete Max mit zweifelnder Stimme und hochgezogenen Augenbrauen.

»Nein, sondern wegen der Vipern. In der Toskana gibt es nun mal viele Schlangen ...«

Warum mußte er bei diesem Wort unwillkürlich an Eva denken?

»... wobei die Vipern ausgesprochen gefährlich sind. So dicht wie dein Haus mit Wein und Efeu bewachsen ist, können sie sich leicht unbemerkt ins Haus schlängeln.« Carlotta ahmte mit der Hand die Bewegung einer Schlange nach. »Und ich schätze, es gefällt dir nicht, dein Bett mit einer giftigen Viper zu teilen.«

Möglicherweise habe ich das schon längst, schoß es Max durch den Kopf.

»Und außerdem wird es jetzt Zeit, daß ich uns was zu essen mache«, sagte Carlotta im Aufstehen. »Danach verarzte ich dich und reibe dir den Rücken ein. Ich kann dich auch massieren, wenn du willst. Und dann stecke ich dich ins Bett. Dort gehören Patienten nämlich hin!«

Max folgte Carlotta in die Küche, naschte einige Oliven, legte eine CD mit Verdi auf und zog sich wieder auf die Liege im Wohnzimmer zurück. Die Kopfschmerzen waren mittlerweile gänzlich verflogen, blieb nur sein lahmes Kreuz, das ihn in seiner Bewegungsfreiheit etwas einschränkte. Während er Carlotta in der Küche hantieren hörte, dachte er über ihr Angebot einer Rückenmassage nach. Er registrierte, daß ihn diese Vorstellung auf dumme Gedanken brachte. Um seine Phantasie zu disziplinieren, beschloß er, sich stärker auf die Musik zu konzentrieren ...

»Puoi aprirci una bottiglia di vino?« Max schreckte hoch. Da war er doch tatsächlich wieder eingenickt. Draußen war es mittlerweile völlig dunkel geworden, auf dem Tisch brannten einige Kerzen.

»Natürlich, ich komme«, antwortete Max. Das Aufstehen fiel ihm schon etwas leichter als vorhin. Im Vorbeigehen sah er, daß auf dem Tisch der Insalata mista bereits angerichtet war, mit Fenchel, Ruccola, Tomaten, Radicchio und Romano, so wie er ihn liebte. Aus der Küche duftete es verführerisch nach Knoblauch, Thymian und Oregano. Max ging hinaus zur Cantina und holte aus dem Kühlschrank eine Flasche Galestro. Dabei pfiff er leise vor sich hin. Für so einen Abend lohnte es sich fast, vom Fahrrad zu fallen. Auf dem Rückweg blieb er kurz stehen und sah hinauf zum Sternenhimmel. War da nicht gerade eine Sternschnuppe? Und durfte man sich dann nicht etwas wünschen? Im Dunkeln hörte er das Zirpen der Zikaden. Aus dem Haus drangen die Klänge von Verdi. »Freund, was willst du mehr?« sagte Max zu sich selbst und hoffte, daß sein Wunsch in Erfüllung gehen würde.

GALESTRO
Leichter Weißwein

»È pronto«, rief Carlotta, als Max etwas geistesabwesend ins Haus zurückkehrte, »der Salat ist fertig.« Mit einem Blick auf die Teller erkannte er den Grund für die Eile. Der Salat war mit frisch gebratenen Austernpilzen belegt. Beim ersten Bissen stellte er fest, daß seine Geschmacksnerven beim Sturz keinen Schaden genommen hatten. Dieser Verlust an Lebensqualität wäre ja auch gar nicht auszudenken. Nach dem Salat, den er fortan *Insalata Carlotta* nennen wollte, begleitete Max Carlotta in die Küche. Dabei bewegte er sich schmerzbedingt wie in Zeitlupentempo. Leider schenkte Carlotta seinem

INSALATA
CARLOTTA
FETTUCINE
CON POMODORI
E MOZZARELLA

MOZZARELLA
Büffelkäse

mitleidheischenden Stöhnen keine weitere Aufmerksamkeit. Dafür versprachen die *Fettucine con pomodori e mozzarella* trefflich zu gelingen. Carlotta ließ die Fettucine abtropfen und mischte sie dann in der Pfanne mit Olivenöl, gewürfelten Tomaten und Mozzarella. Zum Schluß fügte sie noch einige kleingeschnittene Basilikumblätter hinzu. Max schnalzte mit der Zunge. Mit dieser Krankenkost konnte er sich anfreunden. Um sich etwas nützlich zu machen, holte er den Parmesan aus dem Kühlschrank, schnitt einige Stücke ab und steckte diese in seine Parmesanmühle.

Nach dem Abendessen gelang es Max, Carlotta noch zu einem weiteren Glas Wein auf die Terrasse zu locken. Eine Zeitlang unterhielten sie sich, wobei die Themen immer persönlicher wurden. Jetzt saßen sie schweigend nebeneinander, vor ihnen das Windlicht und über ihnen das nächtliche Firmament, das hier auf dem Land in der Toskana so unglaublich intensiv strahlt. Wie eine große Sternenkuppel über dem Paradies, dachte Max, der sich außerdem ganz sicher war, schon wieder eine Sternschnuppe gesehen zu haben.

Carlotta beugte sich zu Max. »Sag mal, schnarchst du im Sitzen?«

Max mußte grinsen, hielt den Zeigefinger an die Lippen und deutete dann nach unten. Carlotta sah unter den Tisch. »Das gibt's doch nicht«, sagte sie lachend, »Leonardo da Vinci schnarcht?«

»Ja, warum sollen Hunde nicht schnarchen? Vielleicht träumt er dabei was Schönes?«

»Wünschen wir es ihm.« Carlotta stand auf, nahm Max an der Hand und zog ihn leise lächelnd aus seinen Korbsessel. Sie blies das Windlicht aus, und sie gingen ins Haus und verriegelten die Terrassentür.

»Leonardo da Vinci kann heute nacht draußen schlafen. Geh schon mal vor, ich komm gleich nach«, sagte Carlotta und deutete mit den Augen zur Treppe, die hinauf ins Schlafzimmer führte. Behutsam schickte sich Max an, die Stufen zu erklimmen. Dabei schlugen seine Gedanken wahre Purzelbäume. Was hatte das zu bedeuten? Wollte ihn Carlotta jetzt wie angekündigt verarzten, seinen Rücken einreiben und ihn dann alleine ins Bett stecken? Oder erfüllten die Sternschuppen heute Wünsche besonders rasch? Wobei er nicht wußte, ob er das angesichts seines desolaten körperlichen Zustands überhaupt wollte. Eigentlich hatte er sich diesen Augenblick anders vorgestellt.

Max war oben angekommen und setzte sich aufs Bett. Dort wartete er, bis er hörte, wie Carlotta die Treppe hinaufstieg. In der Tür blieb sie kurz stehen und schaute Max an. Dabei umspielte ein spitzbübisches Lächeln ihre Lippen, so wie er das bisher bei ihr noch nicht gesehen hatte. Als Carlotta das Licht ausmachte, mußten sich seine Augen erst an die plötzliche Finsternis gewöhnen. Es dauerte einige Momente, bis er ihre Silhouette wahrnahm. Spielte ihm seine Phantasie einen Streich? Carlotta stand noch an derselben Stelle wie zuvor, aber das Kleid war offenbar von ihren Schultern auf den Boden geglitten. Nein, das war keine Halluzination. Carlotta stand nackt vor ihm. Auf bloßen Füßen kam sie näher. Max blieb wie erstarrt auf der Bettkante sitzen.

»Carlotta ...«, begann er mit leiser Stimme.

Er hörte nur ein »Pst!« und spürte, wie sie ihm mit den Fingern die Lippen verschloß. Und dann spürte er ihre Brüste an seinem Gesicht, ihre Hände, wie sie ihm das Hemd über den Kopf zogen, ihren Körper, wie er sanft auf ihn Druck ausübte, damit er sich nach hinten aufs Bett legte.

Max beschloß, sich völlig ihrer Initiative zu überlassen. Er hatte den Eindruck, daß sie ganz genau wußte, was sie tat. Und schließlich war er der Patient.

31

Philipp Mahlo stand im Bad, den Kopf über das Waschbecken gebeugt. Der kalte Wasserstrahl tat gut. Nach dem Kater von heute morgen zu schließen, hatte er gestern abend beträchtlich einen über den Durst getrunken. Beim Aufwachen hatte er zunächst gedacht, auf der Straße vor seinem Haus würde der Asphalt mit einem Preßluftbohrer aufgerissen. Aber dann wurde ihm klar, daß der Preßluftbohrer irgendwo unter seiner Schädeldecke zugange war. Er stellte das Wasser ab, trocknete behutsam die Haare mit dem Badetuch und betrachtete sich im Spiegel. Den Blick kannte er, diese rotunterlaufenen Augen verrieten alles. Dann tastete Philipp vorsichtig seine Rippen ab. Im Spiegel sah er deutlich den Bluterguß, aber die Rippen, so schien es ihm, waren nicht gebrochen. Glück gehabt, an den Schlag von Frank Behrens konnte er sich noch allzugut erinnern, der war nicht von schlechten Eltern gewesen.

Philipp Mahlo ging in die Küche und überlegte, welches Katergetränk ihn am schnellsten wieder auf die Beine bringen würde. Im Kühlschrank entdeckte er eine Flasche Weißbier. Er sah die Flasche zweifelnd an. Schließlich konnte er der Versuchung nicht widerstehen. Alkohol bekämpft man nun mal am besten mit Alkohol, kam Mahlo mit sich überein. Auf dem Weg zum Gläserschrank stellte er das Radio an. Gerade begannen die Elf-Uhr-Nachrichten. Mahlo hörte nur mit halbem Ohr zu, denn er konzentrierte sich auf die heilige Handlung des Weißbiereinschenkens. Der Sprecher berichtete über ein Erdbeben in China, einen Putsch irgendwo in Afrika und einen Serienunfall auf der Salzburger Autobahn. War ja doch jeden Tag so ziemlich das gleiche.

»... noch ist sich die Polizei über den Hergang nicht im klaren«, hörte Mahlo. »Die Leiche wurde unterhalb einer Böschung am Rastplatz gefunden. Der Tote konnte als Frank

Behrens identifiziert werden, wohnhaft in München-Daglfing und derzeit ohne Arbeit.« Mahlo drehte das Radio lauter. »Offenbar ist Frank Behrens nach einem Sturz über die Böschung mit dem Kopf gegen eine Eiche geprallt«, fuhr der Nachrichtensprecher fort, »und hat sich dabei einen Schädelbruch zugezogen, der zum Tode führte. Gefunden wurden das verlassene Auto und die Leiche in den frühen Morgenstunden von einer Streife der Münchner Polizei. Es gibt Hinweise darauf, so ein Sprecher der Münchner Polizei, daß es sich bei dem Tod von Frank Behrens nicht um einen Unfall handelt. Und nun das Wetter ...«.

Mahlo schaltete das Radio aus und nahm einen großen Schluck aus seinem Weißbierglas. »So eine Scheiße. Klarer Fall von Bruchlandung«, sagte er zu sich selbst und stellte das Glas ab. Was das für Hinweise waren, die gegen einen Unfall sprachen, konnte er sich denken. Mahlo ging ins Schlafzimmer. Auf dem Boden lagen seine Jeans. In der linken Tasche fand er den Autoschlüssel von Frank Behrens. Er warf den Schlüssel nachdenklich in die Luft und fing ihn wieder auf. Den hätte er mal besser stecken lassen, aber er konnte ja nicht ahnen, daß dieser Behrens bei seinem Abflug gegen einen Baum gekracht war. Und jetzt? Philipp Mahlo überlegte, ob er seine Freunde bei der Kripo aufsuchen und ihnen vom nächtlichen Überfall erzählen sollte. Oder war es klüger, auf Tauchstation zu bleiben? Recht unwahrscheinlich, daß ihn jemand in der Nacht in der Nähe des Tatorts gesehen hatte. Und er hatte eigentlich wenig Lust, sich den Unannehmlichkeiten der Ermittlungen seiner Exkollegen auszusetzen. Ein reines Gewissen hatte er sowieso, hätte die nächtliche Begegnung doch auch einen umgekehrten Ausgang nehmen können. Rein theoretisch jedenfalls. Na, so besoffen, wie er gewesen war, vielleicht sogar ganz praktisch.

Mahlo beschloß, ein paar Stunden abzuwarten, dann konnte er ja immer noch zur Kripo in die Ettstraße fahren oder sich dagegen entscheiden. Er ging zum Fensterbrett, zog eine Pflanze mit dem Erdballen aus dem Blumentopf, legte den Schlüssel hinein und brachte die Pflanze mit der Erde wieder in Ordnung. Während er einen weiteren Schluck aus dem Weißbierglas nahm, dachte er an seinen Freund Max. Nun, etwas Gutes hatte die Sache ja, Max würde keine Drohbriefe mehr bekommen. Denn daß Frank Behrens der Absender war, daran gab es für ihn seit dem gestrigen Besuch in dessen Reihenhaus keinen Zweifel. Und des Schreibens, nun, des Schreibens war dieser Frank Behrens jedenfalls nicht mehr fähig. Aber das hätte man auch eleganter, weniger drastisch erreichen können.

32

Eva saß in ihrem Frankfurter Apartment vor dem Computer. Auf dem Schreibtisch und auf dem Boden hinter ihrem Stuhl stapelten sich Bücher, Manuskripte und Notizen. Sie legte die Stirn in Falten und las noch einmal die letzten Zeilen.

»Die Ratten hatten die Herrschaft über die verwaisten Straßen von Florenz erobert. Böse funkelten ihre Augen, hämisch fletschten sie ihre Nager. Aus Furcht vor dem Schwarzen Tod hatten sich die Überlebenden in ihren Häusern verbarrikadiert, zitternd vor Angst, frierend und halb verhungert. Zur gleichen Zeit feierte der Adel in seinen Villen rauschende Feste und frönte der Sinneslust. Auf dem Land wähnte er sich vor der Pest in Sicherheit. In Poggio Gherardo brannten bis lange nach Mitternacht die Kerzen. Giovanni Boccaccio vertrieb seinen Freunden die Zeit mit erfundenen Geschichten ...«

BOCCACCIO
Giovanni
Boccaccio
(1313–1375)

Eva blätterte im *Decamerone* und suchte nach einem geeigneten Zitat für ihren Text. Boccaccio hatte die Erzählungen jener langen Nächte später in dieser berühmten Novellensammlung zusammengefaßt. Mit einem Seufzer legte Eva das Buch zur Seite. Es fiel ihr schwer, sich zu konzentrieren. Ihr Blick wanderte gedankenverloren durchs Zimmer. Sie stand auf und ging zur großen Schale mit dem Berg vertrockneter Rosenblüten, nahm eine in die Hand und betrachtete sie. Eva versuchte sich daran zu erinnern, wo diese Rosenblüten herstammten. Es wollte ihr einfach nicht einfallen. Sie haßte diese Erinnerungslücken. Langsam zerbröselte sie die Blüte zwischen ihren Fingern. Die trockenen Krümel rieselten wie in Zeitlupe zu Boden. Dazwischen sah sie immer wieder für Sekundenbruchteile kurze Bilder, Bilder von einem Rosenbeet, Bilder von einem Mann. Eva nahm eine zweite Blüte und rieb sie zwischen den Handflächen. Bilder von Max Mauritz. Bilder von einem Haus in der Toskana. Sie ließ den Blütenrest fallen. Die Erinnerung war wieder da, die Erinnerung an Florenz und an die kurze gemeinsame Zeit mit Max. In ihrem Kopf begann es zu pochen. Nein, nicht schon wieder! Verzweifelt preßte Eva ihre geballten Fäuste gegen die Schläfen.

»Eva, hörst du mich?«

»Nein, nein, nein!« schrie Eva durchs Zimmer.

»Natürlich hörst du mich.« Die Stimme war ruhig, sanft und beschwörend.

Eva legte sich zitternd auf den Boden, ihre Augen starr an die Decke gerichtet.

»Eva, mein Mädchen, entspanne dich. Laß dich gehen, treiben. Atme nicht so schnell. Ganz langsam. Einatmen, ausatmen. Du bist jetzt ganz ruhig. Deine Arme und Beine werden schwer. Spürst du die Wärme in deinen Händen? Alles ist gut.«

»Alles ist gut«, flüsterte Eva und schloß die Augen.

»Du weißt, daß du noch etwas für mich erledigen mußt?« hörte Eva die Stimme sagen.

»Ja, ich weiß.«
»Nun, es wird Zeit, die Sache zu Ende zu bringen. Danach bist du frei.«
»Ich bin frei«, flüsterte Eva.
»Noch nicht, aber bald. Bring es zu Ende. Mach dich auf den Weg. Es muß getan werden.«
»Ich mach mich auf den Weg, versprochen.« Evas Stimme wurde ganz leise. »Aber vorher will ich noch etwas schlafen.«
»Ja, schlaf ein bißchen. Das wird dir guttun.«

33

Schaut aus wie eine Skulptur von Alberto Giacometti«, sagte Carlotta, die bewundernd vor einer schlanken Bronzestatue stand, welche einen in die Länge gestreckten Knabenkörper zeigte.
»Ist allerdings rund zweitausend Jahre älter«, stellte Max fest, der sich während der zurückliegenden Woche vollends von seinen Blessuren erholt hatte. »Aber du hast schon recht, die Statue wirkt ziemlich surrealistisch.«

VOLTERRA
Etruskische
Gründung
(in 555 m Höhe)

Carlotta und Max waren in Volterra im Museo Etrusco Guarnacci, einer der besten Sammlungen etruskischer Kunst in der Toskana. Bisher hatten sie sich vorwiegend Sarkophage und Graburnen angeschaut, was abwechslungsreicher gewesen war, als Max erwartet hatte, denn die Motive auf den Urnen aus Stein, Terrakotta oder Alabaster spiegelten viel von der Lebensweise und Mythologie dieses rätselhaften Volkes wider. Max hatte die Reliefs der Pferdewagen und Schiffe studiert, auf denen die Verstorbenen ihre Fahrt ins Jenseits antraten. Auf den Urnen hatte er Flötenspieler entdeckt, die für musikalische Begleitung sorgten. Interessant war auch die Darstellung von Jagdszenen, von Wagenrennen und Banketten, bei denen offenbar üppig getafelt und gezecht wurde. Er hatte gelesen, daß die Etrusker ihre Verstorbenen eingeäschert hatten, deshalb auch die große Zahl der Aschenurnen in diesem Museum. Später waren die Etrusker dazu übergegangen, ihre Toten in Sarkophagen zu bestatten.

»Ombra della sera, Abendschatten, so wird diese Skulptur genannt«, sagte Carlotta, die immer noch vor der Knabenfigur stand. »Es heißt, daß sich Gabriele d'Annunzio diesen poetischen Namen hat einfallen lassen.«

»Klingt schön, verstehe ich aber nicht«, dachte Max laut über den Namen nach. »Vielleicht, weil die Figur wie ein langgestreckter Schatten eines Knaben aussieht?«

Am Morgen waren Carlotta und Max nach Volterra gefahren. Carlotta beabsichtigte, eine Cousine zu besuchen, mit der sie irgend etwas zu besprechen hatte. Max hatte angeboten, sie hinzubringen, und wollte bei dieser Gelegenheit Volterra anschauen. Während des Vormittags war Max allein in der Stadt herumgelaufen, die hoch oben auf einer Bergkuppe liegt und schon von den Etruskern mit dem Namen Velathri gegründet wurde. Volaterra hieß der Ort bei den alten Römern, und wirklich schien er über die Erde hinwegzufliegen. Tatsächlich waren die Ausblicke, die sich von Volterra auftaten, überwältigend. Im Süden hatte er einige Lichtreflexe gesehen, von denen er nicht wußte, was sie waren. Carlotta hatte später für Aufklärung gesorgt. Wahrscheinlich seien das die gewaltigen Rohranlagen der geothermischen Kraftwerke von Larderello gewesen. Wie moderne Kunstwerke würden sie sich silberglänzend übers Land schlängeln. Larderello Geothermischer Strom

Max gefiel der kühle mittelalterliche Charme von Volterra, dieser trutzigen Stadt, die von einer gewaltigen Festungsmauer umgeben wird und von der Ferne so abweisend wirkt. Er hatte sich natürlich die Porta dell'Arco angeschaut, das Stadttor, das noch aus etruskischer Zeit stammt und drei stark verwitterte Köpfe zeigt. Und er hatte sich auch an der Piazza dei Priori das älteste Rathaus der Toskana angesehen und war im Dom Santa Maria Assunta gewesen, dessen Glockenturm im 15. Jahrhundert neu gebaut werden mußte, da der alte eingestürzt war. Dann war er den Schildern zum Römischen Amphitheater gefolgt, dessen Ruinen man erst in diesem Jahrhundert entdeckt hatte, als man direkt vor der alten Stadtmauer einen Fußballplatz anlegen wollte. Eher amüsiert war Max von den vielen Läden, die kunstgewerbliche Gegenstände aus Alabaster anboten. Ihre unübersehbare Quantität stand nach Max' Einschätzung in einem umgekehrten Verhältnis zu ihrem künstlerischen Wert. Dennoch schien das Geschäft mit den Touristen zu florieren. Und wenn man sich Zeit nahm, dann waren tatsächlich auch schöne Stücke darunter zu finden.

Osteria dei Poeti, Volterra

Nach seiner Stadtbesichtigung hatte sich Max zum Mittagessen mit Carlotta getroffen, und zwar in der Osteria dei Poeti, einer rustikalen Gaststätte mit altem Gewölbe und typisch toskanischer Küche. Bei Crostini, Tagliatelle mit Pilzen und Cinghiale war ihr Gespräch immer wieder auf die Etrusker gekommen. Aus dem Dunkel der Geschichte war dieses Volk im 8. Jahrhundert v. Chr. plötzlich in der Toskana aufgetaucht.

Etrusker

Die Etrusker gründeten befestigte Städte, die sich nach dem Vorbild der griechischen Stadtstaaten zu einem Zwölferbund zusammenschlossen, zu dem auch Volterra gehörte. Sie wurden von den Römern »Tusci« genannt und gaben der Toskana (Tuscania) auf diese Weise ihren Namen. Die Etrusker hatten eine große Handelsflotte, bauten auf Elba Eisen und in den Colline Metallifere Erz ab, legten die Sümpfe der Maremma trocken, errichteten gewaltige Stadtmauern und bestatteten ihre Toten in aufwendigen Nekropolen.

Colline Metallifere, »Metallhügel«

Carlotta kannte einige Legenden über die Herkunft der Etrusker. Der Gott der Etrusker sei Jupiter gewesen, der bei ihnen Tinia hieß. Ein Enkel Jupiters sei einst von einem Bauern beim Pflügen in der Erde entdeckt worden. Und dieser Knabe, mit dem Gesicht eines weisen Mannes, habe in Gesängen den Etruskern ihre spätere Philosophie von Leben und Tod vermittelt. Carlotta erzählte auch von der Sage, daß die Etrusker eigentlich aus Lydien kamen, von wo sie der Königssohn Tyrrhenus nach Italien in die heutige Toskana geführt habe. Auf diesen Königssohn gehe auch der Name Tyrrhenisches Meer zurück.

Was Carlotta an den Etruskern besonders gefiel, war die Rolle der Frau in der Gesellschaft. Völlig emanzipiert seien die Frauen gewesen, den Männern gleichgestellt, wenn nicht sogar in manchen Bereichen übergeordnet. Schon für den alten Dionysos, der sich in seinen Schriften mit den Etruskern beschäftigt hatte, sei diese Gleichberechtigung unvorstellbar gewesen. Frauen, die Priesterämter innehatten, an Gladiatorenkämpfen teilnahmen und sich bei Trinkgelagen hervortaten, die sexuell freizügig lebten und ihre Kinder aufzogen, auch wenn sie sich an die Väter gar nicht mehr erinnern konnten, entsprachen nun mal nicht den Vorstellungen des griechischen Gelehrten und Geschichtsschreibers. Der offensichtliche Verfall aller Sitten und Gebräuche war für Dionysos von Halikarnaß ebenso schauderhaft wie faszinierend. Die Etrusker glaubten, daß die Leber und nicht das Herz der Sitz allen Lebens sei. Sie verfolgten den Flug der Vögel sowie den Lauf der Blitze und kamen so zu ihren Orakeln. Immer wenn der Blitz einen Verlauf nach rechts nahm, erzählte Carlotta, war dies ein böses Omen. Blitze dagegen, die nach links zur Erde fuhren, prophezeiten Gutes. Max versprach scherzend, beim nächsten Gewitter darauf zu achten. Und natürlich redeten sie über die Nekropolen, jene Totenstädte, die von der großen Zeit der Etrusker künden. Etwa vom 7. bis zum 3. Jahrhundert v. Chr. hatte die glanzvolle Epoche der Etrusker gedauert, bis ihre Städte schließlich erobert wurden und ihre Kultur verlorenging. Die Grabstätten, etwa in Populonia oder in Roselle, waren ein Spiegelbild ihres Lebens. Mit großem Aufwand hatten die Etrusker ihre Toten für das Jenseits vorbereitet, in dem sie weiterzuleben glaubten. Die Grabstätten waren wie

POPULONIA

Wohnanlagen gestaltet, mit kunstvollen Sarkophagen und Urnen und mit üppigen Grabbeigaben wie Schmuck und Waffen.

Nach ihrem mittäglichen Gespräch über die Etrusker war es unausweichlich gewesen, daß sie unmittelbar im Anschluß das Museo Etrusco Guarnacci aufgesucht hatten. Und jetzt standen sie eben vor dieser schlanken Knabenfigur, die Max und Carlotta so beeindruckte.

»Stünde diese Statue in einer Ausstellung über moderne Kunst, keiner würde es merken«, stellte Max fest.

»Na, hoffentlich schon«, warf Carlotta lachend ein, »so berühmt, wie diese Statue ist.« Carlotta hakte sich bei Max unter und zog ihn weiter zu den Vitrinen mit formschönen Alltagsgegenständen und herrlichem Goldschmuck.

Eine halbe Stunde später beendeten sie ihren Besuch des etruskischen Museums. Max stellte erleichtert fest, daß sich Carlotta noch genau erinnerte, wo er das Auto geparkt hatte. Bei den vielen Rundgängen war ihm seine diesbezügliche Orientierung abhanden gekommen.

Bald saßen sie wieder in Max' altem Landrover. Carlotta machte den Vorschlag, den Ausflug um einen weiteren touristischen Höhepunkt zu bereichern und nach San Gimignano zu fahren.

»Das kann ich dir nicht zumuten«, wollte ihr Max diesen Umweg ersparen. »Das ist doch für dich sicher total langweilig.«

»Ist es nicht«, widersprach Carlotta. »Das ist so ähnlich wie beispielsweise mit den Schlössern König Ludwigs in Bayern. Als Münchner schaust du sie dir wahrscheinlich auch nie an, außer wenn du amerikanischen Besuch hast, oder? Dabei sind die Schlösser doch echt faszinierend.«

»Sind sie, da hast du recht. Bei mir war es übrigens kein Amerikaner, sondern ein Japaner, mit dem ich im letzten Jahr nach Neuschwanstein gefahren bin, ein Herzchirurg aus Tokio, den ich auf einem Kongreß kennengelernt habe.«

»Allora, heute bist du mein Japaner. Komm, laß uns nach San Gimignano fahren. Ich war da schon seit Jahren nicht mehr.«

Eine knappe Stunde später saßen sie unter einem weißen Marktschirm auf der dreieckigen Piazza della Cisterna, vor ihnen auf einem Stufensockel der alte Brunnen, auf dem es sich einige Jugendliche bequem gemacht hatten, dahinter die Geschlechtertürme, für die San Gimignano weltberühmt ist, Türme, die für die Macht und den gesellschaftlichen Rang ihrer Familien standen. Sie sind bis zu gut fünfzig Meter hoch und ausgesprochen wehrhaft. Überall in Nord- und Mittelitalien hat es im Mittelalter diese Türme gegeben, die nicht nur vor Angriffen von außen schützten, sondern von denen aus sich auch verfeindete Familien auf kürzeste Distanz heftig bekriegten. Aber nur in San Gimignano sind sie in jener Vielzahl erhalten geblieben, daß der Ort heute als »Manhattan des Mittelalters« bezeichnet wird. Carlotta zeigte Max hoch oben Öffnungen an den Türmen, von denen in früheren Jahrhunderten hölzerne Brücken zu den Türmen befreundeter Familien führten.

SAN GIMIGNANO
Manhattan des Mittelalters

Später liefen sie hinauf zum Castello, um von dort den Blick über den Ort und die Landschaft zu genießen. Dann schlenderten sie durch die malerischen Gassen mit den vielen Souvenirgeschäften, Delikateßläden und Vinotheken. In den Weinläden wurde vor allem der Vernaccia verkauft, für den San Gimignano bekannt ist und der zu den wenigen renommierten Weißweinen der Toskana zählt.

VERNACCIA
San Gimignano

Die Sonne stand schon tief, als sie wieder in Max' Landrover saßen und über Volterra zurück Richtung Cecina fuhren. Wie selbstverständlich bog Max einige Kilometer vor Cecina nach links ab, wo eine kleine Straße hinüber zu den Hügeln mit seinem Haus führte. Ein kurzer Blick zu Carlotta zeigte ihm, daß sie keine Einwände hatte. Es war bereits dunkel geworden, und die Scheinwerfer waren eingeschaltet. Mit knirschenden

Rädern kam Max schließlich auf dem kiesigen Parkplatz vor seinem Haus zum Stehen. Er stieg aus und begrüßte Leonardo da Vinci, der schwanzwedelnd um ihn heruntersprang. Dann warf er Carlotta den Hausschlüssel zu, damit sie schon mal aufsperren konnte, während er die Kartons mit dem Vernaccia, den er in einer Fattoria bei San Gimignano gekauft hatte, aus dem Auto hob.

»Du hast Post bekommen«, hörte er Carlotta vom Haus her rufen. »An der Tür steckt ein Umschlag. Sieht aus wie eine Todesanzeige. Hoffentlich ist niemand gestorben, den du gut kennst.«

Wie eine Todesanzeige? Max setzte den Karton mit dem Wein ab. Das durfte doch nicht wahr sein. Sollte dieser Unsinn tatsächlich weitergehen? Sein Freund Philipp Mahlo hatte doch am Telefon gesagt, daß er der Sache einen Riegel vorgeschoben habe. Nun, da befand er sich offenbar im Irrtum. Oder hatte dieser Brief nichts damit zu tun. Vielleicht war jemand in der Nachbarschaft gestorben? Sicher, das war es. Kein Grund zur Panik.

»Bitte leg den Brief auf den Küchentisch, ich komm gleich«, rief Max zurück und widmete sich wieder seinen Kartons. Minuten später saßen sie auf der Terrasse, Carlotta hatte die Windlichter angezündet, eine leichte Brise sorgte nach dem heißen Tag für eine angenehme Abkühlung. Max entkorkte eine Flasche Rotwein und brachte aus der Küche den Umschlag mit. Er schlitzte ihn mit dem Korkenzieher auf, zögerte jedoch, den Brief herauszuziehen.

»Du machst es aber spannend«, sagte Carlotta.

»Ja, kann sein. Ich erkläre dir auch gleich, warum.«

Entschlossen nahm Max den Brief aus dem Kuvert. Ein kurzer Blick genügte, und er warf ihn ungelesen auf den Tisch. »Verflucht noch mal, langsam geht mir das wirklich an die Nerven.«

»Was hast du?« wollte Carlotta wissen. »Wer ist gestorben? Du hast den Brief doch gar nicht gelesen.«

»Brauch ich nicht. Ich weiß so schon, was drinsteht, ungefähr jedenfalls, denn es ist nicht der erste Brief dieser Art.«
»Ist das etwa keine Todesanzeige?«
»Nein, ist es nicht!«
»Darf ich den Brief lesen?« fragte Carlotta.
»Natürlich«, antwortete Max, »aber nur, wenn du mir versprichst, ihm keine Bedeutung beizumessen. Irgendein Kopfkranker nervt mich mit völlig kaputten Briefen, in denen er mich beschuldigt, Patienten leichtfertig oder mit Absicht umgebracht zu haben. Und daß er sich dafür rächen wird, mich umbringen oder so ähnlich. Ist jedenfalls völlig verrückt. Doch mir geht's trotzdem an die Substanz. Ich bin psychisch sowieso nicht so gut drauf, weshalb ich ja alles an den Nagel gehängt habe. Wenigstens vorübergehend. Da kann ich diesen Quatsch einfach nicht brauchen.«
Max nahm einen Schluck aus dem Weinglas, stand auf und lief auf der Terrasse hin und her, während Carlotta den Brief im Schein der Kerze las.
»Und?« fragte er, als Carlotta ihn hinlegte und mit ihrem Glas beschwerte.
»Sebastian Schöninger. Auferstanden von den Toten, zu richten die Lebendigen!« wiederholte Carlotta die letzte Zeile.
»Ja, du hattest recht. Es ist so ein Brief.«
»Sebastian Schöninger? So ein Wahnsinn, das gibt's doch überhaupt nicht. Wo hat dieser Irre bloß die ganzen Namen her?«
»Warum? War ein Sebastian Schöninger tatsächlich ein Patient von dir?«
»Das ist ja das Verrückte. Wie gesagt, ich hab schon früher zwei Briefe bekommen, im Abstand von einigen Monaten, da haben die Namen auch gestimmt. Ja, einen Sebastian Schöninger gab es, da klingelt's bei mir. War aber kein Patient, den ich länger betreut habe. Laß mich mal überlegen. Ja, jetzt hab ich's. Das war ein Bankmanager in den Fünfzigern, hatte einen

schweren Herzinfarkt, schon sein vierter. Ist in der Nacht als Notfall bei uns eingeliefert worden. Vielleicht zwei Jahre ist das her, jedenfalls war da nichts mehr zu machen. Der war eigentlich schon tot, als er angekommen ist.«

»Was sollen dann diese Briefe?« rätselte Carlotta. »Will dir da jemand angst machen?«

»Sieht ganz so aus.« Mit einem verzweifelten Gesichtsausdruck ließ sich Max in den Korbsessel fallen. »Und wenn ich es mir recht überlege, dann schafft er das auch. Die Briefe kommen immer näher. Den ersten Brief habe ich noch über meine Postadresse in München erhalten, der zweite wurde mir hierher in die Toskana geschickt. Und dieser hier ...«

Max nahm den Briefumschlag in die Hand und drehte ihn um. »Und dieser hier wurde persönlich vorbeigebracht. Das bedeutet, der Wahnsinnige kommt immer näher. Jetzt ist er schon bis ans Haus vorgedrungen. Da hört der Spaß auf.«

Max fuhr Leonardo da Vinci, der neben ihm auf dem Boden lag, mit der Hand durchs Fell. »He, alter Junge, warum hast den Irren nicht davongejagt«, sagte Max leise zu seinem Hund.

»Hat er ja vielleicht«, meinte Carlotta. »Möglicherweise hat sich dein Besucher bereits mit zerrissenem Hosenboden auf die Heimreise gemacht.«

»Das wäre zu schön. Und das nächstemal, Leonardo da Vinci, darfst du aus ihm Hackfleisch machen, du hast meine ausdrückliche Erlaubnis.« Max tätschelte seinem Hund aufmunternd die Seite.

»Ich bin entsetzt, so grob kenne ich dich gar nicht. Gott sei Dank kann dich dein Hund nicht verstehen.«

»Ja, Gott sei Dank. Ich meine es ja auch nicht so. Aber einen Denkzettel verpassen, damit der Irre mit dem Unfug aufhört, das darf er schon. Und da würde ich mir wünschen, daß mich Leonardo da Vinci jetzt versteht.«

Der Hund hob den Kopf, legte ihn auf die Seite und spitzte die Ohren.

»Aber im Ernst, was willst du unternehmen? Du hast schon recht, diese Briefe sollte man ungelesen wegwerfen, solange sie dir nach München geschickt werden. Aber wenn sie hier in der Toskana persönlich bei dir abgegeben werden, dann ist das schon irgendwie beunruhigend.«

»Ich werde einen Freund in München anrufen. Er ist Privatdetektiv, und ihn habe ich bereits vor Wochen gebeten, in dieser Angelegenheit zu ermitteln. Irgend etwas scheint Philipp herausgefunden zu haben, denn er hat mir gesagt, daß der Spuk vorüber sei. Das war ja nun leider ein Irrtum. Jetzt soll sich Philipp in die Geschichte noch mal reinhängen. Ich will wirklich wissen, wer mir hier auf den Geist geht.«

Carlotta nahm Max' Hand und streichelte sie. »Du darfst das aber auch nicht zu ernst nehmen. Wie du schon gesagt hast, das kann nur ein Irrer sein. Der will dir vielleicht Angst einjagen, dich einschüchtern. Aber wirklich Gewalt auszuüben, das ist etwas ganz anderes. Das wird dein anonymer Briefschreiber nicht tun. Da bin ich mir ganz sicher. Das hätte er ja einfacher haben können. Ich finde, das paßt psychologisch nicht zusammen. Can che abbaia non morde, Hunde, die bellen, beißen nicht.«

»Hoffentlich hast du recht«, erwiderte Max. Carlotta konnte den Zweifel in seiner Stimme hören.

34

Philipp Mahlo wühlte sich aus seinem Kopfkissen und warf einen verzweifelten Blick auf sein Telefon. Konnte dieser blöde Kasten nicht endlich aufhören zu läuten? Einen Moment lang spielte er mit dem verlockenden Gedanken, einfach den Stecker aus der Wand zu ziehen, sich umzudrehen und weiterzuschlafen. Aber dann dachte er, daß es nicht gut wäre, den Tag mit so wenig Pflichtbewußtsein zu beginnen.

Außerdem könnte ja am anderen Ende der Leitung ein neuer Klient auf ihn warten, zum Beispiel eine blonde Schönheit, die nicht nur seine Dienste als privater Ermittler benötigte. Philipp Mahlo war inzwischen zum beharrlich weiterläutenden Telefon gerobbt. Nach einem kräftigen Räusperer, der seine Stimmbänder freilegen sollte, nahm er den Hörer ab.

»Hallo, guten Morgen«, meldete sich Mahlo und wunderte sich über den munteren Klang seiner eigenen Stimme.

»Habe ich dich geweckt?«

Er wirkte wohl doch noch nicht so frisch. »Natürlich nicht. Ich studiere gerade die Akten für einen Fall. Wer ist denn da überhaupt?«

»Ich bin's, Max. Mir brauchst du nichts vorzumachen. Weißt du, daß es bereits elf Uhr ist?«

»Elf Uhr, wirklich? Also, dann hab Dank für deinen Weckruf. Wie geht's in der Toskana?«

»Gut geht's. Die Sonne scheint, in der Ferne sehe ich das Meer, das zum Baden einlädt. Die Nacht habe ich mit Carlotta verbracht ...«

»Bitte hör auf, ich flehe dich an«, unterbrach ihn Mahlo. »Ich kann so viel Glück auf nüchternen Magen nicht ertragen. Gibt's nicht irgend etwas Negatives, damit ich nicht ganz so neidisch bin?«

»Das gibt's, ja. Deshalb ruf ich an«, antwortete Max und machte eine Pause.

Mahlo zündete sich eine Zigarette an. »Also, schieß los.«

»Du hast doch gesagt, daß ich keine Drohbriefe mehr bekommen würde, richtig?«

»Richtig, davon gehe ich aus.«

»Irrtum, mein Freund, gestern war wieder einer da.«

Spätestens jetzt war Mahlo hellwach. Er dachte an Frank Behrens, der keine Briefe mehr schreiben konnte. »Okay, alles klar, wahrscheinlich hat die italienische Post ewig gebraucht, und der Brief ist schon vor Wochen aufgegeben worden.

Schau doch mal auf den Poststempel.« Mahlo freute sich über diese Erklärung und zog erleichtert an seiner Zigarette.

»Geht nicht«, erwiderte Max.

»Warum nicht?«

»Weil der Brief persönlich vorbeigebracht und mir an die Tür gesteckt wurde.«

»Das gibt's nicht!« rief Mahlo. Entgeistert drückte er seine Zigarette im Aschenbecher aus. Frank Behrens war doch tot.

»Doch, das gibt's, leider. Und das gefällt mir überhaupt nicht. Die Briefe wären ja eigentlich nicht so schlimm. Ich finde sie zwar nicht übermäßig amüsant, aber ich könnte sie ignorieren. Doch daß der anonyme Absender jetzt bis zu meinem Haus in der Toskana vorgedrungen ist, das geht unter die Haut. Da hört der Spaß auf. Ich kann mir nicht helfen, dieses Verhalten empfinde ich als echte Bedrohung.«

»Das ist es wohl auch«, gab Mahlo zu, »eine Bedrohung, ja. Jedenfalls können wir die Briefe nicht mehr als harmlose Spinnerei abtun. Aber mach dir keine Sorgen, der Typ wird dich nicht gleich umbringen.«

»Wollen's hoffen. Wer stirbt schon gern in Italien?«

»Du machst mir Spaß, wer stirbt denn überhaupt gern? Aber wenn's schon sein muß, ist Italien vielleicht gar kein so schlechtes Plätzchen. In deinem Fall wäre das jetzt allerdings etwas verfrüht.«

»Sehr witzig.«

»Im Ernst, wahrscheinlich ist der Briefschreiber schon längst wieder heimgefahren und freut sich über den Schrecken, den er dir eingejagt hat.«

»Nichts dagegen. Doch ich wäre mir da gerne sicher. Im Klartext: Ich möchte dich darum bitten, der Sache weiter nachzugehen. Damit wir uns richtig verstehen, das soll kein Freundschaftsdienst sein. Das ist ein richtiger Auftrag. Du berechnest mir deinen üblichen Tagessatz, in Ordnung?«

»Okay, geht klar, ein richtiger Auftrag. Ich hab das übrigens

auch vorher bereits ernst genommen.« Mahlo dachte an Frank Behrens und daran, daß sein Freund Max gar nicht ahnen konnte, wie ernst er die Sache schon hatte nehmen müssen.
»Aber du kriegst natürlich einen Sonderpreis, ist doch klar.«
»Nein, keinen Sonderpreis«, protestierte Max. »Das normale Honorar. Es interessiert mich nicht, wie hoch das ist. Aber finde bitte diesen Absender, und dann können wir gemeinsam überlegen, wie wir darauf reagieren. Ob man dem Irren klarmachen kann, daß er damit aufhören soll, oder ob das eine Sache für die Polizei ist. Oder soll ich gleich Anzeige gegen Unbekannt erstatten?«
»Bringt nichts, das kannst du dir sparen. Wen hat denn dein Freund diesmal als Absender angegeben? Wieder einen deiner verstorbenen Patienten?«
»Einen gewissen Sebastian Schöninger. War eigentlich kein richtiger Patient von mir, aber gegeben hat's ihn schon. War, soweit ich mich erinnern kann, ein Notfall, der etwa vor zwei Jahren mitten in der Nacht eingeliefert wurde und kurz darauf verstorben ist. Das müßtest du in meiner Klinik überprüfen lassen. Ich ruf dort schon mal an und avisiere deinen Besuch. Den Brief stecke ich in einen Umschlag und schicke ihn dir zu.«
»Ich kümmere mich um die Sache, du kannst dich auf mich verlassen«, versprach Mahlo. »Kann ich sonst noch etwas für dich tun? In deiner alten Wohnung die Pflanzen gießen?«
Max lachte. »Nein, nicht nötig, meine Pflanzen habe ich alle Schwester Mathilda geschenkt.« Und nach einem kurzen Zögern: »Aber du kannst mir tatsächlich noch einen Gefallen tun.«
»Für jemanden, der meinen vollen Tagessatz zahlt, mache ich alles.«
»Von Carlotta habe ich dir doch erzählt.«
»Richtig, das ist die Dame, für die dein Herz entflammt ist und die neuerdings auch ab und zu bei dir nächtigt.«

»So ist es.« Max räusperte sich. »Nun, meine Bitte ist etwas delikat. Vorher muß ich dir ein kleines Geständnis machen. Es gibt da noch eine Frau, eine Deutsche, die ich in Florenz kennengelernt habe. Mit dieser Eva hatte ich ein kurzes, aber ziemlich stürmisches Verhältnis.«
Mahlo klopfte sich begeistert auf den Oberschenkel. »Das ist ja nicht zu fassen, da läßt doch unser Professor in der Toskana einfach die Sau raus. Ich glaub, ich muß dich mal besuchen und dir helfen.«
»Nein, nein«, antwortete Max etwas verlegen, »ist alles halb so wild. Obwohl, ich muß zugeben, diese Eva hatte schon was.«
»Was hatte sie? Komm, erzähl.«
»Na ja, die Frau ist gut drauf, wenn du verstehst, was ich meine.«
»Gut drauf oder gut drunter?« feixte Mahlo.
»Also, ich will dir eigentlich nicht mein Sexualleben erläutern. Aber im Ernst, diese Eva gibt mir einige Rätsel auf. Sagen wir mal so, sie verhält sich reichlich unorthodox. Eigentlich sollte ich in der Vergangenheitsform von ihr sprechen. Ich habe ihr gesagt, daß alles vorbei ist, und sie ist abgereist. Aber irgendwie beschäftigt sie mich noch. Es gibt da so einiges, was mir nicht aus dem Kopf gehen will.«
»Seit wann spielt sich das im Kopf ab?«
»Jetzt hör schon auf. Aber, wenn es dir keine großen Umstände macht, könntest du mal versuchen, etwas über diese Eva Eilert in Erfahrung zu bringen. Sie hat mir erzählt, sie sei Journalistin. Sie lebt in Frankfurt. Das wär's auch schon.«
»Okay, kein Problem. Du willst wissen, mit wem du da ins Bett gestiegen bist. Alles klar, das kriege ich raus.«
»Nein, du verstehst mich falsch. Das hat damit nichts zu tun. Ich will einfach ein bißchen mehr von ihr in Erfahrung bringen. Obwohl ich sie wahrscheinlich nie mehr wiedersehen werde. War auch nur gerade so ein Einfall von mir. Ist nicht

wichtig. Vergiß es, ist nicht wichtig. Konzentriere dich bitte auf die Briefe.«

»Mach ich, keine Sorge. Und diese Eva Eilert ist überhaupt keine große Sache, das läuft nebenher. Max, laß dich nicht unterkriegen. Und wenn du das nächstemal eine Frau zuviel haben solltest, sag mir Bescheid. Wozu hat man gute Freunde.«

»Geht klar«, erwiderte Max lachend, »und jetzt schau, daß du aus dem Bett kommst.«

35

»Ich freu mich schon auf unser Wiedersehen«, sagte Carlotta. Max zog die Mundwinkel enttäuscht nach unten und mimte den verlassenen Liebhaber. Zu seiner Freude brachte ihm dieses Mienenspiel einen weiteren Kuß ein. »Aber jetzt übertreib deinen Abschiedsschmerz nicht. Du wirst langsam unglaubwürdig, du nimmst mich wohl auf den Arm.«

»Wie könnte ich«, protestierte Max grinsend.

»Meine Eltern wollen auch mal was von mir und Gianna haben. Am nächsten Sonntag bin ich wieder da, versprochen.«

»Ist doch klar. Fahr vorsichtig.«

Max strich Gianna liebevoll übers Haar. »Paß auf deine Mamma auf.«

Wenige Minuten später stand er auf seiner Terrasse und winkte Carlottas rotem Fiat hinterher, der auf der anderen Talseite rasch kleiner wurde. Als sich Max umdrehte, wäre er fast über Leonardo da Vinci gestürzt, der sich genau hinter ihm zu einem Nickerchen auf den warmen Terrakottaboden gelegt hatte.

»Das ist eine gute Idee«, sagte Max zu seinem Hund, nachdem er sein Gleichgewicht wiedergefunden hatte. »Ich werde mich auch etwas hinlegen. Und später arbeiten wir dann ein Programm für die nächsten Tage aus. Vorschläge werden gerne angenommen.«

Am Nachmittag stand Max barfuß in der Küche, vor sich ein Holzbrett mit frischen Tomaten aus seinem Garten. Er stellte sich gerade der schwierigen Entscheidung, ob er sie für den Salat horizontal oder vertikal aufschneiden sollte, was rein chirurgisch zu unterschiedlichen Ergebnissen führen würde. Im Wohnzimmer läutete das Telefon. Max legte das Tomatenmesser zur Seite, nahm noch einen schnellen Schluck aus seinem Weinglas und eilte zum Apparat.
»Pronto«, meldete er sich und hoffte, daß Carlotta ihm ihre gute Ankunft in Rom mitteilen würde. Auf eine Frauenstimme war er also gefaßt, allerdings nicht auf die von Eva.
»Hallo, bist du es, Max?«
»Äh ... ja«, stammelte Max, der Eva sofort erkannt hatte.
»Ich bin's, Eva.«
»Eva? Ja, schön, daß du anrufst.«
»Wie war's auf dem Chirurgenkongreß?«
»Auf welchem Chirurgenkongreß?« fragte Max, ohne zu überlegen, zurück.
»Du bist ganz schön vergeßlich. Der in Wien, weshalb du mich so unsanft rausgeschmissen hast.«
Max ärgerte sich über sich selbst. So blöd konnte auch nur er sein. Er hatte noch nie das Zeug zum Lügner. »Natürlich, alles klar, der ist ja schon wieder eine Ewigkeit her. Interessant war der Kongreß, ja, außerordentlich interessant, mit glänzenden Vorträgen, in der Tat.«
»Und wie ist dein Vortrag angekommen?«
Max räusperte sich. Stimmt, er hatte ja vorgegeben, selbst ein Referat zu halten. »Ich denke, ganz gut. Mit der Resonanz konnte ich zufrieden sein. Und wie geht es dir? Ich hoffe, du bist mir nicht mehr böse.«
»Nein, bin ich nicht. Wie es mir geht? Also, um ehrlich zu

sein, nicht so besonders. Ich hab momentan einen depressiven Durchhänger. Ich fühl mich zum Kotzen.«

»Ich wünschte, ich könnte dir helfen, aber ich bin leider kein guter Psychologe. Trotzdem, wenn du mit mir darüber reden willst ...«

»Will ich, ja«, unterbrach ihn Eva. »Das würde mir guttun.«

»Kein Problem, ich hab Zeit. Erzähl schon, was dich belastet.« Max zog einen Stuhl zum Telefon und richtete sich auf ein längeres Gespräch ein.

»Hast du wirklich Zeit?« wollte Eva wissen.

»Ja, hab ich, natürlich, wenn ich dir damit helfen kann«, antwortete Max, den noch immer sein schlechtes Gewissen plagte, weil er Eva so dreist angelogen hatte, jene Eva, die ihm immerhin einige sehr schöne Stunden beschert hatte.

»Am Telefon ist das aber nicht optimal.«

»Richtig«, bestätigte Max leichthin und überlegte, was Eva wohl auf dem Herzen haben könnte.

»Wenn du wirklich Zeit hast, kann ich doch schnell auf einen Sprung vorbeikommen. Ich bleib auch nicht lang. Einverstanden?«

»Wie bitte?« Max fiel fast der Hörer aus der Hand. »Warum? Wo bist du eigentlich?«

»Unten im Dorf, wo du dir immer deine Zeitungen holst. Ich kann in zehn Minuten bei dir sein.«

»In zehn Minuten?« Max starrte ungläubig auf die Uhr, als müßte er erst herausfinden, wie lange zehn Minuten sind.

»Ist es dir recht? Wenn es dir zuviel wird, kannst du mich ja wieder auf die Straße setzen. Du mußt dir dafür auch keinen Kongreß ausdenken.«

Einen Kongreß ausdenken? Verdammt noch mal, war er so leicht zu durchschauen? Was blieb ihm in dieser Situation anderes übrig. Er konnte Eva nach alldem ja nicht einfach ihrem Schicksal überlassen. Nein, so ein Windhund war er nicht. Und Carlotta war sowieso in Rom, von da drohte also keine unmittelbare Gefahr. Außerdem könnte er die Gelegenheit nutzen und Eva nach den Rosen fragen. Und vielleicht ließ sich auch herausfinden, ob sie etwas von Radverschlüssen verstand.

»Entschuldige, ich bin nur etwas überrascht. Natürlich, es ist mir recht, komm vorbei. Wir können uns in die Pergola setzen und reden, kein Problem.«

»Ich danke dir, bis gleich, ciao.«

Max hatte gerade noch Zeit, sich Schuhe und ein frisches Polohemd anzuziehen, als er bereits Eva vorfahren hörte. Er nahm sich vor, von Anfang an auf Distanz zu achten.

»Was ist? Gibt's keinen Begrüßungskuß?« wollte Eva wissen.

Max gelang es, dieses Ritual mit maximalem Abstand zu bewältigen. Er lotste Eva in die Pergola, holte eine Kanne mit Eistee und zwei Gläser aus dem Haus und setzte sich gegenüber auf die andere Seite des massiven Tisches.

»Bist du wieder wegen Recherchen in der Toskana?« fragte Max. Er dachte, es wäre eine gute Idee, das Gespräch zunächst auf ein unverfängliches Thema zu lenken. »Bei welchem Kapitel bist du gerade?« hakte er nach, als Eva nur mit dem Kopf nickte.

»Bei der Pazzi-Verschwörung«, antwortete sie.

»Das war doch die Geschichte ...«, versuchte Max den Faden aufzugreifen. »Also, ich kenn die Pazzi-Kapelle von Santa Croce ...«

»Du bist auf dem richtigen Weg.« Eva lächelte gezwungen. »Aber ich möchte eigentlich über etwas anderes mit dir reden.«

»Ich weiß«, sagte Max, »ich wollte nur ...«

»Du wolltest die Situation zunächst etwas entkrampfen, das hab ich schon verstanden.«

Max hob hilflos die Hände.

»Nein, ist in Ordnung«, fuhr Eva fort. »Ist vielleicht gar keine schlechte Idee. Also, die Pazzi-Verschwörung, bei der ich gera-

de bin, die handelt mal wieder von Mord.« Eva machte eine Pause und sah Max abwartend an. Dieser kam zu der Einsicht, daß es vielleicht doch keine so gute Idee gewesen war, Eva nach ihrem Manuskript zu fragen. Er hatte nicht bedacht, daß es bei ihr stets um so reizvolle Themen wie Mord, Vergewaltigung und Inzucht ging. Aber ein Rückzug brachte jetzt auch nichts mehr.
»Mord an wem?« fragte Max.
»An Giuliano de' Medici. Wenn du die Pazzi-Verschwörung tatsächlich nicht kennst, muß ich sie dir kurz schildern, sie gehört ja fast zur Allgemeinbildung.«
»Aber mach's wirklich kurz«, sagte Max und lehnte sich zurück.
»Klar, ausführlich kannst du die Geschichte ja dann bei mir nachlesen. Wenn ich nur endlich damit fertig wäre. Da habe ich mich vielleicht auf etwas eingelassen.« Eva machte einen verzweifelten Gesichtsausdruck. »Mein Kapitel fängt zeitlich etwas vor der Pazzi-Verschwörung an, bei Simonetta Vespucci, einem jungen und wunderschönen Mädchen, das nicht nur von Giuliano de' Medici platonisch geliebt und verehrt wurde. La bella Simonetta ist blutjung, im zarten Alter von siebzehn, an Schwindsucht gestorben. Nicht nur Giuliano, ganz Florenz hat um sie geweint.«
»Das rührt das Herz«, kommentierte Max trocken.
»Genau, soll es doch auch. Als nächstes erzähl ich in meiner Geschichte, wie kurz darauf am ersten Weihnachtsfeiertag der Mailänder Herzog Galeazzo Maria Sforza auf den Stufen der Kirche Santo Stefano erdolcht wurde.« Eva machte mit der Hand einen Stoß zum Herzen.
»Du läßt ja wieder mal nichts aus«, stellte Max fest.
»Blut, Schweiß und Tränen – das ist nun mal, was die Leser von mir erwarten.« Eva fand sichtlich Gefallen an der Schilderung.
»Bist du dir da wirklich sicher?« meldete Max leise Zweifel an.

»Bin ich«, antwortete Eva. »Außerdem ist ja so ein Tyrannenmord nichts Neues. Denk nur an Cäsar, der von Brutus umgebracht wurde. Früher waren die Methoden eben etwas radikaler. Und genau das fasziniert die Leute heute, das läßt sie wohlig schaudern.«

»Als ob es in unserer Zeit nicht genug Gewalt gäbe«, sinnierte Max.

»Die Gewalt schafft bei mir doch nur den Rahmen, im Vordergrund stehen die sexuellen Eskapaden jener Epoche – und an diesem Thema, lieber Max, sind die Menschen immer interessiert.«

»Wir sollten die Pazzi-Verschwörung vielleicht doch überspringen und uns dem eigentlichen Grund für dein Hiersein zuwenden«, machte Max einen schüchternen Versuch, das Gespräch in geregelte Bahnen zu lenken.

»Du weißt nicht, was du willst, das ist dein Problem«, stellte Eva fest.

»Ich hab kein Problem«, erwiderte Max.

»Doch, hast du. Aber lassen wir das. Zurück zur Pazzi-Verschwörung. Papst Sixtus fühlte sich von besagtem Mord an Galeazzo Maria Sforza inspiriert und gab seinen Segen für die Erdolchung von Giuliano und Lorenzo de' Medici. Den Pazzi machte er Hoffnungen, als Bank des Vatikans die Nachfolge der allzu mächtigen Medici antreten zu können, weshalb sie sich in das verhängnisvolle Komplott hineinziehen ließen. Um es kurz zu machen, am 26. April 1478 schritten die Verschwörer zur Tat. Bei einem Hochamt im Dom ermordeten Bernardo Bandini und Franceschino de' Pazzi den jungen Giuliano de' Medici, der bei der Bevölkerung sehr beliebt war. Gleichzeitig stürzten sich die Priester Antonio Maffei und Stefano da Bagnone auf seinen Bruder Lorenzo, um auch ihn zu meucheln.«

»Im Ernst? Zwei Priester, und das mit päpstlichem Segen?« unterbrach Max Evas Schilderung.

»Ja, die Kirche hatte mit den zehn Geboten schon immer ihre Probleme. Vor allem mit dem fünften: Du sollst nicht töten!«
»Aber Lorenzo ist offenbar davongekommen, oder? Sonst würde man ihn heute nicht den ›Prächtigen‹ nennen.«
»Gut kombiniert. Lorenzo setzte sich zur Wehr. Leicht verletzt gelang ihm die Flucht in die Sakristei. Gleichzeitig überstürzten sich die Ereignisse. Giovan Battista Montesecco, ein weiterer Verschwörer, marschierte mit einem Heer auf Florenz zu, um es einzunehmen. Und Jacopo de' Pazzi, ein alter Haudegen, rief die Bevölkerung zur Revolte auf und stürmte mit seinen Mannen den Palazzo Vecchio. Dort hatte sich bereits der Erzbischof Francesco Salviati eingefunden, der mit dem Gonfalonier verhandeln wollte. Alles war generalstabsmäßig geplant gewesen, mit einem kleinen Schönheitsfehler. Lorenzo de' Medici hatte das Attentat überlebt, und die Bevölkerung stand auf seiner Seite.« Eva machte eine kurze Pause und holte Luft.
»Das wär's dann gewesen«, stellte Max fest. »Ein interessanter Exkurs in die Machtpolitik früherer Zeiten.«
»Ich bin doch noch gar nicht fertig«, protestierte Eva. »Das Beste kommt erst, nämlich die Rache der Medici. Sie war wirklich fürchterlich – und sehr anregend.«
»Sehr anregend? Du hast vielleicht seltsame Assoziationen.«
»Ach, mein lieber Max, du mußt wissen, wir Frauen haben einen ausgeprägten Hang zur Rache, mag sie subtil sein oder gewalttätig. Diese Form der Aggression ist zutiefst feminin, wenngleich bei der Pazzi-Verschwörung die Rache ausnahmsweise mal nichts mit Frauen zu tun hatte und auch das übliche Maß übertroffen hat. Der Erzbischof Salviati und Francesco de' Pazzi wurden nämlich sogleich außen am Palazzo Vecchio aufgehängt, an einem der schönen Fenster. Jacopo de' Pazzi wurde auf der Flucht gestellt, aufgehängt, beerdigt, wieder ausgegraben und schließlich in den Arno geworfen. Die beiden Priester Antonio Maffei und Stefano da Bagnone versuchten sich in einem Kloster zu verstecken, wurden aber dort aufge-

spürt und auch am Palazzo Vecchio aufgehängt. Natürlich mit dem Kopf nach unten ...«
»Natürlich«, sagte Max, »wie auch anders.«
»Das macht man nun mal mit Verrätern so, ist aber heute – gebe ich zu – nicht mehr allzu gebräuchlich. Und kein Geringerer als Botticelli wurde beauftragt, die schaurige Szene an der Außenfassade des Palazzo Vecchio zu verewigen. Schließlich mußte man die verwesenden Leichen irgendwann entfernen.«
»Sicher ein bemerkenswertes Fresko.«
»Ja, nur schade, daß es vom Regen im Laufe der Jahre abgewaschen wurde. Der Heerführer Montesecco wurde übrigens enthauptet, Bernardo Bandini gehängt.«
»Das war ja wirklich ein unglaubliches Gemetzel, geradezu maßgeschneidert für dein Manuskript«, stellte Max lakonisch fest.
»Der Meinung bin ich auch. Aber jetzt lassen wir es wirklich gut sein, genug des Vorspiels.«
Bei diesem Wort zuckte Max leicht zusammen. »Also, kommen wir zum Thema. Du hast am Telefon gesagt, daß du einen depressiven Durchhänger hast und dich zum Kotzen fühlst – was man dir allerdings, um ehrlich zu sein, nicht ansieht.«
»Welch unerwartetes Kompliment«, gab Eva zurück und schwieg.
Max zupfte sich verlegen am Ohrläppchen. Warum sagte sie jetzt nichts mehr? Kaum wurde es schwierig, versiegte ihr Redefluß. Mit weiteren Fragen tastete sich Max vorwärts. Was ihr denn fehle, was sie belaste, wollte er wissen. Langsam löste sich die Blockade. Eva erzählte ihm, daß es Tage gebe, an denen sie überhaupt keinen Sinn in ihrem Leben sehe, Tage, an denen sie ihrem Leben am liebsten ein Ende setzen würde. Und daß ihr außerdem die Arbeit zuviel würde. Schließlich habe sie nicht nur diese Serie über die Medici zu schreiben, sie müsse parallel fortwährend Artikel fürs Feuilleton einer Tageszeitung produzieren. Sie brauche nun mal das Geld. Auch mit

den Männern habe sie großes Pech. Sie habe gehofft, daß Max ihre große Liebe werden könne. Und dann habe er sie so kaltherzig nach Hause geschickt. Nein, sie wolle ihm keinen Vorwurf machen. Zu einer Liebe würden halt nun mal zwei gehören.

»Und außerdem belastet mich immer noch der Tod meiner Schwester«, erzählte Eva. »Macht's dir was aus, wenn ich mir eine Zigarette anzünde?«

»Nein. Was war mit deiner Schwester? Du hast sie noch nie erwähnt.«

Eva suchte in ihrer Handtasche nach der Zigarettenschachtel und dem Feuerzeug. Max stellte fest, daß sie wie immer keinen Büstenhalter anhatte, um sich gleich selbst zu schelten, daß ihm das überhaupt aufgefallen war.

»Warum auch, wir wissen doch im Grunde fast nichts voneinander. Stimmt doch, oder?«

»Ja, stimmt«, gab ihr Max recht.

»Meine Schwester, sie hieß Barbara, ist Ende letzten Jahres plötzlich gestorben. Ich vermisse sie sehr. Sie hat mir unheimlich nahegestanden. Du mußt wissen, unsere Eltern sind recht früh von uns gegangen. Da hat man zu seiner einzigen Schwester eine besondere Beziehung.«

»Das kann ich verstehen. Woran ist deine Schwester Barbara gestorben?«

»Darüber will ich nicht reden. Es war so etwas Ähnliches wie ein Unfall.«

Max hatte den Eindruck, als ob ihn Eva bei ihren letzten Worten für einen kurzen Augenblick besonders intensiv, fast stechend angesehen hätte. Richtig erschrocken war er.

»Du mußt auch nicht darüber reden«, sagte er, um vom Thema abzulenken. Gleichzeitig beschloß er, die Sache mit den Rosen nicht anzusprechen. Das wäre nicht fair. Schon hatte er den Blick wieder verdrängt. Ihm imponierte überdies die Art, wie Eva ihm ihr Herz ausschüttete. Das hatte nichts Weiner-

liches an sich, sie blieb bei aller Offenheit absolut souverän. Aber wie sollte er ihr helfen? Dazu war er nicht in der Lage. Er hatte ja selbst erst mit Mühe aus einem psychischen Tief herausgefunden.
»Eva, ich vermag deine Probleme zwar zu verstehen, aber ich fürchte, ich bin nicht in der Lage, dir zu helfen. Ich kann dir deine Arbeit nicht abnehmen, ich bin nicht der richtige Mann für dich, und ich kann dir deine Schwester nicht wiedergeben.«
»Nein, das kannst du nicht«, sagte Eva und führte ihre Zigarette zum Mund. Ihre Hand zitterte dabei kaum merklich.
»Warum gehst du nicht mal zu einem Psychologen. Vielleicht kann dir so jemand helfen.«
»War ich doch schon«, entgegnete Eva.
»Und das hat nichts gebracht? Bei wem warst du denn?«
»Bei uns, in der Nähe von Frankfurt, in einer kleinen Privatklinik. Die haben sich wirklich viel Mühe gegeben.«
»Wie heißt diese Klinik? Vielleicht kenne ich sie.«
»Glaube ich kaum, ist ja nicht dein Fachgebiet. Sie wird von einem Professor Runleger geleitet.«
»Runleger? Nein, habe ich noch nie gehört«, stellte Max fest. »Aber du darfst nicht gleich die Flinte ins Korn werfen. Ich kann mich ja mal umhören, da gibt's sicher noch andere Adressen.«
»Ja, das wäre lieb. Sag mal, hast du Kopfschmerztabletten? Ich glaub langsam, mir fliegt die Schädeldecke weg.«
»Hab ich, ja. Komm mit rein ins Haus, wir können ja drin weiterreden.«
Max stand auf und ging voraus. Eva schaute ihm hinterher und mußte lächeln. Einmal mehr fühlte sie sich in ihrer Theorie bestätigt, daß besonders intelligente Menschen besonders leicht zu manipulieren sind.
Im Haus angekommen, legte sich Eva auf das Sofa. Max löste zwei Tabletten in Wasser auf und reichte ihr das Glas. Er sah

ihr zu, wie sie es in einem Zug austrank. »Bleib ruhig einen Moment liegen, das wird dir guttun.«
»Keine Sorge, ich bleib nicht über Nacht.«
»Ist schon in Ordnung. Ich laß dich mal kurz allein, ich muß im Garten einige Neuanpflanzungen wässern.«
»Dann wässer mal schön«, sagte Eva und schloß die Augen.
Etwa zwanzig Minuten später hörte Max, als er gerade den Gartenschlauch an der offenen Terrassentür vorbeizerrte, ein Stöhnen im Hause. Er ließ den Schlauch fallen und eilte ins Wohnzimmer. Eva lag auf dem Boden. Ihr Gesicht war rot angelaufen und aufgedunsen, ihre Lippen und Augenlider stark angeschwollen. Mit der rechten Hand umklammerte sie ihren Hals. Verzweifelt rang sie nach Luft. Max kniete sich zu ihr und nahm ihre schweißnasse Hand.
»Keine Panik, ganz ruhig.«
Er suchte nach ihrem Puls. Der war so schwach und rasend, daß er kaum zu fühlen war.
Max warf einen besorgten Blick hinüber zum ausgetrunkenen Wasserglas, dann wieder in Evas Gesicht.
Die Symptome waren eindeutig. Zweifellos handelte es sich um eine heftige anaphylaktische Reaktion aufgrund einer Allergie auf die Schmerztabletten. Die Atembeschwerden resultierten sicher von einer massiven Schwellung im Bereich der Atemwege, vor allem des Kehlkopfes. Damit war nun wirklich nicht zu spaßen. Evas Hand verkrampfte sich – kein Wunder bei dieser Atemnot, da setzt wohl bei jedem eine Angstreaktion ein, die die Situation vegetativ verstärkt. Eigentlich wäre jetzt eine Intubation angesagt, dachte Max. Aber es fehlte ihm am geeigneten Besteck. Den Notarzt anrufen? Das scheiterte schon daran, daß er die Telefonnummer nicht wußte. Und das Haus würde der Arzt wahrscheinlich auch nicht finden. Ganz abgesehen davon, daß die Zeit fehlte. Außerdem war er ja selbst Doktor!
»Ganz ruhig«, sagte Max zu Eva, die immer heftiger nach Luft

rang. Es half nichts, er mußte Eva für einen kurzen Augenblick allein lassen.

»Ich bin gleich wieder da, ich hol nur schnell meinen Arztkoffer.« Max hetzte hinaus zum Auto, zerrte den Notfallkoffer hinter dem Sitz hervor und sprintete zurück ins Haus. Mit Erleichterung registrierte er, daß sie noch atmete. Hoffentlich hielt der Kreislauf stand. Die Zeit, den Blutdruck zu messen, hatte er auch nicht. Max tastete in der Armbeuge nach der Vene. Himmel noch mal, wo war das verdammte Ding, er mußte umgehend einen venösen Zugang legen. Endlich, geschafft. Scheiße, das durfte doch alles nicht wahr sein. Erst dieser überraschende Besuch, und jetzt dieser Zwischenfall. Das war heute nicht sein Tag. Nein, wirklich nicht. War das seine Stimme, die Eva im ruhigen Plauderton aufforderte, sich zu entspannen? Offenbar spielte er nach außen wieder einmal den Dr. Eiskalt – wie immer cool und beherrscht. Vergeblich kramte Max in seinem Koffer nach einer Ampulle Adrenalin. Egal, Cortison intravenös tat es auch. Aber das Mistzeug mußte man erst auflösen. Zweihundertfünfzig Milligramm oder fünfhundert Milligramm? Wie hatte Fausto doch richtig angemerkt? Viel hilft viel! Also am besten gleich volle Pulle. Ein Gramm! Kann ihr nicht schaden. Hauptsache, die Schwellung im Schlund geht zurück und Eva kriegt wieder Luft. Später könnte er dann Kalzium nachspritzen oder Valium zur Beruhigung.

Schon nach wenigen Minuten zeigte das Cortison Wirkung. Eva schien sich zu beruhigen. Langsam normalisierte sich die Atmung. Alles klar, Eva war über dem Berg. Hätte auch anders ausgehen können. Als nächstes legte Max eine Infusion an, um ihren Kreislauf zu stabilisieren.

Gegen zehn Uhr abends war Eva wieder einigermaßen hergestellt. Sie lag auf dem Sofa und atmete langsam und gleichmäßig. Max saß auf der Kante und sah sie an.

»Verdanke ich dir jetzt mein Leben?« flüsterte sie.
»Was spielt das für eine Rolle? Schön, daß es dir bessergeht«, antwortete Max.
Eva zeigte den Ansatz eines Lächelns. »Das begrüße ich auch sehr.«
»Wußtest du, daß du auf bestimmte Schmerztabletten allergisch reagierst?«
Eva schüttelte den Kopf. »Dann hätte ich es dir ja wohl gesagt. Nein, ich hab solche Tabletten immer super vertragen.«
»Das gibt's«, stellte Max fest. »Manche Menschen vertragen ihr Leben lang ein Medikament, und plötzlich stellt sich von einem Augenblick auf den anderen eine so heftige allergische Reaktion wie bei dir ein. Für die Zukunft sind diese Schmerztabletten für dich tabu, verstanden. Ich schreib dir nachher die üblichen Medikamente auf, bei denen der Wirkstoff enthalten ist. Die kannst du gleich bei deinem Apotheker entsorgen.«
»Warum? Hab ich das jetzt immer, ich meine, daß ich gegen diese Tabletten allergisch bin?«
»Wahrscheinlich, ja. Ist die Allergie erst mal da, bleibt sie es normalerweise auch. Ist aber kein Problem, wenn man's weiß. Der Wirkstoff ist reine Acetylsalicylsäure, kurz ASS. Und dieses ASS steckt in vielen Präparaten drin. Du mußt es wissen, dein Hausarzt muß es wissen und dein Apotheker. Und am besten besorgst du dir einen Allergiepaß. Das wär's.«
Eva setzte sich langsam auf und versuchte, sich die Schuhe anzuziehen.
»Was soll denn das werden?« wollte Max wissen.
»Ich hab versprochen, daß ich nicht über Nacht bleibe. Ich fahre jetzt.«
»Kommt nicht in Frage«, protestierte Max. »Du bleibst. Ich steck dich jetzt ins Bett.«
Eva schaute Max dankbar an. »Du bist lieb. So besonders fit fühle ich mich ja auch wirklich noch nicht.«

»Und du hast auch schon mal besser ausgesehen«, sagte Max grinsend. »An den Ausschlag in deinem Gesicht muß man sich erst gewöhnen.«
»Dein Charme ist umwerfend.«

Spät in der Nacht wachte Eva auf. Im ersten Augenblick hatte sie Orientierungsprobleme. Es war alles so finster, nicht einmal die Konturen des Raums waren zu erahnen. Draußen hörte sie den Wind ums Haus pfeifen, der im Laufe des Abends aufgekommen war. Tramontana hieß dieser heftige, trockene Nordwind, hatte ihr Max noch vor dem Zubettgehen erzählt. Eva tastete im Dunkeln über ihr Gesicht. Der brennesselartige Ausschlag schien endgültig abgeklungen zu sein. Ein bißchen taub kam ihr die Haut noch vor. Sie lag alleine im großen Bett von Max. Dieser hatte es sich unten im Wohnzimmer auf der Couch bequem gemacht. So ändern sich die Zeiten. Aber ihre Verfassung war wirklich nicht danach gewesen. Sonst wäre es ihr schon gelungen, Max ins Bett zu locken, da war sie sich ganz sicher. Wäre ein schöner Spaß gewesen zu beobachten, wie die guten Vorsätze des Professors dahinschwinden. In ihrer Handtasche neben dem Bett hatte Eva eine Pistole, mit sechs Schuß im Magazin. Das sollte selbst bei einer lausigen Schützin, wie sie es war, ausreichend sein. Ja, sie hatte ihre Mission nicht vergessen. Die Stimme würde sie sonst nie mehr in Ruhe lassen. Sie mußte es tun. Für ihren eigenen Seelenfrieden. Aber nicht in dieser Nacht, nein. Nicht in dieser Nacht. Max hatte ihr gerade das Leben gerettet. Sie wußte, daß sie es nicht schaffen würde, die innere Sperre zu überwinden. Sie war sich selbst in jenen Phasen, in denen sie der Stimme völlig hörig war, sehr wohl darüber im klaren, daß es noch eine zweite Eva gab, eine Eva, die damit nichts zu tun haben wollte, die versuchte, sich in den Weg zu stellen, sie zu bremsen und von ihrem Vorhaben abzubringen. Heute nacht, da würde diese Eva die Oberhand gewinnen. Sie drehte sich zur Seite und zog sich die Decke über den Kopf. Wäre Max im Zimmer gewesen, hätte er das leise Weinen und Schluchzen hören können.

36

Max lag am Morgen auf der Couch und starrte an die Decke. Er ließ den gestrigen Tag noch einmal Revue passieren. Der Überfall von Eva war ja wirklich aus heiterem Himmel erfolgt. Aber was hätte er dagegen unternehmen können? Jedenfalls schien es ihm nicht so, daß sie mit ihrem Besuch irgend etwas Spezielles bezweckt hätte. Vielleicht suchte sie wirklich nur jemanden, mit dem sie reden konnte. Und die Sache mit dem allergischen Schock, die war ja nun in der Tat nicht vorherzusehen. Gott sei Dank hatte er seinen Notfallkoffer griffbereit gehabt. Und jetzt lag sie oben in seinem Bett. Alleine! Er brauchte Carlotta gegenüber also kein schlechtes Gewissen zu haben. Eva und Carlotta. Die alte Geschichte – ein Mann und zwei Frauen. Würde er Carlotta nicht kennen, nun, dann wäre er wohl mit Eva zusammen. Wäre wahrscheinlich eine etwas stressige Beziehung, aber die Vorstellung war nicht ohne Reiz. Doch er hatte nun mal auch Carlotta kennengelernt. Und diese Frau vereinte alle Attribute, nach denen er sich sehnte. Sie war schön, sie war reif, souverän, warmherzig, stark und doch empfindsam, zärtlich. Max schmunzelte. Und sie war Italienerin. Eva und Carlotta, Carlotta und Eva. Ein Mann muß sich entscheiden. Zwei Frauen zur selben Zeit zu haben bedeutet, keine richtig zu haben. So schön der egoistische Gedanke auch sein mag. Und er hatte sich nun mal für Carlotta entschieden. Eva wußte das. Und wie es schien, akzeptierte sie es auch. Sie tat ihm leid. Ja, nicht nur das, er tat sich auch selbst etwas leid. Warum hatte ihm das Leben diese beiden Frauen nicht nacheinander beschert? Zuerst Eva für einige Jahre. Und dann Carlotta zum krönenden Abschluß. Aber vielleicht war es so besser. Denn immer wenn er mit Eva zusammen war, hatte er ein seltsames Gefühl von Unsicherheit. Er wurde aus dieser Frau einfach nicht schlau. Sie verhielt sich absolut unberechenbar, ganz so, als ob sie selbst nicht wüßte, was sie im nächsten Augenblick tun würde. Dabei kamen die unterschiedlichsten Persönlichkeitsmerkmale zum Vorschein. Mal war sie eine zärtlich schnurrende Katze, dann wieder ein forderndes Weib, mal fein und sensibel, im nächsten Moment ordinär und brutal. Jedenfalls kannte er keine Frau, die ihren Körper so hemmungslos einzusetzen verstand. Max strich sich grinsend über den morgendlichen Stoppelbart. Trotzdem, irgend etwas stimmte nicht mit ihr. Es kam ihm vor, als ob ganz tief in ihr ein unberechenbarer Vulkan brodelte, der ganz unvermittelt ausbrechen könnte. Und ab und zu gab es kleine Vorbeben. Da konnten sich ihre Gesichtszüge ganz plötzlich verhärten. Ihre Stimmlage veränderte sich. Die Augen bekamen in diesen Momenten eine beängstigende Intensität, so daß es einem kalt den Buckel herunterlief. Und von einer Sekunde zur anderen war der Spuk wieder vorbei. Max dachte an die abgeschnittenen Rosen, über die er gestern abend nicht mehr mit ihr gesprochen hatte. Carlotta sagte, sie habe Eva dabei beobachtet. Und der Sturz mit dem Fahrrad, der sehr wohl auf Sabotage zurückzuführen sein konnte. Max fiel seine Katze ein, die er mit durchgeschnittener Kehle aufgefunden hatte, und er dachte an den verwüsteten Kräutergarten. Er erschrak bei dem Gedanken, daß er all dies Eva zutrauen würde. Gottlob sprach jede Logik dagegen.

Max hörte, wie Eva die Treppe herunterkam. Er drehte sich auf die Seite und stützte sich auf. Da stand sie nun vor ihm. Das Gesicht war gänzlich abgeschwollen und so schön wie eh und je. Eva hatte ein altes Hemd von ihm an. Was mit Sicherheit etwas wenig war, denn er kam nicht umhin, ihre schlanken Beine zu bewundern. Und weil sie das Hemd kaum zuge-

knöpft hatte, blieben ihm auch weitere Einblicke nicht erspart. Kein Zweifel, so sah sie verdammt gut aus, diese Eva.
Max fuhr sich durch die verstrubbelten Haare. »Buon giorno. Na, geht's dir wieder gut?«
Eva lachte. »Super geht's mir. Deine Spritze hat Wunder bewirkt. Nicht nur, daß ich wieder unter den Lebenden weile, ich fühle mich auch total gut drauf. Ich bin optimistisch und zuversichtlich.«
»So gefällst du mir schon besser.«
»Ich hab einen Vorschlag«, sagte Eva.
»Laß hören.«
»Heute abend fahr ich wieder nach Florenz. Vorher sollten wir uns einen schönen Tag machen.« Dabei stemmte sie ihre Arme herausfordernd in die Hüften. »Nein, nicht was du denkst. Wir packen den Picknickkorb und machen einen Ausflug ans Meer. Ich kenne da ein schönes Ziel. Am Nachmittag sind wir wieder da. Und dann ziehe ich Leine. In aller Unschuld.«
»Ein Ausflug? In aller Unschuld?« wiederholte Max etwas tölpelhaft.
»Na ja, das mit der Unschuld liegt ganz bei dir«, antwortete Eva und spielte mit dem Saum ihres Hemdes.
»Doch, doch, wir sollten es dabei belassen. Ein Ausflug mit Picknick? Keine schlechte Idee. Okay, wir machen das genau so, wie du das vorgeschlagen hast. Und danach verabschieden wir uns wie gute Freunde.«
»Also, dann steh auf. Kannst du uns einen Kaffee machen? Ein kleines Frühstück wäre nicht schlecht. Wir haben ein ganzes Stück zu fahren.«
»Und du solltest dir vielleicht etwas mehr anziehen.«
»Meinst du wirklich?« kokettierte Eva und zeigte Max im Weggehen ihren nackten Hintern.

GROSSETO
0 000 Einwohner

»Wo geht's denn hin?« wollte Max wissen, als sie eine gute Stunde später mit seinem Landrover losfuhren.

»Zunächst auf der Superstrada nach Grosseto, dann weiter zur Halbinsel Monte Argentario.«

»Zum Monte Argentario also. Keine schlechte Idee, da wollte ich sowieso mal hin.«

MONTE ARGENTARIO
Halbinsel im Süden der Toskana

»Und wie es der Zufall will, weiß ich da einen herrlichen Platz zum Picknicken, hoch oben auf den Klippen, mit einem wunderbaren Blick auf die kleine Insel Giannutri. Und auf dem Rückweg halten wir am Strand von Castiglione della Pescaia und springen ins Meer.«

»Keine Einwände«, stellte Max fest.

Südlich von Bolgheri bog er auf die gut ausgebaute Schnellstraße Richtung Grosseto. Eineinhalb Stunden später fuhren sie über den Tombolo di Giannella auf die Halbinsel von Monte Argentario, links die Lagune von Ortebello, rechts der Blick hinüber nach Elba. In Porto Santo Stefano machten sie kurz halt. Nach zwei Cappuccini in einer Bar an der langen, neu angelegten Uferpromenade fuhren sie weiter, die teuren Yachten, die meist Römern gehören, zurücklassend. Die Straße schlängelte sich den Berg hoch, vorbei ging es an einigen noblen Anwesen, die an den Hang gebaut waren.

Eva zeigte auf eine Parkmöglichkeit am rechten Straßenrand. Max brachte den Landrover auf dem Schotter vorsichtig zum Stehen. Sie stiegen aus und genossen den überwältigenden Blick hinunter aufs Meer und hinaus auf die vor ihnen liegende Isola del Giglio. Dahinter ahnte man im Dunst die Umrisse einer weiteren Insel.

GIANNUTRI
GIGLIO
MONTECRISTO
Inseln des toskanischen Archipels

»Das ist Montecristo«, erklärte Eva. »Auf dieser einsamen Granitinsel gibt es nur die Überreste eines alten Klosters.«

»Immerhin hat diese Insel Alexandre Dumas zu seinem Roman inspiriert. Der Graf von Monte Cristo, der hier den Piratenschatz fand, der ihm unermeßlichen Reichtum brachte.«

»Ja, so einen Schatz müßte man finden«, seufzte Eva leise.

»Um sich dann ganz der gnadenlosen Rache zu widmen, die der Graf von Monte Cristo zur Kunst erhoben hat.«

»An wem willst du dich denn rächen?« sagte Max so dahin, ohne daß er die Frage ernst gemeint hätte. Um so überraschter war er über ihre Reaktion. Er sah, wie sie die Fäuste ballte. Ihre Lippen bewegten sich. »Es muß sein, ich will nicht, aber es muß sein!«
Der Wind, der vom Meer heraufkam, trug ihre geflüsterten Worte davon. Max hatte sie dennoch verstanden, dachte aber, er hätte sich verhört. »Was hast du gerade gesagt?«
Eva zuckte zusammen. »Was habe ich gesagt?«
»Das wollte ich von dir wissen?«
Evas Hände lockerten sich wieder.
»Keine Ahnung. Nichts habe ich gesagt, gar nichts. Komm doch noch ein Stück vor, laß uns die Aussicht genießen.«
Max zögerte. Weit unten sah er das Meer, spürte förmlich die Tiefe mit ihrer magnetischen Kraft. »Du kannst dich an dem Mast da vorne festhalten, du wirst schon nicht hinunterfallen.«
Max ließ sich überreden und machte einige vorsichtige Schritte. Mit seinen rutschigen Ledersohlen schien ihm das auf dem glatten Felsuntergrund ein wagemutiges Unterfangen. Er war froh, als er endlich das Holz des Mastes in seinen Händen spürte. Eva hatte recht, der Blick lohnte sich. Ein paar Yachten zogen ihre Spur durch das tiefe Blau des Meeres. Links vorne war oberhalb der Klippen eine prachtvolle Villa in den Fels gebaut. Ein paar Pinien klammerten sich an den steilen Abbruch. Möwen ließen sich vom Aufwind nach oben tragen.
»Und wie soll ich von hier wieder zurückkommen?« fragte Max, nur halb zum Scherz.
Eva, die barfuß war, reichte ihm von oben die Hand. »Ich zieh dich, gib mir deine Hand. Du kannst mir vertrauen.«
»Kann ich das?« Max streckte die Hand aus. Eva blieb ihm die Antwort schuldig und zog ihn feixend die wenigen Schritte nach oben zum Auto.

»Brav, gut gemacht«, sagte Eva. »Ich wußte ja gar nicht, daß mein mutiger Doktor Angst vor der Höhe hat.«
»Ja, auch ich hab meine Geheimnisse. Ist gottlob nicht so schlimm wie in Hitchcocks *Vertigo*.«
»*Vertigo*, ein interessanter Film. Auf deutsch heißt er übrigens *Aus dem Reich der Toten*«, sagte Eva. »Ab jetzt fahr besser ich. Ich kenne die Straße sehr gut, ich war erst vor einigen Wochen hier. Jedenfalls sollte jemand mit Höhenangst hier nicht unbedingt ans Steuer.«
»Okay, fahr du, aber vorsichtig.«
Eva setzte sich hinters Steuer und startete den Motor.
»Verwechsle bloß nicht den Vorwärts- mit dem Rückwärtsgang«, sagte Max mit einem Blick über die Kühlerhaube und schnallte sich an.
»Keine Sorge, Doktor, alles im Griff.«
Eva setzte zurück auf die Straße. »Schönen Gruß vom Getriebe«, kommentierte Max, als Eva den Vorwärtsgang mit einem lauten Knirschen einlegte. »Sorry, soll nicht wieder vorkommen.«
Die Straße schlengelte sich abenteuerlich die Küste entlang, in steilen Kurven ging es mal ein Stück nach unten, dann wieder unvermittelt hinauf. Das großartige Panorama entschädigte Max für die erlittene Pein. Immer wieder schielte er aus dem Seitenfenster in den Abgrund.
»Wir hätten die Tour andersherum machen müssen«, stellte er fest, »im Uhrzeigersinn von Porto Ercole nach Santo Stefano, dann würde ich nicht ständig rechts über den Klippen schweben. Vor allem dann, wenn jemand entgegenkommt und du nach rechts ausweichen mußt.«
»Ich weiß«, stellte Eva lakonisch fest. »Aber mir gefällt's so herum besser.«
Sie kamen an einem Schild vorbei, das nicht gerade zu Max' Beruhigung beitrug. »Strada stretta con curve pericolose«, stand auf ihm zu lesen, »... mit gefährlichen Kurven!«

Wenig später hörte der Asphalt auf, und weiter ging es auf einer Schotterpiste. Es folgte noch ein Schild, »Strada dissestata«, was wohl so etwas Ähnliches wie »völlig heruntergekommen« bedeutete. »Bist du sicher, daß wir hier keine Probleme kriegen?« wollte Max wissen.

»Bin ich, keine Sorge. Ich kenne hier jede Kurve. Außerdem hast du ja wirklich das richtige Auto für diesen Ausflug. Und denk ans Picknick. Ist nicht mehr weit. Bald gibt's Rotwein, Salami, Oliven und frische Tomaten.«

Rechts sahen sie die vorgelagerte Insel Giannutri. Max hatte die Scheibe heruntergedreht. Also jetzt hörte der Spaß wirklich auf. Bisher hatte er mit seiner Höhenangst eher kokettiert, aber warum fuhr Eva so irrsinnig weit rechts. Da konnte man ja tatsächlich senkrecht auf die Klippen und die Brandung hinuntersehen.

Max schaute wieder nach links zu Eva. Ihm fiel auf, daß sie nicht mehr angegurtet war. Hatte sie heimlich ihren Sicherheitsgurt gelöst? Als er Eva ins Gesicht sah, erschrak er. Steil waren die Falten in ihrer Stirn, tief eingegraben, starr der Blick. Ihre Lippen bewegten sich, während sie unablässig vor sich hin flüsterte. Einige Schweißperlen liefen ihr über die Wangenknochen. Sie hatte das Lenkrad so fest umklammert, daß die Knöchel an ihren Händen weiß hervortraten.

Max warf einen schnellen Blick nach rechts. So steil war es bisher noch nie hinuntergegangen. Er bekam es mit der Angst zu tun. Und Eva? Sie redete immer schneller lautlos vor sich hin. Jetzt nahm sie die linke Hand vom Steuer und langte zum Hebel, mit dem sich die Fahrertür öffnen ließ. Vorher hatte sie den Griff am Lenkrad so geändert, daß sie mit der rechten Hand scharf nach rechts einschlagen konnte. In Sekundenbruchteilen ging Max das folgende Szenario durch den Kopf. Er sah, wie Eva das Steuer nach rechts riß und sich gleichzeitig aus dem Auto fallen ließ, auf der Hangseite, dort, wo es ungefährlich war, vor allem bei dieser geringen Geschwindigkeit, zu der die Schotterstraße zwang. Er sah, wie der Landrover nach unten stürzte – mit ihm angeschnallt auf dem Beifahrersitz. Immer wieder überschlug sich der Wagen, in Zeitlupe, wie in einem Film. Der Landrover streifte einige Felsen, Blechteile flogen davon, die Stoßstange, ein Rad. Die Klippen kamen immer näher, seine Augen starr aufgerissen. Und dann eine fürchterliche Explosion ...

Reflexartig handelte Max. Mit der einen Hand riß er die Handbremse hoch, mit der anderen schlug er den Schalthebel in den Leerlauf. Es folgte ein beherzter Griff ins Lenkrad.

Mit blockierenden Hinterrädern und aufheulendem Motor kam der Wagen zum Stehen – so weit rechts, daß Max nicht einmal aussteigen konnte. Eva saß völlig apathisch am Steuer, nur ihre Lippen bewegten sich, den Blick nach vorne gerichtet und den Gasfuß durchgetreten. Max drehte den Zündschlüssel ab, dann schlug er Eva mit der flachen Hand ins Gesicht. Einmal, zweimal, dreimal ... Zunächst schien Eva die Ohrfeigen überhaupt nicht zu spüren. Erst mit einer deutlichen Verzögerung zuckte sie zusammen. Jetzt hob sie die Arme schützend vors Gesicht. Und sie begann zu weinen. So hemmungslos, daß Max sie in den Arm nahm, streichelte und beruhigend auf sie einredete.

»Was ist los, warum hast du mich geschlagen?« schluchzte Eva. »Ich habe mich so auf unser Picknick gefreut.«

»Ich doch auch«, entgegnete Max. »Wir müssen darüber reden. Nun steig erst mal aus, damit ich mich rübersetzen kann. Ab jetzt fahr wieder ich. Das Picknick verschieben wir etwas. Ich möchte erst diese Strecke hinter mich bringen. Dann sehen wir weiter.«

»Dann sehen wir weiter«, wiederholte Eva monoton.

Als Max den Landrover wenig später nach Porto Ercole hinunterlenkte, mußte er sich eingestehen, daß er froh war, die Strecke heil überstanden zu haben. Er sah nach rechts zu Eva, die weiterhin völlig apathisch dasaß. Max gab Gas. Er wollte den Monte Argentario möglichst schnell hinter sich lassen.

Später hielten sie an einem Wald und setzten sich in den Schatten einer großen Pinie. Aber alle Versuche, mit Eva über den Vorfall ernsthaft zu reden, scheiterten kläglich. Ihr einziges Zugeständnis war, daß sie eine Art Blackout gehabt habe. Vielleicht sei dieser auf den gestrigen Allergieschock und die Spritze zurückzuführen, erklärte sie. Als Max seinen Verdacht andeutete, daß sie den Wagen über die Klippen lenken und ihn habe umbringen wollen, brach sie in schallendes Gelächter aus. Ob er unter irgendwelchen Halluzinationen leide, wollte sie wissen. Der Gedanke sei doch einfach absurd. Weder sei sie eine Killerin, noch habe sie ein Motiv.
Eva hatte leichtes Spiel, denn langsam glaubte Max selbst daran, daß er sich das alles nur eingebildet hatte. Warum sollte sie so etwas tun. Er war wohl wirklich immer noch ziemlich überspannt. Aber daß Eva einen völligen Aussetzer gehabt hatte, daran gab es nichts zu deuteln.

Evas Reisetasche war schon im Auto. Sie lief gerade mit Leonardo da Vinci durch den kleinen Olivenhain auf Max' Grundstück, da wurde dieser von Philipp angerufen.
»Ich bin nicht untätig geblieben. Mittlerweile habe ich mal gecheckt, ob irgendeiner deiner ehemaligen Kollegen und Mitarbeiter in der letzten Woche Gelegenheit hatte, in die Toskana zu fahren und dir diesen Liebesbrief an die Tür zu pinnen. Fehlanzeige.«
»Mein lieber Freund Philipp Mahlo, größter lebender Privatdetektiv in München, da hättest du dich nicht erst anstrengen müssen, das hätte ich dir gleich sagen können. Von denen ist das niemand«, kommentierte Max dieses Ergebnis der Ermittlungen.
»Abwarten. Ich krieg raus, wer für diesen Unfug verantwort-

lich ist, verlaß dich drauf. Übrigens habe ich mich wie versprochen mal über diese Eva Eilert schlau gemacht.«
Max warf einen kurzen Blick zur offenen Terrassentür. Weit hinten sah er Leonardo da Vinci zwischen den Olivenbäumen.
»Also, schieß los, was hast du über unsere Eva Eilert rausbekommen.«
»Na ja, nicht viel. Nur, daß das alles stimmt, was du mir gesagt hast. Ich hab auch ihre Adresse in Frankfurt und weiß, für welche Verlage sie arbeitet. Soll ich etwas weiter nachforschen?«
Max überlegte nur kurz. Noch gestern hätte er diese Frage mit einem entschiedenen Nein beantwortet, aber nach dem heutigen Erlebnis dachte er anders darüber. Irgend etwas stimmte mit dieser Eva nicht. Ihm fiel ihr gestriges Gespräch ein.
»Ja, ist vielleicht keine schlechte Idee. Ich weiß, daß sie mal in psychiatrischer Behandlung war, in einer Privatklinik bei Frankfurt. Moment mal, sie hat mir auch den Namen gesagt, wie war der doch gleich? Professor Runleger heißt die Klinik, jetzt fällt's mir wieder ein, jedenfalls heißt der Chef so.«
»Ich hab's mir aufgeschrieben. Warum interessiert dich das? Glaubst du, daß die Kleine ein Rad abhat?«
»Keine Ahnung, kann schon sein.«
»Ich muß in den nächsten Tagen sowieso nach Frankfurt, wo ich einem möglichen Versicherungsbetrug nachgehe. Ich kann das ja damit verbinden, daß ich einige weitere Erkundigungen über diese Eva Eilert einhole.«
»Aber nicht, daß du extra wegen mir nach Frankfurt fährst.«
»Nein, keine Sorge. Ich muß da wirklich hin. Doch ich bleib auch bei deinen komischen Briefen am Ball. Keine Panik, ich krieg das alles geregelt.«
»Okay, ich muß jetzt Schluß machen. Sobald du was weißt, rufst du mich bitte an. Und dank dir noch mal.«
»Nichts zu danken, alter Freund. Du bist Vollzahler«, sagte Philipp lachend. »Servus!«
»Ja, Servus.«

Während Max den Hörer auflegte, schaute er nachdenklich auf den Boden. Hätte er sich umgedreht und zum offenen Fenster hinausgesehen, dann hätte er wahrscheinlich noch den Schatten von Eva erspäht, die das Telefonat belauscht hatte und sich rasch davonschlich.

Eine halbe Stunde später standen sie vor dem Haus, um sich zu verabschieden. Eva lehnte mit ernstem Gesichtsausdruck an ihrem Auto. Etwas verlegen spielte Max mit einer Olive, die er gerade aufgehoben hatte. Wohl war ihm nicht in seiner Haut. Gefühlsmäßig wurde er zwischen Extremen hin- und her- gerissen. Einerseits tat sie ihm leid. Und ihm gefiel nicht, daß er sie einfach ihrem Schicksal überließ. Schließlich war ihr Besuch eine Art Hilferuf gewesen, den er unerwidert ließ. Andererseits mußte er sich eingestehen, daß er ihre Abreise förmlich herbeisehnte, denn Eva gefährdete schon allein durch ihre Präsenz seine Lebenspläne. Sie brachte ihn in fatale Erklärungsnöte gegenüber Carlotta. Und ihren erotischen Lockungen zu widerstehen, das erforderte zudem fast überirdische Kräfte, denen er sich auf Dauer nicht sicher sein konnte. Aber das war eben nur die eine Seite. Da gab es ja gleichzeitig diese seltsame Bedrohung, die er in ihrer Gegenwart immer intensiver empfand und die heute immerhin so weit gegangen war, daß er sogar um sein Leben gefürchtet hatte. Er konnte nicht sagen, ob er sich das alles nur einbildete. Doch ganz zweifellos hatte Eva ein vielschichtiges Wesen. Und was tief in ihrem Inneren ihr Denken und Handeln steuerte, das war ihm alles andere als zugänglich, flößte ihm aber Angst ein.
Eva zeigte den Ansatz eines Lächelns. »Wie lange willst du eigentlich noch mit dieser albernen Olive spielen?«
Mit einer lässigen Bewegung warf Max die Olive in den nächsten Busch. »Ich hasse Abschiede, im Guten wie im Bösen.«
»Und was ist das hier für ein Abschied, ein guter oder ein böser?« hakte Eva nach.

»Keine Ahnung. Ich glaube, ich weiß nicht einmal, von wem ich mich verabschiede.«
»Jetzt wirst du aber tiefgründig. Werden wir uns wiedersehen?«
»Vielleicht«, blieb ihr Max die Antwort schuldig.
»Ich höre keine Sehnsucht in deiner Stimme, kein flehendes Verlangen«, zog Eva das Gespräch ins Lächerliche.
»Nein, das hörst du nicht«, blieb Max ernst. »Jedenfalls wünsche ich dir alles Gute ...«
»Klingt ganz schön abgedroschen.«
»Laß mich doch ausreden. Ich wünsche dir wirklich, daß du all deine Probleme, über die wir zum Teil gestern geredet haben, in den Griff bekommst. Aber ich kann dir dabei leider nicht helfen. Und was heute passiert ist, nun, ich vermag es nicht einzuschätzen. Aber vielleicht ist es eine gute Idee, wenn du wieder einmal mit deinen Ärzten in dieser Klinik sprichst, von der du mir erzählt hast. Sie werden Rat wissen.«
»Meinst du wirklich? Ich glaube, du überschätzt diese Psychoklempner. Die haben keine Ahnung.«
»Überleg es dir noch einmal.«
»Tu ich.«
Max lächelte und drohte mit dem Zeigefinger. »Und nimm keine Tabletten mit ASS mehr.«
»Keine Sorge, den Trip fand ich nicht so toll.«
Max ließ sich noch zu einer kurzen Umarmung hinreißen. Eva stieg ins Auto, er schloß die Wagentür und klopfte dreimal beschwörend aufs Autodach.
Das war's. Der überfallartige Besuch von Eva war vorbei, ihr Auto im Wald auf der gegenüberliegenden Talseite verschwunden. Er hätte gut auf dieses Intermezzo verzichten können. Ihm schien, als hörte er noch einmal ihre Stimme: »Werden wir uns wiedersehen?« Ja, werden wir das? fragte sich Max. Er wünschte, daß dem nicht so wäre. Und doch spürte er, daß sich Eva aus seinem Leben nicht für immer verabschiedet hat-

te. Warum fröstelte er bei diesem Gedanken? Dafür gab es gar keinen Grund. Oder etwa doch?

37

Eva stieg voll auf die Bremse, als sie im Wald den weißen Hund auf sich zukommen sah. Jetzt stand sie mit ausgekuppeltem Motor wenige Meter vor Leonardo da Vinci, der das Bremsmanöver seelenruhig abgewartet hatte. Offenbar war er nicht bereit, dem Auto so ohne weiteres das Wegerecht einzuräumen. Der Maremma-Hund legte den Kopf in der für ihn typischen Weise leicht zur Seite und wartete ab. Für einen Moment schloß Eva die Augen. Das Bild vom Hund verwischte sich. Immer deutlicher sah sie eine kleine Katze, eine Katze, die einmal auf den Namen Arabella gehört hatte. Eva glaubte, den Griff des Schlachtermessers in ihren Händen zu spüren. Und sie sah Blut spritzen. Durch ihren Körper ging ein leises Zittern. Sie legte den ersten Gang ein, bereit, Vollgas zu geben. Ihre Lider hoben sich wieder, mit starrem Blick nahm sie den Hund ins Visier.

Erneut kam es ihr vor, als ob ihr jemand einen Stromstoß versetzen würde. Diesmal aber wirkte er entkrampfend. Ein letztes Vibrieren. Eva öffnete die Beifahrertür.

»Leonardo da Vinci, komm her, mein Guter, steig ein. Ich nehm dich ein Stück mit.«

Leonardo da Vinci näherte sich gemächlich dem Auto und schaute hinein.

»Du kennst mich doch, wir haben vorhin noch zusammen gespielt.«

Wie zur Bestätigung ließ Leonardo da Vinci ein kurzes, trockenes Bellen vernehmen.

»Kluger Hund, also, steig endlich ein, hier ist noch Platz für dich.«

Eva klopfte mit der flachen Hand aufmunternd auf den Beifahrersitz. Leonardo da Vinci sah ganz so aus, als ob er über ihre Einladung nachdenken müßte.
»Komm jetzt endlich!« Evas Stimme wurde ungeduldiger.
Mit einem großen Satz landete der Hund im Auto. Eva bekam erst seine Schnauze, dann seinen Schwanz ins Gesicht. Es dauerte eine Weile, bis es sich Leonardo da Vinci bequem gemacht hatte. Die Vorderpfoten auf das Armaturenbrett gelegt, begann er genüßlich die Frontscheibe abzulecken. Eva mußte aussteigen, um die Beifahrertür zu schließen.
Und was mache ich jetzt mit dir? fragte sie sich auf der Weiterfahrt. Sie fühlte sich erleichtert, daß sie ihn am Leben gelassen hatte. Aber Max sollte keine Freude mehr an ihm haben, dafür würde sie sorgen. Eva wußte, daß Leonardo da Vinci ein Geschenk von Carlotta war. Diese Tatsache hätte dem Hund fast das Leben gekostet.
In Rosignano entnahm sie dem Automaten das *biglietto* für die Autostrada. Weiter ging es nach Norden, vorbei an Livorno und Tirrenia. Kurz hinter der Ausfahrt Pisa Nord – rechts wäre es nach Lucca und Florenz gegangen – brachte Eva ihr Auto in einer kleinen Ausbuchtung am Straßenrand zum Stehen.
Eva schaute Leonardo da Vinci an. »Du wirst dich nach einem neuen Herrchen umsehen müssen«, sagte sie leise. »Aber es hätte für dich übler ausgehen können.«
Mit einiger Mühe gelang es ihr, an dem Hund vorbei die Tür zu öffnen. »Und jetzt raus hier, schau, daß du weiterkommst!« Eva versuchte Leonardo da Vinci aus dem Auto zu schieben. »Guck nicht so verwundert, die Reise ist vorbei. Hau endlich ab!«
Mit einem protestierenden Knurren gab der Hund schließlich nach. Eilig schlug Eva die Tür zu. Sie ließ noch einige Autos vorbei, dann gab sie Gas. Im Rückspiegel sah sie, wie Leonardo da Vinci zurückschreckte, und dann, wie er nach links über die Autobahn rannte. Vor der Leitplanke machte er kehrt.

Von hinten näherten sich zwei Lastwagen, die sich gerade überholten. Eva richtete den Blick nach vorne. Max würde seinen Hund nie mehr wiedersehen, soviel war sicher.

38

Philipp Mahlo saß mit Hauptkommissar Kirred bei seinem Lieblingsitaliener in Frankfurt.

»Schön, daß dich deine Wege immer wieder nach Frankfurt führen«, sagte Kirred mit vollem Mund. »Was ist es eigentlich diesmal?«

»Schluck doch erst mal runter, du erstickst mir sonst noch«, feixte Mahlo. »Aber um deine Frage zu beantworten, so eine Versicherungskiste. Ich soll rausfinden, warum einem Typen immer wieder seine teuren Luxuskarossen geklaut werden. Meine Versicherung glaubt, daß er die Karren nach Polen verscherbelt.«

»Na, dann viel Glück. Wenn ich dir bei deinen Ermittlungen helfen kann, dann laß es mich wissen.«

»Logo, du, ich hab noch eine andere Frage. Kennst du im Raum Frankfurt eine Nervenklinik, die von einem Professor Runleger geleitet wird? Vielleicht heißt sie auch nach ihm?«

»Dieses Arschloch, natürlich kenn ich den«, antwortete Kirred.

»Du bist ja heute wieder besonders herzlich«, stellte Mahlo grinsend fest.

»In dem Fall schon, das ist wirklich ein Idiot.« Kirred winkte verächtlich ab. »Ich glaub sogar, ich hab dir bei deinem letzten Besuch von der Geschichte erzählt. In der Klinik ist vor gut einem halben Jahr ein Pfleger unter sehr mysteriösen Umständen zu Tode gekommen.«

»Ich erinnere mich«, sagte Mahlo, »der hat sich bei einem Treppensturz das Genick gebrochen, richtig?«

»Du hast ein gutes Gedächtnis, stimmt, ja. Wir haben den Fall zwar abgeschlossen, aber ich wette, daß den armen Kerl jemand zu Tode befördert hat.«

»Doch du kannst es nicht beweisen. Was soll's? Laß dir das Essen trotzdem schmecken.«

»Laß ich, keine Sorge, aber ärgern tut's mich. Und dieser Professor Runleger war eine besonders große Hilfe. Der hat mich mit seinem arroganten Getue wirklich auf hundert gebracht.«

»Der schützt seine Klinik, ist doch normal, oder? Von dem kannst du keine Hilfe erwarten«, stellte Mahlo fest.

»Warum interessierst du dich eigentlich für diesen Schuppen?« fragte Kirred.

»Hat nichts mit meiner Arbeit zu tun«, log Mahlo. »Ist privat. Ein Freund wollte nur von mir wissen, ob er seine Frau da guten Gewissens hinschicken kann.«

»Vielleicht ist eine Stelle als Pflegerin frei«, grummelte Kirred, »aber sag ihr, sie soll mit dem Lift fahren.«

»Nicht als Pflegerin, als Patientin, du Idiot.«

»Ist doch klar, laß mir auch mal meinen Spaß.«

Auf der Fahrt ging Philipp Mahlo einiges durch den Kopf. Der Privatdetektiv aus München glaubte nicht an Zufälle. Aber daran, daß einem das Schicksal ab und zu Hinweise gab, daran glaubte er schon. Sein Freund Max wollte aus welchen Gründen auch immer etwas über diese Eva Eilert in Erfahrung bringen. Sie gebe ihm einige Rätsel auf, hatte er am Telefon gesagt. Und bei ihrem letzten Gespräch hatte Mahlo den Eindruck, daß sein Freund ziemlich unter Anspannung stand. Diese Eva war wohl nicht ganz geheuer. Und jetzt wollte es der Zufall, daß sie Patientin in ebenjener Nervenklinik war, wo es den Pfleger erwischt hatte. Natürlich gab es da überhaupt keinen Zusammenhang, aber es würde ihn schon interessieren, zu welchem Zeitpunkt genau diese Eva Eilert in der Klinik gewesen war. Es wäre doch ein schöner Zufall, wenn ...

Mahlo weigerte sich, den Gedanken weiterzuspinnen. Ab und zu ging seine Phantasie mit ihm durch. Ihm fielen die Briefe ein, die Max das Leben schwermachten. Schon wieder drängte sich ihm diese Eva ins Bild. Warum hatte ihn Max gerade auf diese Frau angesetzt? Ob es da vielleicht einen Zusammenhang gab?

Es war spät am Abend desselben Tages. Mahlo stand an der Theke einer Bar in Frankfurt und stocherte nachdenklich in seinem Wodka nach einer Kirsche, die sich seinem Zahnstocher immer wieder mit einer unberechenbaren Rollbewegung entzog. Mahlo biß sich auf die Unterlippe. Er glaubte nicht an Zufälle. Da war diese Eva Eilert doch tatsächlich genau zum Zeitpunkt dieses merkwürdigen Unfalls in jener Klinik gewesen, des Unfalls, der nach Ansicht seines Freundes Kirred keiner war. Warum wollte Max Genaueres über diese Frau wissen? Sein Freund war doch sonst nicht so neugierig. Und dann gab es diese Briefe, die Max bedrohten. Völlig abgedrehte Briefe, wie von einem Verrückten. Ja, oder wie von einer Verrückten. Aber welchen Zusammenhang könnte es da geben? Mahlo fiel trotz intensiven Nachdenkens keine noch so abwegige Möglichkeit ein.
Im Spiegel über der Bar sah er, daß rechts neben ihm eine blonde Frau saß. Wie blind war er denn eigentlich, daß ihm das nicht schon vorher aufgefallen war. Sah gut aus, die Lady. Mahlo steckte die Kirsche in den Mund und drehte sich langsam zur Seite. Verdammt noch mal, die sah wirklich gut aus. Diese hohen Wangenknochen, die sinnlichen Lippen und der träge Blick. Mahlo ließ seine Augen nach unten wandern, über ihre vollen Brüste zu den langen Beinen, die in hochhackigen roten Schuhen endeten.
»Sind Sie fertig?« hörte Mahlo die Frau sagen.
Ohne mit der Wimper zu zucken, antwortete er gelassen: »Ja, vorläufig schon.« Er sah ihr wieder ins Gesicht.

»Ich mag es nicht, wenn man mich mit den Augen auszieht. Schauen Sie lieber in Ihr Glas, das ist ungefährlicher«, bekam er eine Abfuhr.
»Macht nicht soviel Spaß«, sagte er.
»Bleibt Ihnen aber nichts anderes übrig.« Die Blondine rutschte zu Mahlos Enttäuschung vom Barhocker, zog sich den knappen Rock zurecht und begab sich auf die gegenüberliegende Seite des Raums, dorthin, wo die kleinen, runden Tische standen.
»Na, dann eben nicht«, sagte Mahlo resignierend und bestellte einen weiteren Wodka. Aber jetzt fiel es ihm noch schwerer, seine Gedanken zu ordnen. Die blonde Frau ging ihm nicht mehr aus dem Sinn. Ob sie dahinten alleine saß? Wohl eher unwahrscheinlich, vermutlich war längst ihr Lover mit am Tisch. So ein nadelstreifiger Jungbanker, der den richtigen Lifestyle hatte. Oder halt sonst irgendein Blödmann.
Mahlo nahm den Wodka ex. Ist ja nichts drin in diesen Fingerhüten. Aber was ist, wenn die Lady dahinten alleine sitzt? Dann wäre ja er der Blödmann. Und das wollte er nun wirklich nicht sein. Mahlo entschloß sich zu einem Kontrollgang. Das gab's doch nicht, da saß die Tante wirklich mutterseelenalleine in der Ecke.
»Wenn ich Ihnen verspreche, daß ich Ihnen nur noch ins Gesicht sehe, darf ich mich dann dazusetzen?«
Sie schaute Mahlo spöttisch an. »Wenn es Sie glücklich macht, meinetwegen.«
Mahlo setzte sich, stützte den Kopf in die rechte Handfläche und sah ihr unablässig in die Augen. Die Frau zündete sich gelangweilt eine Zigarette an und blies ihm den Rauch ins Gesicht, was bei Mahlo nur zu einem leisen Lächeln führte.
»Das muß man Ihnen lassen, Sie halten Wort«, sagte sie.
»Inwiefern?«
»Ich meine, daß Sie mir nur noch ins Gesicht sehen wollen.«
Mahlo grinste.

»Also hören Sie schon mit dem Spiel auf. Schauen Sie bitte irgendwo anders hin, das nervt.«
»Darf ich Ihnen was zum Trinken bestellen?«
»Schon besser.«
»Champagner?«
»Ist nie verkehrt«, bestätigte sie.
»Übrigens, mein Name ist Mahlo, Philipp Mahlo.«
»Und Sie sind nicht aus Frankfurt?«
»Nein, aus München, warum? Hört man das?«
»Ja, das hört man.«
»Und wie heißen Sie?«
»Barbara, ich bin die Barbara.« Sie schaute auf die Uhr. »Nach Mitternacht lasse ich den Nachnamen immer weg.«
Barbara machte es ihm nicht leicht, aber Mahlo gelang es, die Konversation fortzusetzen. Und einige Gläser Champagner später wurde sie immer lockerer. In Gedanken klopfte sich Philipp Mahlo auf die Schultern. Seine Beharrlichkeit schien sich wieder einmal auszuzahlen. Längst war Barbara alles andere als abweisend. Ihre Bluse war weit aufgeknöpft und erlaubte Mahlo tiefe Einblicke, die seine Phantasien weiter beflügelten. Ihre Hand hatte mittlerweile auf seinem Schenkel Platz gefunden und wanderte unter dem Tisch langsam nach oben. Teufel auch, da war er ja an eine ganz Scharfe geraten. Entschlossen faßte Mahlo Barbara zwischen die Beine. O Gott, wo war denn der Slip abgeblieben. Vorhin an der Bar hatte sie noch einen angehabt, so einen roten, da war er sich ganz sicher.
Mahlo ließ sich einfach treiben, Hemmungen schienen ihm mittlerweile fehl am Platz.
»Meinst du nicht, wir sollten woanders hingehen?« fragte Barbara.
»Das sollten wir, ja«, bestätigte Mahlo. »Mein Hotel ist gleich nebenan.«
»Worauf warten wir dann noch?«

Eng umschlungen standen sie im dunklen Hotelzimmer. Nackt preßten sie ihre Körper aneinander. Nur ein Neonlicht von der gegenüberliegenden Straßenseite beleuchtete die Szene. Die Farben wechselten zwischen Gelb und Rot.

»Leg dich aufs Bett«, flüsterte Barbara, »auf den Rücken, und schließ die Augen.« Bereitwillig folgte Mahlo ihren Anweisungen. Er spürte ihre Zunge, die seinen Leib liebkoste, dann wieder ihre Zähne, die ihn zunächst zart, später immer fester bissen. Er stellte fest, daß ihn das nicht störte, im Gegenteil. Als er merkte, daß sie seine Hände am Kopfende an das Bettgestell fesselte, versuchte er zu protestieren.

»Pst! Laß die Augen zu, mach dir keine Sorgen. Glaub mir, du wirst diesen Abend nie vergessen.«

Das hätte Mahlo ihr auch schon vorher geglaubt. Er beschloß, sich auf ihre Nummer einzulassen. Sie schien ganz genau zu wissen, was sie tat. Wo hatte sie eigentlich diese Schnüre her? Gehörten die zu ihrer Grundausstattung?

Nach einem langen und intensiven Zungenkuß wanderten ihre Lippen wieder über seinen Brustkorb. Mahlo genoß Barbaras Körper, der sich langsam und geschmeidig über ihm hinschob. Wie ein Reptil aus Samt und Seide. Jetzt war Barbara bei seinen Zehen angelangt. Behutsam spreizte sie seine Beine. Er spürte, wie sie die Schnüre um die Fesseln legte, mit denen sie seine Füße am Bettgestell festband. Wie eine Spinne lag er jetzt im Bett. Wie eine unendlich geile Spinne, dachte Mahlo grinsend. Gespannt wartete er darauf, was sich Barbara als nächstes einfallen lassen würde.

39

Carlotta war mit ihrer neuen Vespa bei Max vorbeigekommen. Seit einigen Tagen war sie aus Rom zurück. Max hatte ihr kurz von Evas überraschendem Besuch erzählt, wobei es offenbar ins Gewicht fiel, daß er ein reines Gewissen hatte. Jedenfalls gab es keine Diskussionen oder Eifersüchteleien. Carlotta machte aus ihrer Überzeugung keinen Hehl, daß Eva mindestens eine Schraube locker hatte. Seit dem Abschneiden der Rosen stand das für sie zweifelsfrei fest. Heute hatten sie Siena auf dem Programm. Jetzt war Max schon fast einen ganzen Sommer in der Toskana, und er war immer noch nicht in der Stadt der Gotik gewesen. Den Dom mit der Marmorfassade von Pisano wollte er sich anschauen, und natürlich die muschelförmige Piazza del Campo, wo alljährlich im Juli und im August der weltberühmte Palio stattfindet. Carlotta hatte sich überreden lassen, eine Nacht in Siena zu verbringen. Das Hotelzimmer und den Tisch für heute abend hatte er bereits reserviert. Gianna war bei den Großeltern in Livorno. Jetzt mußten sie nur noch losfahren. Schade nur, daß Leonardo da Vinci seit Evas Abreise verschwunden war. Er vermißte seinen Lebensretter. Aber Carlotta hatte ihn beruhigt und erklärt, daß das bei Maremma-Hunden schon mal vorkommen könne. Er tauche sicher bald wieder auf und tue so, als ob nichts gewesen wäre.

SIENA

LE LOGGE
Siena

Carlotta und Max kamen aus der Osteria Le Logge in der Via del Porrione, wo sie zu Mittag gegessen hatten. Einige Schritte weiter sahen sie zu, wie in einer kleinen Trattoria Ravioliteig ausgestochen wurde. Dann schlenderten sie über die Piazza del Campo und setzten sich auf ein Mäuerchen vor dem Fonte Gaia. Schweigend ließen sie den wohl eindrucksvollsten Platz der Toskana auf sich wirken, vor ihnen der Palazzo Pubblico mit seiner vollkommenen gotischen Architektur. Max betrachtete die Fenster und Portale des Untergeschosses, die von sienesischen Spitzbogen eingerahmt werden, darüber die charakteristischen dreigeteilten Fenster mit dem schwarzweißen Stadtwappen von Siena, der *balzana,* und ganz oben das großherzogliche Wappen. Links neben dem Stadtpalast befand sich der Torre del Mangia. Max wußte, daß er knapp über hundert Meter hoch und dem nur wenig älteren Turm des Palazzo Vecchio in Florenz nachempfunden war. Sein Name kommt von einem Glöckner im 14. Jahrhundert, der bei den Sienesern »mangiaguadagni« hieß, weil er das Geld der Bürger mit seinen ausbündigen Mahlzeiten durchbrachte. Max studierte die Zinnen, die ihm in der Toskana regelmäßig Rätsel aufgaben. Er hatte mal gelesen, daß die auf den Burgen und Palästen der kaisertreuen Ghibellinen schwalbenschwanzförmig seien und jene der papsttreuen Guelfen oben flach und stumpf. Aber warum waren dann die Zinnen in Siena guelfisch, obgleich es die Stadt doch in ihrer Geschichte fast immer mit dem Kaiser gehalten hatte? Vielleicht hatten die Florentiner nach der Eroberung von Siena als Zeichen ihres Sieges alle ghibellinischen Zinnen abflachen lassen? Ja, so könnte es gewesen sein. Am verwirrendsten waren für ihn die Zinnen am Palazzo Vecchio in Florenz, die unten guelfisch flach und oben ghibellinisch geschwungen waren. Da sollte sich einer auskennen.

Carlotta erzählte Max vom Palio, dem berühmten Pferderennen, das zweimal im Jahr auf diesem Platz ausgetragen wird. Wie die Rennpferde um die Piazza del Campo fegen und dabei nicht selten ihre Reiter verlieren würden, die ohne Sattel auf den Gäulen säßen und sich mit der Peitsche attackierten. Dieses Spektakel mußte wirklich einmalig sein. Den Contraden sei es egal, daß Tierschützer regelmäßig gegen den Palio protestieren, träten doch die Stadtteile schon seit Jahrhunderten gegeneinander an. Stürze in der Curva di San Martino würden nun mal dazugehören und seien auch für die *fantini*, die Reiter, in höchstem Maße gefährlich. Und außerdem würden die Pferde vor dem Rennen in der Kirche gesegnet.

Carlotta und Max verabschiedeten sich von der Piazza del Campo und liefen hinauf zum Dom. Die Piazza del Duomo befindet sich auf dem höchsten Punkt der Stadt. Max bewunderte die berühmte Marmorfassade von Giovanni Pisano. Das Wolfsdenkmal neben dem Dom brachte ihr Gespräch auf die Gründungslegende von Siena, die die Stadt mit Rom verbindet. Die Kinder von Remus, so heißt es, seien vor Romulus nach Siena geflohen – in Begleitung der römischen Wölfin.

Nach einer Besichtigung des Kircheninneren gingen sie am Battistero di San Giovanni vorbei zur Bianchi di Sopra, um bei Nannini, der berühmtesten Bar von Siena, einen Kaffee zu trinken und vom Mandelkuchen Panforte zu kosten.

Nannini
Bar und
Konditorei,
Siena

Max freute sich, daß Carlotta bei diesem touristischen Programm bereitwillig mitmachte. Aber er wollte ihre Geduld nicht überstrapazieren, und so brachen sie bald zu ihrem Hotel auf. Das Certosa di Maggiano etwas außerhalb des historischen Zentrums ist ein ehemaliges Kartäuserkloster und war ihm von seinem Freund Fausto empfohlen worden.

Certosa
di Maggiano
Siena

Spätabends saßen sie bei einem Brandy italiano in der alten Bibliothek des Hotels. Ihre Unterhaltung drehte sich zunächst um Siena, dann kam Carlotta aber doch noch auf Eva zu sprechen, und zwar so, daß es Max fast gegruselt hätte. Denn Carlotta erzählte ihm im Zusammenhang mit Eva recht unvermittelt von einem berühmten Neujahrsgeschenk aus dem Jahre 1638. Ob er denn Fiesole kenne, wollte sie wissen. »Natürlich«, bejahte Max. Schließlich zählte es zu seinen Lieblingsausflügen, mit dem Linienbus Nr. 7 von Florenz hinauf nach Fiesole zu fahren und von dort zu Fuß die Via Vecchia Fiesolana hinunterzulaufen bis zur Kirche San Domenico. Der Ausblick auf Florenz machte diesen Spaziergang zu einem unvergleichlichen Erlebnis. Dann sei er doch sicher auch bei der Klosterkirche Badia Fiesolana gewesen, von wo man gegenüber auf einem Hügel die trutzige Villa Salviati sehen könne? Tatsächlich konnte sich Max gut an dieses mächtige Gebäude erinnern. Aber was diese Villa mit besagtem Neujahrsgeschenk zu tun habe, wollte Max wissen.

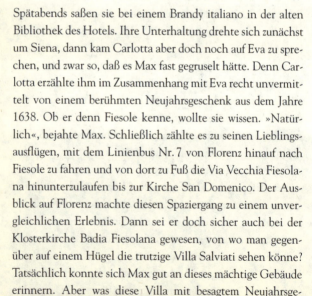

Fiesole

»Salviati, der in dieser Villa lebte, hatte eine eifersüchtige Frau, die Veronica Cibo hieß«, fuhr Carlotta fort. »Und diese Veronica schickte ihrem Mann zum Jahreswechsel einen Korb, der mit einem Hemd bedeckt war.«
»Spann mich nicht auf die Folter, was war drin?«
»Der Kopf seiner Geliebten Caterina Canacci«, antwortete Carlotta nach einer kurzen Pause.
Max verschlug es zunächst die Sprache. Solche einfühlsamen Geschichten kannte er eigentlich nur von Eva. Und jetzt fing auch Carlotta an, seinem zarten Gemüt zuzusetzen. Der Kopf seiner Geliebten? Veronica, Caterina, Eva, Carlotta? Langsam, aber sicher war er dem Ganzen nicht mehr gewachsen. Für Eva war Carlotta seine Geliebte, und umgekehrt Eva für Carlotta – war doch nicht so schwierig. Aber was wollte ihm Carlotta mit dieser Schauergeschichte sagen? Daß sie Eva als Geliebte nicht akzeptieren würde? Nun, diese Botschaft war angekommen.
Max stützte sein Kinn in die Hand und betrachtete Carlotta.
»Ich weiß nicht genau, warum du mir diese Geschichte erzählst. Eva ist jedenfalls nicht mehr meine Geliebte, wenn du das meinen solltest. Und sie wird es auch nie mehr sein, das verspreche ich dir«, sagte Max ganz ruhig.
»Und du glaubst, daß diese Eva das genauso sieht?«
»Ich denke schon, und wenn nicht, dann ist das einzig ihr Problem.«
»Genau in diesem Punkt bin ich mir nicht sicher«, entgegnete Carlotta. »Nenn es weiblichen Instinkt, Intuition, ich glaube jedenfalls, daß sie dir noch Probleme machen wird. Aber dann überleg dir genau, wie du dich verhältst. Die Frau ist gefährlich, ich spüre das. Ich möchte nicht der Kopf im Korb sein.«
Max sah Carlotta betroffen an. Der letzte Satz war alles andere als witzig.
»Du meinst im übertragenen Sinne«, stellte Max klar.
»Im übertragenen Sinne, natürlich.« Carlotta entspannte mit

einem Lächeln die Situation. Sie hob ihr Brandyglas und stieß mit Max an. »Aber mach keinen Fehler. Auch in mir schlummert eine kleine Veronica Cibo. Nur würde ich dir bei entsprechendem Anlaß keinen Korb schicken. Wie sagt man doch gleich in deutsch? Ich würde dir einen Korb geben, ja, so heißt das, dir Lebewohl sagen. Das wär's dann gewesen. Du mußt wissen, ob du das willst.«

»Du kennst meine Antwort?«

»Ich glaube sie zu kennen. Aber die wahren Antworten, mein lieber Max, die gibt das Leben.«

40

Nach eindringlichen Warnungen, mit der neuen Vespa vorsichtig zu fahren, hatte sich Carlotta am Nachmittag des folgenden Tages verabschiedet. Das Gespräch vom Abend war von beiden Seiten mit keinem Wort mehr erwähnt worden. Sie waren auf dem Rückweg von Siena bei der Klosterruine in San Galgano vorbeigefahren, hatten im Kirchenschiff, dem das Dach fehlt, nach oben in den klaren Himmel geschaut, sich vorgestellt, wie in der Nacht die Sterne zu einer Kuppel werden, die kein Mensch auf Erden, kein Brunelleschi oder Michelangelo je hätte schaffen können.

San Galgano
Klosterruine

Max versuchte wieder einmal, Philipp Mahlo in München anzurufen. Aber wie schon seit Tagen meldete sich nur der Anrufbeantworter. Er hatte ihm bereits dreimal darauf gesprochen. Komisch, normalerweise rief Philipp prompt zurück. Auch wenn er unterwegs war, pflegte er seinen Anrufbeantworter abzufragen.

Max setzte sich auf die Terrasse und machte es sich gemütlich, vor ihm der Stapel mit ungelesenen Zeitungen, die sich in den letzten Tagen angesammelt hatten. Zunächst nahm er die örtliche Zeitung, den *Tirreno*, zur Hand. Schließlich wollte er als Neutoskaner wissen, was in seiner Wahlheimat so los war. Nicht ohne Stolz merkte er, daß ihm das Lesen der italienischen Texte immer leichter fiel. Als nächstes griff er nach dem *Corriere della Sera*. Max stutzte, als er das Foto auf der Titelseite sah. Das war doch sein Freund Fausto, kein Zweifel. Er las die große Überschrift: »Capo dei capi accusato«. Richtig, damit beschäftigten sich schon seit Tagen die Medien. Der mächtigste Pate der Mafia stand in Mailand vor Gericht. Aber was hatte Fausto mit dieser Angelegenheit zu tun? Max übersetzte die Bildunterschrift: »Links neben dem Angeklagten ist sein Verteidiger Fausto Brunetta zu sehen, der wie der Pate aus Corleone in Sizilien stammt und der Familie eng verbunden ist.« Sein Freund Fausto ein Mafia-Anwalt? Max erinnerte sich, daß Fausto von seinem Geburtsort Corleone erzählt hatte und davon, daß er nur für einige wenige, dafür aber sehr einflußreiche Klienten arbeite. »Sehr einflußreich« – das bekam jetzt eine ganz andere Bedeutung. Jedenfalls hatte er ihn nicht belogen. Plötzlich verstand er, wie sich Fausto seinen exklusiven Lebensstil leisten konnte. Ein Mafia-Anwalt? Nicht zu glauben; sein Freund, der den schönen Dingen des Lebens so zugetan war, der dem gepflegten Essen und den Frauen huldigte, der am liebsten auf seiner Yacht allen Sorgen davonsegeln würde, der aber auch in einem viel zu prachtvollen Haus wohnte, der sich die teuersten Weine und Autos leistete, der sich von einem Hubschrauber abholen ließ, der einen breitschultrigen Leibwächter hatte. Fausto, dem man in den Lokalen die Hände küßte, der ihm – Max wollte lieber nicht daran denken – sein Haus vermittelt hatte, ein Haus, das nach Carlottas fester Überzeugung nicht zum Verkauf stand. Nun, dafür hatte er jetzt wenigstens eine Erklärung.

Max fiel der verschlossene Golfbag ein, den Enzio häufig in die verschiedenen Autos und sogar auf die Yacht mitnahm. Da waren bestimmt keine Golfschläger drin, dessen war sich Max nun sicher. Wohl eher Gewehre oder eine Maschinenpistole. Der Golfbag als zeitgemäße Variante des Geigenkastens.

Er las den ganzen Artikel und war danach wieder etwas entspannter. Wenigstens stand nirgends, daß Fausto ein Mitglied der Mafia wäre. Er war der Anwalt der mächtigsten Familie, nicht mehr und nicht weniger – darüber würde er sich bei nächster Gelegenheit mit Fausto unterhalten müssen.

Max beschloß, sich mehr den heimatlichen Gefilden zuzuwenden. Er legte die italienische Zeitung zur Seite und nahm die *Süddeutsche Zeitung* zur Hand, die er aus Siena mitgebracht hatte. Nach der Politik, dem Feuilleton und dem Wirtschaftsteil wollte er gerade über die Seite mit dem Vermischten, die ihn nicht so interessierte, zum Sport weiterblättern, da stockte ihm fast der Atem. Entsetzt hielt er die Hand vor seinen Mund. Um Gottes willen. Jetzt wußte er, warum er von Philipp nicht zurückgerufen wurde. Max las eine Meldung, die besagte, daß man den Münchner Privatermittler Philipp Mahlo tot in einem Frankfurter Hotelzimmer aufgefunden habe, nackt und mit an das Bett gefesselten Beinen und Händen und einer Plastiktüte über dem Kopf.

Max ließ die Zeitung auf den Boden gleiten. Das durfte doch wohl nicht wahr sein. Sein alter Kumpel Philipp Mahlo tot in einem Frankfurter Hotelzimmer. Umgebracht womöglich von einer Prostituierten. Jedenfalls glaubte das die Polizei.

Max wollte nicht ausschließen, daß sich Mahlo eine Nutte aufs Hotelzimmer mitbrachte. Das paßte irgendwie schon zu ihm. Und nach Frankfurt zu fahren hatte er auch vorgehabt, wegen dieses Versicherungsfalls – und wegen Eva. Max schloß die Augen und stützte seinen Kopf in die Hände.

Als hätte er soeben den Telefonhörer aufgelegt, ging ihm sein letztes Gespräch mit Philipp Mahlo durch den Sinn. Daß »die Kleine ein Rad abhat«, hatte Philipp in seiner unverblümten Sprache vermutet. Und den Namen der Nervenklinik von Prof. Runleger hatte er sich extra aufgeschrieben, um da mal nachzuforschen. Max erinnerte sich, daß er während des Telefonats Leonardo da Vinci hatte unter den Olivenbäumen herumstreifen sehen. Aber war Eva wirklich auch dort gewesen? Oder hatte sie wieder einmal ein Gespräch belauscht? Max wollte sich weigern, den Gedanken weiterzuspinnen, doch seine Phantasie ließ sich nicht zügeln. Angenommen, Eva hätte das Gespräch belauscht. Nun, dann wüßte sie, daß er hatte Nachforschungen über ihre Person anstellen lassen. Und sie hätte auch den genauen Namen mitbekommen, denn Max fiel ein, daß er sich über »Philipp Mahlo, den größten lebenden Privatdetektiv in München« lustig gemacht hatte. Kurz darauf war sie abgereist, zurück nach Frankfurt. Max dachte an die Episode über den Klippen des Monte Argentario, als er keinen Zweifel mehr daran hatte, daß ihm Eva nach dem Leben trachtete. War Eva tatsächlich zu einem Mord fähig? Und warum dann nicht auch an einem Mann wie Philipp Mahlo?

Max schlug mit der Faust energisch auf den Tisch und schalt sich einen Idioten. So ein Unsinn. Wie hieß es doch immer so schön in den Fernsehkrimis: Der Verdächtige hatte die Gelegenheit zur Tat, und er hatte ein Motiv! Genau, und wo war das Motiv? Es gab eben keines! Wahrscheinlich war er der einzige Verrückte in diesem Spiel, sieht man einmal von dem wirrköpfigen Briefschreiber ab.

Max zögerte. »Moment mal«, sagte er leise zu sich selbst. »Es ist doch besser, mit dem Kopf als mit dem Bauch zu denken.« Viel wahrscheinlicher war es, daß Philipp Mahlo diesem wahnsinnigen Briefschreiber auf die Spur gekommen war. Vielleicht war dieser gar nicht so harmlos? Max strich sich nachdenklich über sein unrasiertes Kinn. »Vielleicht aber«, murmelte er, »vielleicht aber hängt auch alles miteinander zusammen.« Zum erstenmal kam ihm dieser Gedanke. Es schauderte ihm dabei, denn es war wie verhext, schon wieder kreiste alles um Eva. Um diese Eva, die so plötzlich in sein Leben getreten war und alles durcheinandergebracht hatte.

In den folgenden Tagen verließ Max sein Grundstück kaum. Zuviel ging ihm durch den Kopf. Er wollte alleine sein. Alleine mit seinen alten Olivenbäumen, mit dem eingewachsenen Haus und dem milden Wind, der vom Meer kommend durch die Weinblätter strich. Max merkte sehr wohl, daß er es einer depressiven Grundstimmung allzuleicht machte, von ihm Besitz zu ergreifen. Aber er kannte diese Phasen von früher. Und er wußte, daß er diesen psychischen Durchhänger einige Tage ertragen würde. Leonardo da Vinci fehlte ihm, den hätte er gerne um sich gehabt. Was wohl aus seinem Hund geworden war? Warum mußte er nur immer an das Schicksal seiner Katze denken?

Als er eines Nachts wieder einmal nicht schlafen konnte, ab drei Uhr wach im Bett lag und den Ventilator anstarrte, der an der Decke nicht nur die Luft, sondern auch seine Gedanken durcheinanderzuwirbeln schien, beschloß er, in aller Frühe nach Florenz zu fahren. Er liebte es, auf dem Mercato Centrale di San Lorenzo Lebensmittel einzukaufen, sich mit den Verkäufern über die Besonderheiten toskanischer Spezialitäten zu unterhalten, hier ein Stückchen Pecorino zu kosten, dort eine Scheibe Salsiccia. Zunächst würde er im Erdgeschoß der großen Markthalle an einer kleinen Bar einen Cappuccino trinken. Bei Nerbone gab es frische Brötchen, die mit Rindfleisch belegt und in eine Brühe getunkt werden. Bei Baroni Gino würde er getrocknete Funghi kaufen und über die Qualität der Tartufi in diesem Jahr diskutieren, die Trüffel, die in Italien beileibe nicht alle aus dem Piemont kommen, sondern in nicht minderer Qualität auch in der Toskana oder in den benachbarten Marken gefunden werden. Bei der Macelleria del Soldato würde er Coniglio (Kaninchen) kaufen. Und zurück in seinem Haus würde er dann ab Mittag in Kochbüchern nach Rezepten suchen, sich schließlich in die Küche stellen und seinem Hobby frönen. Das war für ihn stets die beste Therapie gewesen. Und dann könnte er immer noch überlegen, ob und was er im Zusammenhang mit dem Tod Philipp Mahlos unternehmen sollte.

41

Eva kauerte hinter einem dichten Busch am Straßenrand. Das Zittern und die anfängliche Nervosität waren vorbei. Eva mußte endlich kichern. »Als Racheengel komme ich aus dem Jenseits!« Jetzt war es soweit. Die Stimme duldete keinen Aufschub mehr. »Zu richten die Lebendigen!« Eva kniff die Augen zusammen und beobachtete die Straße. Kein Grund zur Nervosität. Dieser Philipp Mahlo aus München würde ihr jedenfalls nicht mehr in die Quere kommen. Was hatte sie doch gleich wieder mit ihm gemacht? Sie legte die Stirn in Falten und versuchte sich zu erinnern. Barbara, ja, Barbara hatte sie sich genannt. Die Stimme wußte, warum. Eva fiel ein, daß sie irgend etwas mit einer Plastiktüte getan hatte. Egal, der Privatschnüffler hätte sich besser aus der Angelegenheit rausgehalten. Die Stimme hatte recht gehabt, er hätte alles zunichte machen können. Das durfte nicht sein. Sein Pech!

Eva betrachtete die Rolle in ihren Händen. Den Draht hatte sie aus Frankfurt mitgebracht. Zwanzig Meter dieses besonders hochwertigen und reißfesten Drahts waren auf der Rolle. Das eine Ende hatte sie bereits vor sich an der Stange eines Überholverbotsschildes festgemacht, in einer Höhe von exakt ein Meter vierzig. Das sollte nach ihren Berechnungen stimmen.

Eva schaute auf die Uhr – dreizehn Uhr. Lange konnte es nicht mehr dauern. »Bist du soweit?« hörte sie die Stimme fragen. »Alles klar, ich bin bereit«, flüsterte Eva. Gleich würde sie den Anfang machen. Und heute abend wäre alles vorbei. »Läßt du mich dann in Ruhe?« setzte Eva ihren stillen Dialog mit der Stimme fort. »Bin ich dann wieder frei?« Hinter ihren

Schläfen begann es zu pochen. Auf der Straße näherte sich von ferne ein roter Punkt. Eva warf einen schnellen Blick in die Gegenrichtung. Kein Auto weit und breit, nur dieser rote Punkt, der langsam größer wurde.

»Jetzt«, kommandierte die Stimme, »mach schon!«

Eva sprang auf und lief rückwärts über die Straße. Dabei ließ sie den Draht von der Rolle spulen. Auf der anderen Straßenseite angelangt, schlang sie den Draht an der vormarkierten Stelle um einen dort stehenden Baum. Mit festem Zug sorgte sie dafür, daß der Draht straff gespannt war. Aus dem roten Punkt war mittlerweile eine Vespa geworden, die mit hellem Geräusch rasch näher kam. Sie zog den Draht noch einige Male um den Baum, das scharfe Metall schnitt tief in die Rinde. Dann ließ sie die Rolle fallen und warf einen letzten Blick auf den kaum wahrnehmbaren Draht, der sich über die Straße spannte. Die Vespa war keine hundert Meter mehr entfernt. Schon war deutlich der dunkelhaarige Kopf der Fahrerin zu sehen. Warum auch trug sie keinen Helm? Aber das würde ihr jetzt ohnehin nichts helfen. Der Draht würde sie genau in der Höhe des Halses treffen. Eva rutschte die Böschung hinunter und lief geduckt davon. Sie glaubte den pfeifenden Ton des Drahtes zu hören, daraufhin das helle Kreischen des Blechs auf dem Asphalt. Nicht einmal ein kurzer Schrei. Kein Wunder. Eva sprang, ohne zurückzublicken, über eine kleine Mauer. Schon saß sie am Steuer ihres bereitstehenden Autos und fuhr davon.

Das also war die Rache dafür gewesen, daß Max einer anderen den Vorzug gab. Diese Schmach dürfe sie nicht hinnehmen, hatte ihr die Stimme gesagt. Auch wenn Max davon ohnehin nichts mehr habe. Aber es gebe nun mal eherne Bestimmungen, denen sie zu folgen habe. »Du sollst kein Weib haben neben mir!« Eva kuppelte und schaltete in den nächsten Gang. »Nur schwache Geschöpfe nehmen alles hin. Aber du bist bestimmt, dich meinem Willen zu fügen«, hatte die Stimme ge-

sagt. »Wir sind das Schicksal, wir treffen Entscheidungen – auch über Leben und Tod.«
Eva ahnte, daß dieser lächerliche Racheakt eigentlich überflüssig war, daß die Stimme sie nur noch ein letztes Mal auf die Probe stellen wollte, um sicherzugehen, daß sie heute abend die große Prüfung bestehen würde. Es mußte endlich vollzogen werden. »Sie werden für Ihre Taten büßen«, wiederholte Eva mit stoischem Gesicht. »Und Sie werden mit dem Leben dafür bezahlen. Geheiligt werde Dein Name. Dein Wille geschehe wie im Himmel also auch auf Erden. Denn Dein ist das Reich und die Kraft und die Herrlichkeit. In Ewigkeit. Amen.«

42

Max stand in der Küche und breitete seine Einkäufe aus, die er am Morgen auf dem Mercato Centrale in Florenz getätigt hatte. Der kurze Ausflug ins turbulente Florenz hatte ihm gutgetan und die verhältnismäßig lange Fahrt mehr als gerechtfertigt. Er nahm eine weiße Trüffel in die Hand und roch an ihr. »Che profumo«, sagte er mit geschlossenen Augen. *Gnocchi con tartufo* würde er zum Auftakt machen, dann *Filetto di coniglio con polenta*. Oder passen *Patate al forno* besser zum Kaninchenfilet? Eine schwierige Entscheidung.

Er sah auf die Uhr. Es war erst kurz nach eins. Ab und zu lohnte es sich eben doch, früh aufzustehen. Bald würde Carlotta kommen, die nach der Schule auf dem Weg zu ihrer Tante bei ihm vorbeischauen wollte. Er würde ihr seine morgendlichen Einkäufe präsentieren und sie zu einem Abendessen bei Kerzenschein einladen. Max schmunzelte. Mit einer Absage war wohl kaum zu rechnen.

Er holte ein Kochbuch und setzte sich an den einfachen Bauerntisch in der Küche. Trotz seiner Begeisterung für Rezepte fiel es ihm schwer, sich zu konzentrieren. Immer wieder

Gnocchi con tartufo
Filetto di coniglio con polenta
Patate al forno

schweiften seine Gedanken ab: Eva, die Briefe, die Attentate, der Mord an Philipp. Was wäre, wenn tatsächlich alles zusammenhing? Max legte das Buch zur Seite und verschränkte die Hände hinter dem Kopf. Was hatte ihm Eva bei ihrem letzten Besuch über ihre Probleme erzählt? Daß sie oft keinen Sinn in ihrem Leben sehe, daß sie in psychiatrischer Behandlung sei – ja, und daß sie ihre Schwester vermisse. Wie war doch gleich der Name ihrer Schwester?

Max stand auf und lief in der Küche hin und her. Richtig, Barbara, ja, so hieß Evas Schwester, die bei einem Unfall oder so etwas Ähnlichem Ende letzten Jahres ums Leben gekommen war. Er konnte sich noch genau an die Situation erinnern. Eva mochte nicht darüber reden. Warum will man nicht, daß über etwas gesprochen wird? überlegte Max. Weil es einem besonders nahegeht, darum. Darauf hätte er schon früher kommen können. Barbara, die tote Schwester, sie könnte der Schlüssel sein. Barbara, Barbara? Gestorben Ende des Jahres? Max fielen die Briefe ein, in denen ihm vorgeworfen wurde, bei Operationen gemordet zu haben, diese schwachsinnigen Anklagen mit Trauerrand, die ihm wohl auch in Zukunft nicht erspart bleiben würden. Barbara, Barbara? Ende des Jahres? Barbara? Warum ging ihm dieser Name nicht mehr aus dem Kopf?

Max blieb abrupt stehen und spannte den Rücken. Barbara Hombach – so hieß die Patientin, nach deren Operation er endgültig den Entschluß gefaßt hatte aufzuhören. Das war Ende letzten Jahres gewesen. Barbara Hombach, die junge Frau mit dem Vorhofseptumdefekt, jene Operation, die hätte Routine sein sollen und die zum Tode der Patientin geführt hatte.

Max schüttelte den Kopf. Nein, das konnte nicht sein. Das war einfach unmöglich. Außerdem hieß die Patientin Barbara Hombach. Evas Nachname war Eilert. Max bekam eine Gänsehaut, als er sich plötzlich daran erinnerte, wie ihm Eva bei der Erwähnung von Barbaras Tod einen stechenden Blick zugeworfen hatte, der ihn damals für einen kurzen Moment irritiert, den er dann aber wieder vergessen hatte. Und wenn vielleicht doch …? Diese Barbara Hombach war seines Wissens verheiratet gewesen. Das alles war sicher völlig abwegig und seine Überlegungen lächerlich, aber schon allein um den Gedanken wieder verwerfen zu können, beschloß er, in München bei Schwester Mathilda in der Klinik anzurufen und sich nach dem Mädchennamen von Barbara Hombach zu erkundigen. Vielleicht gab es außerdem eine Aufstellung mit den nächsten Verwandten?

Auf dem Weg zum Telefon blieb Max kurz am Fenster stehen, um einen Blick hinüber zur Straße auf der anderen Seite des Tals zu werfen. Noch war von Carlottas roter Vespa nichts zu sehen.

Max drehte die Flamme aus, nahm den Topf vom Herd und schüttete das kochende Wasser mit den Kartoffeln in das Spülbecken. Er duschte die Kartoffeln kalt ab und begann sie mit Hilfe einer Gabel und eines kleinen scharfen Messers zu schälen. Er wunderte sich, daß Carlotta noch nicht aufgetaucht war, aber in den zurückliegenden Monaten hatte er gelernt, daß man es in der Toskana mit der Zeit nicht zu genau nehmen sollte. Vielleicht hatte sie jemanden getroffen? Außerdem rechnete er jeden Augenblick mit dem Rückruf von Schwester Mathilda. Sie hatte versprochen, sich gleich darum zu kümmern und den Mädchennamen von Barbara Hombach herauszufinden. Bei dieser Gelegenheit hatte Max wieder einmal festgestellt, daß die nach außen so resolute Oberschwester in Wahrheit äußerst empfindsam war. Sie war nämlich noch völlig vom Tod Philipp Mahlos mitgenommen. Er hatte sie regelrecht trösten müssen, wozu er sich bei ihr noch nie genötigt sah. Aber offenbar hatte sie Philipp Mahlo ganz besonders in ihr Herz geschlossen gehabt. Natürlich komme er nächste Woche zur Trauerfeier, hatte er ihr gesagt. Das hatte er sowieso fest vor, das war er seinem Kumpel schuldig. Vielleicht – Max wagte nicht daran zu denken – vielleicht war er es Philipp Mahlo in noch viel größerem Maße schuldig. Dann nämlich, wenn ...

Max warf die Kartoffelschalen in den Abfalleimer, stellte eine Schüssel bereit und drückte die Kartoffeln durch eine Presse. Als nächstes würde er die Masse mit Ei, Mehl und Salz zu einem Teig verkneten, diesen in Alufolie einrollen und im Kühlschrank aufbewahren. Die Vorbereitungsarbeiten für die Gnocchi wären damit abgeschlossen.

Max sah auf die Uhr. Jetzt war Carlotta aber wirklich überfällig. Er fing an sich Sorgen zu machen. Im Wohnzimmer klingelte es. Max nahm das Küchentuch, das er über seiner rechten Schulter hängen hatte, wischte sich die Hände ab und ging zum Telefon.

»Herr Professor, hier ist Schwester Mathilda. Entschuldigen Sie, es hat leider etwas länger gedauert.«

»Macht doch nichts, meine Liebe, es eilt überhaupt nicht«, erwiderte Max. »Nun, was ist, haben Sie den Mädchennamen von Barbara Hombach herausgefunden?«

»Hab ich, natürlich, Herr Professor.«

»Und? Machen Sie es nicht so spannend.« Max hielt die Luft an. Er fürchtete sich vor dem, was Schwester Mathilda ihm gleich sagen würde.

»Eilert, ihr Mädchenname war Eilert!«

Max war es, als ob in seinem Kopf etwas explodierte.

»Haben Sie gehört, Herr Professor, Eilert war ihr Mädchenname.« Und nach einer weiteren Pause: »Warum sagen Sie denn nichts?«

»Ich hab verstanden, danke, Schwester Mathilda, ja, ich hab verstanden, Eilert.« Der Name hallte wider und wider. Eilert, Eilert, Eilert ...

»Eva Eilert«, entgegnete Max laut zu sich selbst, ohne sich dessen bewußt zu sein.

»Genau, Herr Professor, Eva Eilert, so heißt ihre Schwester. Woher wissen Sie das?«
»Ich weiß es eben«, sagte Max. »Haben Sie tausend Dank. Wir sehen uns nächste Woche bei der Trauerfeier. Bis dann. Auf Wiederhören.«
Wie in Zeitlupe legte Max den Hörer auf die Gabel. Er setzte sich auf den alten Lehnstuhl und stützte den Kopf vornübergebeugt in die Hände. Seine Ahnung hatte sich bestätigt. Und plötzlich fügten sich alle Mosaiksteinchen wie von selbst zusammen. So selbstverständlich und spielerisch, als wollten sie ihn verspotten. Eva Eilert war die Schwester von Barbara Hombach. Sie gab ihm die Schuld am Tod ihrer Schwester. Und sie war wirklich schwer verhaltensgestört. Mehr noch, wahnsinnig war sie, völlig wahnsinnig und gemeingefährlich! Max war sich jetzt absolut sicher. Sie hatte ihm all diese Briefe geschrieben. Sie hatte all die kleinen Attentate auf ihn durchgeführt. Sie hatte ihn in seinem Haus aufgespürt, seine Katze ermordet, war ihm nach Florenz gefolgt und hatte dort das Zusammentreffen in den Uffizien provoziert. Aber warum war sie dann seine Geliebte geworden? Das war doch nicht logisch. Nein, logisch war es nicht, aber es paßte zu einer kaputten Psyche. Ihm war ja immer wieder aufgefallen, daß Eva zwei Gesichter hatte. Die eine Eva, die hätte er lieben können, die andere flößte ihm Angst ein. So viel wußte er von Psychologie, daß diese Verhaltensweise für Schizophrene typisch war. Er hatte auch mal was über multiple Persönlichkeiten gelesen, die wohl ähnliche Reaktionen zeigen konnten. Wie Dr. Jekyll und Mr. Hyde! Hatte sie es nicht selbst gesagt? Max hörte ganz deutlich Evas Stimme: »Vielleicht bin ich nicht nur ich, vielleicht bin ich noch jemand?« Ob Eva Stimmen hörte? Vielleicht die Stimme ihrer toten Schwester? Hatte ihre Schwester zu ihr gesprochen, als ihn Eva am Monte Argentario in den Abgrund stürzen wollte? Denn daß sie das wirklich vorgehabt hatte, daran hegte er keinen Zweifel mehr. »Vielleicht

bin ich nicht nur ich?« hatte sie gesagt. Eine Frage, die eigentlich eine Antwort war. Und ihre Behandlung in der psychosomatischen Klinik?
»Mahlo, Philipp Mahlo!« Max schlug wütend mit der Faust auf die Armlehne. »Hätte ich ihm nur nichts gesagt!« Eva mußte das Gespräch mit angehört haben. »Eva hat ihn umgebracht«, flüsterte Max. »Ich weiß es!« Und nach einer Pause: »Nein, nicht Eva, sondern Barbara!«
Das durfte doch einfach alles nicht wahr sein. Da hatte er seinen Job an den Nagel gehängt, um sein seelisches Gleichgewicht wiederzufinden – und dann dieser unbeschreibliche Psychoterror. Ihm fiel sein Hund ein, den er, das war ihm jetzt klar, auch nicht wiedersehen würde, den Hund, den ihm Carlotta geschenkt hatte. Carlotta, wo blieb sie? Und was sollte er jetzt tun? Die Gewißheit war eine Sache, es zu beweisen eine andere. Und außerdem tat sie ihm trotz allem leid. Sie war krank, schwer krank. Aber es half nichts, er mußte sich an die Polizei wenden, an die Polizei in Deutschland. Gleich morgen früh würde er sich ins Auto setzen und zurück nach München fahren.
Max wollte gerade aufstehen, da klingelte erneut das Telefon. Er hob den Hörer ab, meldete sich – und wurde von einer Sekunde zur anderen leichenblaß.

43

Es war bereits dunkel, als Max zum Haus zurückkehrte. Beim Abbiegen auf sein Grundstück strichen die Scheinwerfer seines Landrovers über den kleinen Parkplatz und erfaßten einen dort stehenden weißen Wagen, den er allzugut kannte. »Ich muß dich nicht suchen, du bist von selbst gekommen«, flüsterte Max. Zu seiner Verwunderung stellte er fest, daß er völlig ruhig war, gefährlich ruhig.

Er parkte den Landrover und ging die wenigen Schritte zur Eingangstür, die nur angelehnt war. Max machte das Licht an. Und da saß sie vor ihm, im Lehnstuhl, die Beine übereinandergeschlagen, die Hände im Schoß gefaltet.

»Hallo, Eva«, begrüßte er seinen Besuch mit leiser Stimme.

»Du bist gar nicht überrascht?« fragte Eva mit hochgezogenen Augenbrauen.

»Nein, mich überrascht nichts mehr. Du hast sicher einen Grund für deinen Besuch.« Er zündete die Kerzen an, die auf dem Kaminsims standen.

»Einen Grund? Ja, den hab ich.«

Gehört diese Stimme zu Eva oder Barbara? überlegte Max. Das sollte herauszufinden sein.

»Liebst du eigentlich Rosen?« fragte er und blies das Zündholz aus.

»Ich liebe sie sogar sehr«, antwortete Eva.

»Und was ist mit Katzen?«

Evas Grinsen verlieh ihrem Gesicht einen hämischen Ausdruck. »Du stellst seltsame Fragen, mein lieber Max.«

»Ich denke, es ist an der Zeit, seltsame Fragen zu stellen.«

»Vielleicht hast du recht, ja, laß uns vorher etwas miteinander reden.«

»Was meinst du mit ›vorher‹?«

»Abwarten, Max, du wirst schon sehen. Ja, ich liebe Rosen und Katzen. Aber ab und zu muß man zerstören, was man liebt. Man muß Zeichen setzen. Das Problem ist nur, daß diese Zeichen oft nicht verstanden werden. Übrigens mag ich auch Hunde, vor allem deinen Leonardo da Vinci hatte ich in mein Herz geschlossen.«

Max lehnte am Kamin und betrachtete Eva, die ihn mit starren Augen fixierte. Die beiden senkrechten Falten auf ihrer Stirn waren tief eingegraben.

»Was hältst du davon, wenn wir vorher, was immer dieses vorher auch bedeuten soll, eine Kleinigkeit essen und ein Glas

Wein miteinander trinken? Dabei können wir unsere Unterhaltung fortsetzen.«

»Das hat Stil«, sagte Eva lächelnd, »einverstanden.«

»Ursprünglich hatte ich heute abend ein größeres Menü vorgesehen, aber wie du dir denken kannst, mußte ich meine Pläne ändern.«

»Du bist so gefaßt. Mir scheint, ich lerne jetzt auch von dir eine andere Seite kennen.«

Mehr, als du dir wahrscheinlich vorstellen kannst, dachte Max, ohne auf die Bemerkung einzugehen.

»Die Gnocchi habe ich schon vorbereitet. Gnocchi mit weißen Trüffeln finden doch sicher deine Zustimmung.«

»Fabelhaft. Für weiße Trüffel könnte ich sterben.«

»Tatsächlich?« sagte Max. »Komm mit in die Küche, dann können wir dort unser Gespräch weiterführen.«

Eva stand auf, folgte Max in die Küche und nahm auf einem Hocker Platz. Max setzte einen Topf mit Wasser auf, streute etwas Salz hinein und gab einen Schuß Olivenöl dazu. Dann nahm er den Kartoffelteig, den er mittags vorbereitet hatte, aus dem Kühlschrank, bestäubte ihn mit Mehl, rollte auf einem Holzbrett Stränge aus, schnitt diese in kleine Stücke und formte sie zu kurzen, fast runden Nudeln. Eva sah ihm schweigend bei der Arbeit zu, worüber Max sehr froh war, denn er mußte eine Entscheidung treffen. Eine Entscheidung, wie er sie so noch nie in seinem Leben hatte treffen müssen. Eine Entscheidung über Leben und Tod. Aber mit umgekehrtem Vorzeichen. War er dazu überhaupt in der Lage? Schließlich war er darauf programmiert, Leben zu retten.

»Was ist das für ein Gefühl, wenn man einem Menschen den Brustkorb aufschneidet, wenn dieser rote, pumpende Muskel vor einem liegt? Wie kommst du dir da vor, wie ein Metzger oder wie ein Gott?«

Max ließ sich mit der Antwort Zeit und formte zunächst weitere Gnocchi.

»Gestattest du mir eine Gegenfrage? Was ist das für ein Gefühl, einer kleinen unschuldigen Katze die Kehle durchzuschneiden?«
»Es hat mir nicht gefallen, aber es mußte sein. Ich mußte es tun!«
Max blieb völlig gelassen. »Weil es dir von deiner toten Schwester Barbara befohlen wurde?«
»Was weißt du von meiner Schwester?« Eva sprang auf. Mit sich überschlagender Stimme schrie sie Max an: »Nichts weißt du von ihr, überhaupt nichts!«
»Ich weiß einiges von ihr, schließlich habe ich sie operiert«, antwortete Max ruhig.
»Du hast mich nicht operiert, du hast mich umgebracht!«
»Nicht dich habe ich operiert, sondern Barbara. Und ich habe sie nicht umgebracht. Glaub mir, ich wollte sie retten. Und ihr Tod ist mir sehr zu Herzen gegangen, wie übrigens jeder Tod eines Patienten. Genau das hat mich ja veranlaßt, aufzuhören, eine Pause zu machen, hier in der Toskana mein inneres Gleichgewicht wiederherzustellen.«
»Du hast sie doch umgebracht!« Jetzt war Evas Stimme plötzlich ganz leise geworden, fast weinerlich, wie von einem Kind.
»Du hast die Briefe geschrieben, stimmt's?« wollte Max wissen.
»Ja, ich hab sie geschrieben, aber ich war nur das Werkzeug. Die Briefe wurden mir diktiert.«
Sie ist wirklich krank, dachte Max. Aber rechtfertigte das ihre Taten?
»Von Barbara, die Briefe wurden dir von Barbara diktiert, richtig? Aber Barbara ist tot, sie kann dir nichts befehlen. Sie ist tot, und du lebst!«
»Sie ist es, die lebt, und ich bin tot!«
Max lehnte sich an den Küchenschrank und verschränkte die Arme vor der Brust. »Du weißt, daß das nicht stimmt. Warum befreist du dich nicht von deiner Schwester?«

»Das geht dich einen Scheißdreck an!« Jetzt war ihre Stimme wieder scharf. Max schüttelte traurig den Kopf. Er kam nicht weiter. Aber immerhin ließen sich die letzten Zweifel ausräumen.

»Hat sich Philipp Mahlo eigentlich sehr gewehrt?«

Eva lachte laut auf. »Ganz im Gegenteil, er hat seinen Abgang genossen.«

Vor der nächsten Frage zögerte Max einen Augenblick.

»Warum Carlotta? Das verstehe ich nicht, warum?«

»Die Wege des Herrn sind unerforschlich!« sagte Eva böse grinsend.

»Das ist keine Antwort!« hakte Max nach.

»Du wirst mit dieser aber vorliebnehmen müssen«, erwiderte Eva. »Und jetzt entschuldige mich für einen Moment. Ich möchte meine Handtasche aus dem Auto holen und mich etwas frisch machen. Übrigens gefällt mir der Gedanke, daß wir die Geschichte bei einem gepflegten Essen zu Ende bringen werden. Das hätte man nicht besser inszenieren können. Und vergiß den Wein nicht.«

»Nein, den vergesse ich bestimmt nicht.«

Max stellte rasch ein Töpfchen auf den Herd und tat etwas Sahne hinein. Draußen hörte er die Autotür schlagen. Aus der Schublade nahm er die Schachtel mit den Schmerztabletten. Er schüttete den kompletten Inhalt in den Mörser, in dem er sonst Gewürze kleinstieß. Die leere Schachtel legte er in die Schublade zurück. In wenigen Sekunden hatte er die Tabletten zu einem feinen Pulver zerbröselt. Den größeren Teil des Pulvers schüttete er zur Sahne in den kleinen Topf. Den Rest gab er in die Weinkaraffe. Mit fliegenden Händen entkorkte er eine Flasche Wein und goß sie dazu. Ob sich das Pulver gänzlich auflösen würde? Er schaute kurz zur Tür, nahm einen Löffel und rührte den Wein um. Die Dosis würde jedenfalls ausreichen. Sie war ein Vielfaches von dem, was das letztemal bei Eva zu dem schweren allergischen Schock geführt hatte.

Und diesmal würde er ihr nicht helfen. Nein, bei den ersten Anzeichen würde er hinausgehen, in den Sternenhimmel sehen und daran denken, was diese Frau Carlotta angetan hatte. Er goß etwas Wein in ein Glas. Sah fast normal aus. Bei Kerzenlicht würde man ganz sicher nichts erkennen können. Dann eilte er zum Eßtisch, zündete die Kerzen auf dem Kandelaber an und legte Besteck und Servietten bereit. Aus der Vitrine nahm er zwei alte, stark geriffelte Weingläser.
»Setz dich schon mal hin«, sagte er zu Eva, die aus dem Bad kam. »Es ist gleich soweit.« Auf einem kleinen Teller präsentierte er die Trüffel, die er am Morgen in Florenz gekauft hatte. Daneben legte er den Trüffelhobel.
Eva nahm am Tisch Platz, mit beiden Händen ihre schwarze Handtasche auf dem Schoß haltend.
Max eilte wieder in die Küche. Die Sahnesauce mit den kleingestoßenen Tabletten war genau richtig temperiert. Im Topf mit dem Salzwasser waren die Gnocchi bereits nach oben gestiegen. Alles im grünen Bereich. Er nahm die vorgewärmten Teller aus dem Rohr und goß die Gnocchi ab.
Max hielt kurz inne. War er sich eigentlich im klaren darüber, was er gerade tat? Die Antwort fiel leicht. Ja, er wußte, was er tat. Er wollte alles zu Ende bringen, und zwar jetzt und an diesem Abend. Skrupel? Nein, Skrupel hatte er keine. Für das, was Eva getan hatte, gab es keine Gnade. Er jedenfalls war nicht mehr fähig zu vergeben.

44

Eva betrachtete ihre Hände, die ihre Handtasche umklammerten. In ihrem Kopf pochte es. Es war so, als ob jemand anklopfte.
»Eva«, sagte die Stimme, »worauf wartest du noch? Die Zeit des Abwartens, sie ist vorbei. Eva, hörst du mich?«

»Ja, Barbara, ich höre dich«, flüsterte Eva.
»Mach endlich Schluß. Vollstrecke meine Rache!«
Wieder einmal versuchte Eva sich zu wehren, sich gegen die Macht der Stimme aufzubäumen.
»Gib mir noch etwas Zeit«, flüsterte sie.
»Nein!« schrie es in ihrem Kopf. »Du hast keine Zeit mehr. Er weiß jetzt alles. Du mußt handeln, es gibt kein Zurück!«
Eva öffnete vorsichtig den Verschluß ihrer Handtasche und sah hinein. Silbern schimmerte der Lauf der Pistole im Kerzenschein. Die Waffe war bereits entsichert und durchgeladen. Sie hörte Max in der Küche mit den Tellern hantieren. Gleich würde er hereinkommen und ihnen beiden die Henkersmahlzeit servieren.
Eva konnte nicht anders, sie mußte an die Zeit denken, die sie mit Max verbracht hatte. Der erste gemeinsame Tag in Florenz, die darauffolgende Nacht. Ihre Besuche in diesem Haus. Die Stunden des Zusammenseins.
»Aber ich habe doch gar nichts gegen ihn«, formten Evas Lippen lautlos die Worte. »Ich liebe ihn.«
Barbaras Stimme überschlug sich und gellte durch ihren Kopf: »Du bist verrückt, du bist dumm und einfältig. Und du tust jetzt, was ich dir sage! Was ich dir sage ...«
Die Stimme verlor sich in einem Echo. Ein Zittern ging durch Evas Körper. Langsam griff sie in die Handtasche, ihre Finger umklammerten das kalte Metall der Pistole.

Max goß die Sahnesauce mit dem Pulver über die Gnocchi und stellte die Teller auf das Tablett, dazu die Karaffe mit dem Wein. Er atmete tief durch. Gerade wollte er das Tablett hochheben, da krachte ein Schuß. Kurz darauf hörte er im Wohnzimmer einen dumpfen Schlag. Im ersten Augenblick war er zu keiner Bewegung fähig. Jetzt war es still im Haus, tödlich still. Langsam löste sich Max aus seiner Erstarrung, drehte sich um und ging ins Wohnzimmer. Er ahnte, daß er alle Zeit dieser

Welt hatte. Der Schein der Kerzen tauchte ihren Körper, der verrenkt am Boden lag, in ein unwirkliches Licht. Er kniete sich neben Eva hin. Ihr Kopf lag in einer sich langsam ausbreitenden Blutlache. Mit der flachen Hand fuhr er über ihre Augen. Ihr Gesicht war völlig entspannt, die steilen Falten auf der Stirn verschwunden. Fast glücklich sah sie aus, wie befreit. Befreit von der Stimme und vom Dämon, der sie beherrscht hatte. Im Kampf zwischen Barbara und Eva hatte Eva gesiegt.

45

Die hochstehende Sonne versteckte sich für einen kurzen Augenblick hinter einer kleinen Wolke, die von Westen her kommend wie ein verirrter Wattebausch landeinwärts segelte. Eine Eidechse huschte über den heißen Terrassenboden und verschwand in einer Mauerritze. Aus dem Haus war eine Arie von Puccini zu hören. Max kniff die Augen zusammen und sah über die Hügel, die sich im dunstigen Licht verloren, hinaus aufs schillernde Meer. Keine drei Wochen lag nun dieser verhängnisvolle Abend zurück, jener Abend, der unwiederbringlich zu einem Wendepunkt in seinem Leben geführt hatte. Der Selbstmord von Eva hatte einen endgültigen Schlußstrich unter seine Vergangenheit gezogen – und die Last von seinen Schultern genommen, die er gerade im Begriff gewesen war, sich aufzuladen.
»Kannst du mir mal helfen?« rief es hinter ihm.
Max grinste und drehte sich um. »Klar, wobei denn?«
»Sei un infermiere miserabile, du bist ein lausiger Krankenpfleger.«
»Findest du nicht, daß du etwas übertreibst?« sagte Max lachend.
Er beugte sich zum Rollstuhl hinunter und gab Carlotta einen liebevollen Kuß auf die Stirn. »Gut schaust du aus.«

»Was man von meinen Beinen nicht gerade behaupten kann«, erwiderte Carlotta mit einem Blick auf ihre einbandagierten Beine.
»Und deinen linken Arm hab ich irgendwie auch anders in Erinnerung«, feixte Max und klopfte Carlotta auf den Gips.
»Spring du mal in voller Fahrt von einer Vespa. Du warst ja schon nach deinem Fahrradunfall kaum mehr lebensfähig.«
Max langte sich mit einem gespielten Stöhnen ins Kreuz.
»Stimmt, mir tut jetzt noch alles weh.«
»So, du alter Simulant, nun schieb mich mal zum Telefon, ich möchte bei Isabella anrufen und mit Gianna sprechen.«
Max wendete den Rollstuhl und zog ihn rückwärts über die Schwelle ins Haus. In ein bis zwei Monaten würden sie dieses Gefährt ausmustern können. Dann sollte sich Carlotta von ihren Verletzungen weitgehend erholt haben, die sie sich bei ihrem schweren Sturz zugezogen hatte. Was hat sie doch für ein unglaubliches Glück gehabt, ging es Max wieder einmal durch den Kopf. Eine gebückte Gestalt habe sie vor sich über die Straße huschen sehen, hatte Carlotta im Krankenhaus erzählt. Und dann sei ihr im letzten Augenblick der glitzernde Draht aufgefallen, der über die Straße gespannt war. Reflexartig habe sie sich mit ihrer Vespa zu Boden geworfen. Haarscharf mußte sie unter dem Draht durchgeschlittert sein. Dabei hatte ihr der rauhe Asphalt übel mitgespielt. Und zum Abschluß der Rutschpartie waren die Vespa und Carlotta die Böschung hinuntergestürzt. Daß Carlotta noch lebte, grenzte an ein Wunder. Jemand weniger Sportliches hätte sich bestimmt das Genick gebrochen, da war sich Max sicher.
Carlotta deutete auf die Blumen neben dem Telefon. »Von wem ist denn dieser schöne Strauß?« fragte sie.
»Von meinem Freund Fausto«, antwortete Max. »Er wünscht dir gute Besserung. Übrigens ist er nicht gut auf mich zu sprechen.«
»Warum das denn?«

»Weil ich ihm immer noch keine Gelegenheit gegeben habe, dich kennenzulernen.« Max legte die Stirn in Sorgenfalten. »Das nimmt er mir wirklich übel. Er meint, ich wäre ein *caprone geloso* – was immer das auch genau heißen mag.«

»Ich würde das frei mit ›eifersüchtiger Hornochse‹ übersetzen«, stellte Carlotta fest.

»So genau wollte ich das gar nicht wissen«, erwiderte Max lachend. »Außerdem überschätzt sich da Fausto, ganz so leicht bist du mir hoffentlich nicht auszuspannen. Jedenfalls werden wir das mit dem Kennenlernen bei Gelegenheit nachholen.«

»Das hoffe ich stark. Wir wollen doch nicht, daß dein Freund Fausto am Ende recht hat.«

»Genau, und dann möchte ich mich auch noch mit ihm über etwas unterhalten, was ich über seine Person in der Zeitung gelesen habe.«

»Davon hast du mir überhaupt nichts erzählt.«

»Nein, das werde ich aber noch. Und mich interessiert deine Meinung. Aber dafür sollten wir uns etwas Zeit nehmen.« Max lächelte und drohte mit dem Zeigefinger. »Schaukle in deinem Rollstuhl nicht so rum, das sieht ja lebensgefährlich aus. Du bist mir schon wieder viel zu übermütig. Jetzt laß ich dich mit dem Telefon allein und schau mal in der Küche nach dem Rechten.«

Carlotta hauchte ihm über die geöffnete Handfläche einen Kuß zu. Max grinste frech, machte eine angedeutete Verbeugung und drehte sich Richtung Küche um. Dort angelangt, konzentrierte er sich auf den Kalbsbraten, der im Rohr vor sich hin brutzelte. Machte einen vielversprechenden Eindruck. Max schmatzte zufrieden mit den Lippen. Vielleicht eine Spur zu trocken. Carlotta war nicht der einzige Pflegefall im Haus. Auch dieser Braten verlangte eine angemessene Fürsorge. Er nahm einen Topflappen und zog die Bratreine ein Stück aus dem Backofen. Mit einem Schöpflöffel übergoß er den Braten mit der Sauce, die sich unter ihm angesammelt hatte.

Plötzlich hörte er, wie Carlotta fröhlich aufkreischte. Mit dem tropfenden Schöpflöffel in der Hand eilte Max ins Wohnzimmer. Das folgende Ausweichmanöver mißlang gründlich. Den Schöpflöffel fest umklammernd, wurde er von Leonardo da Vinci zu Boden gerissen. Schon schlappte ihm die große Zunge durchs Gesicht. Glücklich ließ Max diesen Liebesbeweis über sich ergehen. Als Leonardo da Vinci endlich aufhörte, nahm er den Hund genauer in Augenschein.

»Siehst ganz schön verwahrlost aus, alter Knabe!« kommentierte er den äußeren Eindruck. Leonardo da Vinci legte den Kopf auf die Seite und schleckte sich über die Schnauze. »Aber ich denke, wir kriegen dich wieder hin. Auf einen Pflegefall mehr oder weniger kommt es jetzt auch nicht mehr an.«

FINE!

REGISTRO TURISTICO

Touristischer Anhang mit ergänzenden und zusammenfassenden Erläuterungen, mit Namen und Hinweisen

- Kultur und Geschichte (mit Personen)
- Land und Leute
- Städte, Orte
- Restaurants
- Hotels
- Wein
- Essen
- Golf

Hier finden sich in alphabetischer Folge alle Begriffe, Rezepte, Hotels, Restaurants etc., die in der Erzählung bei ihrer ersten Erwähnung (und an zentraler Stelle) in der Außenspalte hervorgehoben sind. Darüber hinaus gibt es ergänzende Hinweise und Tips. Auf die genannten Restaurants und Hotels wird zur besseren Orientierung (und Reiseplanung) zudem bei den jeweiligen Städten hingewiesen. Alle Begriffe mit Querverweisen im Register sind halbfett geschrieben.

Die genannten Preiskategorien für die Hotels dienen der groben Orientierung: von 2 (DZ unter 200,– DM), 3 (DZ 200,– bis 300,– DM), 4 (DZ 300,– bis 400,– DM) bis zur Luxuskategorie 5 (DZ über 400,– DM).

Acqua cotta

Das »gekochte Wasser« gilt als Spezialität der **Maremma**. Das einstige Armeleuteessen ist eine Gemüsebrühe auf einer gerösteten Brotscheibe, oft mit einem aufgeschlagenen Ei in der Mitte.

⚜ Agriturismo

Der Agriturismo geht auf ein Gesetz von 1965/83 zurück. Danach dürfen landwirtschaftliche Betriebe (von einfachen Bauernhöfen bis hin zu Villen und Burgen) Touristen beherbergen, vorausgesetzt, die Einkünfte mit den Feriengästen übersteigen nicht den Agrarumsatz. Verbunden mit Steuervergünstigungen, wurden auf diese Weise viele Agrarbetriebe vor dem wirtschaftlichen Ruin gerettet. Über das Angebot informiert ein Katalog, der von der Regione Toscana herausgegeben wird.
Fax 055/4383064
Internet: http://www.agriturismo.regione.toscana.it

🏰 Aldobrandeschi

Mächtiges Adelsgeschlecht, das bis ins 14. Jh. die heutige Provinz *Grosseto* beherrschte. Mit einer Unzahl von Burgen sicherten sich die Aldobrandeschi ihren Herrschaftsbereich. **Dante** prangerte den Hochmut der Aldobrandeschi in seiner *Göttlichen Komödie* an.

♟ Alla Vecchia Bettola

In dieser ursprünglichen »Kneipe« (= Bettola) in Florenz konzentriert sich die Küche mit viel Liebe auf die Cucina tipica fiorentina. Zum Lokal gehört auch der Stehimbiß Il Nerbone im Mercato Centrale S. Lorenzo. (Ruhetage: Sonntag, Montag)
Florenz, Viale L. Ariosto 32/34r, Tel. 055/224158

♟ Alle Murate

Restaurant in **Florenz,** in dem traditionelle italienische Gerichte kreativ verfeinert werden. (Ruhetag: Montag)
Florenz, Via Ghibellina 52 r, Tel. 055/240618

🍽 *Al Ristoro dei Vecchi Macelli*

Das Lokal in Pisa trägt zwar die »alten Schlachthöfe« im Namen, hat aber auch vorzüglichen Fisch und empfehlenswerte Nachspeisen. (Ruhetag: Sonntagmittag und Mittwoch)
Pisa, Via Volturno 49, Tel. 050/20424

🍽 *Antica Trattoria Botteganova*

Ristorante bei **Siena** mit vorzüglicher *Pasta* und ausgewählten Weinen. (Ruhetag: Montag)
Siena, Strada Chiantigiana 29, Tel. 0577/284230

🏛 *Arezzo*

Drei Täler stoßen hier zusammen, das Valdarno, das Val di Chiana und das Casentino. Nicht weit entfernt im Osten liegt das Tal des Tiber. An dieser verkehrstechnisch günstigen Stelle gründeten schon die **Etrusker** auf einem Hügel die Stadt Arretinum. Später eroberten die Römer Arezzo. Die Stadt entwickelte sich zu einem bedeutenden Handelszentrum. Im Mittelalter konnte sich Arezzo über längere Zeit als freie Kommune behaupten. Als kaisertreue Ghibellinenstadt stand Arezzo im Konflikt mit dem guelfischen **Florenz.** Bei der Schlacht von Campaldino (1289) mußte Arezzo gegen die Florentiner eine schlimme Niederlage hinnehmen. Wie es heißt, hat der Dichter **Dante** Alighieri für **Florenz** an der Schlacht teilgenommen (was ihm Florenz nicht danken sollte). Der Niederlage folgte noch einmal eine kurze Blütezeit unter der Herrschaft des Bischofs Tarlati. 1384 jedoch war es mit der Unabhängigkeit von Arezzo endgültig vorbei. Die Stadt wurde für 40000 Goldflorinen an **Florenz** verkauft. Zwar stand Arezzo als Kunststadt immer im Schatten von **Siena, Florenz** oder **Pisa,** doch sind einige der ganz großen Künstler der *Toskana* in der Provinz Arezzo geboren: der Maler **Piero della Francesca** (um 1420), der Kunsthistoriker und Maler Giorgio **Vasari,** der Dichter **Petrarca** (sein »Geburtshaus«

steht in der Via dell' Orto) – um nur einige zu nennen. Zu den Sehenswürdigkeiten von Arezzo zählt die Kirche San Francesco (vor allem wegen der Fresken von **Piero della Francesca**), die Piazza Grande mit den Loggien von **Vasari,** die Pieve di Santa Maria (romanische Kirche mit berühmter Fassade aus Blendarkaden und einem Campanile, der »Turm der hundert Löcher« genannt wird) sowie der Dom San Donato (gotische Kathedrale). Berühmt ist Arezzo für den Antiquitätenmarkt, der jeweils am ersten Sonntag im Monat rund um die Piazza Grande abgehalten wird. Am letzten Sonntag im August und am ersten Sonntag im September findet zudem auf der Piazza Grande die Giostra del Saracino statt, ein Reiterspiel, bei dem Vertreter der Stadtteile mit angelegter Lanze auf eine gepanzerte Puppe zureiten. Trifft die Lanze den Schild des Sarazenen, schleudert die Puppe herum und wirft den einen oder anderen Angreifer aus dem Sattel.

Il Falconiere (in Cortona)

Arcipelago Toscano

Im Tyrrhenischen Meer, das im Westen von Korsika (an klaren Tagen vom Festland aus zu sehen) und von Sardinien begrenzt wird, liegt der sogenannte toskanische Archipel (Arcipelago Toscano) mit insgesamt sieben unterschiedlich großen und weit voneinander entfernten Inseln. Mit Abstand die größte ist *Elba*, die anderen Inseln heißen **Capraia, Giannutri, Giglio, Gorgona, Montecristo** und **Pianosa** (siehe dort). Außer *Elba* sind die Inseln nur beschwerlich zu erreichen, zwei davon (**Pianosa und Gorgona**) sind zudem Gefängnisinseln. Naturschützer haben erreicht, daß die Inseln des toskanischen Archipels zum »Parco Nazionale dell'Arcipelago Toscano« erklärt wurden – mit strengen Auflagen zum Schutz der Natur und der Küstengewässer.

♟ Arnolfo

Elegantes Lokal im historischen Stadtkern von **Colle di Val d'Elsa,** in einem restaurierten Palazzo aus dem 16. Jh., mit schöner Veranda und Blick auf die gegenüberliegenden Hügel. Der Besitzer und Koch Gaetano Trovato, ein gebürtiger Sizilianer, ist bekannt für seine kreative und leichte Küche. Im Restaurant kümmert sich sein Bruder Giovanni um die Gäste. Das Restaurant verfügt zudem über fünf Gästezimmer. (Ruhetag: Dienstag)
Colle di Val d'Elsa, Via XX Settembre 50–52 A,
Tel. 0577/920549

🍴 Bistecca alla fiorentina

Das wohl bekannteste Gericht der **Toskana,** ein großes Rindersteak, am besten vom **Chianina**-Rind, gut zwei Finger dick und marmoriert, auf Holzkohle gegrillt, mit Pfeffer gewürzt und mit Zitronensaft beträufelt. Meist handelt es sich um ein T-bone-Steak mit einem Knochen in der Mitte, der Lende auf der einen und einem Filetstück auf der anderen Seite. Für die Bestellung wichtig: al sangue = fast roh, a puntino = medium, ben cotta = durchgebraten.

So berühmt die Bistecca alla fiorentina auch ist, so wurzelt sie kurioserweise nicht in der langen Geschichte der toskanischen Küche. Vielmehr geht die Bistecca alla fiorentina auf englische Adlige zurück, die bei ihren Exkursionen nach Florenz auf das gewohnte Steak nicht verzichten wollten.

📖 Boccaccio

Das berühmteste Werk des italienischen Dichters Giovanni Boccaccio ist die Novellensammlung *Il Decamerone*. Boccaccio (1313–1375) war eigentlich Rechtsgelehrter und Richter. 1348 soll er mit Freunden vor der Pest nach Poggio Gherardo in eine Villa geflohen sein. Dort habe er sich, zum

Zeitvertreib und um seine Freunde zu unterhalten, Geschichten ausgedacht – aus denen dann später die Novellen von *Il Decamerone* entstanden. Boccaccio hat viele Jahre seines Lebens in Certaldo verbracht, einer kleinen Stadt nördlich von **San Gimignano**.

Bolgheri
Berühmt ist Bolgheri vor allem wegen der fünf Kilometer langen Zypressenallee, der Strada dei Cipressi, die von San Guido an der **Via Aurelia** schnurgerade hinauf zum Ort führt. Da auch diese Zypressen (wie viele in der Toskana) an einer Krankheit leiden, werden sie derzeit in einem großangelegten Projekt saniert, wobei man hofft, das hier entwickelte Verfahren später allgemein einsetzen zu können. Bolgheri selbst ist autofrei und lädt zum Spazieren, zum Essen und Einkaufen von Delikatessen und Weinen ein (ganz in der Nähe befinden sich die Weingüter **Sassicaia** und **Ornellaia**).

Borgo di Toiano
Kleines, individuelles Hotel in der Nähe von **Siena**, abseits des Trubels. Zimmer mit eigenen kleinen Terrassen, Swimmingpool. (Preiskategorie: 2–3)
Sovicille, Loc. Toiano, Tel. 0577/314639, Fax 0577/314641

Botticelli
Der Maler Sandro Botticelli, 1445 in Florenz geboren und dort 1510 gestorben, war ein Schüler von Fra Filippo **Lippi**. Zu seinen berühmtesten Werken zählen drei große Wandgemälde in der Sixtinischen Kapelle, die *Geburt der Venus* und *Der Frühling* (Uffizien) sowie Zeichnungen zur *Göttlichen Komödie* von *Dante*. Eigentlich hieß Botticelli Alessandro di Mariano Filipepi. Aus seinem Spitznamen Botticella (Fäßchen) wurde sein Künstlername. Botticelli zählte zum Kreis der Künstler, die von dem **Medici** Lorenzo Il Magnifico gefördert wurden.

So malte Botticelli die *Geburt der Venus* ursprünglich für die **Medici**-Landvilla Castello.

⌒ Botticelli
Kleines Hotel in einem renovierten Palast aus dem 16. Jh. unmittelbar am Mercato Centrale von **Florenz**. (Preiskategorie: 3)
Florenz, Via Taddea 8, Tel. 055/290905, Fax 055/294322

🏛 Brunelleschi
Mit dem berühmten italienischen Baumeister Filippo Brunelleschi (1377–1446) beginnt die Architektur der Frührenaissance. Ursprünglich Goldschmied und Bildhauer, stellte er sich als junger Baumeister der größten Herausforderung – der Kuppel des Florentiner Doms Santa Maria del Fiore. Bis heute fasziniert die revolutionäre Zweischalenkonstruktion (beim Bau wurde auf ein Gerüst verzichtet) nicht nur die Touristen aus aller Welt, sondern ebenso die Bauingenieure und Statiker. Von Brunelleschi stammen auch die Pläne für eine der schönsten Renaissancekirchen von **Florenz**, Santo Spirito, außerdem die Pazzikapelle (von Santa Croce) und das Findelkinderhaus Ospedale degli Innocenti.

⌒ Brunelleschi
Hotel im Zentrum von **Florenz**. Gelungene Mischung aus moderner Architektur und alter Bausubstanz. (Preiskategorie: 4–5)
Florenz, Piazza S. Elisabetta 3, Tel. 055/290311,
Fax 055/219653

🍷 Brunello di Montalcino
Der Brunello di Montalcino zählt zu den berühmten italienischen Rotweinen. Das Städtchen **Montalcino** liegt südlich von *Siena* wie ein Adlerhorst auf einem Hügel. Seit Jahrhun-

derten wird hier Wein produziert, aber erst die Familie Biondi-Santi hat gegen Ende des vorigen Jahrhunderts aus der traditionellen Sangiovese-Traube einen Klon namens Brunello gezüchtet und dem Brunello di Montalcino zu hohem Ansehen verholfen. Heute wird der Wein, der ausschließlich aus der Brunello-Traube gekeltert wird, von allen Winzern Montalcinos gepflegt. Die ersten Jahre lagert er in Holzfässern. Das Ergebnis ist ein tiefroter, tanninhaltiger Wein auf konstant hohem Niveau.

Bruschetta
Geröstete Brotscheiben, am besten über dem offenen Holzfeuer, mit Knoblauch eingerieben, mit **Olivenöl** beträufelt und heiß serviert. Werden in der **Toskana** auch Fettunta genannt. Oft mit geschälten, kleingeschnittenen Tomaten belegt (siehe **Crostini**).

Bucadisantantonio
Traditionelles Restaurant in der Altstadt von **Lucca**. In der ehemaligen Postkutschenstation (seit 1782) wird die klassische Luccheser Küche gepflegt. (Ruhetage: Sonntagabend und Montag)
Lucca, Via della Cervia 1–5, Tel. 0583/55881

Cantinetta Antinori
Restaurant und Vinothek in **Florenz**. Im Palazzo von Antinori können alle Weine von Antinori verkostet werden. (Ruhetage: Samstag und Sonntag)
Florenz, Piazza Antinori 3, Tel. 055/292234

Cantuccini
Hartes Mandelgebäck (wird in Florenz Biscotti di Prato genannt), das gerne in Kaffee oder noch besser in den **Vin Santo** getunkt wird.

♙ Cappellaio Pazzo

Der »verrückte Hutmacher« ist ein Restaurant an der Straße von **San Vincenzo** nach Campiglia Marittima mit vielen Hüten an den Wänden und einer ganz ausgezeichneten Küche mit kreativen Fischspezialitäten. (Ruhetag: Dienstag)
Campiglia Marittima, Tel. 0565/838358

⚜ Capraia

Die karge Ziegeninsel (20 km^2) ist vulkanischen Ursprungs, war früher eine Gefängnisinsel und ist mit der Fähre (ohne Auto) von **Livorno** erreichbar. Touristisch kaum erschlossen, eignet sich Capraia vor allem für Tagesausflüge zum Wandern und Baden.

🍴 Carpaccio di patate e porcini *(Rezept von Max)*

Dieses Kartoffelcarpaccio wird mit frischen Steinpilzen (porcini) zubereitet. Zunächst festkochende, rohe, geschälte Kartoffeln dünn in Scheiben schneiden oder besser noch hobeln (mit Trüffelhobel). Die Kartoffelscheiben auf großen, vorgewärmten Tellern, die vorher mit **Olivenöl** bestrichen wurden, ausbreiten. Aus süßer Sahne, Knoblauch und Petersilie im Mixer eine Sauce zubereiten, die dann als dünne Schicht über die Kartoffeln gegossen wird. Das Ganze salzen und pfeffern und für einige Minuten ins heiße Backrohr stellen. In der Zwischenzeit Wachtelspiegeleier braten. Die Teller mit dem Kartoffelcarpaccio aus dem Rohr nehmen, rohe Steinpilze darüber hobeln und mit den Wachtelspiegeleiern garnieren. Vor dem Servieren noch eine Prise Muskatnuß dazugeben.

🏛 Carrara

Carrara in der Provinz Massa ist weltberühmt für seinen Marmor, der nur wenige Kilometer entfernt in den Apuanischen Alpen abgebaut wird. Schon zu Zeiten der Römer schufteten hier Sklaven, die unter Einsatz ihres Lebens Blöcke des »weißen Goldes« herausbrachen und auf Rundhölzern und Gleitschienen ins Tal beförderten. Heute sorgen Spiraldraht- und Scheibensägen für einen wirtschaftlichen Abbau. Die größten Marmorbrüche sind die von Colonnata, welche ebenso wie die berühmten Fantiscritti-Marmorbrüche besichtigt werden können. In Carrara (und in Pietrasanta) hat sich eine Vielzahl von Betrieben auf die schwierige Bearbeitung des Marmors spezialisiert. Bei dem Reichtum von Carrara ist es kein Wunder, daß die Stadt über die Jahrhunderte sehr begehrt war und mal zu *Lucca*, dann wieder zu **Pisa,** Genua und Mailand gehörte. Und es versteht sich fast von selbst, daß der Dom von Carrara über eine prächtige, zweifarbige Marmorfassade verfügt.

Casentino
Im östlichsten Zipfel der **Toskana** liegt dieser 9-Loch-Golfplatz. (Ruhetag: Dienstag)
Poppi, Palazzo, Tel. 0575/520167, Fax 0575/520167

Castello di Spaltenna
Hotel (und Restaurant) in Gaiole in Chianti, mit viel Stil und Ambiente in einem alten, befestigten Kloster. Das Castello di Spaltenna gilt als eine der ersten Adressen im **Chianti.** Swimmingpool mit einem natürlich angelegten Wasserfall. (Preiskategorie: 3–4 / geschl. Nov. bis März)
Gaiole in Chianti, Tel. 0577/749483, Fax 0577/749269

Castelfalfi
Im Herzen der **Toskana,** zwischen **San Gimignano** und Pontedera, liegt der Golfclub Castelfalfi. Er zählt eher zu den Geheimtips, was vielleicht daran liegt, daß er nicht leicht zu finden ist (von Süden kommt man am besten über Castagno und San Vivaldo ans Ziel). Allerdings fehlt es seit Jahren an einem Clubhaus, und auch der Pflegezustand läßt oft zu wünschen

übrig. Dafür sind die Fairways außerordentlich großzügig angelegt und auch optisch reizvoll in die Landschaft integriert. Abschlagszeiten sind selten nötig (Ruhetag: Dienstag)
*Montaione, Tenuta Castelfalfi, Tel. 0571/698093,
Fax 0571/698098*

Cecina
Städtchen an der Mündung des gleichnamigen Flusses, mit dem zugehörigen Badeort Marina di Cecina (langer Strand, Pinienwälder).
El Faro, Scacciapensieri, Il Frantoio (in Montescudaio)
Elisabetta

Certosa di Maggiano
Das ehemalige Kartäuserkloster ist heute ein romantisches Hotel mit allem Komfort (Pool) im Süden **Sienas.** Traumhaft schön sind die Aufenthaltsräume (u. a. Bibliothek) und der Kreuzgang, unter dessen Arkaden zu Tisch gebeten wird. (Preiskategorie: 4–5)
*Siena, Strada di Certosa 82, Tel. 0577/288180,
Fax 0577/288189*

Chianina-Rind
Aus dem Val di Chiana kommt das weiße Chianina-Rind, das für sein geschmackvolles Fleisch berühmt und für eine echte **Bistecca alla fiorentina** unerläßlich ist.

Chianti
Das Hügelland zwischen **Florenz** und **Siena** ist das Herz der **Toskana** und nicht nur für seinen Wein (siehe dort), sondern auch für seine Landschaft und Burgen berühmt. Den besten Eindruck vom Chianti bekommen Autofahrer, wenn sie von **Florenz** die Chiantigiana wählen. Die ebenso kurven- wie panoramareiche Straße führt über Greve in Chianti (schöner

Marktplatz mit Loggien) und Panzano nach Castellina in Chianti (hübsche Lage auf einem Hügel) bis nach **Siena.**

♀ *Chianti*

Der Chianti-Wein hat seine Krise schon hinter sich. Im klassischen Behälter, dem bastumflochtenen Fiasco, war er in der Nachkriegszeit qualitätsmäßig auf die schiefe Bahn geraten. Es wurde wesentlich mehr Chianti verkauft, als im Chianti-Gebiet hergestellt werden konnte. Schon äußerlich will der Chianti von heute mit dieser unrühmlichen Vergangenheit nichts mehr zu tun haben. Die Rotweine in der klassischen Bordeaux-Flasche genügen längst wieder hohen bis höchsten Ansprüchen. Seit 1967 ist mit dem DOC-Gesetz die Anbaufläche fest umgrenzt (DOC = Denominazione di origine controllata). Und seit 1984 beschränkt die DOCG-Regelung zusätzlich die Produktion (DOCG = Denominazione di origine controllata e garantita). Der Chianti wird aus verschiedenen (roten und weißen) Rebsorten gekeltert, wobei die Relationen innerhalb bestimmter Toleranzen festgeschrieben sind. Traditionell dominierte die Sangiovese-Traube (75–90%), hinzu kamen Canaiolo (5–10%), Trebbiano und Malvasia (je 2–5%) und andere Sorten (maximal 10%). Heute sind die Bestimmungen etwas großzügiger (was der Qualität des Chianti zugute kommt). Die weißen Traubensorten Trebbiano und Malvasia befinden sich auf dem Rückzug, dafür sind für den Verschnitt mit der weiterhin prägenden Sangiovese Sorten wie Cabernet und Merlot zugelassen. Auch darf ein Chianti mittlerweile ausschließlich aus Sangiovese bestehen. Alle Weine im Chianti-Gebiet, die sich nicht an die Vorgaben halten, laufen unter Vino da tavola. Dies übrigens nicht nur im Chianti, sondern auch in allen anderen definierten Weinanbaugebieten der **Toskana.** Der Vino da tavola ist eine Kuriosität, denn hinter diesem Etikett verbergen sich nicht nur minderwertigere Tropfen, sondern gleichzeitig auch die hochwertigsten, kreativsten und teuersten Weine der **Toskana** – einfach deshalb, weil sie mit den Regeln gebrochen haben. Aber auch bei den regelkonformen Weinen ist Chianti nicht gleich Chianti. So gibt es im Chianti sieben Unterzonen: Classico (im Herzen des Chianti zwischen **Florenz** und **Siena**), Rufina (das kleine, aber feine Chianti-Gebiet nordöstlich von **Florenz**), Colli Fiorentini (südlich von *Florenz*), Montalbano (bei **Montecatini**), Colline Pisane (bei **Pisa**), Colli Aretini (bei **Arezzo**) und Colli Senesi (rund um **Siena**). Es existieren mehrere Konsortien, darunter das Consorzio Chianti Classico mit dem Gallo Nero und das Consorzio Chianti Putto (außerhalb der Classico-Zone) mit einem Engelchen auf der Banderole. Aber nicht alle Winzer gehören diesen Konsortien an, so daß sie über die Qualität des Weins mittlerweile relativ wenig Aufschluß geben. Die Qualitätsbestimmungen und Ursprungsbezeichnungen sind im Chianti nicht unumstritten. Infolgedessen werden Änderungen wohl kaum ausbleiben.

Cinghiale

Rund um das Wildschwein (Cinghiale) ranken sich in der **Toskana** Sagen und Legenden. Es ist vor allem in der südwestlichen **Toskana** beheimatet. Alljährlich im Herbst wird zur großen Wildschweinjagd geblasen – in der **Maremma** ein gesellschaftlicher Höhepunkt des Jahres. Wildschwein ist denn auch ein fester Bestandteil der traditionellen toskanischen Küche. Cinghiale gibt es u. a. vom Grill, als Ragout für Pastagerichte und in Form von Schinken und Salsicce (Würste), als eine Art Gulasch, in Rotwein gebeizt und mit Oliven.

Classic

Hübsches und preiswertes Hotel in **Florenz**. Die Villa mit eigenem Parkplatz liegt jenseits des Arno im Süden des Centro Storico, nur einen längeren Spaziergang vom Palazzo Pitti und der Ponte Vecchio entfernt. (Preiskategorie: 2–3)

Florenz, Viale Machiavelli 25, Tel. 055/229351-3
Fax 055/229353

⌘ *Colle di Val d'Elsa*

Ort nahe der Superstrada Florenz–Siena mit sehenswerter mittelalterlicher Oberstadt (Colle Alto). War einst im Besitz der Bischöfe von **Volterra,** wurde im 13. Jh. von **Florenz** vereinnahmt.

♟ Arnolfo

⌘ Colline Metallifere

Bereits zu Zeiten der *Etrusker* und Römer wurden in den Colline Metallifere (Metallhügel) zwischen **Volterra** und **Massa Marittima** Eisen, Silber, Kupfer und Alaun abgebaut.

⌘ *Cosmopolitan*

Südlich von Marina di Pisa gibt es in Tirrenia den Golfclub Cosmopolitan. Spektakulär ist die Architektur des Clubhauses mit seiner »Domkuppel«. Die 18 Löcher sind dagegen weit weniger avantgardistisch – ein klassischer Links Course, bretteben und dennoch anspruchsvoll zu spielen. An manchen Fairways beobachten Nutrias (Biberratten) die Spieler. Im Sommer wird es recht heiß, da ist man für jede Brise dankbar – auch wenn der Wind den Ball in eines der zahlreichen Wasserhindernisse verwehen sollte. (Ruhetag: Montag)
Tirrenia, Viale Pisorno, Tel. 050/33633/33645, Fax 050/33085

⌘ Crete

Landschaft südlich von **Siena,** die mit weit geschwungenen, kahlen Hügeln, vereinzelten Bauernhäusern und Zypressen auf den Kuppen unvergleichliche graphische Akzente setzt.

⌘ Crostini

Geröstete Brotscheiben, die zum Beispiel mit zerkleinerter

Geflügelleber (Crostini neri), mit Mayonnaise (bianchi) oder mit kleingehackten Tomaten (rossi) belegt bzw. bestrichen sind. Sehr beliebt zum Auftakt einer Mahlzeit. Verwendet wird das ungesalzene Weißbrot der **Toskana** (Bauernbrot = **Pane** casalingo) mit kräftiger Kruste. Der Name Crostini leitet sich von crostoso = krustig, knusprig ab.

Crostini di porcini (Rezept von Max)
Bei diesen gerösteten Brotscheiben mit Steinpilzen (porcini) werden zunächst Petersilie und Knoblauch kleingehackt und in der Pfanne mit **Olivenöl** kurz angebraten. Dann die kleingeschnittenen Steinpilze hinzugeben und weiterbraten, bis die Steinpilze leicht braun sind. Salzen und pfeffern. Gleichzeitig die Brotscheiben auf beiden Seiten rösten. Zum Schluß die gerösteten Brotscheiben mit der Steinpilzmasse belegen und warm servieren.

Da Caino
Trattoria in Montemerano (**Grosseto**), die nicht nur wegen ihrer kreativen Küche beliebt ist, sondern auch mit einem vorzüglichen Weinkeller aufwarten kann. (Ruhetage: Mittwoch und Donnerstagmittag)
Montemerano, Via della Chiesa 4, Tel. 0564/602817

Dante
Daß Dante Alighieri, der größte Dichter Italiens und Schöpfer der *Göttlichen Komödie* (*Divina Commedia*) zwar in **Florenz** geboren wurde (1265), aber in Ravenna (1321) starb, weist auf seine große Lebenstragödie hin. Denn 1302 wurde Dante bei Todesstrafe aus seiner Heimatstadt verbannt, für die er als junger Mann sogar (gegen **Arezzo**) in den Krieg gezogen war. Als die Guelfen in **Florenz** wieder an die Macht kamen, wurde ihm sein Engagement für die kaisertreuen Ghibellinen zum Verhängnis. Daß gerade das verfeindete **Siena** Dante aufnahm

und daß Dante seine Heimatstadt nie mehr wiedersehen sollte, wird von den Florentinern noch heute als große Schmach empfunden, verdanken sie doch Dante Alighieri, daß das Florentinische zur italienischen Dichtersprache geworden ist. In seiner *Göttlichen Komödie* (mit den drei Teilen Inferno, Purgatorio/Fegefeuer und Paradiso) verklärte Dante den Tod seiner Jugendliebe Beatrice, verarbeitete seine Flucht und zog mit literarischen Mitteln gegen seine Widersacher zu Felde. Darüber hinaus werden in Dantes *Göttlicher Komödie* viele dunkle Episoden aus der Geschichte der **Toskana** geschildert. So zum Beispiel die Qualen des Flottenführers Ugolino della Gherardesca, der mit seinen Kindern und Enkeln im Torre della Fame (*Pisa*) verhungerte.

♛ *Dino*
Trattoria in **Florenz,** die für ihre klassischen toskanischen Gerichte und die ausgesuchten Weine bekannt ist. (Ruhetage: Sonntagabend und Montag)
Florenz, Via Ghibellina 51 r, Tel. 055/241452

Donatello
Der Florentiner Bildhauer (1386–1466) mit dem eigentlichen Namen Donato di Niccolò di Betto Bardi gilt als Pionier und wichtigster Vertreter der Frührenaissance. Arbeiten aus Marmor (u. a. Nischenfiguren für die Fassade von Or San Michele in **Florenz**), Bronze (u. a. David/Bargello), Terrakotta und Holz.

♛ *Dorando*
Lokal in **San Gimignano,** das in alten Gewölben eine kulinarische Brücke schlägt von der Historie zur Moderne. (Ruhetag: Montag)
San Gimignano, Vicolo dell'Oro 2, Tel. 0577/941862

♟ *Due Cippi*

Das Restaurant pflegt die toskanische Küche und gilt als erste Adresse rund um **Saturnia**. (Ruhetag: Dienstag)
Saturnia, Piazza Vittorio Veneto 26, Tel. 0564/601074

⚜ Elba

Die größte Insel des **Arcipelago Toscano** war schon bei den Etruskern und den Römern für seine Eisenvorkommen bekannt (die Verhüttung erfolgte in **Populonia**). Deshalb heißt auch Elbas größter Hafen Portoferraio – »Eisenhafen«. Im Laufe der Geschichte wechselte auf Elba fast ständig die Macht. Immer wieder wurde die Insel von Piraten überfallen und erobert. Im 11. Jh. gehörte Elba zu **Pisa**, später den Visconti aus Mailand, dann zum toskanischen Großherzogtum der **Medici**. Elba wurde vom sarazenischen Piraten »Barbarossa« beherrscht, gehörte zu Spanien und zu Frankreich. Von 1814 bis 1815 wurde Elba fast zehn Monate von **Napoleon** regiert, der auf die Insel verbannt war. Heute ist Elba mit fast zwei Millionen Touristen pro Jahr vor allem eine Ferieninsel. Die 147 km lange Küste Elbas ist mit seinen vielen Stränden und Buchten außerordentlich reizvoll. Neben Portoferraio sind die Badeorte Procchio, Marciana Marina, Porto Azzuro, Marina di Campo und das Bergdorf Capoliveri vielbesuchte Urlaubsziele. Zum touristischen Pflichtprogramm zählen die Casa di Napoleone in Portoferraio, Napoleons Sommerresidenz Villa San Martino, die Villa Demidoff und der Monte Capanne, der mit über 1000 m höchste Berg der Insel.

♟ *Il Chiasso, Publius*
🛏 *Villa Ottone*

♟ *El Faro*

Eines der wenigen Fischlokale rund um **Cecina**, das mit einer Terrasse direkt am Strand gelegen ist. (Ruhetag: Mittwoch)
Cecina Mare, Viale della Vittoria 70, Tel. 0586/620164

◊ Elisabetta

Das Agrihotel Elisabetta liegt bei **Cecina** nur wenige Kilometer vom Strand entfernt inmitten von Weinstöcken und Olivenbäumen. Die »azienda agricola« (mit Swimmingpool) hat neben normalen Zimmern auch Apartments (mit Küche) und kleine Suiten. (Preiskategorie: 2–3)
*Cecina, Località Collemezzano, Via Tronto 10–14,
Tel. 0586/661096, Fax 0586/661392*

♔ Enoteca Pinchiorri

Für viele Feinschmecker das beste (und teuerste) Restaurant nicht nur in **Florenz.** In einem Palazzo aus dem 17.Jh. wird exquisite Küche mit Fischgerichten und toskanischen Spezialitäten geboten. Fast noch berühmter als die Cucina ist der hochklassige Weinkeller der Enoteca Pinchiorri. (Ruhetag: Sonntag)
Florenz, Via Ghibellina 87, Tel. 055/242777

Etrusker

Die Herkunft der Etrusker liegt im dunkeln. Laut dem griechischen Geschichtsschreiber Herodot kamen sie aus Lydien (Westanatolien). Jedenfalls tauchten sie im 8.Jh. v. Chr. plötzlich in der **Toskana** auf und gründeten Siedlungen, die sich später zu einem losen Bund von Stadtstaaten zusammenschlossen. Zum Zwölfstädtebund zählten u.a. **Populonia,** Roselle, Vetulonia, **Volterra, Arezzo,** Chiusi. Ihr Siedlungsgebiet hieß Etrurien, die Römer nannten die Etrusker »Etrusci« oder einfach nur »Tusci« – woraus sich der Name **Toskana** ableitet. Bei aller rätselhaften Herkunft (wobei es auch die Theorie gibt, daß sich die Etrusker aus der Bevölkerung des Landes selbst entwickelt hätten) steht fest, daß die Etrusker gute Kaufleute waren, glänzende Seefahrer und gefürchtete Piraten. Sie verfügten über eine große Handelsflotte, bauten Mineralien und Erze ab (u.a. auf **Elba,** um es dann bei **Populonia** zu verhütten), legten die **Maremma** trocken, bauten mächtige Stadtmauern (u.a. in Vetulonia und **Volterra**) und waren nicht zuletzt künstlerisch sehr begabt. Fast alles, was man heute von der etruskischen Kunst kennt, stammt aus Grabanlagen. Die Nekropolen wurden von den Etruskern außerhalb der Städte angelegt und reich mit Grabbeigaben ausgestattet – den Toten sollte es an nichts fehlen. Entsprechend umfangreich sind die Grabfunde: feine Goldschmiedearbeiten, Bronzefiguren, Öllampen, Tonplastiken, Vasen aus Alabaster, Münzen u.a.m. Das Bild, das über ihre Nekropolen von den Etruskern vermittelt wird, beflügelt die Phantasie. Paradiesisch scheint ihr Leben gewesen zu sein, sexuell freizügig, dem Spiel und dem Tanz gewidmet. Die Frauen waren gleichberechtigt, stellten Priesterinnen und nahmen sogar an Gladiatorenkämpfen teil. Im 4.Jh. v.Chr. setzte der Niedergang der etruskischen Kultur ein, nach und nach unterwarfen sich die Etruskerstädte dem immer mächtiger werdenden Rom (ursprünglich auch eine Gründung etruskischer Könige). Heute sind die schönsten etruskischen Nekropolen in Sovana, **Populonia** und Chiusi zu besichtigen. Die wichtigsten etruskischen Museen in der *Toskana* sind das Museo Archeologico in **Florenz** und das Museo Etrusco Guarnacci in **Volterra.**

Fagioli
Obwohl die weißen Bohnen (fagioli, grüne Bohnen heißen fagiolini) für die ganze **Toskana** typisch sind, werden die Florentiner von ihren Nachbarn schon mal »Bohnenfresser« (Fiorentini mangiafagioli) genannt. Tatsächlich gibt es für die Fagioli in Florenz besonders viele Zubereitungsarten, so zum Beispiel das Gemüse aus weißen Bohnen, Fagioli all'uccelletto.

Fattoria
Unter den landwirtschaftlichen Betrieben in der **Toskana** ist eine Fattoria schon relativ groß. Die Rangfolge von unten

nach oben sieht in etwa so aus: Podere (kleiner Bauernhof), Azienda agricola, Fattoria, Tenuta (großes Landgut). Während der **Mezzadria** residierten die Gutsherren in den großen Landgütern, während die Halbpacht-Bauern die kleinen Höfe in der Umgebung bewirtschafteten.

🍝 Fettucine con pomodori e mozzarella
(Rezept von Carlotta)
Strauchtomaten werden in kochendem Wasser blanchiert, kalt abgeschreckt, geschält und in Würfel geschnitten. **Mozzarella** ebenfalls würfeln. Knoblauch und frisches Basilikum kleinschneiden. Die Fettucine (Bandnudeln) in Salzwasser al dente kochen. Knoblauch in einer großen Pfanne in **Olivenöl** anbraten. Die abgetropften Fettucine dazugeben, alles mit den Tomaten und **Mozzarella** in der Pfanne schnell mischen, salzen und pfeffern. Erst zum Schluß das Basilikum darüber geben. Mit **Parmigiano** servieren.

🏛 Fiesole
Die Stadt auf einem Hügel nur wenige Kilometer nordöstlich von *Florenz* ist als Etruskergründung nicht nur älter als ihre Nachbarstadt, sondern war ihr lange Zeit auch überlegen. Tatsächlich geht sogar die Gründung von **Florenz** auf Fiesole zurück, weshalb Fiesole auch »Mutter von Florenz« genannt wird. 1125 wurde Fiesole von **Florenz** vereinnahmt. Besonders schön ist die alte, kurvenreiche Via Vecchia Fiesolana, die beide Städte verbindet. Heute ist Fiesole ein beliebtes Ausflugsziel mit Überresten eines römischen Amphitheaters, dem Dom San Romolo, dem Museo Bandini und vor allem mit einem herrlichen Blick auf **Florenz** (das von Fiesole auch zu Fuß am Kloster San Domenico vorbei erreicht werden kann).
🍷 *l'Polpa, Le Cave di Maiano*
🛏 *Villa San Michele*

Filetto di coniglio con polenta (Rezept von Max)
Kaninchenfilet mit Rosmarin, Thymian, Pfeffer und durchgepreßtem Knoblauch einreiben, in einer Pfanne in **Olivenöl** von allen Seiten so lange braten, daß das Kaninchenfilet in der Mitte noch zartrosa ist. Erst jetzt salzen. Als Beilage serviert Max **polenta** di neccio (aus Kastanienmehl). 0,6 Liter Wasser zum Kochen bringen, ein Löffel Salz hinzugeben, 150 g Kastanienmehl in das nur leicht köchelnde Wasser unter fortwährendem Rühren langsam hineinrieseln lassen. Circa vierzig Minuten garen, dabei immer wieder umrühren, bis sich die Masse vom Topfrand löst. Die **Polenta** zum Kaninchenfilet auf dem Teller anrichten, mit **Olivenöl** beträufeln und mit ***Parmigiano*** bestreuen.

Florenz

Das kulturelle Herz der **Toskana** ist reich an Superlativen. »Die Wiege der Renaissance« wird sie genannt. Sechs Millionen Touristen besuchen die Hauptstadt der **Toskana** jedes Jahr. Das »Centro storico« ist, gemessen am Reichtum seiner Kunstschätze, einzigartig auf der Welt. Die Geschichte von Florenz reicht zurück auf ein römisches Militärlager vor den Hügeln von **Fiesole,** der alten Etruskerstadt. Bald überflügelte Florenz seine »Mutter« *Fiesole*. Im 12. Jh. bereits war Florenz eine blühende Handelsstadt. Im 13. Jh. übernahmen die Zünfte (Arti) die Macht in der Stadt. Die kaisertreuen Ghibellinen und die papsttreuen Guelfen befehdeten sich immer heftiger. 1434 kamen mit Cosimo il Vecchio die **Medici** an die Macht. Ende des 15. Jh. erlebte Florenz unter Lorenzo de' Medici seine größte Blüte. 1569 ernannte der Papst Cosimo I. zum Großherzog der **Toskana.** 1737 stirbt mit Gian Gastone der letzte aus der herrschenden Linie der **Medici.** Florenz und die **Toskana** fallen an Habsburg-Lothringen (bis 1859). Für eine Unterbrechung sorgt die napoleonische Herrschaft von 1801 bis 1814. Von 1865 bis 1871 war Florenz die erste Hauptstadt des vereinten Königreichs Italien. Die Sehenswürdigkeiten und Kunstschätze von Florenz sind so zahlreich, daß sie allein komplette Reiseführer füllen – die ihnen dennoch kaum gerecht werden können. An dieser Stelle seien nur einige Highlights genannt, so zum Beispiel der Dom Santa Maria del Fiore (die drittgrößte Kirche Italiens mit ihrer Kuppel von Filippo **Brunelleschi**), das Baptisterium San Giovanni (mit den berühmten Reliefs an den Bronzetüren), der Campanile (gebaut von **Giotto,** Andrea **Pisano** und Talenti), die Kirche Orsanmichele (mit dem berühmten Marienaltar und den Schutzheiligen der Zünfte in den Außennischen), das Museo dell'Opera del Duomo (mit einer unvollendeten Pietà **Michelangelos**), die Piazza della Signoria (das Zentrum der politischen und wirtschaftlichen Macht), der Palazzo Vecchio (das alte Rathaus, vor dessen Eingang eine Kopie von **Michelangelos** *David* steht), die Galleria dell'Accademia (mit dem Original von **Michelangelos** *David*), die Galerie der Uffizien (mit der weltberühmten Pinakothek und Werken u. a. von **Giotto, Fra' Angelico,** Sandro **Botticelli, Leonardo da Vinci, Michelangelo, Raffael,** Rubens und Rembrandt), der Ponte Vecchio (die älteste Brücke von Florenz mit dem **Vasari**-Gang), der Palazzo Pitti (in dem die *Medici* residierten und in dem sich mehrere Museen befinden), die Boboli-Gärten (die zum Palazzo Pitti gehören), das Museo Nazionale del Bargello (mit seiner berühmten Skulpturensammlung), das Kloster San Marco (mit den Fresken von **Fra' Angelico**), die Piazza SS. Annunziata mit dem Ospedale degli Innocenti (Findelhaus), das Forte di Belvedere, der Palazzo Strozzi, die Kirche Santa Croce (mit den Gräbern u. a. von **Michelangelo,** Rossini und **Galilei**), die (nachempfundene) Casa di Dante, die Badia Fiorentino (eine der ältesten Kirchen von Florenz) und der Piazzale Michelangelo (von der man den besten Blick auf Florenz hat). Touristische Informationen gibt's auch übers Internet: http://www.fionline.it und http://www.firenze.net

♟ *Alle Murate, Alla Vecchia Bettola, Cantinetta Antinori, Dino, Enoteca Pinchiorri, l'cchè c'è c'è, Il Cibrèo, Il Latini, La Baraonda, La Tenda Rossa (in San Casciano Val di Pesa)*

🛏 *Botticelli, Brunelleschi, Classic, J and J, Loggiato dei Serviti, Regency, Torre di Bellosguardo, Villa Carlotta, Villa Campestri (in Vicchio di Mugello), Villa Rigacci (in Regello)*

📷 *Fra' Angelico*

Der Mönch Fra Giovanni da Fiesole (1387–1455) war Prior im Domikanerkloster in **Fiesole** und einer der großen Maler im Florenz des 15. Jh. Fra' Angelico blieb zeit seines Lebens tiefreligiösen Themen (und der Spätgotik) verbunden. Berühmt u. a. seine wundervollen Fresken im Kloster San Marco in **Florenz** und die Vielzahl seiner Altarbilder und Tafelgemälde (Museo di San Marco und Uffizien).

📷 *Galilei*

Der große Mathematiker, Physiker und Astronom Galileo Galilei wurde 1564 in **Pisa** geboren. Nach seinem Studium in **Pisa** und **Florenz** wurde er 1589 auf den Lehrstuhl für Mathematik in *Pisa* berufen. In den folgenden Jahren führte er vom Schiefen Turm in **Pisa** seine berühmten Experimente zu den Fallgesetzen durch. 1592 wechselte er an die Universität von Padua. Parallel unterrichtete er in *Florenz* den Thronfolger Cosimo II. de' **Medici**. 1609 konstruierte Galilei die ersten Fernrohre und begann mit seinen systematischen Himmelsbeobachtungen. Schon ein Jahr später entdeckte er die Jupitermonde, die er der Familie Cosimos widmete und Mediceische Planeten nannte. Bald darauf wechselte er von Padua an den Hof von **Florenz**. Galilei war sich mit Kopernikus und Keppler einig und vertrat die heliozentrische Lehre, die nicht die Erde, sondern die Sonne ins Zentrum rückte. Damit begab er sich in Konfrontation zur katholischen Kirche, die ihn 1633 zum Abschwören seiner Lehre zwang. Die letzten Lebensjahre verbrachte er, verbannt und fast völlig erblindet, in Arcetri bei **Florenz,** wo er 1642 starb.

♀ Galestro

Da bei den Rotweinen in der **Toskana** der Anteil weißer Trauben auf dem Rückzug ist, kommt die relativ neue »Erfindung« des Galestro gerade recht. Der leichte (max. 10,5%), unkomplizierte Weißwein basiert vorwiegend auf Trebbiano (enthält aber z. B. auch Malvasia, Chardonnay).

♟ Gambero Rosso

Eines der Spitzenrestaurants der **Toskana** und anerkannter kulinarischer Höhepunkt an der Küste (*San Vincenzo*). (Ruhetag: Dienstag)
San Vincenzo, Piazza della Vittoria 13, Tel. 0565/701021

⚜ Garfagnana

Wildes Gebirgstal zwischen den Apuanischen Alpen im Westen und dem toskanisch-emilianischen Apennin entlang dem Fluß Serchio. Nördlich von **Lucca** gelegen, war die Garfagnana bis in unser Jahrhundert sehr abgeschieden. Eine Ausnahme bildete der Kurort Bagni di Lucca, dessen Thermen schon von den alten Römern aufgesucht wurden. Elisa Bacciocchi, die Schwester Napoleons, brachte höfischen Glanz in die Bäder, die von Heinrich Heine 1829 in seinen *Reisebildern* beschrieben wurden. Berühmt ist die Teufelsbrücke Ponte del Diavolo (12. Jh.) in Borgo a Mozzano. Der Legende nach hat der Teufel die Brücke (mit merkwürdigem Katzenbuckel) in einer einzigen Nacht gebaut.

⚜ Giannutri

Auf der südlichsten Insel des toskanischen Archipels zeigen Ruinen einer römischen Villa, daß sie schon im 1. Jh. n. Chr. bewohnt wurde. Später lebten Zisterziensermönche auf Giannutri, die heute nur für Tagesausflüge besucht werden darf.

Giglio
Die Felseninsel Giglio ist mit 21,2 km² die zweitgrößte Insel des **Arcipelago Toscano** und mit der Fähre von Porto Santo Stefano erreichbar. Giglio ist mit den vielen kleinen Buchten sehr beliebt bei Tauchern und Yachties. Neben Porto Giglio (wo die Fähre anlegt) gibt es im Landesinneren den mittelalterlichen und pittoresken Ort Giglio Castello (mit alter Burg, die den Inselbewohnern einst Schutz vor Piratenüberfällen bot).

Giotto
Giotto di Bondone (1266–1337), in Colle di Vespignano im **Mugello** geboren, gilt als der große Erneuerer der Malerei, der sich mit wirklichkeitsnahen Darstellungen von der byzantinischen Schule löste und zur Renaissance hinführte. Giotto arbeitete an den Ausmalungen der Kirche San Francesco in Assisi, in Padua schuf er Fresken in der Scrovegni-Kapelle. Giotto wirkte in Rom, Neapel und Mailand. In **Florenz** entstanden Tafelbilder wie die *Maestà* (Uffizien) sowie Bilderzyklen in Santa Croce. Drei Jahre vor seinem Tod wurde Giotto zum Florentiner Dombaumeister ernannt. Er begann mit dem Bau des Campanile, der mit seinen dreifarbigen Marmorinkrustationen wohl der schönste Glockenturm Italiens ist.

Gnocchi con tartufo (Rezept von Max)
Für zwei Personen 250 g mehlige Kartoffeln kochen und schälen. Durch eine Kartoffelpresse drücken, mit einem Ei und Salz zu einem glatten Teig verkneten. Den Teig kurz ruhen lassen, zu Strängen mit drei bis vier Zentimeter Durchmesser rollen. In circa ein Zentimeter breite Stücke schneiden und mit der Hand die Stücke zu kurzen, runden Nudeln formen. Mit

Mehl bestäuben. In Salzwasser kurz kochen, bis sie an die Oberfläche steigen. Gnocchi abgießen. Süße Sahne und Crème fraîche in einem Topf so lange erhitzen, bis eine dickflüssige Masse entsteht. Salzen und pfeffern. Einige Tropfen Trüffelöl dazugeben (nicht mehr kochen). Die Sauce über die Gnocchi gießen, Trüffel (stammen in der **Toskana** meist aus Umbrien) darüber hobeln.

Goethe

1786 brach der große deutsche Dichter Johann Wolfgang von Goethe zu seiner zweijährigen Italienreise auf, die ihn über die **Toskana** schließlich nach Rom, Neapel und Sizilien führte. Die **Toskana** war auf dem Weg zu seinem sehnsüchtig erwarteten Rom nur eine Durchgangsstation. Entsprechend geringschätzig fiel sein Urteil aus. Goethe über **Florenz:** »Die Stadt hatte ich eiligst durchlaufen, den Dom, das Baptisterium. Hier tut sich wieder eine ganz neue, mir unbekannte Welt auf, an der ich nicht verweilen will. Ich eilte so schnell heraus als hinein.« Allein die Landschaft beeindruckte Goethe. »Das ist nun die Toscana: weil es so viel tiefer lag, so hat das alte Meer recht seine Schuldigkeit getan und tiefen Lehmboden aufgehäuft. Er ist hellgelb und leicht zu verarbeiten. Diese Betrachtung machte ich bei **Arezzo,** wo sich eine herrliche Plaine auftut. Reiner kann man kein Feld sehen, nirgends auch nur eine Erdscholle, alles klar wie gesiebt.« Bei seiner Italienreise wandelte Johann Wolfgang von Goethe auf den Spuren seines Vaters Johann Kaspar Goethe, der 1740 bis nach Neapel gereist war und seine Eindrücke in dem Reisebericht *Viaggio per l'Italia* zusammengefaßt hat (in italienischer Sprache). Johann Wolfgang von Goethes Vater setzt sich in dieser Reisebeschreibung sehr kenntnisreich mit der Geschichte und den Sehenswürdigkeiten der **Toskana** auseinander, wobei er ganz offensichtlich von Städten wie **Pisa, Lucca, Siena** und **Florenz** mehr beeindruckt war als sein Sohn.

⛳ Golfplätze
Die **Toskana** zählt nicht gerade zu den klassischen Reisezielen für »golfisti«. Zu weit liegen die Plätze voneinander entfernt. Wer aber Kultur, gutes Essen und Golfspiel miteinander verbinden will, für den ist die **Toskana** geradezu paradiesisch, denn zwischen **Florenz, Siena, Lucca** und **Pisa** laden ein knappes Dutzend Golfplätze zum Spiel ein. Nicht immer sind sie leicht zu finden, doch die Suche lohnt sich. Die bekanntesten Golfplätze der **Toskana** heißen:
⛳ Ugolino, Punta Ala, Castelfalfi, Cosmopolitan, Tirrenia, Versilia, Montecatini, Poggio de' Medici, Casentino, Le Pavonière, Toscana (siehe dort)

🏰 Gorgona
Die nördlichste Insel des toskanischen Archipels ist zugleich die kleinste. Die Gefängnisinsel mit alten Klosterruinen und Festungsbauten kann einmal wöchentlich nach Voranmeldung mit einer Fähre von **Livorno** aus besucht werden.

🍷 Grappa
Ein Digestif aus ausgepreßten Traubenschalen (Trester). Entscheidend für die Qualität und das Aroma ist der jeweilige Wein, aus dessen Trester Grappa destilliert wird. Gute Grappa reift jahrelang in ausgesuchten Holzfässern. Die bekannteste Brennerei der **Toskana,** die nicht nur unter eigenem Namen, sondern für viele Weingüter arbeitet, heißt Gioacchino Nannoni (Paganico).

🏙 Grosseto
Die heutige Provinzhauptstadt stand bis ins 12. Jh. im Schatten der nahe gelegenen Stadt Roselle, die auf die **Etrusker** zurückgeht (mit sehenswerten Ausgrabungen). Erst nach der Zerstörung Roselles durch die Sarazenen und die Verlegung des Bischofssitzes von Roselle nach Grosseto (1138) begann

der wirtschaftliche Aufschwung der Stadt am Ombrone. Zunächst ein Lehen der **Aldobrandeschi,** gehörte Grosseto später zu **Siena** und wurde schließlich von **Florenz** erobert. Die mächtigen Festungsmauern entstanden im 16. Jh. im Auftrag der **Medici.** Die Mauern konnten die Stadt aber nicht vor der Malaria schützen, die zu einem starken Rückgang der Bevölkerung führte. Erst mit der Trockenlegung der **Maremma** fand Grosseto zu einstiger Größe zurück. Touristisch hat Grosseto allerdings wenig zu bieten. Zu den Sehenswürdigkeiten zählen der Dom San Lorenzo und das Museo Archeologico (u. a. mit etruskischen Funden aus Roselle).

🍽 *Da Caino (in Montemerano), Romolo (in Castiglione della Pescaia)*

🛏 *Villa Acquaviva (in Montemerano)*

🍽 I'cchè c'è c'è

Der Name des gemütlichen Lokals (»Was da ist, ist da!«) ist für Nichtitaliener eine sprachliche Herausforderung. Und er ist Programm, denn die Küche hält sich nicht an einen festen Speiseplan. (Ruhetag: Montag)
Florenz, Via de Magalotti 11r, Tel. 055/216589

🍽 Il Chiasso

Restaurant in Capoliveri auf **Elba** mit inseltypischer Atmosphäre und vorzüglichen Fischgerichten. (Ruhetag: Dienstag, in der Nebensaison)
Elba, Capoliveri, Via Nazario Sauro, Tel. 0565/968709

🛏 Il Chiostro

Mitten im Stadtzentrum von **Pienza** findet sich in einem umgebauten Franziskanerkloster das Hotel Il Chiostro di Pienza. (Preiskategorie: 2–3 / geschl. Nov. bis März)
Pienza, Corso Rossellino 26, Tel. 0578/748400,
Fax 0578/748440

♛ Il Cibrèo

Die Küche dieses Restaurants in Florenz kreiert traditionelle Rezepte immer wieder aufs neue überraschend. Gäste haben drei Möglichkeiten: elegant (und teuer) im eigentlichen Restaurant, einfacher, aber nicht minder gut in der versteckten Trattoria (keine Vorbestellung, ab 12^{50} und 19^{30}) und auf die Schnelle im Caffè. (Ruhetage: Sonntag und Montag)
Florenz, Via dei Macci 118 r, Tel. 055/2341100

♛ Il Falconiere

Landhotel und Restaurant etwas außerhalb von Cortona unweit des Lago Trasimeno. Alte, stilvolle Villa mit Turm und Kapelle, knapp 30 km von **Arezzo** entfernt. (Preiskategorie: 3–4, geschl. Anfang Nov.)
Cortona (Arezzo), Loc. San Martino, Tel. 0575/612679,
Fax 05757/612927

♛ Il Frantoio

Das Restaurant in Montescudaio, das nach seiner alten Ölmühle benannt ist und sich ebenso durch eine ehrgeizige Küche wie einen gut sortierten Weinkeller auszeichnet, war lange Jahre das Lokal der kommunistischen Partei. (Ruhetag: Montag)
Montescudaio, Via della Madonna 11, Tel. 0586/650381

♛ Il Latini

Das urwüchsige Lokal in **Florenz** ist mittags wie abends meist bis auf den letzten Tisch besetzt. Von der Decke des alten Pferdestalls hängt Schinken, die Tischdecken sind kariert, der Hauswein steht schon in Fiasco-Flaschen bereit, das Essen ist deftig und gut. (Ruhetag: Montag)
Florenz, Via dei Palchetti 6, Tel. 055/210916

🍲 Il Pellicano
Bekanntes Hotel in Port' Ercole auf der Halbinsel **Monte Argentario**. Außergewöhnliche Lage hoch oben auf dem Felsen mit herrlichem Blick aufs Meer. (Preiskategorie: 5)
Port' Ercole, Tel. 0564/833801

🍷 Il Sottomarino
Einfaches Fischlokal in **Livorno,** das für seine großen Portionen berühmt ist. Eine Spezialität des »U-Boots« ist die berühmte Fischsuppe Cacciucco alla Livornese. (Ruhetag: Donnerstag)
Livorno, Via Terrazzini 48, Tel. 0586/887025

🍴 Involtini (Rezept von Max)
Für die Involtini (kleine Rouladen) läßt sich Max vom Macellaio dünne Kalbfleischscheiben aufschneiden. In der Küche werden diese ausgebreitet, mit Senf bestrichen und mit folgenden Zutaten belegt: kleingehackter Knoblauch, Petersilie, kleingeschnittener Schafskäse (**Pecorino**) und Prosciutto (luftgetrockneter Schinken), Salz und Pfeffer. Die Kalbfleischscheiben werden eingerollt und mit einem Küchenzwirn zusammengebunden. In der Pfanne von allen Seiten braten, den Bratenfond mit Sahne ablöschen.

🍴 Insalata Carlotta (Rezept von Carlotta)
Mit diesem Salat weckt Carlotta die Lebensgeister von Max nach seinem Fahrradunfall. Die Zutaten: Fenchel, Ruccola, Tomaten, rohe Zwiebeln, Radicchio und Romano. Wie üblich mit **Olivenöl** und Balsamicoessig angemacht. Das Besondere dieses Salats sind die Austernpilze, die vorher in Scheiben geschnitten und in der Pfanne mit **Olivenöl,** Knoblauch und Petersilie gebraten werden. Kurz vor dem Servieren werden die Austernpilze über dem Salat ausgebreitet.

♟ *I' Polpa*
Restaurant mit Cucina tipica Toscana im Zentrum von **Fiesole**. (Ruhetag: Mittwoch)
Fiesole, Piazza Mino da Fiesole 21/22, Tel. 055/59485

🛏 *J and J*
Sehr gepflegtes Romantikhotel in einem ehemaligen Kloster im historischen Zentrum von **Florenz,** mit viel Charme, Antiquitäten, einem alten Kreuzgang – und individueller Atmosphäre. (Preiskategorie: 4–5)
Florenz, Via di Mezzo 20, Tel. 055/2345005,
Fax 055/240282

🏛 *Jacopo della Quercia*
Der bedeutendste Bildhauer Sienas (1365–1438) hieß eigentlich di Pietro d'Angelo. In seinem Werk wird eine Brücke geschlagen von der Gotik seiner Heimatstadt zur Frührenaissance von **Florenz**. Berühmt u. a. das Grabmal der Ilaria del Carretto in **Lucca** und die Fonte Gaia in **Siena.**

♟ *La Baraonda*
Trattoria in **Florenz,** mit kleiner, aber feiner Speisekarte und Spezialitäten aus der florentinischen Küche. (Ruhetag: Sonntag)
Florenz, Via Ghibellina 67 r, Tel. 055/2341171

♟ *La Chiave*
Fischlokal in **Livorno** direkt an der Fortezza Nuova mit alten Livorneser Spezialitäten und kreativen Neuschöpfungen. Berühmt die Bohnen mit Fischrogen, fagioli alla bottarga. (Ruhetag: Mittwoch)
Livorno, Scali delle Cantine 52, Tel. 0586/888609

👨‍🍳 *La Chiusa*

Die Fattoria La Chiusa liegt in Montefollonico bei **Siena** und ist für seine phantasievollen toskanischen Gerichte berühmt, die von Dania Lucherini kreiert werden. (Ruhetag: Dienstag)
Montefollonico, Via della Madonnina 88, Tel. 0577/669668

🛏 👨‍🍳 *La Cisterna*

Hotel und Restaurant im Herzen von **San Gimignano,** an der Piazza della Cisterna, mit viel Atmosphäre und schönem Ausblick. (Preiskategorie: 2)
San Gimignano, Piazza della Cisterna, Tel. 0577/940328, Fax 0577/942080

👨‍🍳 *La Mora*

Restaurant bei **Lucca** mit exquisiter regionaler und authentischer Küche, leicht und verfeinert zubereitet. (Ruhetag: Mittwoch)
Lucca, Via Sesto di Moriano, Tel. 0583/406402

🛏 *L'Antico Pozzo*

Stilvolles Hotel in einem kleinen Palazzo mitten in **San Gimignano.** (Preiskategorie: 2–3)
San Gimignano, Via San Matteo 87, Tel. 0577/942014, Fax 0577/942117

🛏 *La Principessa Elisa*

Das luxuriöse Hotel an der alten Straße von **Pisa** nach **Lucca** ist nach der Schwester Napoleons Elisa Bacciocchi benannt, die hier für kurze Zeit residierte. Entsprechend ist der Stil des Hauses (mit alten Stilmöbeln und großzügigen Suiten) weniger toskanisch, sondern vielmehr am Empire Napoleons orientiert. (Preiskategorie: 3–4)
Lucca, Via Nuova per Pisa, Tel. 0583/370037, Fax 0583/379136

⚜ Larderello

Der Ort zählt sicher nicht zu den Zielen eines kunstsinnigen Toskana-Reisenden, ist aber nichtsdestoweniger bemerkenswert, denn aus tiefen Löchern (bis zu 5000 m) zischt in Larderello heißer, schwefelhaltiger Dampf. Gigantische Rohranlagen führen ihn zu den Kraftwerken des italienischen Energieerzeugers ENEL. Silberglänzend schlängeln sich die Rohre wie moderne Kunstwerke übers Land. Schon den Etruskern und den Römern waren die heißen Borwasserquellen von Larderello bekannt. Sie nutzten die Borsalze für medizinische Zwecke und für Emailarbeiten. In der Renaissance kurte Lorenzo il Magnifico im Thermalbad Bagno a Morbo. Der Schwefelgeruch, der aus dem Erdinneren hervortritt, führte dazu, daß man das Tal des heutigen Larderello »Teufelstal« nannte. Und **Dante** Alighieri soll sich hier Inspirationen für die Hölle in seiner *Göttlichen Komödie* geholt haben. Benannt ist der Ort nach dem gebürtigen Franzosen Francesco de Larderel, der hier ab 1818 eine moderne Borsalz-Industrie aufbaute. Bis zum Beginn des 20. Jh. wurde in Larderello Borsäure gewonnen. Heute wird aus dem heißen Magma im Erdinneren in beträchtlicher Größenordnung (Larderello gilt in seiner Art als größte Anlage der Welt) geothermischer Strom gewonnen, der in das nationale Netz eingespeist wird.

Zu besichtigen ist in Larderello ein geothermisches Museum.
Tel. 0588/67724

♟ La Tenda Rossa

Seit 1972 gibt es La Tenda Rossa, das mittlerweile als eines der besten Restaurants in und um **Florenz** gilt. Sowohl im Ambiente als auch in den Kreationen seiner Küche wird es seinem modernen Image gerecht. (Ruhetage: Mittwoch und Donnerstagmittag)
San Casciano Val di Pesa, Loc. Cerbaia, Piazza Monumento,
Tel. 055/826132

♟ Le Cave di Maiano

Lokal bei **Fiesole** (Terrasse) mit einfachen, landestypischen Gerichten. (Ruhetage: Sonntagabend und Donnerstag).
Fiesole, Via delle Cave 16, Tel. 055/59133

♟ Le Logge

Die Osteria in **Siena** ist vor allem durch ihren Wirt Gianni Brunelli bekannt, der nicht nur in der Küche, sondern auch als Autor, Maler und Sänger seine Kreativität unter Beweis stellt. (Ruhetag: Sonntag)
Siena, Via del Porrione 33, Tel. 0577/48013

🏛 Leonardo da Vinci

Das große Universalgenie der Renaissance wurde 1452 in Vinci (bei Empoli) geboren. Er war der uneheliche Sohn eines Notars aus **Florenz** und eines einfachen Bauernmädchens. Einen Besuch wert ist das Museo Vinciano in Vinci, vor allem wegen der Nachbauten seiner Maschinen (vom Vorläufer des Fahrrads bis hin zu Flugapparaten). Nach seiner Ausbildung bei Verrocchio in **Florenz** ging Leonardo da Vinci nach Mailand (im Dienste des Herzogs Lodovico Sforza), später kehrte er nach **Florenz** zurück. Er wurde Festungskonstrukteur von Cesare Borgia. Immer wieder wechselte er zwischen *Florenz* und Mailand, lebte in Rom, schließlich in Frankreich, wo er 1519 im Schlößchen Cloux bei Amboise starb. Unvergleichlich sein Werk als Maler (u. a. *Mona Lisa, Madonna in der Felsengrotte*), Baumeister, Techniker (u. a. Maschinen, Flugexperimente) und Naturforscher (berühmt sind seine anatomischen Zeichnungen).

⛳ Le Pavonière

Der noch junge Golfclub Le Pavonière (18 Löcher) liegt nordwestlich von **Florenz** in einem großen Park, der zu einer berühmten Residenz der **Medici** gehört. Der anspruchsvolle

Platz (Links-Charakter) wurde von Arnold Palmer gebaut. (Ruhetag: Montag)
Tavola-Prato, Tel. 0574/620855, Fax 0574/624558

Lippi
Fra Filippo Lippi (1406–1469) war ursprünglich Karmelitermönch, wurde berühmt als Maler (Madonnenbilder, Fresken) und fasziniert durch seine abenteuerliche Lebensgeschichte, vor allem seine große Liebe zur schönen Novizin Lucrezia, die er aus dem Kloster entführte und die er nach langen Jahren der Flucht schließlich mit päpstlichem Dispens heiraten durfte. Nicht minder berühmt ist sein Sohn Filippino Lippi (1457 bis 1504), der zunächst bei seinem Vater lernte (u. a. Fresken Santa Maria Novella, **Florenz**).

Livorno
Die Stadt verdankt ihre Bedeutung dem Weitblick der **Medici,** die – als die Versandung des Hafens von *Pisa* bedrohlich fortschritt – 1421 Livorno von Genua abkauften und in den Ausbau des einstigen Nebenhafens von **Pisa** investierten. Die Altstadt Livornos wurde im Zweiten Weltkrieg durch Bombardements der Alliierten weitgehend zerstört. Heute ist Livorno die wichtigste Hafenstadt der **Toskana.** Von Touristen wird sie meist links (oder von Norden kommend rechts) liegengelassen, womit man ihr sicherlich zum Teil Unrecht tut. So gibt es z. B. das sehenswerte Stadtviertel Venezia nuova mit Kanälen, die im 17. Jh. nach dem Vorbild Venedigs angelegt wurden, außerdem die Fortezza Nuova (1590), die Piazza Grande, den Dom San Francesco und die Dominikanerkirche Santa Catarina. Der bekannteste Sohn der Stadt ist der Maler und Bildhauer Amedeo Modigliani, der 1884 in Livorno geboren wurde, den größten Teil seines Lebens freilich in Paris verbrachte (†1920). Berühmt sind auch die Landschaftsmaler mit und um Giovanni Fattori (1825–1908), die wegen ihrer

Fleckenmalerei »Macchiaioli« genannt werden (Museum).

♟ *La Chiave, Il Sottomarino, Martini (in Tirrenia)*

◇ ♟ **Locanda dell' Amorosa**
Idyllisches Hotel mit empfehlenswertem Restaurant in einem alten Bauernhof im Dorf Sinalunga, südlich von **Arezzo** und **Siena.** (Ruhetage: Montag und Dienstagmittag/Preiskategorie: 4–5) *Sinalunga, Tel. 0577/679497, Fax 0577/632001*

◇ **Loggiato dei Serviti**
Kleines, kultiviertes Hotel im Zentrum von **Florenz.** (Preiskategorie: 3)
*Florenz, Piazza SS. Annunziata 3, Tel. 055/289592,
Fax 055/289595*

♟ **Lo Schiaccianoci**
Kleines Lokal in **Pisa,** südlich des Arno, unweit des Hauptbahnhofs. Phantasievolle Küche. (Ruhetage: Sonntagabend und Montag)
Pisa, Via Amerigo Vespucci 104, Tel. 050/21024

🏛 **Lucca**
Als einzige Stadt in der **Toskana** wird das historische Zentrum Luccas noch heute komplett von einer wehrhaften Stadtmauer umschlossen. Nur sieben Tore führen in die Altstadt. Die mächtige Befestigungsanlage (errichtet zwischen 1504 und 1645) wurde nie einer Belagerung ausgesetzt – zu einschüchternd waren ihre Dimensionen. Bloß einigen Fluten hielt sie mit Erfolg stand, wodurch Lucca Überschwemmungen erspart blieben. Maria Luisa Bourbon ließ auf dem Wall Bäume pflanzen. Heute gehört der Spaziergang auf der Mauer (passegiata delle mura) zum Pflichtprogramm eines jeden Besuchers. Der Name Lucca leitet sich vom etruskischen Luc

(Sumpf) ab, was auf eine frühe Besiedlung hindeutet. Lucca wurde von den Römern erobert, dann kamen die Langobarden (die Lucca zur Hauptstadt Tusziens erklärten), später die Franken (auch sie machten Lucca zur Hauptstadt ihrer Markgrafschaft). 1119 erklärte sich Lucca zur freien Stadt, 1369 zur unabhängigen Republik. Lucca gelang es als einzige Stadt in der **Toskana,** den Machtansprüchen von **Florenz** zu trotzen. Erst Ende des 18 Jh. verlor Lucca seine Unabhängigkeit zunächst an die Österreicher, dann an die Franzosen. 1805 wurde Lucca zum Fürstentum für Napoleons Schwester Elisa Bacciocchi. Der Reichtum Luccas resultierte aus der Produktion von Seidenstoffen, dem Handel mit Tüchern, mit Samt und Brokat. Außerdem gilt das **Olivenöl** Luccas noch heute als das beste der **Toskana.** Zu den Sehenswürdigkeiten zählt die Piazza del Mercato (die Häuser stehen im Oval des einstigen römischen Amphitheaters), die Piazza Napoleone mit dem Palazzo della Provincia (in dem einst Napoleons Schwester residierte), der Dom mit dem schönen Campanile, die Kirchen San Michele in Foro (mit herrlicher Fassade), San Giovanni und San Frediano.

 Bucadisantantonio, La Mora, Puccini, Villa Bongi
 La Principessa Elisa, Villa Rinascimento

Machiavelli

Niccolò Machiavelli war ein hoher florentinischer Staatsbeamter (1469–1527), der in Ungnade fiel, all seiner Ämter enthoben, eingekerkert und schließlich der Stadt verwiesen wurde (1512). Fortan lebte er auf seinem Landgut in Sant' Andrea di Percussina (seinem Geburtsort), kümmerte sich um seine Oliven und um seinen Wein. Da ihn das nicht auslastete, brachte er seine politischen und militärischen Theorien zu Papier. Das Buch *Il Principe* (*Der Fürst*) sollte zu einem Klassiker werden, der die Jahrhunderte überdauerte und heute auch in Managerseminaren diskutiert wird. Der Herrscher ist, nach

Machiavelli, von allen ethischen Normen befreit und allein der politischen Macht (allerdings auch dem Wohl des Volkes) verpflichtet. Sein Hang zum entschlossenen Handeln machte Machiavelli in der **Toskana** nicht nur Freunde. So forderte er aus wirtschaftlichen Überlegungen die sofortige Eroberung Pisas. Und nach einer Rebellion der Bürger von **Arezzo** schlug er vor, die Stadt dem Erdboden gleichzumachen. Die **Medici** konnten sich mit diesen Ansichten natürlich eher anfreunden. In seinen letzten Lebensjahren wurde er von ihnen zum Teil rehabilitiert.

⚜ *Maremma*

Flacher Küstenstreifen im Süden der **Toskana,** der von **Livorno** hinunterreicht bis zum **Monte Argentario,** dahinter die Bergdörfer der Alta Maremma, der hohen Maremma. Das Sumpfland der Maremma wurde von den Etruskern trockengelegt und in eine fruchtbare Ebene verwandelt. Mit dem Niedergang des Römischen Reiches verfielen auch die Entwässerungsanlagen, so daß die Maremma erneut versumpfte und bald zum Synonym für schlechte Luft wurde, für »mala aria«: Malaria. Die Maremma war ein idealer Lebensraum für die Stechmücken (Anopheles), die die tödliche Infektionskrankheit übertragen. »Bittere Maremmen« wurde das Gebiet fortan genannt, gemieden von den meisten Menschen. Erst Ende des vorigen Jahrhunderts begann man erneut, die Maremma trockenzulegen. Besondere Anstrengungen fanden auch unter Mussolini statt. Heute haben die Maremmen ihren Schrecken verloren. Sie präsentieren sich als fruchtbare Anbauflächen u. a. für Getreide, Obst und Sonnenblumen. Ihre Küstenorte sind beliebte Ferienziele. Und im Naturschutzgebiet der Maremma gibt es immer noch Weideflächen für die berühmten weißen Maremma-Rinder. Und wo es die Rinder gibt, da trifft man auch auf die Butteri, die toskanischen Cowboys mit ihren ausdauernden Maremma-Pferden. Berühmt ist jene Geschichte, als die Butteri um die Jahrhundertwende die durchs Land tingelnde Wildwesttruppe des Buffalo Bill zum Wettkampf herausforderte – und gewannen. 1975 wurde der Parco Naturale della Maremma gegründet. Zu seinen 10 000 Hektar gehören die Ombrone-Mündung und die Monti dell'Uccellina bis nach Talamone. Der Park kann zu Fuß oder zu Pferd besichtigt werden.

Parco Naturale della Maremma, Besuchszentrum Centro Visite del Parco in Alberese südlich von Grosseto. Tel. 0564/407098

👨‍🍳 Martini

Das Ristorante Martini liegt in Tirrenia zwischen Marina di Pisa und **Livorno** und ist der »Gastronomia marinara« verpflichtet. Besonders empfehlenswert sind (neben allen anderen Fischspezialitäten) Antipasto misto »Martini«, Cartoccio di spaghetti (Spaghetti mit Meeresfrüchten, in Alufolie flambiert) und Grigliata mista. (Ruhetag: Dienstag)
Tirrenia, Via dell' Edera 16, Tel./Fax 050/37592

🏛 Massa Marittima

Der Ort Massa Marittima ist mit seiner mittelalterlichen Architektur eine Perle der **Toskana,** wobei der Name in die Irre führen kann, denn Massa (= Landgut) Marittima liegt nicht am Meer, sondern traumhaft schön, gut 20 km landeinwärts in einer Höhe von 380 m. Massa Marittima profitierte 840 n. Chr. von einem Sarazenenangriff auf **Populonia,** der dazu führte, daß der Bischof seinen Sitz nach Massa Marittima verlegte. Der Grund dafür, daß die alte Bausubstanz die Zeiten so unbeschadet überstanden hat, ist makabrerweise der Malaria zu verdanken, die im 16. Jh. zu einer weitgehenden Entvölkerung der Stadt führte (bis auf 500 Seelen). In der fast ausgestorbenen Stadt fehlte es an allem, vor allem auch an Geld, neue Bauten zu errichten. Erst mit der Trockenlegung der **Maremma** kehrte Ende des vorigen Jahrhunderts die Bevölkerung

zurück (heute 10 000 Einwohner). Das Städtchen am Hang des Monte Arsenti hat drei Stadtteile (Città Vecchia, Città Nuova und Borgo). Einzigartig ist die Piazza Garibaldi mit dem merkwürdig schräg stehenden Dom San Cerbone auf einem Treppenpodest (und einer Fassade, die der asymmetrischen Perspektive Rechnung trägt).
♗ *Vecchio Borgo*

Medici

Die Familie der Medici stammte aus dem nördlich von **Florenz** liegenden **Mugello-Tal**. In *Florenz* etablierten sich die Medici zunächst als Geldverleiher und Händler. Deshalb gehörten sie auch der Wechselzunft (Arte del cambio) an. Der eigentliche Begründer der Dynastie war Giovanni di Bicci de' Medici, der 1393 ein eigenes Bankhaus gründete und zum wichtigsten Bankier des Papstes avancierte. Mit Hilfe des Vatikans war die Bank der Medici nur zwei Jahrzehnte später die größte und wichtigste Italiens. Nach dem Tode von Giovanni di Bicci de' Medici trat sein Sohn Cosimo die Nachfolge als Oberhaupt der Familie an. Es dauerte nicht lang, bis Cosimo de' Medici zum mächtigsten Mann von **Florenz** wurde. Vom Volk geliebt und geachtet, von den Fürsten Europas respektiert, begründete Cosimo die Vormachtstellung der Medici in Florenz. Unter Cosimo Il Vecchio wurden u. a. der erste Medici-Palast beim Dom, die Kirche San Lorenzo und die Domkuppel (von **Brunelleschi**) gebaut. Cosimo starb 1464. Seinem Sohn Piero (der Gichtige) waren nur wenige Jahre beschieden. Es folgte Lorenzo de' Medici, der zum »Il Magnifico« (der Prächtige) wurde. Unter Lorenzo (1449–1492) standen die Medici im Zenit ihrer Macht. Lorenzo de' Medici war einer der größten Förderer von Kunst und Kultur (**Michelangelo, Botticelli** ...). Er verkörperte wie kein anderer das Ideal des Renaissancemenschen. Sein Sohn Piero, der nach dem Tode Lorenzos die Nachfolge antrat, trug später den Zusatz »der

Unglückliche«. 1569 wurde die *Toskana* unter Cosimo I. zum Großherzogtum. Mit Gian Gastone de'Medici starb 1737 der letzte männliche Erbe, sechs Jahre später seine Schwester Anna Maria Ludovica.

🏛 Mezzadria

Die traditionelle Halbpacht der **Toskana** wurde offiziell 1962 im Zuge einer Landreform abgeschafft. Früher mußten die Pächter die Hälfte (Mezzo) ihrer Erträge an den Grundbesitzer abführen. Dafür durften sie kostenlos auf den kleinen Bauernhöfen leben, die sich meist um einen größeren Gutshof gruppieren. Das Saatgut und die Gerätschaften wurden ihnen gestellt. Die Mezzadria war vererbbar und über Generationen für die **Toskana** und ihre Landwirtschaft prägend. Reich werden konnte mit ihr aber nur der Großgrundbesitzer, weshalb sie schließlich verboten wurde. Die Folge waren massive Veränderungen, denn obwohl den bisherigen Halbpächtern angeboten wurde, ihre Höfe zu besonders günstigen Konditionen zu kaufen, setzte eine große Landflucht ein. Es fehlte einfach am nötigen Kapital und an positiven Perspektiven. Die verlassenen Häuser verfielen – und wurden schließlich von zahlungskräftigen Ausländern (Engländern vor allem, Deutschen und Schweizern) entdeckt, die die heruntergekommenen Anwesen kauften und wieder instand setzten. Für sie erfüllte sich durch die Abschaffung der Mezzadria der Traum vom Leben in der **Toskana**.

🎨 Michelangelo

Michelangelo Buonarroti (1475–1564) wurde als 14jähriger durch Lorenzo de' Medici ermöglicht, die Bildhauerei am Beispiel antiker Statuen zu erlernen. Er sollte einer der größten Bildhauer, Maler und Baumeister Italiens werden. Zu seinen herausragenden Werken zählen die Pietà in der Peterskirche (Rom), der *Bacchus* (**Florenz,** Bargello), die Marmorstatue des

David, die Fresken in der Sixtinischen Kapelle (Rom) und die Sakristei von San Lorenzo mit den Medicigräbern. Im Alter von bereits über 70 Jahren übernahm Michelangelo noch die Bauleitung der Peterskirche in Rom (Kuppel). Außerdem tat sich Michelangelo auch als Dichter (Sonette) hervor.

Montalcino

Der hübsche Ort liegt 560 m hoch auf einer Bergkuppe und ist vor allem aufgrund seines vorzüglichen Weins (**Brunello di Montalcino**) berühmt. Weit reicht der Blick von Montalcino über die Rebstöcke hinaus aufs Land. Die mittelalterlichen Gassen Montalcinos laden zum Spazieren ein.

Monte Amiata

Mit 1738 m ist der Monte Amiata der höchste Berg der **Toskana.** Seine Gebirgslandschaft entspricht kaum dem Urlaubsklischee der **Toskana.** Im Winter ein Skigebiet, mit Kastanien- und Eichenwäldern. Zum Monte Amiata gehören die Orte Abbadia San Salvatore (alte Klosterkirche) und Arcidosso (Kastell).

Monte Argentario

Die Halbinsel Monte Argentario mit dem 635 m hohen Monte Telegrafo liegt ganz im Süden der **Toskana** schon im Einzugsbereich der Stadt Rom, deren Bürger im Sommer vor allem den alten Fischerhafen Porto Santo Stefano vereinnehmen. Im Süden der von Macchia überwucherten Halbinsel befindet sich Port' Ercole mit einer hübschen Altstadt. Der Legende nach geht der Name auf Herkules (Ercole) zurück, der den Ort gegründet haben soll. Zwischen Monte Argentario und dem Festland liegt der Ort Ortebello, der schon von den Etruskern gegründet wurde (und 1555–1708 spanischer Flottenstützpunkt war). Rund um die Halbinsel führt eine zum Teil recht abenteuerliche und kurvenreiche Küstenstraße mit herrlichem Panoramablick u.a. auf die Inseln **Giglio** und **Giannutri.** Nicht weit entfernt von Monte Argentario liegt bei Garavicchio der sehenswerte Tarockgarten der Künstlerin Niki de Saint-Phalle (mit archetypischen Skulpturen).

☕ *Due Pini al Mare (Porto Santo Stefano)*

🍴 *Il Pellicano (Port' Ercole)*

🍷 Montecarlo

Ein Weißwein aus der Umgebung von **Lucca** (die dominierende Rebsorte ist Trebbiano), der eine respektable Qualität erreichen kann. Es gibt ihn auch als Rotwein.

🏛 Montecatini

Montecatini Terme, zwischen **Pistoia** und **Lucca** gelegen, ist der bekannteste Kurort der **Toskana** (Trink- und Badekuren). Die prachtvollen Anlagen der Thermen sind auch für nicht kurende Gäste sehenswert. Ein schönes Erlebnis ist die Fahrt mit der Zahnradbahn nach Montecatini Alto.

⛳ Montecatini

Der Golfclub Montecatini liegt – wie der Name schon sagt – in der Nähe des bekanntesten Kurortes der **Toskana** zwischen **Florenz** und dem Meer, ist allerdings nicht leicht zu finden. Als Orientierungshilfe dient der Ort Monsummano Terme, und dann weiter nach Pievacchia. Die Fairways werden von Weinbergen und Olivenbäumen gesäumt. (Ruhetag: Dienstag)

Monsummano Terme, Via dei Brogi, Tel. 0572/62218, Fax 0572/617435

🏰 Montecristo

Die Granitinsel (immerhin 645 m hoch) ist durch Alexandre Dumas und seinen Roman *Der Graf von Monte Christo* berühmt geworden. Tatsächlich gibt es die Legende eines großen

Schatzes, der in einem verfallenen Benediktinerkloster vergraben sei. Auf Montecristo ist nur eine streng begrenzte Zahl von Besuchern zugelassen.

🏛 *Montepulciano*

Die Stadt liegt auf dem Rücken eines langgestreckten Hügels und ist mit seinen mittelalterlichen Gassen und vielen Renaissancepalästen eine architektonische Perle der **Toskana.** Mal an **Florenz,** dann wieder an **Siena** gebunden, hat Montepulciano eine wechselvolle Geschichte. Der Löwe an der Porta al Prato zeugt von der Zeit als Verbündeter von **Florenz.** Sehenswert sind u. a. eine Vielzahl prächtiger Palazzi, der Torre di Pulcinella, die Chiesa del Gesù, die Kirche Santa Maria dei Servi und unweit von Montepulciano die Wallfahrtskirche Madonna di San Biagio. Berühmt ist der Ort auch für seinen Rotwein, den **Vino Nobile di Montepulciano.**

🏛 *Monteriggioni*

Monteriggioni war einst ein Vorposten **Sienas** gegen **Florenz.** Entsprechend mächtig sind die vollständig erhaltenen Festungsmauern (Anfang des 13. Jh.).
🛏 *Monteriggioni*

🛏 *Monteriggioni*

Das komfortable Hotel liegt im Herzen des **Chianti** in **Monteriggioni** zwischen **Siena** und **Colle di Val d'Elsa.** Der Garten des rustikal-eleganten Hotels grenzt an die Festungsmauer. (Preiskategorie: 2–3)
Monterriggioni, Via 1° Maggio 4, Tel. 0577/305009/10,
Fax 0577/305011

🍴 *Mozzarella*

Die echte Mozzarella (mozzare = abschneiden) ist ein Frischkäse aus der Milch von Büffelkühen (mozzarella di bufala).

Wird sie aus Kuhmilch (latte di mucca) zubereitet, heißt sie eigentlich »Fior di latte«. Die Mozzarella in der **Toskana** stammt meist aus der **Maremma** und ist für die landestypische Küche unentbehrlich.

🌲 Mugello

So heißt das waldige Gebiet im Norden von **Florenz,** östlich der Autobahn nach Bologna. Es ist berühmt für seinen ursprünglichen Charakter. Aus dem Mugello stammten die **Medici.** Vielleicht bauten sie deshalb später dort einige berühmte Villen (z. B. die Villa di Cafaggiolo und die Villa Demidoff bzw. Pratolino).

👨‍🍳 Mugolone

Das modern eingerichtete Lokal in **Siena** ist bekannt für seine einfache und leichte Küche. (Ruhetag: Donnerstag)
Siena, Via dei Pellegrini 8, Tel. 0577/283235

🍴 Nannini

Bar und Konditorei in **Siena** (mit Ableger in *Florenz*). Zur Familie Nannini gehören die Sängerin Gianna und der Rennfahrer Alessandro Nannini. Berühmt sind die Bars für den Mandelkuchen Panforte und die Ricciarelli (Mandelgebäck nach mittelalterlichen Rezepten).
Siena, Via Banchi di Sopra 24

📖 Napoleon

Der große Korse (1769–1821) war in Wahrheit so korsisch nicht, denn seine Familie hatte seine Wurzeln in der **Toskana** und hieß eigentlich Buonaparte. Im 16. Jh. war ein Vorfahr von Napoleon Bonaparte, ein gewisser Francesco Buonaparte, von der **Toskana** nach Korsika ausgewandert. Ein Jahr vor Napoleons Geburt verkaufte Genua die Insel an Frankreich. Die Eltern von Napoleon hießen Carlo Buonaparte und Letizia Ramolino (die Familie der Mutter kam aus der Lombardei). 1804 krönte sich Napoleon zum Kaiser von Frankreich. 1807 gliederte er die **Toskana** in sein Reich ein. Napoleons Schwester Elisa Bacciocchi wurde 1809 Großherzogin der **Toskana.** Nach seiner Abdankung 1814 bekam Napoleon im Vertrag von Fontainebleau die Herrschaft über die Insel **Elba.** Napoleon residierte dort vom 4. Mai 1814 bis zum 26. Februar 1815. Nach seiner Rückkehr nach Paris kam es am 18. Juni zur Schlacht bei Waterloo. Es folgte die Verbannung auf die Insel St. Helena.

🍶 *Olivenöl*

Das Olivenöl der **Toskana** halten viele Kenner für das beste der Welt. Berühmt sind vor allem die Olivenöle aus der Gegend um **Lucca** und aus dem **Chianti**-Gebiet. Das beste und teuerste Olivenöl (Olio Extra Vergine) wird kaltgepreßt. Die Ernte erfolgt vom November bis zum Januar. Der Ertrag pro Olivenbaum liegt im Durchschnitt zwischen einem und zwei Liter Olivenöl. Da es für Oliven keine Pflückautomaten gibt, werden sie entweder mit der Hand gepflückt oder in ausgelegte Tücher geschüttelt. Dabei sind Druckstellen zu vermeiden, weil sie den Geschmack beeinträchtigen. Die geernteten Oliven werden zur Frantoio (Olivenmühle) gebracht, gewaschen und in Steinmühlen zerquetscht. Danach wird das Fruchtfleisch auf Matten (Fiscoli) verteilt, die Matten werden gestapelt und schließlich kaltgepreßt. Die gewonnene Flüssigkeit besteht aus Öl und Wasser, meist erfolgt die Trennung in einer Zentrifuge. Entweder bleibt das Olivenöl ungefiltert trüb, oder es wird anschließend noch durch einen Baumwollfilter gesiebt. Aufbewahrt wird das »Jungfern«-Öl in großen Tongefäßen (Orci). Beim Olio Extra Vergine muß der Säuregehalt unter einem Prozent liegen. Liegt er darüber, darf es sich nur noch Vergine nennen. In der **Toskana** sind im Januar 1985 rund 80 Prozent der Olivenbäume einem Frost von minus 20 Grad zum Opfer gefallen – nur langsam erholte sich die Produktion von diesem Schlag.

♀ *Ornellaia*

Lodovico Antinori produziert seinen Ornellaia bei **Bolgheri,** in unmittelbarer Nachbarschaft des noch berühmteren **Sassicaia.** Lodovico Antinori ist der Bruder von Piero Antinori, der das berühmte Weinhaus der Familie in **Florenz** leitet. Der Ornellaia ist ein Cabernet-Sauvignon mit einem Anteil Merlot. Lodovico Antinori orientiert sich in vielerlei Hinsicht an den großen Weinen Kaliforniens. Auch sein hypermoderner Weinkeller hat amerikanische Dimensionen. Seit 1985 gibt es den eleganten Ornellaia, der seitdem für viel Aufsehen gesorgt hat. Von Lodovico Antinori stammen auch der Weißwein Poggio alle Gazze (ein Sauvignon Blanc) und der reinsortige Merlot Masseto. Als kleiner (und billigerer) Bruder des Ornellaia gibt es den Le Volte.

♟ *Osteria dei Cavalieri*

Osteria in Pisas Universitätsviertel, die die traditionellen Gerichte der Stadt am Arno pflegt. (Ruhetage: Samstagmittag und Sonntag)
Pisa, Via San Frediano 16, Tel. 050/580858

♟ *Osteria dei Poeti*

Rustikales Restaurant in **Volterra,** mit altem Gewölbe, offenem Kamin, mittelalterlichem Wappen und toskanischer Küche. (Ruhetag: Donnerstag)
Volterra, Via Matteotti 55, Tel. 0588/86029

⦅⦆ *Pane*

Die Toskaner gelten von jeher als Brotesser. »Mangiare senza pane è come non mangiare«, sagt ein altes Sprichwort (Essen ohne Brot ist wie nicht essen). In der Cucina povera, der Küche der armen Bauern, spielte das im Holzofen gebackene Brot immer eine zentrale Rolle. Und auch heute wird es schon zum Frühstück in den Kaffee getunkt. Natürlich steht es bei jeder

Mahlzeit auf dem Tisch, es wird geröstet und gehört in Form von **Crostini** zu den typischen Antipasti. Und aus dem alten Brot werden Gerichte gemacht (so zum Beispiel **Panzanella**). Das toskanische Brot ist ungesalzen, aromatisch und hat eine feste Kruste. Im ganzen Laib gekauft, heißt es »pagnotta«, als Brötchen »panino«.

𝄞 *Panzanella*
Der »Brotsalat« ist ein typisches Sommeressen der toskanischen Bauern. Früher ging es bei diesem Armeleuteessen vor allem darum, altes Brot zu verwerten. Altes Weißbrot wird mit Wasser durchweicht, in einer Salatschüssel mit Tomaten, Zwiebeln, Gurken, *Olivenöl* und Essig angerichtet.

𝄞 *Panna Cotta*
Heißt wörtlich übersetzt gekochte Sahne. Das Dessertgericht wird mit frischen Beeren, diversem Obst oder mit einer Aprikosensauce serviert.

𝄞 *Parmigiano*
Der Hartkäse aus Kuhmilch ist aus der italienischen Küche nicht wegzudenken und wird frisch gerieben unter anderem über Pastagerichte, Risotto und Minestrone gestreut. Der Hartkäse »Grana« (Korn), wie er in Italien heißt, wird in den Sommermonaten hergestellt und muß mindestens ein Jahr bis zum Ende des nächsten Sommers trocknen und reifen. Der Parmigiano, der dann in den Handel kommt, fällt in die Kategorie »fresco« oder »nuovo« (jung) und findet als Tafelkäse Verwendung. Nach zwei Jahren Reifung heißt er »vecchio« (alt) und eignet sich zum Reiben und Kochen. Nach drei und vier Jahren Reifung wird er »stravecchio« (sehr alt) und »stravecchione« genannt und hat damit die höheren Weihen auch als Käsedessert erlangt.

Pasta

Auf einer traditionsbewußten toskanischen Speisekarte gibt es oftmals überhaupt keine Pastagerichte. Tatsächlich waren die Fettucine, Penne oder Tortellini für die **Toskana** nie typisch. Aber die Zeiten haben sich geändert. Und so gehört die hausgemachte Pasta heute auch rund um **Florenz** und **Siena** zu den üblichen Primi.

Patate al forno (Rezept von Max)

Für diese Beilage (z. B. zu **Filetto di coniglio**) muß zunächst eine Auflaufform mit **Olivenöl** kräftig ausgepinselt werden. Dann kleine, festkochende Kartoffeln mit Schale der Länge nach halbieren. Die Schnittstellen salzen und pfeffern. In die Auflaufform unter jede Kartoffel (mit der Schnittstelle nach unten) eine Scheibe Knoblauch und etwas Rosmarin geben. Die Kartoffeln mit **Olivenöl** beträufeln. Bei mittlerer Hitze etwa eine Dreiviertelstunde backen.

Pecorino

Der Hartkäse ist in der **Toskana** außerordentlich beliebt. Der klassische Pecorino ist aus Schafsmilch, doch es gibt ihn auch aus Ziegen- und Kuhmilch. Grundsätzlich sind bei dem Pecorino Unterschiede zu beachten: Der Pecorino romano ist (wie der Pecorino sardo) ein gekochter Hartkäse, der Pecorino siciliano hingegen ist ungekocht und pikanter im Geschmack. Der Pecorino toscano und der Pecorino senese sind etwas milder als der römische. Es gibt sie in verschiedenen Geschmacksvarianten von dolce bis piccante. Der toskanische Pecorino stammt meist aus dem **Mugello,** der **Maremma, Garfagnana** oder (es soll der beste sein) aus der **Crete.** Jung heißt er »fresco«, gereift »stagionato«.

⬦ Pescille
Gutshotel in den Hügeln außerhalb von **San Gimignano**.
(Preiskategorie: 2)
*San Gimignano, Loc. Pescille, Tel. 0577/940186,
Fax 0577/943165*

Petrarca
Der Dichter Francesco Petrarca wurde 1304 in *Arezzo* geboren, worauf die Stadt noch heute sehr stolz ist. Der Geburtsort **Arezzo** war allerdings einzig darauf zurückzuführen, daß **Florenz** seinen Vater (als Ghibellinen-Anhänger) vorübergehend in die Verbannung geschickt hatte. Petrarca lebte später in **Florenz,** in Avignon (im Dienste des Heiligen Stuhls), Mailand und Venedig (gestorben 1374 in Arquà). Petrarca ist der größte Lyriker Italiens und gilt als Begründer des Humanismus. Berühmt ist u. a. die Sammlung seiner Liebesgedichte *Il canzoniere*, welche sich an Laura richteten, einer (verheirateten) Frau, die er zu seinem Schönheitsideal hochstilisierte. Außerdem war Petrarca ein bedeutender Sammler und Erforscher antiker Handschriften (im Auftrag der Mailänder Visconti).

Pianosa
Die Insel verdankt ihren Namen der flachen Oberfläche. Pianosa ist eine Strafkolonie und kann nicht besucht werden. Reiche Fischgründe und Korallenbänke.

⬦ Piccolo Hotel Alleluja
Charmantes und sehr individuelles Hotel in **Punta Ala,** inmitten eines gepflegten Parks (mit Swimmingpool), mit eleganten Zimmern und nahe gelegenem Privatstrand. Auch bei Golfern sehr beliebt. (Preiskategorie: 5)
Punta Ala, Tel. 0564/922050, Fax 0564/920734

🏠 Pienza

Eigentlich hieß das Dorf in der Südtoskana Corsignano. Papst Pius II., der hier geboren wurde, ließ den Ort im 15. Jh. von Bernardo Rossellino zu einem architektonischen Glanzstück der Renaissance ausbauen und in Pienza umbenennen.

📖 Il Chiostro

📖 Piero della Francesca

Von dem Maler der Frührenaissance (1416–1492) gibt es u. a. in **Arezzo** in der Kirche San Francesco berühmte Fresken zu besichtigen.

📖 Pievi

Romanische, für die **Toskana** typische Pfarrkirchen auf dem Land, die mit dem Taufrecht ausgestattet waren und meist als dreischiffige Basilika mit einer oder mehreren Apsiden angelegt sind (11.–13. Jh.).

📖 Pinocchio

»Es war einmal«, so fangen auch in Italien die meisten Märchen an: »C'era una volta«. Bei Carlo Collodi war es freilich kein König, sondern ein »pezzo di legno«. Mit diesem Stück Holz beginnt die Geschichte des berühmten Hampelmanns mit der langen Nase – Pinocchios Abenteuer. Collodi ging schon auf die Sechzig zu, als er für eine Kinderzeitschrift die Geschichte in vielen Kapiteln aufschrieb. Collodi hieß eigentlich Carlo Lorenzini, wurde 1826 in Florenz geboren (gest. 1890), studierte Philosophie und arbeitete als Journalist. Collodi nannte er sich nach einem Ort bei Pescia zwischen **Lucca** und dem Thermalbad **Montecatini,** wo es heute den Pinocchio-Park zu besichtigen gibt. Frederico Fellini schwärmte von Pinocchio, es sei »ein Buch, das nie aufhört, uns zu nähren, uns zum Staunen zu bringen, uns zu trösten«. Tatsächlich hat der Autor mit den lustigen Abenteuern des Burattino (Hampelmann) ein ernstes Anliegen verfolgt und seiner Überzeugung Ausdruck verliehen, daß es im Leben notwendig sei, Verantwortung zu übernehmen und sich nicht nur egoistisch der Lebenslust hinzugeben.

🏠 *Piombino*

Industrie- und Hafenstadt im Süden der **Toskana,** die vor allem wegen ihrer Fähre nach **Elba** bekannt ist, sonst aber wenig Sehenswertes zu bieten hat. Gegründet wurde Piombino 809 von Flüchtlingen aus **Populonia.** Piombino gehörte später zu **Pisa,** bildete dann mit **Elba** ein unabhängiges Fürstentum und wurde schließlich in das Großherzogtum **Toskana** integriert. Bis heute wichtig ist die Eisenindustrie, die sich schon zu Zeiten der **Etrusker** (damals noch in **Populonia**) auf das Eisenerz gründete, das auf **Elba** und in den **Colline Metallifere** abgebaut wurde.

🏠 *Pisa*

Die große Blütezeit Pisas begann und endete mit einer Seeschlacht: 1063 siegte Pisa über die Sarazenen bei Palermo, 1284 verlor die Flotte Pisas in der Seeschlacht von Meloria gegen Genua. In den Jahren dazwischen war Pisa die uneingeschränkte Königin des Mittelmeers. Von dem Reichtum jener glanzvollen Epoche zeugen u. a. die weltberühmten Bauwerke auf der Piazza dei Miracoli: der Dom Santa Maria Assunta (mit dessen Bau unmittelbar nach dem Sieg von Palermo begonnen wurde und der für den toskanischen Kirchenbau stilprägend wurde), das Baptisterium, der Camposanto und natürlich der Campanile, der Schiefe Turm (torre pendente), von dem Galileo **Galilei** seine Fallversuche unternommen hat. Besucher sollten sich freilich nicht nur auf die Piazza dei Miracoli beschränken, sondern sich Zeit für die Altstadt nehmen. Rund um die Piazza dei Cavalieri (mit dem Palazzo dell' Orologio), die Einkaufsstraße Borgo Stretto, die Ponte di Mezzo und auf der anderen Arnoseite die Logge di Bianchi und die hübsche kleine Kirche Santa Maria della Spina, die 1871 von ihrem alten, gefährlichen Platz weiter unten am Fluß nach oben versetzt worden ist. Und natürlich die Uferstraßen entlang dem Arno, die »lungarno« genannt werden. Da Pisa eine bedeutende Universität hat, tragen während der Semester die Studenten wesentlich zur Atmosphäre der Stadt bei. Um noch einmal kurz auf die Geschichte zurückzukommen: Zur Niederlage gegen Genua kam die zunehmende Versandung des Hafens. **Florenz** setzte auf **Livorno,** 1399 wurde Pisa an die Mailänder Visconti verkauft, 1406 von **Florenz** erobert.

Al Ristoro dei Vecchi Macelli, Lo Schiaccianoci, Osteria dei Cavalieri

Villa di Corliano (in San Giuliano Terme)

Pisano

Den Namen Pisano tragen gleich vier herausragende italienische Bildhauer: Andrea Pisano (1290–1349) und sein Sohn Nino Pisano (1315–1368) sowie Niccolò Pisano (1225 bis 1278) und sein Sohn Giovanni Pisano (1245–1320). Andrea Pisano ist aus Pontedera bei **Pisa,** war Bildhauer und hatte nach **Giotto** die Bauleitung des Florentiner Doms. Von ihm stammt die bronzene Südtür des Baptisteriums in **Florenz.** Sein Sohn Nino war Dombaumeister in Orvieto und der Schöpfer berühmter Madonnenfiguren. Niccolò Pisano entwarf u. a. die Kanzeln im Baptisterium von **Pisa** und im Dom von **Siena.** Sein Sohn Giovanni Pisano schließlich war Dombaumeister in **Siena.** Von ihm stammt die Fassade, und außerdem schuf er die achteckige Marmorkanzel im Dom von **Pisa** und die Kanzel in der Kirche Sant' Andrea in **Pistoia.**

Pistoia

Die Provinzhauptstadt zwischen **Florenz** und **Lucca** geht auf eine Römersiedlung zurück. Nach einer kurzen Blütezeit wurde Pistoia im 14. Jh. auf recht grausame Weise von **Florenz** erobert, die Bürger ausgehungert und mißhandelt, die Mauern geschleift. Pistoia hat Tradition in der Metallverarbeitung. In der Stadt soll die Pistole erfunden worden sein, weshalb sie auch nach Pistoia benannt wurde. Heute ist Pistoia außerdem durch seine Baumschulen bekannt. Sehenswert sind u. a. die Kirche Sant' Andrea (mit einer Kanzel von Giovanni **Pisano**), der Dom San Zeno (der Campanile steht auf den Resten eines langobardischen Wachturms) und das Battistero San Giovanni (nach Plänen von Andrea **Pisano**).

🏠 *Pitigliano*
Die Häuser dieses malerischen Städtchens (in der südlichen **Toskana**) scheinen aus steilen Felsen emporzuwachsen. Eine Verteidigungsmauer ist bei dieser spektakulären Lage überflüssig. Schon die **Etrusker** haben den strategischen Vorteil erkannt und Pitigliano ausgebaut. In das Tuffgestein gruben sie zudem Höhlen, in denen heute unter anderem Wein gelagert wird. Besonders sehenswert sind außerdem der Palazzo Orsini und der Dom.

⛳ *Poggio de' Medici*
Ein noch junger Golfplatz (1992), 36 km von **Florenz** entfernt im Herzen des **Mugello**. (18 Löcher/Ruhetag: Dienstag)
Scarperia, Via S. Gavino, Tel. 055/8430436/7/8,
Fax 055/8430439

🍽 *Polenta*
Der für Norditalien typische Maisgries (farina gialla) wird in der **Toskana** häufig phantasievoll variiert, so z. B. rund um **Lucca** aus Dinkel oder als besondere Spezialität aus Kastanienmehl (siehe Rezept **Filetto di coniglio con polenta**).

🏠 *Populonia*
Die einzige Stadt (Pupluna), die die **Etrusker** direkt am Meer

gründeten (gehörte zum Zwölferbund), war später Bischofsstadt, verlor ihre Bedeutung nach einer Reihe von Sarazenenüberfällen, die zur Folge hatten, daß der Bischof (835) seinen Sitz nach **Massa Marittima** verlegte. Zu besichtigen sind in der Nähe die etruskischen Nekropolen von San Cerbone.

Prato

Die drittgrößte Stadt der **Toskana** (nach **Florenz** und **Livorno**) hat eine große Tradition in der Fertigung von Garnen, Stoffen und Bekleidung. Obwohl Prato seit dem 14. Jh. zu **Florenz** gehörte, bewahrte sich die Stadt immer ein hohes Maß an Unabhängigkeit. Sehenswert sind u. a. die schöne Altstadt mit dem Dom Santo Stefano und der Renaissancekirche Santa Maria delle Carceri sowie die mächtige Burg des Stauferkaisers Friedrich II.

Prosecco

Der Prosecco ist in einem Buch über die **Toskana** eigentlich ein »Irrläufer«, kommt dieser leichte, spritzige Wein aus der Prosecco-Traube doch aus Venetien, wo es ihn als Frizzante (nur leicht perlend) oder Spumante (mit Sektkorken) in Geschmacksnoten von süßlich bis trocken gibt. Trotzdem wird er auch in der **Toskana** – vor allem von Touristen – gerne getrunken.

Publius

Lokal im Westen **Elbas** mit Blick aufs Meer und einer Küche, die sowohl Fischgerichte anbietet als auch traditionelle Speisen aus dem Inselinneren. (Ruhetag: Montag, in der Nebensaison)
Elba, Marciana, Piazza XX. Settembre 6, Tel. 0565/99208

Puccini

Der Opernkomponist Giacomo Puccini wurde 1858 in **Lucca**

geboren. Sein Geburtshaus (Casa Puccini) steht in der Via di Poggio. Giacomo Puccini war die Musik wie kaum einem anderen vorbestimmt. Seit Generationen waren die Puccinis Komponisten und Kapellmeister in **Lucca**. Die Familientradition ging so weit, daß Giacomo Puccini nach dem frühen Tod seines Vaters bereits im Alter von sechs Jahren von der Stadtverwaltung der Posten des Organisten und Kapellmeisters versprochen wurde. Aber Puccini wollte höher hinaus. Er studierte am Mailänder Konservatorium, 1884 wurde seine Oper *Le Willis* uraufgeführt, fünf Jahre später folgte die Oper *Edgar*. Den großen internationalen Durchbruch hatte Puccini mit *La Bohéme*. Er komponierte *Tosca* und *Madame Butterfly*. Puccini war der am meisten fotografierte Mann seiner Zeit. Er liebte Autos, Motorboote, die Jagd und schöne Frauen. Die Muse für seine Arbeit fand er in Torre del Lago bei **Lucca**. In diesem kleinen Ort am idyllischen Lago di Massaciuccoli bewohnte Puccini eine herrliche Jugendstilvilla (heute Museum). Alljährlich findet hier auch das Puccini-Festival statt. 1924 starb Puccini an Kehlkopfkrebs, seine Oper *Turandot* hatte erst ein Jahr nach seinem Tod an der Mailänder Scala Uraufführung.

Puccini
Das empfehlenswerte Fischrestaurant liegt in **Lucca** gegenüber vom Geburtshaus Puccinis. (Ruhetag: Dienstag)
Lucca, Corte San Lorenzo 1, Tel. 0583/316116

Punta Ala
Exklusiver Ferienort am Golf von Follonica mit gut ausgebautem Yachthafen und Golfplatz.
  Piccolo Hotel Alleluja

Punta Ala
Neben **Ugolino** ist der Golfclub Punta Ala bei Golftouristen wohl am bekanntesten. Er findet sich fast am anderen, südwest-

lichen Ende der **Toskana** am Golf von Follonica. Die Spielbahnen sind alles andere als leicht, Ballverluste bei der ersten Runde aufgrund einiger Schluchten und unübersichtlicher Doglegs fast unausweichlich. Dafür entschädigt immer wieder der Blick auf das Tyrrhenische Meer für die erlittene Pein. Im Sommer kann es auf dem Platz auch temperaturmäßig heiß hergehen, zu manchen Jahreszeiten stören stechwütige Moskitos bei der Konzentration. Die Reservierung von Abschlagszeiten ist in jedem Fall anzuraten (kein Ruhetag).
Punta Ala, Via del Golf 1, Tel. 0564/922121/922719,
Fax 0564/920719

Radda
Das kleine mittelalterliche Radda liegt 533 m hoch auf einem Hügel im **Chianti** und ist eines der Zentren des Weinanbaus und Weinhandels.
Relais Fattoria Vignale, Relais Vescine, Castello di Spaltenna (in Gaiole)

Raffael
Der große Maler und Baumeister Raffaello Santi (1483–1520) verbrachte entscheidende Jahre seines Lebens in **Florenz** (zunächst als Schüler Peruginos). Raffael gilt als einer der wichtigsten Vertreter der Hochrenaissance. In Rom war er einer der Architekten der Peterskirche. Gemälde von Raffael (berühmt seine Madonnenbilder) können in **Florenz** in den Uffizien und in der Galleria Palatina (Palazzo Pitti) bewundert werden.

Regency
Hotel in **Florenz** etwas abseits vom Centro storico, mit konservativ-elegantem Ambiente und einem schönen Garten. (Preiskategorie: 5)
Florenz, Piazza Massimo d'Azeglio 3, Tel. 055/245247,
Fax 055/2346735

⬙ *Relais Fattoria Vignale*
Das geschmackvolle Hotel in **Radda** in **Chianti** hat viel Atmosphäre, individuelle Zimmer, eine (Frühstücks-)Terrasse mit Pergola und eine für Weinkenner einmalige Tradition. 1924 war es der damalige Besitzer Baldassarre Pianigiani, der das Konsortium des Chianti Classico gründete und das moderne Qualitätssiegel des Gallo Nero aus der Taufe hob. (Preiskategorie: 3 / geschl. Nov. bis März)
Radda in Chianti, Via Pianigiani 9, Tel. 0577/738300, Fax 0577/738592

⬙ *Relais Vescine*
Gepflegtes Hotel in **Radda** in **Chianti** mit schönen Zimmern und herrlichem Blick. (Preiskategorie: 3)
Radda in Chianti, Tel. 0577/741144, Fax 0577/740263

🍴 *Ricotta*
Weicher weißer Frischkäse aus Schafsmilchmolke (die bei der Herstellung des **Pecorino** übrigbleibt). In Bast- oder in Plastikkörbchen gefüllt, damit die Flüssigkeit ablaufen kann. Wird in der **Toskana** anstelle von Quark zum Beispiel als Füllung von Ravioli verwendet.

🏛 *Rinascimento*
Die Kunst- und Kulturrichtung der Renaissance wurde in **Florenz** aus der Taufe gehoben. Der italienische Name Rinascimento leitet sich von »rinascita« (Wiedergeburt) ab. Tatsächlich wurden in der Renaissance die Traditionen der klassischen Antike wiedergeboren. Künstler wie **Giotto** und Niccolò **Pisano** haben die Entwicklung vorbereitet. Der große Durchbruch kam mit Filippo **Brunelleschi,** dem Erbauer der Domkuppel, der sich streng an antiken Vorbildern (u. a. Säulenanordnung) orientierte. Sein Freund **Donatello** gehörte zu den Pionieren der Skulptur in der Frührenaissance. Masaccio

ergänzte als kongenialer Maler dieses Dreigestirn. Die Hochrenaissance (etwa ab 1500) hatte ihre größten Vertreter mit **Leonardo da Vinci, Michelangelo** und **Raffael.** Die Spätrenaissance und der sich aus der Renaissance entwickelnde Barock fanden dagegen in der **Toskana** kaum mehr ihren Ausdruck (sie konzentrierten sich auf Venedig und Rom). Typisch für **Florenz** ist der zur Spätrenaissance gehörende Manierismus (ab 1520), der sich von der Harmonie und Schönheit der Renaissance verabschiedete, indem er sie bildhaft übersteigerte (u. a. durch **Vasari** und auch ausgehend von Werken **Michelangelos**).

♛ *Rivoire*
Caffè und Pasticceria an der Piazza della Signoria in **Florenz,** im vorigen Jahrhundert eine Schokoladenfabrik, weshalb der heiße Kakao (cioccolata calda) Pflicht ist.
Florenz, Piazza della Signoria 5, Tel. 055/214412

♛ *Romano*
Restaurant in **Viareggio,** berühmt nicht nur für die Qualität der Fischgerichte, sondern auch für das vorzügliche **Olivenöl** sowie den hauseigenen Weißwein **Montecarlo.** (Ruhetag: Montag)
Viareggio, Via Mazzani 120, Tel. 0584/31382

♛ *Salmone al forno* (Rezept von Max)
Rohes Lachsfilet in sehr dünne Scheiben schneiden. Teller mit **Olivenöl** auspinseln. Die Lachsscheiben gleichmäßig (in einer Schicht) darauf verteilen. Etwas **Olivenöl** darüber träufeln. Salz, Pfeffer und Knoblauch. Teller ins Backrohr schieben (bei mittlerer Hitze höchstens eine Viertelstunde). Vor dem Servieren noch kleingeschnittene Petersilie darüber streuen und mit Zitronensaft beträufeln. Als Beilage Wildreis.

San Galgano

Zwischen **Siena** und **Massa Marittima** gelegen, gilt San Galgano als eine der schönsten Klosterruinen Italiens. Von San Galgano stehen nur noch die Kirchenmauern, die hohen gotischen Bogen, die Sakristei – mit dem Himmel als Dach. Eine unvergleichliche Kulisse für Konzerte und für Filme. Die Ruine von San Galgano geht zurück auf den Einsiedler Galgano Guidotti. Der heilige Ritter Galgano Guidotti, so die Legende, hatte auf dem nahe gelegenen Monte Siepi sein Schwert in den Fels gerammt und der Gewalt abgeschworen. In der romanischen Rundkirche auf dem Monte Siepi ist jener Felsen zu besichtigen. Zuvor war Galgano im Traum der Erzengel Michael erschienen. Von 1180 lebte Galgano als Einsiedler auf dem Hügel. Ihm zu Ehren haben die Zisterziensermönche 1224 mit dem Bau der Kirche begonnen. Die Abtei von Galgano hatte nur eine kurze Blüte. Vom englischen Söldnerführer John Hawkwood wurde sie bereits im 14. Jh. zerstört, nach einem Wiederaufbau setzte im 16. Jh. ihr Verfall ein.

San Gimignano

San Gimignano im Val d'Elsa wird aufgrund der hoch aufragenden Geschlechtertürme gerne als »Manhattan des Mittelalters« bezeichnet. Zugleich Wohn- und Wehrtürme, waren sie Symbole der Macht reicher Familien. Diese mußten sich nicht nur vor Fremden schützen, sondern lagen oft auch untereinander im Streit (z. B. ghibellinische Familien gegen guelfische). 1348, als die Pest die Bevölkerung San Gimignanos um die Hälfte dezimiert hatte, übernahm **Florenz** die Macht in der Stadt. Von den einstmals 71 Türmen blieben 15 über die Jahrhunderte bis in unsere Zeit erhalten. Am höchsten der Rathausturm mit 54 Metern, den zu überragen auch den reichsten Familien verboten war. Heute verdankt San Gimignano (7000 Einwohner) seinem einzigartigen Stadtbild einen unablässigen Touristenstrom, wobei es neben den Geschlechtertürmen u.a. die Kirche Santa Maria Assunta und die Ruinen des Castello zu besichtigen gibt. Bekannt auch der Wein, der rund um San Gimignano angebaut wird und zu den wenigen weißen Weinen der **Toskana** zählt, der **Vernaccia**.

- La Cisterna
- Pescille, L'Antico Pozzo
- Dorando

San Vincenzo

Bei Italienern sehr populärer Badeort im Süden der Costa degli Etruschi mit einem Wehrturm, der Anfang des 14. Jh. von *Pisa* als Schutz gegen Sarazenenüberfälle gebaut wurde und zu einer Kette von Wehrtürmen gehörte, die von Genua bis hinunter nach Süditalien reichte.

- Gambero Rosso, Cappellaio Pazzo (in Campiglia Marittima)

Sassicaia

Schon das weiße Etikett mit der blaugoldenen Kompaßrose läßt Weinkenner in Verzückung geraten. Der Sassicaia ist einer der ganz großen Rotweine Italiens. Er ist nicht nur teuer, sondern auch außerordentlich knapp. Der Name leitet sich von den vielen Steinen (sassi) im Boden des Weinbergs ab. Das Weingut Tenuta San Guido liegt bei **Bolgheri** und gehört dem Marchese Nicolò Incisa della Rocchetta. Kreiert wurde der Sassicaia von seinem Vater, Marchese Mario Incisa, mit Cabernet-Reben von Philippe de Rothschild. Zunächst war der Wein nur für den privaten Gebrauch bestimmt. Erst 1968 kam der Sassicaia kommerziell auf den Markt und galt sofort als Sensation. Zehn Jahre später schlug er in einem Vergleich alle anderen Cabernets der Welt. Heute ist der Sassicaia, der in französischen Barrique-Fässern zu seiner großen Klasse findet, eine Legende unter den neuen Weinen Italiens.

⌘ Saturnia
Thermalbadeort im Süden der **Toskana,** der schon in der Antike bekannt war und bei den Etruskern Aurinia hieß.
♟ *Due Cippi*

⌘ Savonarola
Girolamo Savonarola war ein radikaler Dominikanermönch (1452–1498), der vor allem die Sittenlosigkeit anprangerte: »Denn siehe, ich will eine Sintflut mit Wasser kommen lassen auf Erden!« Als 1494 die **Medici** aus *Florenz* vertrieben wurden, errichtete er in der Stadt am Arno eine Theokratie. Sein Regime war allerdings nur von kurzer Dauer. Da Savonarola mit seiner Sittenstrenge auch in den Augen des Papstes zu weit ging, belegte der Heilige Vater ihn zunächst mit einem Predigtverbot. Als sich Savonarola nicht daran hielt, wurde er exkommuniziert, was Savonarola kurzerhand für unwirksam erklärte. Daraufhin wurde er als Häretiker verhaftet und gefoltert, schließlich auf der Piazza della Signoria vor dem Palazzo Vecchio gehenkt und verbrannt.

♟ *Scacciapensieri*
Feinschmeckerrestaurant in **Cecina** südlich von **Livorno.** Übersetzt meint Scacciapensieri, daß sich hier Sorgen vertreiben lassen – was aufgrund der vorzüglichen Küche durchaus zutreffend ist. (Ruhetag: Montag)
Cecina, Via Verdi 22, Tel. 0586/680900

🍴 *Semifreddo* (Rezept von Max)
Für dieses eiskalt zu servierende Dessertgericht (Halbgefrorenes) werden zunächst 4 Eigelb mit 100 g Zucker im Wasserbad schaumig gerührt. Nach dem Abkühlen 5 Eßlöffel Marsala hinzufügen, 1/2 Liter geschlagene Sahne unterheben. Im Mörser werden 220 g Mandelmakronen (Amaretti) zerstoßen. In eine rechteckige Gefrierform kommt abwechselnd eine

Schicht Creme, darüber eine Schicht mit Mandelbrösel (mit Cointreau beträufeln), dann wieder Creme, Mandelbrösel (Cointreau) etc. Insgesamt fünf Schichten, mit der Creme oben abschließend. Einige Stunden im Tiefkühlfach frieren lassen und scheibenweise servieren.

Siena

Die Provinzhauptstadt Siena geht auf eine etruskische Siedlung zurück und liegt zwischen den Flüssen Elsa und Ombrone. Über Jahrhunderte war das ghibellinische Siena der große Gegenspieler von **Florenz.** 1260 besiegte Siena in der Schlacht von Montaperti das florentinische Heer (ein Sieg, der noch heute gefeiert wird). Allerdings mußte Siena schon neun Jahre später bei **Monteriggioni** eine Niederlage gegen **Florenz** hinnehmen. 1555 schließlich wurde Siena von Cosimo de' **Medici** erobert und in das Großherzogtum **Toskana** eingegliedert. Auf dem Höhepunkt seiner Macht stand Siena im 13. und 14. Jh. – entsprechend stammen aus dieser Zeit die großen Bauwerke und Kunstschätze der Stadt. Was auch erklärt, warum Siena als gotisches Pendant zur Renaissance-Stadt **Florenz** gilt. Die »Stadt der Gotik« ist fast unversehrt erhalten geblieben. Berühmt der Dom mit seiner Marmorfassade von Giovanni **Pisano.** Und als Mittelpunkt der Stadt die muschelförmige Piazza del Campo (mit dem Palazzo Pubblico und dem Torre del Mangia), auf der alljährlich am 2. Juli und am 16. August das Palio-Pferderennen stattfindet – von Tierschützern ebenso angefeindet wie von den Sienesern (und den Besuchern) geliebt. Bei diesem Turnier, das erstmals 1594 ausgetragen wurde, treten die Stadtteile, die Contraden, gegeneinander an. Die Piazza del Campo wird mit der typisch roten Sieneser Erde bedeckt, Tribünen werden aufgebaut. Am Vorabend des Palio finden auf den Straßen und Plätzen der Contraden große Essen statt. Zigtausende von Besuchern drängen sich am Renntag auf dem Platz. Fahnenschwenker,

Fanfarenbläser und Musikkapellen ziehen über die Piazza del Campo. Der Palio, eine Seidenfahne als Siegestrophäe, wird am Ende des Zugs auf dem Ehrenwagen hereingebracht. Die Reiter (oft sind es Sarden) setzen ihre bunten Helme auf. Und los geht es – ohne Sattel und Steigbügel, dafür mit Peitsche, dreimal rund um die Piazza. Gefürchtet sind die Stürze vor allem in der Kurve von San Martino. Nach eineinhalb bis zwei Minuten ist das Spektakel vorbei – und eine Contrade hat Grund zum Feiern!

♟ *Antica Trattoria Botteganova, Le Logge, Mugolone, La Chiusa (in Montefollonico)*

◇ *Borgo di Toiano (in Sovicille), Certosa di Maggiano, Villa Scacciapensieri*

♟ ◇ Silene

Restaurant in Seggiano am **Monte Amiata** mit Spezialitäten aus der Region. Zum Lokal gehört auch ein kleines Hotel. (Ruhetage: Montag und Sonntagabend)
Seggiano, Loc. La Pescina, Tel. 0564/950805

🍴 *Spaghettini al limone* (Rezept von Max)

Bei diesem Gericht (hier zubereitet für zwei Personen) wird zunächst in einer großen Pfanne die abgeriebene Schale einer ungespritzten Zitrone mit 40 g Butter kurz gedünstet. Unter ständigem Rühren 1 EL Weißwein und 2 EL frischen Zitronensaft hinzufügen. Cirka eine halbe Minute kochen. Dann eine Tasse süße Sahne dazugeben, mit Cayennepfeffer abschmekken. Unter ständigem Rühren zwei Minuten köcheln lassen. Parallel müssen die Spaghettini in viel Salzwasser mit etwas Öl al dente gekocht werden. Die besondere Kunst besteht darin, daß Sauce und Spaghettini absolut gleichzeitig fertig werden. Die **Pasta** abgießen und mit der Zitronensauce in der Pfanne mischen. Salzen, pfeffern und frisch geriebenen Parmesan unterheben.

Stendhal

Nach dem französischen Schriftsteller, der eigentlich Marie Henri Beyle (1783–1842) hieß, ist das »Stendhal-Syndrom« benannt. Stendhal nämlich fühlte sich von der Schönheit und den Kunstschätzen von **Florenz** derart überwältigt, daß er bei sich starkes Herzklopfen feststellte. Stendhal: »Ich war bis zum Äußersten erschöpft und fürchtete umzufallen.« Ein Phänomen, das bis heute bei Touristen vorkommen soll.

Tagliatelle con noci (Rezept von Max)

Diese *Pasta* ist eine Eigenkreation von Max Mauritz. Die Bandnudeln werden mit einer speziellen Salsa di noci serviert, einer Walnußsauce, die mit **Ricotta** und etwas Trüffelöl verfeinert wird. Für die Sauce zunächst die Walnüsse (noci) hacken, in einer Pfanne anrösten, mit Sahne löschen und den **Ricotta** (Frischkäse) unterheben. Oregano dazugeben plus einiger Tropfen Trüffelöl. Für die Tagliatelle den **Pasta**-Teig dünn ausrollen, dann aufrollen und mit dem Messer in Scheiben schneiden (tagliare = schneiden). In Salzwasser al dente kochen, abgießen, in einem Topf in Butter schwenken. Im Topf die Sauce mit den heißen Tagliatelle mischen. Auf die Teller verteilen. Frischen **Pecorino** (Schafskäse) durch eine Presse über die Tagliatelle drücken – und schnell servieren.

Tignanello

Der Spitzenwein Tignanello kommt ebenso wie der etwas weniger berühmte Solaia (Cabernet) aus dem Hause Antinori, der bekanntesten Weinkellerei in der **Toskana**. Der Tignanello ist ein Verschnitt von Sangiovese mit Cabernet-Sauvignon, wird in Barriques ausgebaut und gilt als Wegbereiter für die großen, neuen Rotweine der **Toskana**.

Tirrenia

Der Golfclub Tirrenia grenzt fast unmittelbar an den Platz von

Cosmopolitan. Er wurde schon in den 60er Jahren von Soldaten des sich in der Nähe befindenden US-Army-Camps angelegt. Obwohl er nur neun Loch hat, ist er aufgrund der engen Fairways, der vielen Pinien und gut verteilten Grüns ebenso interessant wie anspruchsvoll. Außerdem schätzt Max, der bevorzugt die Plätze Cosmopolitan und Tirrenia spielt, die private Atmosphäre dieses Clubs. (Ruhetag: Dienstag)
Tirrenia, Viale San Guido, Tel. 050/37518, Fax 050/33286

🏠 Torre di Bellosguardo
Hotel in einer ehemaligen Renaissancevilla auf den Hügeln über *Florenz* mit schönem Blick auf die Stadt. (Preiskategorie: 4)
Florenz, Via Roti Michelozzi 2, Tel. 055/2298145,
Fax 055/229008

⛳ Toscana
Der im Juli 2000 fertiggestellte Golf Club Toscana (18 Löcher) liegt nur wenige Kilometer vom Tyrrhenischen Meer entfernt (bei Follonica, auf der Höhe von **Elba**). Er gehört zur Ferienanlage der österreichisch geführten Cordial Residence Il Pelagone.
Gavorrano, Loc. Il Pelagone 28, Tel. 0566/820471,
Fax 0566/820472

🌳 Toskana
Die Toskana (Toscana) ist eine Region mit knapp 23 000 km^2, rund 3,5 Millionen Einwohnern und **Florenz** als Hauptstadt. Die Toskana in diesem Registro turistico auf wenigen Zeilen beschreiben zu wollen ist ein Ding der Unmöglichkeit. Schließlich soll das ganze Buch etwas dazu beitragen, die Toskana näher kennenzulernen. Deshalb im Folgenden nur die wichtigsten Grundinformationen als eine Art Steckbrief.
GESCHICHTE: Die Toskana geht zurück auf das antike Etrurien,

gehörte dann zu Westrom, stand unter ostgotischer, byzantinischer, langobardischer und fränkischer Herrschaft. Zur Zeit der Staufer (bis 1268) setzte der Machtkampf zwischen den kaisertreuen Ghibellinen und den papsttreuen Guelfen ein, der die Städte der Toskana (v. a. **Florenz, Pisa, Siena**) in zwei verfeindete Lager spaltete. Ab dem 13. Jh. wurde das reiche **Florenz** immer mächtiger und eroberte sich die Vormachtstellung in der Toskana. Von 1434 bis 1737 bestimmten (mit kürzeren Unterbrechungen) die **Medici** die Geschicke zunächst von **Florenz**, später der ganzen Toskana (Großherzogtum Toskana). Nach dem Tod des letzten **Medici** fiel das Großherzogtum Toskana 1737 an das Haus Habsburg-Lothringen. 1799 wurde die Toskana von **Napoleon** Bonaparte erobert. Nach dem Wiener Kongreß (1815) gehörte die Toskana wieder zu Habsburg-Lothringen. 1849 wurde die Republik ausgerufen. 1865 wurde **Florenz** (vor Rom) vorläufige Hauptstadt des geeinten italienischen Königreichs. Heute ist die Toskana eine der 20 »Regioni« Italiens, mit einem beschränkten Selbstverwaltungsrecht. Sie besteht aus zehn Provinzen: **Massa-Carrara, Pisa, Lucca, Pistoia, Florenz, Arezzo, Siena, Livorno, Grosseto** und **Prato**.

GEOGRAPHIE: Die Toskana wird im Westen vom Tyrrhenischen Meer begrenzt, im Norden und Nordosten von den Bergen des Apennin und der Apuanischen Alpen (bis zu 2000 m Höhe), im Süden vom Hügelland rund um den erloschenen Vulkan **Monte Amiata** und der **Maremma**. Die Toskana besteht zu 70 Prozent aus Hügeln, zu 20 Prozent aus Gebirge und nur zu 10 Prozent aus Ebene (vor allem entlang des Arno und in der **Maremma**). Rund ein Viertel der Toskana wird landwirtschaftlich genutzt (nur noch 10 Prozent der Bevölkerung lebt von der Landwirtschaft). Die wichtigsten Städte liegen in der Nähe der großen Flüsse: Arno (**Arezzo, Florenz, Pisa**), Serchio (**Lucca**), und Ombrone (**Siena, Pienza, Grosseto**). Die Küstenlinie der Toskana mißt 328 km. Zur Toskana gehören außerdem die Inseln des **Arcipelago Toscano**.

KLIMA: Die Toskana hat warme und trockene, in den Ebenen und am Meer oft schwül-heiße Sommer. Der regenreichste Monat des Jahres ist der November, schlechtes Wetter gibt es oft auch im März und im April. Im Winter sinken die Temperaturen nachts gegen den Gefrierpunkt (immer wieder gibt es auch Frost, es kann sogar schneien).

FLORA: Charakteristisch sind für die Toskana die Weinberge und Olivenhaine, die schlanken Zypressen, Pinien, Steineichen- und Kastanienwälder (zur Zeit der **Etrusker** war die Toskana noch dicht bewaldet). Weit verbreitet ist die Macchia, ein für den Mittelmeerraum typischer niedriger, dichter Buschwald aus unterschiedlichsten Gewächsen.

Ugolino

Der Golfclub Ugolino liegt im Süden von **Florenz**. Man nimmt von Grassina die Staatsstraße 222 Richtung Greve in **Chianti**. Nach einigen Kilometern kommt links die Einfahrt in den ältesten Golfclub der **Toskana**. 1933 wurde der Meisterschaftsplatz (mehrfach Austragungsort der Europatour und der Italian Open) von englischen Architekten gebaut – entsprechend groß ist der Charme des Platzes mit seinem alten Baumbestand. Die Spielbahnen sind zwar nicht besonders lang, dafür geht es ständig auf und ab (Schräglagen), zum Teil mit blinden Löchern und welligen Grüns. Das Clubhaus hat die Würde einer großen florentinischen Villa. (Ruhetag: Montag)
Grassina, Via Chiantigiana 3, Tel. 055/2301009,
Fax 055/2301141

Vasari

Der Baumeister und Maler Giorgio Vasari wurde 1511 in *Arezzo* geboren und starb 1574 in **Florenz**. Sein großes (und nach eigenem Bekunden nie erreichtes) Vorbild war **Michelangelo**. Nach Vasari ist der Gang benannt, den er im Auftrag Cosimos I. de' Medici baute und der in **Florenz** den Palazzo Vecchio mit dem Palazzo Pitti verbindet (u. a. führt er über den Ponte Vecchio). Sehenswert sind Vasaris monumentale Schlachtenfresken im Palazzo Vecchio. Wie viele seiner Zeitgenossen der Renaissance war auch Vasari ein ausgesprochenes Multitalent. So erstellte er u. a. eine Chronik der großen Künstler der Toskana, von **Giotto** bis **Botticelli.**

♟ *Vecchio Borgo*
Gemütliche Taverne in der Altstadt von **Massa Marittima** in unmittelbarer Nähe des Doms, mit toskanischen Spezialitäten und mittelalterlichem Ambiente. (Ruhetage: Montag und in den Wintermonaten auch Sonntagabend)
Massa Marittima, Via Norma Parenti 12, Tel. 0566/903950

♟ Vernaccia
Der Vernaccia von **San Gimignano** ist der wohl bekannteste Weißwein im klassischen Rotweinland **Toskana.** Als erstem italienischem Wein wurde dem Vernaccia 1966 die kontrollierte Ursprungsbezeichnung DOC zuerkannt.
Die Rebsorte wird rund um **San Gimignano** gekeltert, dem Städtchen mit den berühmten Geschlechtertürmen im Val d'Elsa.

♟ *Versilia*
So heißt der Küstenstreifen von **Carrara** bis kurz vor **Viareggio,** mit seinem breiten Sandstrand und den vielen, zum Teil recht exklusiven Badeorten (wie z. B. Forte dei Marmi), die ineinander übergehen (u. a. Marina di Camaiore, Focette).
Die Riviera di Versilia kam Ende des 19. Jahrhunderts bei der italienischen Oberschicht und bei Künstlern und Intellektuellen in Mode. Entsprechend gibt es hochherrschaftliche Villen und Hotels, die vom Glanz der Jahrhundertwende zeugen.

Versilia

Im Norden, zwischen **Viareggio** und **Carrara,** liegt unweit des Badeorts Forte dei Marmi der Golfclub Versilia. Er wurde 1990 eröffnet, ist relativ flach und hat nur auf den zweiten neun Loch einige Wasserhindernisse, die einen allzu guten Score vereiteln können. (Ruhetag: Dienstag)
Pietrasanta, Via Sipe 100, Tel. 0584/881574,
Fax 0548/752272

Via Aurelia

Via Aurelia heißt eine der Straßen, die die Römer durch Ertrurien vor allem aus militärischen Überlegungen bauen ließen, um ihre Truppen rasch bewegen zu können. 241 v. Chr. wurde mit ihrem Bau begonnen. Während die Via Aurelia die Küste entlang nach Norden führte, verband die Via Cassia Rom mit **Fiesole.** Die Via Flaminia verlief über **Arezzo** bis hin in die Emilia. Weil die Via Aurelia durch die **Maremma** führte, verlor sie nach deren erneuter Versumpfung und dem Aufkommen der Malaria ihre Bedeutung auch als Handelsstraße. Die Frankenstraße (Via Francigenia) hatte dagegen einen günstigeren Verlauf. Sie führte von Parma über den Cisapaß an die Küste, dann weiter südlich über **Lucca, San Gimignano** und **Siena** durchs Landesinnere nach Rom. Eigentlich trägt die Frankenstraße ihren Namen zu Unrecht, da sie sehr viel weiter, nämlich auf die Langobarden, zurückgeht, die ihre Hauptstadt Pavia auf diesem Weg mit Rom verbanden – im Landesinneren geschützt auch vor den Überfällen sarazenischer Piraten. **Lucca, San Gimignano** und **Siena** verdankten ihren Wohlstand dieser Handelsstraße. Wie sehr der Reichtum von den Handelsstraßen abhing, zeigte sich in **San Gimignano,** denn als nach der Trockenlegung des Val d'Elsa die Via Francigenia von **San Gimignano** wegverlegt wurde, war es mit der Blüte dieser Stadt schnell vorbei. Schließlich waren die Handelsstraßen gleichzeitig auch Hauptpilgerstraßen mit der damit verbundenen touristischen Infrastruktur – angefangen von Herbergen bis hin zu Freudenhäusern.

Viareggio
Größte Küstenstadt in der **Versilia** mit vielen Strandbädern, prachtvollen Jugendstilvillen und einer turbulenten Hochsaison. Berühmt der Straßenumzug des Carnevale di Viareggio.
Romano

Villa Acquaviva
Hotel in der Nähe von **Saturnia** inmitten der **Maremma,** mit hübschem Garten und Terrasse. (Preiskategorie: 2)
Montemerano, Loc. Acquaviva, Tel. 0564/602890,
Fax 0564/602895

Villa Bongi
Ristorante in einer alten Villa an der Straße von **Lucca** nach **Viareggio.** (Ruhetag: Montag)
Lucca, Via di Cocombola 640,
Tel. 0583/510479

Villa Campestri
Ruhiges, abseits gelegenes Hotel in Vicchio di Mugello circa 30 km nordöstlich von **Florenz**. Renaissancevilla mit freiem Blick übers Land, komfortablen Zimmern, bekannt guter Küche und Reitstall. (Preiskategorie: 3)
Vicchio di Mugello, Via di Campestri 19, Tel. 055/8490107,
Fax 055/8490108

Villa Carlotta
Hotel in *Florenz* in alter Villa mit Garten, unmittelbar am Giardino di Boboli unweit der Porta Romana gelegen. (Preiskategorie: 3)

*Florenz, Via Michele di Lando 3, Tel. 055/2336134/220530,
Fax 055/2336147*

◇ Villa di Corliano

Romantisches, etwas angestaubtes Hotel in barocker Villa zwischen **Lucca** und **Pisa,** mit herrlichem Park, geräumigen Zimmern und antikem Ambiente. Zum Hotel gehört das ausgezeichnete Ristorante-Enoteca Sergio, das von Sergio Lorenzi geleitet wird, der früher in **Pisa** ein Spitzenrestaurant führte (jetzt American Bar). (Preiskategorie: 2)
*San Giuliano Terme, Via Statale 50, Tel. 050/818193,
Fax 050/818897*

◇ Villa Ottone

Hotel in Portoferraio auf **Elba,** mit altem Patrizierhaus und stimmungsvoller Terrasse direkt an der Bucht, einem gepflegten Park und weiteren Gästezimmern in einem neuen Haus. (Preiskategorie: 3)
*Elba, Portoferraio, Loc. Ottone, Tel. 0565/933042,
Fax 0565/933257*

◇ Villa Rigacci

Hotel in einem alten Bauernhaus zwischen **Florenz** (circa 30 km) und **Arezzo,** ländlich abgeschieden und mit gepflegtem Niveau. (Preiskategorie: 2–3)
*Regello, Via Manzoni 76, Tel. 055/8656562,
Fax 055/8656537*

◇ Villa Rinascimento

Hotel zwischen **Pisa** und **Lucca,** mit ländlichem Charme, Swimmingpool, guter Küche und schönem Blick. (Preiskategorie: 2 / geschl. Nov. bis März)
*Lucca, Loc. Santa Maria del Giudice, Tel. 0583/378292,
Fax 0583/378292*

◇ Villa San Michele
Hotel der Luxuskategorie (mit entsprechenden Preisen) knapp unterhalb von **Fiesole** mit Blick auf **Florenz**. Die Fassade des ehemaligen Franziskanerklosters soll von **Michelangelo** stammen. Der Empfang befindet sich in der einstigen Kirche. (Preiskategorie: 5)
Fiesole, Via di Doccia 4, Tel. 055/595451, Fax 055/598734

◇ Villa Scacciapensieri
Hotel in einer Renaissancevilla etwa 2 km nördlich von Sienas Altstadt, in einem kleinen Park gelegen, mit schöner Aussicht auf die Stadt (Terrasse). (Preiskategorie: 3)
Siena, Strada di Scacciapensieri 10, Tel. 0577/41441, Fax 0577/270854

♀ Vino Nobile di Montepulciano
Das Renaissancestädtchen **Montepulciano** ist vor allem für seinen Wein, den Vino Nobile di Montepulciano, berühmt. »Vino Nobile« heißt »edler Wein«, was den Vino Nobile di Montepulciano sicherlich zutreffend charakterisiert, kann er doch bei guten Winzern zu eleganter Größe gelangen. Der Name rührt indes daher, daß früher nur adlige Familien den Wein anbauen und keltern durften. Ähnlich dem *Chianti* ist der Vino Nobile di Montepulciano ein Verschnitt verschiedener Rebsorten. Dominiert wird er von der Sangiovese-Traube, die in *Montepulciano* »Prugnolo gentile« heißt. Neben dem Vino Nobile di Montepulciano gibt es den Rosso di Montepulciano, der etwas einfacher und jugendlicher ist.

♀ Vin Santo
Der Name »heiliger Wein« deutet an, daß der Vin Santo als Meßwein verwendet wurde. Der beliebte Dessertwein wird von vorgetrockneten Trauben gekeltert und mindestens drei Jahre in kleinen Fässern (Caratelli) gelagert. Seine Ge-

schmacksnuancen reichen von süß bis trocken. Beliebt ist der Vin Santo auch zum Eintunken von **Cantuccini.**

🏛 *Volterra*

Volterra war unter dem Namen »Velathri« eine der wichtigsten Städte des Zwölferbundes der **Etrusker.** Bei den Römern hieß die Stadt »Volaterra« (tatsächlich scheint sie über die Erde hinwegzufliegen). Volterra liegt 555 m hoch auf einer Bergkuppe und bietet eine grandiose Aussicht bis ans Meer. Volterra hat eine mächtige Festungsmauer aus dem Mittelalter, die allerdings nur halb so lang ist wie die ursprünglich 7 km lange Mauer der **Etrusker.** 1472 wurde Volterra von **Florenz** belagert, schließlich erobert und geplündert. Von 1530 an gehörte Volterra zum Großherzogtum Toskana. Sehenswert sind u. a. die Piazza dei Priori (einer der schönsten mittelalterlichen Plätze Italiens) mit dem Palazzo dei Priori (dem ältesten Rathaus der Toskana), der Dom Santa Maria Assunta (mit kunstvoller Kassettendecke) und das gegenüberliegende achteckige Baptisterium, die Ruinen des römischen Amphitheaters und die mächtige Fortezza (die Burg dient auch heute noch als Gefängnis). An die etruskische Vergangenheit erinnert die Porta all'Arco, ein gut erhaltenes Stadttor mit drei etruskischen Steinköpfen aus dem 4. Jh. v. Chr. Unbedingt besuchen sollte man das Museo Etrusco Guarnacci mit einer der umfangreichsten Sammlungen etruskischer Funde: Hunderte von Graburnen, Goldschmuck und Bronzefiguren wie die berühmte längliche Knabensklulptur »ombra della sera«. Volterra ist außerdem für seine Alabasterarbeiten bekannt, die in unzähligen Läden feilgeboten werden.

👨‍🍳 *Osteria dei Poeti*

Alle touristischen Angaben in diesem Buch wurden vom Autor mit größter Sorgfalt zusammengestellt. Sollten sich dennoch Fehler eingeschlichen haben, bittet er dies zu entschuldigen. Außerdem unterliegen natürlich insbesondere Telefonnummern sowie Angaben zu Restaurants und Hotels häufigen Veränderungen. Der Autor kann keine Verantwortung für die Richtigkeit der Angaben übernehmen. Was die handelnden Personen im Roman betrifft, so sind diese natürlich frei erfunden. Jede Ähnlichkeit oder Namensgleichheit mit lebenden Personen wäre rein zufällig und unbeabsichtigt.